이센셜 레이키

힐링과 의료는 매우 다른 분야이며, 법에 따라 다음의 책임이 없음을 알려드립니다. 이 책의 정보는 의료가 아니라 힐링에 관한 것이며, 의사나 의료 제공자와 상담하는 것을 대신하기 위한 것이 아닙니다. 출판사는 특정한 의료 서비스 계획서의 사용을 옹호하지는 않지만, 일반인들이 이 책의 정보를 이용하는 것은 좋다고 믿습니다. 출판사와 저자는 이 책에서 논의된 제안과 요법, 또는 절차들을 사용함으로써 오는 어떠한 결과나 부작용에 대해서도 책임이 없습니다.

이 책은 2011년도 창원대학교 연구비에 의하여 발간되었습니다.

靈氣

이센셜 레이키

고대의 힐링에 대한 완벽한 가이드

Essential Reiki

다이앤 스타인 지음
김병채 옮김

 슈리 크리슈나다스 아쉬람

이 한국어판을

저의 레이키 스승이신

Hyakuten Inamoto 선생님에게 바칩니다.

목차

감사의 말

많은 사람들의 도움으로 이 책이 나오게 되었다. 우선 크로싱 출판사의 공동 소유자인 일레인 골드먼 길씨와 존 길씨에게 감사를 드린다. 그분들은 논란이 될 수도 있는 이 책을 기꺼이 출판해 주었으며 격려를 보내 주었다. 1993년 라마스 데이 때 캘리포니아 칼스버드에 있는 미스티컬 드래건 북스토어에서 일레인에게 레이키 I, II, III을 가르친 것은 내 삶의 가장 즐거운 일들 중 하나였다. 법적인 조언을 해 준 리처드 도노번씨, 대안의 티칭 기법과 상징에 관한 정보를 준 다이애너 아추나씨, 희귀본을 찾을 수 있도록 도와주고 끝없는 격려를 마다하지 않은 사샤 다우커스씨에게 감사를 드린다. 제인 브라운씨와 린다 페이지씨는 원고를 읽고 비평을 해 주었으며, 제인 브라운씨와 캐롤 헌너씨는 기 수련에 관한 중요한 정보를 제공해 주었다. 플로리다 세인트 피터스버그에 있는 브리짓 북스의 패티 캘러한씨와 플로리다 탬퍼에 있는 트레져 북스토어의 조이 위버씨 또한 책들을 찾는 데 도움을 주었다.

로렐 스타인하이스와 수잔 와그너씨는 수년에 걸쳐 나와 함께 채널링 세션을 공유했던 여성들 중 한 분이었다. 대통 초 인씨는 불교에 문외한이었던 나에게 불교를 열심히 설명해 주었으며, 또한 이 책에 필수적인 것으로 판명된 여러 정보를 제공해 주었다. 나에게 레이키 트레이닝을 해 준 몇 분들이 있는데, 그분들은 내가 배운 모든 것을 공유해 주었으며 결과적으로 그것을 책으로 쓰게 되었다. 그분들은 대가를 지불할 능력이 없던 시절의 나에게 전통적인 그리고 현대적인 방식으로 트레이닝을 해 주었다. 어떤 분은 전화와 메일로 정보를 주었으며, 어떤 분은 나의 비전통적인 방법에 보완이 되는 전통적인 가르침을 주었으며, 또 다른 분들은 처음 만났는데도 통찰과 어튠먼트까지 주었다. 그분들은 비록 익명으로 남을 수밖에 없겠지만, 나는 그분들께 감사를 드린다.

나는 또한 레이키 III을 가르치는 나의 많은 학생들에게 감사를 표한다. 그들은 적절한 가격으로 배우기를 원하는 수많은 사람들에게 레이키를 보급하고 있다. 그들 중 몇 사람을 들자면 질 엘리자베스 터너, 아나타시아 메리 쩹, 제인 브라운, 사샤 다우커스, 다이애너 아추나, 탐 오클리, 캐롤린 테일러, 리사 서번, 그리고 리즈 타르이다. 그분들이 보여 준 우정과 일에 감사를 표한다.

비밀로 있던 것은 더 이상 그렇지 않을 것이며, 가려졌던 것은 드러날 것이며, 숨겨져 있던 것은 다시 빛을 보게 될 것이다. 모든 여성이 이것을 보고 함께 기뻐할 것이다.

앨리스 베일리[1]

당신이 자신을 힐링하고 또 다른 사람들로 하여금 자신을 힐링하도록 도울 때, 당신은 지구를 힐링한다.

당신은 변화를 일으키고 있다.

로렐 스테인하이스
어머니 지구 채널링[2]

하나의 지고의 존재, 절대적인 무한자, 역동적인 힘이 세상과 우주를 다스리고 있다고 나는 믿는다. 그것은 진동하고 있는, 보이지 않는 영적 힘이다. 그 곁에 있으면 다른 모든 힘들이 빛을 잃는다. 그러므로 이것이 절대자다!

나는 이것을 "레이키"라고 부른다.

위대한 신성한 영으로부터 우주적 힘이 나온다. 이 힘은 힐링의 기술을 찾아 배우고자 하는 모든 사람들의 것이다.

타카타 하와요[3]

1) Alice Bailey, *The Rays and the Initiations, Vol. V.*(New York, NY, Lucius Publishing Co., 1972), p. 332. As quoted in Rosalyn L. Bruyere and Jeanne Farrens(Ed.), *Wheels of Light: A Study of the Chakras, Vol. I* (Sierra Madre, CA, Bon Publications, 1989), p. 17.

2) Laurel Steinhice in Diane Stein, *Dreaming the Past, Dreaming the Future: A Herstory of the Earth* (Freedom, CA, The Crossing Press, 1991), front page.

3) Hawayo Takata in Paul David Mitchell, *Reiki: The Usui System of Natural Healing* (Coeur d'Alene, Idaho, The Reiki Alliance, 1985), pp. 5–6.

서문: 중요함

레이키 I, II 혹은 III 힐러가 되기 위해서는 자격이 있는 티쳐(teacher)로부터 개인적으로 어튠먼트(attunement)를 받아야 한다. 이 책은 그런 직접적인 입문 과정을 대신할 수 있는 것은 아니다. 자격이 있는 티쳐로부터 어튠먼트를 받은 사람에게는 이 책이 레이키 힐러와 티쳐의 안내서가 될 것이다. 이 책은 서구의 힐러들을 위해 레이키 가르침 전체를 현대적인 양식에 담은 최초의 책이며, 아마 고대의 세계 이후로 어디에서도 이런 책은 나온 적이 없을 것이다.

지금은 사람들과 지구에 변화와 위기의 시대이다. 레이키가 계속 비밀스럽거나 배타적으로 간직되기에는 이 시대에 힐링이 너무나 절박하게 필요하다. 이 책에서 소개하는 정보의 신성함과 레이키라는 신의 선물을 언제나 공경하라. 이것을 오직 모두를 위한 최고의 선이 되도록 사용하라. 그리고 혜택을 받기 원하는 모든 사람을 위해 마음껏 사용하라. 당신이 내보내는 것은 몇 갑절이 되어 당신에게로 되돌아온다. 레이키는 우주적인 사랑이다.

1994년 3월 26일
처녀자리의 만월에

1983년에 미시간 여성음악 페스티벌에서 나는 다른 힐링 기술과 함께 손을 올려놓는 힐링을 처음으로 경험했다. 그때부터 나는 삶을 힐링에 헌신하고 싶어 한다는 것을 알게 되었다. 나는 내가 "사이킥적"이기를 원했고, 또 여러 여성들이 쉽게 하는 것으로 보이는 것들을 배울 수 있기를 바랐다. 그 다음의 5년 동안 이 주제에 대한 모든 책—그 당시에는 이 분야의 책이 많지 않았다—을 읽었고, 읽은 내용을 대부분 스스로 실험해 보았다. 내가 초보자라고 느꼈지만, 그래도 아주 열심히 했다. 더 많이 배우고 더 강해지기를 바랐다. 나의 힐링은 나에게는 강력한 것 같지 않았다. 나는 또한 다른 사람들에게 크리스탈, 보석, 손을 올려놓는 힐링 등 여러 힐링 기법들을 가르치고 있었다. 나는 손을 올려놓는 힐링의 효율성을 증대시키면서도 쉽고 간편한 무언가가 있을 것이며 또 있어야 한다고 느꼈다. 지금은 무언가가 빠져 있는 듯하였다.

1987년 8월, 하모닉 컨버전스(Harmonic Convergence) 바로 직전에 나는 단서를 발견했지만 그것은 도달할 수 없는 거리에 있었다. 형이상학 주제를 다루는 저녁 모임 자리에서 나는 아름다운 두 사람을 만났다. 그들은 내가 간단히 손을 올려놓는 힐링을 하는 것을 보고서 이렇게 물었다. "누가 당신에게 레이키를 가르쳐 주었습니까?" 나는 레이키 훈련을 받은 적이 없고, 심지어 그것이 무엇인지도 알지 못한다고 대답했다. 그들은 내가 했던 것이 레이키라고 주장했다. 그리고 내 손을 만져 보기를 원했다. 두 사람 모두 나의 손이 뜨겁다는 것을 알았다. 그들은 그것이 내가 레이키 힐러라는 표시라고 단정했다. 나는 그 이상의 것을 알고 싶었다.

나중에 그 둘이 나의 집에서 나에게 레이키 전신 힐링 세션을 해 주었을 때, 나는 이것이 내가 찾던 간결한 힐링 체계라는 것을 알았다. 나는 어디에서 레이키를 배울 수 있으며 그 비용이 얼마인지 물었다. 레이키 훈련의 첫 단계인 레이키 I은 그 당시에 150달러였다. 그리고 그것을 가르쳐 줄 수 있는 여자가 그 도시에 한 명 있다는 것도 알았다. 레이키 II는 600달러이고, 레이키 III인 마스터-티쳐 트레이닝은 10,000달러였다. 그 과정은 비용을 지불할 돈이 있는 사람에게도 잘 가르쳐 주지 않았다. 장학금도 불가능했다. 그 당시 나는 먹고 살기 위해서 웨이트리스를 하고 있었다. 집세도 겨우 내고 있었다. 레이키는 다음에 생각해야만 했다.

그 후 그 둘 중 한 명이 레이키 II 트레이닝을 받았다. 우리는 힐링에 대해 장시간 이야기를 했다. 이 트레이닝의 높은 비용이 토론의 잦은 주제였다. 그 둘 중의 한 사람은 비용을 많이 받아야 사람들이 전념할 수 있다고 했다. 다른 한 사람은 나의 생각과 거의 같았다. 즉, 힐링과 힐러의 트레이닝은 그들 자신은 물론 다른 사람들에게 유익한 경험을 주고자 하는 사람에게 열려 있어야 한다는 것이었다. 나는 작가와 힐러로서 나의 할 일은 내가 알게 된 힐링 방법을 가르치고 정보들을 나누는 것이라고 느꼈다. 지금도 그렇게 느끼고 있다. 비용이나 보상은 중요하지 않다. 나는 정보를 접하지 못하게 하는 높은 비용은 비윤리적이라 생각한다. 내가 그들에게서 받은 힐링의 정보는 언젠가는 나의 책에 나올 것이라는 것을 그들은 알고 있었다.

레이키 II인 나의 친구는 여전히 레이키 II에 머물고 있었다. 그는 레이키 III의 티쳐 트레이닝을 받지 않았음에도 불구하고 레이키 어튠먼트를 주려는 시도를 시작했다. 나는 그에게 나를 실험 대상으로 하라고 했다. 그는 3-4개월 동안 거절하였다. 1988년 1월, 우리들 중 세 명이 지방병원의 에이즈 병실에서 힐링을 했다. 그때 그는 마음을 바꿨다. 1988년 2월 2일, 캔들마스(Candlemas) 때 나는 레이키 I 의 어튠먼트를 받았다. 그 어튠먼트 전달 과정은 그것을 전달해 준 사람이 레이키 II 였음에도 불구하고 나에게는 분명했다.

그 전에는 경험했거나 존재할 것이라고 꿈도 꿔 보지 못했던 에너지로 나는 채워졌다. 나는 빛과 모든 존재들에 대한 사랑으로 가득 찼다. 나의 힐링 능력은 내가 가능하다고 믿었던 것 이상으로 즉각적으로 강화되었다. 내가 찾고 있던 것은 쉬운 것이었으며 레이키가 그것이라는 것을 확신하게 되었다. 전에도 손이 뜨거웠지만 이제는 한층 더 뜨거워졌다. 그러나 레이키를 가르치고 싶어도 당시에는 방법을 몰랐다.

우리는 병원에서 힐링 작업을 시작했다. 그 시기에 나는 초보 힐러에서 자격이 있는 힐러로 변화되어 있었다. 나의 친구가 그해 여름에 레이키 III 을 마쳤다. 나는 그의 첫 수업에 참가했지만, 여전히 한 달에 300달러도 채 벌지 못했기에 150달러의 수업료를 낼 수 없었다. 그래서 수업에 참석하여 전통적인 어튠먼트를 받는 것은 허락되었지만 수료증은 받지 못했다. 그 친구는 나의 책《All Women Are Healers》(The Crossing Press, 1990년)에 등장하는 레이키에 대한 장을 감수했다. 그러나 나를 더 이상 가르치려 하지는 않았다. 나는 워크숍에서 레이키 I 의 손 자세들을 가르치기 시작했다. 그리고 레이키 트레이닝의 심화 과정과 레이키를 가르치는 방법에 대해서 자주 이야기하였다.

1988년에 열린 미시건 여성음악 페스티벌에서 만난 여성 두 명의 후원으로 나는 1989년 11월에 중서부 지역으로 워크숍 여행을 떠났다. 그 동안 그들과 의미 있는 우정을 발전시켰다. 그들 중 한 여성은 힐링의 방법이 더 유용해져야 한다고 믿는 티처로부터 최근에 레이키 III 을 받았다. 그녀는 레이키 III 의 전통적인 비용인 1만 달러가 없었지만, 훨씬 더 적은 비용으로 훈련을 받았다. 그녀의 티처는 전통적인 방법으로 레이키 III 을 받았지만, 현대적인 교수 방법을 실험하고 있었다. 그 주에 그녀는 놀랍게도 워크숍 그룹의 서너 명에게 레이키 I 을 가르쳐 주었다. 나에게는 레이키 II 를 가르쳐 주었다. 수료증도 수여했다. 그녀는 "내가 이제 거의 다 하기는 했지만 상징들의 복사물을 찾지 못했어요."라며 다음 만남에서 나에게 레이키Ⅲ을 가르쳐 줄 것이라고 약속했다.

우리는 다음 해에 두 번 만났지만, 그녀는 더 가르칠 수 없는 데에 대한 변명을 늘어놓았다. 나는 매우 실망스러웠다. 나는 레이키Ⅱ로부터 처음으로 레이키Ⅰ 어튠먼트를 받았기 때문에 어튠먼트의 방법을 직접 알아내기로 결심하였다. 나는 받는 사람의 손뿐만 아니라 정수리 짜끄라와 가슴 짜끄라에 레이키Ⅱ 상징들을 두는 것이 레이키 과정의 기초라고 생각했다. 사실 이것은 진실에 가까웠다. 그러나 레이키Ⅱ만을 했기 때문에 나는 주 상징들을 알지 못했고, 놓치고 있는 상징들이 무엇인지 알 방법이 없었다.

그런 와중에, 한 번도 만난 적이 없던 여성과 전화하던 도중에 나의 고민을 이야기하였다. 나는 그녀로부터 전통적인 레이키Ⅲ 마스터의 상징이 들어 있는 우편물을 받았다. 그것으로 나는 실험을 하였다. 효과가 있었다. 몇몇 사람은 에너지가 열렸다. 내가 가지고 있던 상당한 정보를 나누고 또 레이키Ⅱ의 실험을 하면서 나는 워크숍을 열고 있었다.

1990년의 또 다른 전화 통화에서, 나는 중서부 지역의 레이키Ⅱ 티쳐에게 내가 어튠먼트를 주려고 노력하고 있다는 말을 했다. 그녀는 즉시 심한 화를 냈다. 우리는 아주 거친 격론을 했다. 나는 그녀에게 "당신은 나에게 충분한 정보를 준다고 약속했지만 그렇게 하지 않았어요."라고 상기시켜 주었다. 한 시간 뒤에 그녀는 나에게 전화해서 말했다. "한다면 바르게 해야 합니다." 그녀는 전화로 레이키 어튠먼트를 주는 방법을 가르쳐 주었다.

나는 그녀의 방법을 사용했다. 현대적인 방법이었다. 나에게서 어튠먼트를 받는 사람들은 부정할 수 없을 정도로 레이키 에너지에 열렸다. 그렇지만 강하게 열리지는 않았다. 모든 사람들이 레이키의 열림인 뜨거운 손과 내적인 감각을 발전시키지는 못했다. 나의 레이키Ⅱ 티쳐는 나에게 전화로 가르쳐 주었다. 약간의 정보는 스스로 알아내야 했다. 나는 점점 더 좌절했지만 다른 정보가 없었다.

1990년 6월, 하지(夏至)에 나는 덴버 근처에서 주말 워크숍을 하고 있었다. 그 워크숍에서 나는 원하는 누구에게나 실험적인 기준으로 레이키Ⅰ 어튠먼트를 주고자 한다고 했다. 여섯 명이 동의했다. 그들 모두가 레이키 에너지에 열렸다. 덴버에서 1주일을 지내고 있을 때, 나의 레이키Ⅱ 티쳐의 파트너가 역시 그 지역을 여행하고 있었다. 그래서 나와 함께 하루를 보내게 되었다. 나와 만난 적이 없던 그녀의 친구가 그녀를 내가 머무르고 있던 집으로 데려다 주었다. 저녁 식사도 같이 했다. 저녁 식사를 하면서 나는 워크숍에 대해 이야기를 하며 레이키Ⅲ의 어튠먼트를 받고 싶다고 했다. 그러자 그 친구는 "가르칠 시간은 없지만, 당신이 바라는 것이 어튠먼트뿐이라면 지금 당장 해 줄 수 있어요."라고 말했다. 디저트를 먹던 식사 테이블에서 그녀는 나에게 레이키Ⅲ 입문을 주었다. 나는 그녀로부터 다시는 소식을 듣지 못했지만 그녀에게 깊이 감사한다. 그 이후에 나의 어튠먼트는 엄청나게 강력해졌고 완전히 신뢰할 만한 것이 되었다. 모든 사람들이 에너지에 열렸다. 나는 이제 레이키 마스터(티쳐)가 되었으며 가르칠 준비를 갖추게 되었다.

1991년 2월 캔들마스 때 다른 도시들에서 주말 워크숍을 했다. 레이키Ⅰ과 Ⅱ를 같이 가르쳤는데, 한 여성이 수업 내내 얼굴을 찌푸리고 있는 것을 보았다. 수업이 끝났을 때 그녀는 자기가 전통적인 레이키 마스터(티쳐)라고 했다. 그녀는 나의 가르침 중 몇 가지를 심하게 책망했다. 그녀가 항의한 것 중 하나는 내가 학생들로 하여금 신성한 어튠먼트를 주는 것을 지켜보도록 허용했다는 것이었다. 나는 여전히 그렇게 한다. 또 그녀는 어튠먼트 방식이 전통적이지 않다고 항의하면서, 전통적인 방식에 조금이라도 변화를 주면 그 체계는 레이키가 아니라고 주장했다. 나는 그렇지 않다고 생각했다.

내게 숙소를 제공하고 있던 여성은 이 점에 관해 제안을 했다. 그 여성이 나에게 "바른" 방법을 가르치고 자격을 부여하든지, 그렇지 않으면 나의 시간을 허비하는 것을 멈추라는 것이었다. 그 여성은 그렇게 하기로 동의했으며, 다음 날 한 시간 동안 전통적인 어튠먼트를 주고 가르치는 방법을 내게 가르쳐 주었다. 그리고 나에게 전통적인 방식으로 레이키Ⅲ의 어튠먼트를 주었다. 그녀는 내가 전통적인 방식을 엄격히 따르면 수료증을 발행해 주겠다고 약속했다. 내가 그 당시에 사용하고 있던 것은 나의 레이키Ⅱ 티쳐의 방식과 나 자신이 개발한 방식이었다. 이것들은 아주 효과적이었다. 그래서 나는 그것들을 바꿀 마음이 없었다.

1991년 5월에 벨테인에서 이 글을 쓰는 동안, 나는 나의 레이키 이정표들이 대부분 위카의 안식일(Wiccan Sabbats)에 일어난 것임을 알았다. 나의 이전의 레이키 II 티쳐가 나에게 "새로운" 레이키 III의 상징을 보내 주면서 그것을 사용해 보라고 권했다. 나는 마지못해 그렇게 했는데, 계속 그 새로운 상징을 사용하다 보니 그 증가된 힘을 무시할 수 없었다. 이것은 나의 가르침을 레이키 힐링의 전통적인 가르치는 방법으로부터 더욱 벗어나게 하였다. 그 달의 마지막 날, 나는 남부 여성음악과 코미디 축제에 참여했는데, 이것은 레이키 마스터가 되는 나의 여정에 또 하나의 이정표가 되었다.

그 페스티벌에서 나는 레이키를 가르치지 못했다. 참석자들이 예상했던 것보다 너무 많아서 하루에 할 수 있는 어튠먼트의 한계치를 넘어섰기 때문이었다. 대신에 워크숍에서 자연 요법을 가르쳤다. 그 워크숍에서 두 여인이 자신들이 죽어가고 있다고 나에게 털어놓았다. 나는 그들에게 원하면 레이키 어튠먼트를 해 줄 것이라고 말하면서 워크숍이 끝난 뒤에 만날 장소를 말해 주었다. 나는 두 개의 접는 의자를 빌려 앉게 하고는 그 여인들을 입문시켰다. 그 의자가 그들의 어튠먼트 과정을 편하게 하고 그들에게 힐링 도구가 되기를 바랐다. 그 뒤 눈을 들어 보았을 때, 어튠먼트를 원하는 또 다른 여성들이 줄지어 있었다. 그 그룹에 있던 레이키 II를 한 사람이 손 자세 가르치는 것을 도와주었다. 그 뒤 두 시간 가까이 내가 레이키의 어튠먼트를 주었기 때문이다! 나는 워크숍을 충분히 하지 않은 채 어튠먼트를 주는 것을 걱정했지만, 나의 영적 가이드들은 내가 요청할 때마다 "계속 해, 계속 해."라고 말했다.

다음 날 나는 여성장인의 방에서 책 사인회를 하였다. 여성들이 다시 줄지어 기다렸고, 나는 다시 레이키 어튠먼트를 주었다. 나중에 나는 "줄을 서요. 다이앤 스타인이 여자들에게 영적 체험을 준답니다."라는 말이 떠돌았다는 것을 알게 되었다. 거의 대부분은 왜 그들이 줄을 서는지도 모르고 섰다. 나의 영적 가이드들은 "계속 해."라고 말했다. 모두 합해서 아마 이틀 동안 150명에게 완전히 무료로 어튠먼트를 주었는데, 그것은 무리였다. 그 후 3주일 동안 아팠다. 하루에 25명 정도가 최대이기 때문이다. 다른 것은 고사하고라도, 그 경험은 레이키가 얼마나 필요하고 또 얼마나 많은 사람들이 필요로 하는지를 보여 준 것이었다.

그 페스티벌 이후에, 나는 레이키를 원하는 많은 사람들에게 레이키를 가르치는 것이 나의 할 일이라는 느낌이 들었다. 이 원대한 힐링 체계는 그들이 수강료를 부담할 수 있든지 없든지 간에 누구나 사용할 수 있어야 한다. 나는 지금까지도 이 길을 걸어오고 있다. 종종 워크숍이나 페스티벌 주관자들에게 왜 이 힐링 체계가 그렇게 중요한지 설명하는 데 어려움을 느낀다. 나의 남부 페스티벌 모험 이야기를 듣고, 나의 레이키 II 티처는 나를 가르치기를 거부했다. 내가 레이키를 공짜로 가르쳐 주어서 레이키를 남용했다는 것이었다. 그녀는 가르침을 완료하기로 한 우리의 계획을 다시 취소해 버렸다.

나는 지금 레이키 티처가 된 지 4년이 되었으며 수백 명의 학생들을 가르쳤다. 나는 공식적인 전통적 수료증은 가지고 있지 않다. 더 이상 그것이 중요하다고 느끼지도 않는다. 나는 비전통적인 레이키라는 이름으로 나의 학생들에게 수료증을 주며, 가르치는 능력과 효과 면에서 아무것도 놓치는 것이 없다는 것을 확신하고 있다. 1992년 가을, 나의 생일인 9월 22일에 나의 학생들 중 한 명이 나에게 수료증을 가져왔다. 그녀는 "당신이 나를 훈련시켰으니 내가 당신에게 자격증을 줍니다!"라고 했다. 우리 둘 다 그 농담을 즐거워했다. 나는 이제 약 삼사백 명의 학생을 가르쳤다. 그 중의 많은 수가 이제 가르치고 있다. 나는 그들에게 적은 비용을 받고 필요한 경우 장학금을 주라고 한다. 그리고 보편적인 힐링 체계가 되도록 신비주의를 제거해 줄 것을 부탁하고 있다.

제1부

첫 번째 디그리

제1장
레이키 이야기

레이키는 손을 올려놓는 힐링 체계로서 더없이 쉽고 강력한 방법이다. 레이키로 무엇을 할 수 있고 레이키가 어떻게 작용하는지를 설명하는 것이 이 책의 주제이다. 하지만 레이키를 완전히 이해하기 위해서는 그것이 어디에서 왔으며 어떻게 서양으로 전해졌는지를 알 필요가 있다. 이야기를 하자면 인류의 역사까지 올라가야 한다. 힐링 체계 그 자체는 분명히 어떠한 기록보다도 더 오래되었을 것이다. 나는 연구와 독서로 레이키의 기원을 알려고 최선을 다했다. 그러나 아직도 모르는 부분이 많다. 영어로 번역되지 않은 중요한 정보들이 아직도 많으며, 더 많은 정보들이 어떤 언어로도 출판되지 않고 있다. 전통적인 레이키 이야기는 1800년대에서 시작한다. 그러나 레이키는 그보다도 더 오래되었다.

유사 이전의 정보는 채널링을 통해서만 얻을 수 있다. 이 방법으로 얻어진 내용은 사색해 보는 정도로 고려되어야 한다. 그럼에도 불구하고 그것은 흥미로우며 생각을 해 보게 만든다. 그 정보는 증명할 수는 없지만 무시하기에는 너무나 매혹적이며, 나는 그것을 아주 가치 있게 보고 있다. 1990년에 나의 책《Dreaming the Past, Dreaming the Future》(The Crossing Press, 1991년)[1]"를 위해서 사이킥 사람인 로렐 스테인하이스[2]는 지구에 이주해 온 사람들의 원래 거주지인 12개 행성을 묘사하였다. 그것들 대부분은 플레이아디언 별자리에 있었다. 일부는 시리우스와 오리온 별자리에 있었다. 사람들은 지구에서 진화하지 않았다. 우리는 아주 다양한

1. Laurel Steinhice, in Diane Stein, *Dreaming the Past, Dreaming the Future: A Herstory of the Earth*, pp. 106–199, June 3, 1990.
2. Laurel Steinhice, Personal Communication, February, 1991.

별 문화에서 자라다가 여기로 왔다. 몇몇 채널러들이 그들의 책에서 그러한 내용을 묘사하고 있다. 몇몇 전문적인 고문헌 번역자들도 이것을 증명하기 시작했는데, 이 시대에 그렇게 한다는 것은 용기 있는 행동이다.

1991년에 나는 로렐에게 레이키의 기원을 채널링해 달라고 부탁하였다. 그녀는 많은 팔을 가진 (여)신이 레이키를 지구에 가져왔다고 하였다. 오늘날 쉬바라고 알려져 있는 신이 레이키를 여기에 가져왔다는 것이다. 그 당시에 쉬바는 여성으로 알려져 있었다. 쉬바는 그 선물을 기억해 주길 바라고 있다. 인간의 몸이 만들어질 때, 레이키는 모든 사람의 유전 코딩 안에 들어 있었다.

레이키는 우리 능력의 일부였다. 레이키는 한때는 일반적인 것이었으며 결코 잊혀질 수 없는 것이었다. 무(Mu) 종족은 학교에 들어갈 때 레이키 I을 받았고, 중학교에 들어갈 때 레이키 II를 받았다. 교육자들은 레이키 III, 즉 티쳐/마스터 훈련을 받아야 했으며, 원하는 사람은 누구나 그것을 받을 수 있었다. 무 종족은 본토를 떠나 지금의 인도와 티베트를 식민지화하였다. 무 종족은 나중에 사라졌지만 레이키는 그 지역 사람들에게 전승되었다. 지구의 변화로 우선 무 종족이 멸망하였다. 그 다음으로 아틀란티스의 문화가 해체되었다. 그 결과로 레이키 힐링 체계는 소수의 선택된 사람들의 지식이 되었다. 19세기에 한 일본인이 예수와 붓다의 힐링 체계를 알고자 하였다. 그는 쉬바의 초기 문화의 고대 유적에서 그것을 발견했다. 그것은 인도의 비전의 가르침으로 내려오고 있다.

전통적인 레이키 이야기[3]는 1800년대 중반에 시작된다. 일본 교토 도시샤 대학의 학장이며 기독교 목사였던 우스이 미카오는 학생으로부터 예수가 행한 힐링 방법을 보여 달라는 질문을 받았다. 우스이는 그 기술을 배우기 위하여 10년 동안 탐구의 길을 나선다. 일본에 있는 기독교 당국은 그에게 이 힐링은 말해져서도 안 되고 알려지는 것은 더욱 안 된다고 말하였다. 그래서 우스이는 불교를 통해서 알고자 하였다. 인도의 붓다(고따마 싯달따, 기원전 629-543)와 역사적인 인물 예수는 놀랍도록 유사하다. 우스이는 불교 승려들로부터 고대의 영적인 힐링 방법들은 사라졌으며 그것들에 접근하는 유일한 방법은 붓다의 깨달음의 가르침으로 들어가는 길밖에 없다는 말을 들었다.

그 후 우스이 미카오는 미국으로 가서 그곳에서 7년을 살았다. 기독교인들로 부터 더 이상의 답을 듣지 못하자, 시카고 대학의 신학교에 들어가서 비교종교 학과 철학을 공부하여 신학박사 학위를 받았다. 그는 또한 인도와 티베트의 고 대 학문의 언어였던 산스끄리뜨도 배웠다. 우스이는 여전히 이 힐링 방법에 대 한 답을 찾지 못했다. 우스이 미카오가 기독교인 혹은 목사라는 기록은 없으며 일본에 돌아온 뒤 불교도로 선원에 머물렀다는 기록은 있다.

레이키 마스터인 윌리엄 랜드는 우스이 미카오가 도시샤 대학의 학장, 교사 혹은 학생으로도 있은 적이 없다는 사실을 발견하였다. 더군다나 시카고 대학에 들어간 적도, 학위를 받은 적도 없다는 것을 발견하였다.[4] 이러한 이야기들은 놀 라운 레이키 힐링 체계를 미국인들이 받아들이도록 하기 위한 것이었을 것이다. 그래서 기독교적인 측면이 추가되었을 것이다. 불교와 (종교적인 기독교나 기독교 교 리와는 달리) 예수의 초기 가르침의 유사점은 한 번 살펴볼 필요가 있다. 이를 위 해 나는 레이키 이야기를 바꾸어 보았다.

위대한 구원자인 붓다는 네팔 국경 가까운 곳에서 기원전 620년에 태어났다. 그는 왕자였고 태어났을 때의 이름은 고따마 싯달따였다. 이 왕자는 고통이 전 혀 없는 폐쇄된 궁전에 살았다. 바깥으로 나가는 것은 금지되었다. 성년이 되자 바깥세상이 너무 보고 싶었던 그는 아버지의 명령을 어기고 황금 감옥에서 탈출 했다. 그는 처음으로 늙음, 질병, 죽음, 가난과 고통을 보았다. 이것을 보고 모든 사람들의 고통을 덜어 주어야 하는 자신의 까르마를 일깨웠다.

부유함과 아름다운 젊은 아내를 버리고, 고따마 싯달따는 집 없는 방랑자가 되었다. 나무 아래에서 살았고, 탁발하여 생활했으며, 고통 받지 않는 방법에 대 해 명상했다. 보리수나무 아래에서 명상을 하던 어느 날, 그는 모든 사람을 힐링 할 수 있는 방법을 보았다. 이 보리수나무 아래에서의 계시가 첫 깨달음이었다. 붓다는 세상의 대상들, 특히 사람들에 대한 탐욕적인 집착이 고통의 원인이라는 것을 알았다. 긍정적이든 부정적이든 이 집착에 기초한 행동이 사람의 영혼을 지상에 얽매이게 하는 까르마를 만들어 낸다. 까르마는 상황들을 해소하기 위해 사람을 계속 태어나게 한다. 지구에 다시 태어나는 것이 고통의 원인이지만, 까

4. William, L. Rand, *Reiki: The Healimg Touch, First and Second Degree Manual* (Southfield, MI, Vision Publications, 1991), p. 2.

르마는 인간의 몸으로 환생하지 않고는 사라지지 않는다.

이 역설에 대한 답, 즉 어떻게 까르마를 해소하여 윤회를 끝내는가 하는 것이 불교 가르침의 핵심이다. 이 가르침은 기독교를 비롯한 모든 종교에 큰 영향을 끼쳤다. 불교는 모든 살아 있는 존재들에 대한 자비심, 사람과 동물에 해를 끼치지 않음, 사람과 동물을 죽이지 않음, 그리고 다른 사람을 도우면서도 집착하지 않고 살아가라고 가르친다. 불교도들이 말하는 힐링은 몸 이상의 힐링이다. 왜냐하면 마음과 정서가 힐링되어야 하기 때문이다. 힐링은 또한 영적이어야 한다. 세상은 공(空)으로부터 만들어졌다. 세상은 마음이 만들어 낸 환영이다. 기독교에서 발견되는 많은 우화와 이야기, 즉 겨자씨의 우화, 돌아온 탕아, 산상 수훈, 사막에서 악마의 유혹과 같은 것들은 불교로부터 직접 가져온 것이다.

붓다가 깨달음의 길을 발견한 이후로, 다른 사람들도 깨달음이 가능해졌다. 수많은 붓다들과 보살이라고 알려진 존재들이 고따마 싯달따의 뒤를 이었다. 보살(구세주)은 깨달음을 얻었기 때문에 다시 환생할 필요가 없는 존재이다. 그러나 다른 사람들을 슬픔과 고통에서 구해 함께 깨달음으로 가기 위하여 몸을 입고 지구로 다시 돌아온 존재들이다. 불교에서는 보살에 여성을 거의 올리지 않았지만, 두 명의 친근하고 유명한 여성 보살이 있다. 중국의 관음보살과 티베트의 따라(Tara)이다. 나는 마리아와 예수도 보살이라고 믿는다.

붓다와 그를 따랐던 몇 명의 붓다는 위대한 힐러였다. 예수도 그랬다. 초기 불교에서는 힐링을 강조하였으나 이후로는 깨달음으로 가는 길에 방해가 된다고 여겨 권장하지 않게 되었다. 오늘날 레이키라고 불리는 것이 붓다 시대의 인도에 알려지고 있었다. 이것은 불교 경전에 기록되어 있지만 주로 구전으로 전해졌다. 초기 불경의 서너 곳에는 영적인 힐링의 결과, 즉 깨달음을 얻을 수 있는 "순수한 땅"에서 고통과 윤회로부터의 자유를 묘사한다. 힐링을 위하여 붓다를 부르는 의식들과 기도들도 몇몇 경전에 있다.

서구인들에 더욱 익숙한 개념들인 사이킥 기법, 시각화, 입문/어튠먼트, 명상 상태, 마음과 정서와 몸을 포함한 영적 힐링들이 딴뜨라 즉 바즈라야나 불교(밀교)에 보인다. 딴뜨라는 티베트에서 발전된 대승불교의 아주 비밀스런 모습이다.

이것은 철저한 헌신과 사이킥 명상 훈련을 할 것을 요구한다. 딴뜨라는 서구에 섹스 기술로 잘못 알려져 있지만, 사실 그것의 목표는 모든 존재와의 합일과 하나임(Oneness)이다. 이 합일은 섹스 파트너로서의 육체적인 합일이 아니라 시각화에 의한 것이다. 딴뜨라 수행은 영적인 능력과 힐링 기술을 발달시킨다. 수행자들은 이것들을 필요할 때만 사용하도록 배웠다. 그 이유는 그것들이 깨달음으로 가는 길을 벗어나게 하기 때문이다.[5]

티베트 불교에는 뚤까(Tulka)라는 개념이 있다. 이것은 아주 높은 수준의 수행자들이 전생의 기억을 가진 채로 환생한 존재이다. 지금의 달라이 라마가 뚤까의 한 예이다. 달라이 라마가 죽으면, 얼마 후 교단의 승려들은 그의 환생을 찾기 시작한다. 그들은 많은 표식들과 테스트들로 그를 알아낸다. 그리고 어린아이인 새 라마를 사원으로 데려와서 전생에서 남긴 역할을 다시 하도록 훈련시킨다. 이것이 밀교와 예수의 중요한 관련성이다. 나중에 더 자세히 설명하겠다.[6]

딴뜨라 불교 자료들에는 그 길을 가는 방법을 자세히 기록해 놓고 있지 않다. 그런 자료는 오직 수행자들만을 위한 것이며, 구전으로 전해진다. 그 경전은 신성모독의 위험을 방지하기 위하여 주의 깊게 보호되고 있다. 그래서 의도적으로 모호하게 기술되어 있다. 스승은 비밀스런 언어를 써야 한다. 스승은 자질이 있는 준비된 학생들에게만 그것을 드러낸다.[7] 가르침들은 때때로 티처/마스터가 전수받을 학생들을 받아들이지 않아서 소실되기도 하였다. 소실된 수련법들은 가끔 사이킥 방법으로 다시 회복되기도 한다. 기원전 1, 2세기경에 쓰여진 티베트 《딴뜨라 연화경(Tantra Lotus sutra)》에 레이키의 상징 공식이 기록되어 있다.

이 레이키 힐링 기술이 (물론 그 당시에는 레이키란 이름으로 불리지는 않았지만) 어떻게 중동에 있는 예수에게 전해졌을까? 독일의 저술가이며 연구자인 홀거 커스턴은 매혹적인 그의 책 《Jesus Lived in India》(Element Books, Ltd. 1991년)에서, 예수가 환생한 보살, 즉 뚤까였다고 기록하고 있다. 어느 불교 교단의 구성원들은 그의 탄생을 기다렸고, "세 명의 현자들"이 기원전 5년 특별한 별의 안내를 받아 그를 찾아 나섰다. 그 당시에 불교는 동방 전체에 퍼져 있었으며 대부분의 중동 국가들에 불교 사원이 있었다.

5. John Blofeld, *The Tantric Mysticism of Tibet: A Practical Guide to the Theory, Purpose and Techniques of Tantric Meditation* (New York, NY, Arkana Books, 1970), pp. 36–40.

6. Holger Kerstern, *Jesus Lived in India*, pp. 86–91.

7. John Blofeld, *The Tantric Mysticism of Tibet*, pp. 198–199. Much of my understanding of Buddhism comes from this excellent book.

헤롯왕이 에세네파의 지도자로부터 로마의 통치를 위협할 아기에 대한 예언을 들었을 때, 그 아이는 두 살이었을 것이다. 왕은 그 아기를 두려워하고 있었다. 에세네파의 불교식 사원이 사해문서를 보관하고 있던 동굴 주위의 쿰란에 있었다. 비밀 교단인 에세네파의 사람들은 이런 예언을 알고 있었을 것이다. 그 교단은 불교 교단이었을 것이다. 그들의 가르침에는 환생, 까르마의 개념들, 영혼의 불멸, 자비롭고 평화롭고 검소한 삶이 들어 있었다.[8] 그들은 어린 예수가 뚤꾸라는 것을 알고 그를 찾아 나섰거나 혹은 그를 알아본 에세네파들에 의해 소환되었을 것이다. "현자"들이 소년을 그들의 고향인 동방으로 데려왔을 것이다. 소년은 처음에는 이집트에서, 나중에는 인도에서 길러지고 훈련받았을 것이다. 불교의 대승 사상과 밀교 훈련을 받은 후, 그는 어른이 되어 불교 전문가로서, 레이키 힐러로서 예루살렘에 돌아왔을 것이다. 그는 보살이었을 것이다.

연대기

인도

기원전 620년 고따마 싯달따, 즉 석가모니 붓다가 인도-네팔 국경 부근에서 태어나다.

기원전 543년 인도의 꾸쉬나가라에서 고따마 싯달따가 세상을 떠나다.

기원전 2-1세기 딴뜨라인 법화경이 기록되다.[9] 현존하는 다른 힐링 경전도 기록되다.

기원전 7년 예수가 탄생하다.[10]

기원전 5년 "세 명의 현자"가 동방(인도)에서 깨달은 사람의 환생을 찾아 나서다. 그들이 예수와 예수의 가족을 이집트와 인도로 데려가다.

27년-30년부터 30년-33년 예수가 예루살렘으로 돌아와 2-3년 동안 머물다.[11]

30년 혹은 33년 예수가 십자가에 못 박히다. 예수가 죽지 않았다는 증거가 있다.[12]

46년 혹은 49년 예수가 십자가 사건 이후 16년만에 인도로 돌아오다.[13]

110년 예수가 인도의 스리나가르에서 세상을 떠나다. 전설에 의하면 120살이라는

8. Holger Kersten, Jesus *Lived in India*, pp.106-108.

9. Dated in Raoul Birnbaum, *The Healing Buddha* (Boulder, CO Shambala Publications, Inc. 1979) pp. 26-27.

10. Holger Kersten, *Jesus Lived in India: His Unknown Life Before amd After the Crucifixion* (Dorset, England, Element Books, Ltd., 1991), p. 86. 예수의 생애에 관한 연도들은 이 출처를 참고하였다. 이 연도들은 레이키에 중요해질 것이다.

11. 같은 책, pp. 124-125.

12. 같은 책, p. 127 ff.

13. 같은 책, p. 174, date p. 183.

흔치 않은 나이까지 살았다.[14]

일본

1800년대 후반 우스이 미카오가 레이키를 접하다.

1925년 하야시 츠지로가 47세 때 레이키 마스터의 디그리(레이키 Ⅲ)를 받다.

1930년 우스이 미카오가 세상을 떠나다. 자료에 따르면 그는 16–18명의 레이키 티쳐를 양성했다.

1941년 5월 10일 하야시 츠지로가 세상을 떠나다. 그는 부인인 하야시 치에와 타카타 하와요를 비롯한 13–16명의 레이키 마스터들을 양성하였다.

하와이

1900년 12월 24일 하와요 카와무라(타카타)가 태어나다.

1917년 3월 10일 타카타 사이치와 결혼하다.

1930년 10월 타카타 사이치가 세상을 떠나다.

1935년 타카타는 힐링을 위해 일본 아카사카의 마에다 병원으로 갔다가, 도쿄의 시나노 마치에 있는 하야시의 레이키 클리닉에 가다. 그녀는 4개월 만에 힐링되다.

1936년 봄 타카타가 하야시 츠지로로부터 레이키 Ⅰ을 받다.

1937년 타카타는 하야시로부터 레이키 Ⅱ를 받고 하와이로 돌아가다. 카파에서 그녀 최초의 힐링 클리닉을 열다.

1938년 겨울 타카타는 하와이에서 하야시로부터 레이키 Ⅲ을 받다. 1938년 2월 22일에 하야시 츠지로는 타카타 하와요를 레이키 마스터와 후계자로 발표하다.

1980년 12월 11일 타카타 하와요가 세상을 떠나다. 그녀는 1970–1980년 사이에 22명의 레이키 마스터를 양성하다. 다른 자료에는 12월 12일에 세상을 떠났다는 기록이 있다.[15]

홀거 커스턴은 예수가 십자가에서 살아남았다는 논리적인 주장을 하면서 예수의 여생을 계속 추적하였다. 불교 경전에는 이사 혹은 유즈 아사프로, 이슬람

14. 같은 책, pp. 205–206.
15. 1800년부터 1900년까지의 연월일은 여러 가지 레이키 출처를 참고하였다. 주로 참고한 자료는 Fran Brown, *Living Reiki: Takata's Teachings* (Mendocino, CA, LifeRhythm, 1992).

경전에는 이븐 유스프라는 이름이 언급되는 곳이 아주 많다. 대부분의 자료들은 그런 구분을 실수가 아니라고 한다. 그의 과거나 십자가의 흉터도 기록하고 있다. 예수는 아주 오랫동안 살았으며 인도에서 성자로 많은 존경을 받았다.[16] 마리아, 마리아 막달레나와 유즈 아사프(예수)의 무덤은 숭배의 장소로 여겨지고 있는데, 마리아의 무덤은 파키스탄의 마리에, 마리아 막달레나의 무덤은 인도의 까슈가르에, 예수의 무덤은 인도의 스리나가르에 있다. 이 장소들은 명확하게 이름이 밝혀져 있다.[17] 커스턴은 21페이지에 이르는 자료에, 십자가 사건 이후 인도 까슈미르 지방의 예수의 거주지를 수많은 지명을 대며 설명한다.

이런 학문적인 정보의 대부분은 기독교 교회에 의해 억압되었을 것이다. 기독교 교회는 불교에 의해 영향을 받은 예수보다는 바울의 가르침을 더 따르고 있다. 역사적인 예수는 매혹적인 인물이며, 레이키 이야기에는 그의 현존이 분명히 드러나 있다. 그는 또한 힐링 방법을 다른 사람에게 가르쳤다. 신약성경에 그가 제자들을 훈련시켰다는 기록이 있다. 레이키는 이전에 알려진 것보다도 인도 바깥의 고대 세계에 더 넓게 퍼졌던 것 같다. 레이키는 아마 바울의 간섭으로 기독교 교리에서 빠졌을 것이다. 바울은 예수의 가르침을 재해석한 것으로 보인다. 5세기경이 되면 재탄생과 까르마라는 개념이 교회법에서 빠진다. 그렇게 많은 사람들에게 도움이 되었던 예수의 힐링 방법 역시 빠진다. 힐링은 불교 전문가들에 의해서만 유지되었다. 그러나 이 사람들은 그것을 사용했지만 결코 그 내용을 대중에게 알리지는 않았다.

우스이 미카오는 일본으로 돌아와 한 선불교 사원에 머물렀다. 그곳에서 힐링의 공식을 찾아냈는데, 그는 이제 원본으로 된 산스끄리뜨를 읽을 수 있었다. 그 자료에는 그 에너지를 활성화시켜 작용하게 만드는 방법에 대한 언급이 없었다. 이미 언급한 바와 같이, 경전에 있는 정보들은 의도적으로 애매모호하게 기록되었다. 힘이 있는 내용을 준비되어 있지 않은 사람들로부터 보호하기 위해서였다. 타카타 하와요는 이것을 다음과 같이 묘사했다.

그는 산스끄리뜨를 집중적으로 공부했다. 나중에 완전히 숙달하게 되자 그는 공

16. 같은 책, p. 150 ff.
17. 같은 책, pp. 186-187, 196-197, 203-206.

식을 알아냈다. 그냥 분명했다. 어려운 것은 없었고 아주 간단했다. 마치 2 더하기 2는 4인 것처럼. 그리고 그는 또한 다음과 같이 말했다. "아주 좋아, 이제 발견했어. 그렇지만 이것이 2,500년 전인 먼 옛날에 쓰여졌기 때문에 나는 이제 이것을 해석해야 해. 시험을 통과해야 해."[18]

그 시험은 일본의 쿠라마 산에서의 3주간의 명상, 단식, 기도였다. 그는 명상 장소를 선택했고, 시간을 표시하기 위해 앞에 21개의 작은 돌을 쌓고 하루의 마지막에 돌 하나를 던졌다. 마지막 날 새벽이 오기 전 가장 어두운 때, 우스이는 빛의 발사체가 다가오는 것을 보았다. 그의 첫 번째 반응은 그것으로부터 도망가는 것이었다. 하지만 다시 한 번 생각한 그는 다가오는 것을 명상에 대한 대답으로 여겨 받아들이기로 결심했다. 설령 그로 인해 죽는 한이 있더라도. 그 빛은 그의 제3의 눈을 때렸고 그는 잠시 의식을 잃었다. 다음에는 "수백만 개의 무지개 거품"[19]을 보았다. 마지막에는 스크린에 레이키의 상징들이 보였다. 각각의 상징을 보자 힐링 에너지를 활성화시키기 위한 상징들 각각의 정보가 주어졌다. 이것이 최초의 레이키 어튠먼트였으며, 고대의 방법에 대한 사이킥적인 재발견이었다.

우스이 미카오는 붓다와 예수가 힐링했던 방법을 알아낸 뒤 쿠라마 산을 떠났다. 그는 산을 내려오면서 전통적으로 4개의 기적이라고 알려진 것을 경험했다. 첫째, 그는 걷다가 발가락이 돌에 차이자 본능적으로 앉아 손을 그곳에 가져갔는데, 손이 따뜻해지더니 찢어진 발가락이 힐링되었다. 둘째, 그는 산자락에서 순례자들을 대접하는 집에 도착하여 정식을 시켰다. 21일 동안 물만 마신 사람에게는 현명하지 않은 일이었지만 아무 불편함 없이 먹었다. 셋째, 식사를 나르던 여성이 치통으로 괴로워하고 있었다. 얼굴의 그 부분에 손을 갖다 대자 그녀의 고통이 힐링되었다. 마지막으로, 사원으로 돌아왔을 때 주지스님이 관절염으로 누워 있었다. 그는 스님을 힐링했다.

우스이는 그 힐링 에너지를 레이키라고 이름 지었다. 우주적 생명력의 에너지라는 의미이다. 그 뒤 그는 그 방법을 교토의 빈민촌으로 가져가서 몇 년 동안 시

....
18. Hawayo Takata, *The History of Reiki as Told by Mrs. Takata*, Transcript p. 4.
19. 같은 책, p. 6.

내의 거지들이 모여 사는 그 지역에서 힐링을 하며 살았다. 그가 살던 시대에는 기형이나 팔다리가 없거나 혹은 질병이 분명한 사람들이 거지 집단을 이루며 살았다. 이러한 사람들을 힐링해 준 뒤 그 사람들에게 새로운 삶을 시작하라고 했으나 그들은 다시 돌아오곤 했다. 힐링이 된 사람들이 정직한 삶을 살기보다는 거지 생활을 하는 것을 보고 실망한 그는 그곳을 떠났다. 그들은 그들대로 화가 났다. 장애가 힐링되어 더 이상 거지로 구걸할 수 없게 된 까닭에 일을 해야 했기 때문이다.

우스이의 빈민가 경험은 오늘날 레이키의 높은 비용을 정당화하는 데 이용되고 있다. 사람들이 힐링의 비용을 지불하지 않으면 힐링의 가치를 높게 평가하지 않을 것이라는 주장인 것이다. 우스이의 실패는 거지들이 비용을 지불하지 않아서가 아니라, 그들의 몸만 힐링되고 마음과 영혼은 힐링되지 않았기 때문이다. 불교의 교리는 영혼의 힐링을 유일한 힐링으로 보며 몸의 힐링은 가볍게 본다. 일단 깨달음에 들어가면 환생할 필요가 없어지며, 이것이 고통을 끝내는 방법이다. 불교도들은 깨달음만이 진실하며 유용한 힐링법이라고 말한다.

우스이 미카오는 순례의 길을 떠났다. 레이키의 횃불을 들고 온 일본을 다니면서 알렸다. 이런 도중에 그는 은퇴한 해군 장교이며 예비군이었던 하야시 츠지로를 만났다. 하야시는 우스이로부터 1925년에 47세의 나이로 레이키 티쳐 훈련을 받고서 우스이 미카오의 계승자가 되었다. 우스이는 1930년에 세상을 떠났으며 16-18명의 레이키 티쳐를 길러냈는데, 자료에 따라 티쳐들이 조금 다르지만 하야시만은 어떤 레이키 자료에도 언급되고 있다. 하야시 츠지로는 남녀를 포함해서 그의 생애에 16명의 티쳐를 길러냈다. 그는 도쿄에 힐링 클리닉을 열었고 힐러들은 그룹으로 힐링했는데, 사람들은 그곳에 머물면서 힐링을 받았다. 레이키 힐러들은 클리닉에 올 수 없는 사람들의 집을 방문하여 힐링하기도 했다. 타카타 하와요가 힐링을 위해 하야시 츠지로의 시나노 마치 클리닉에 온 것은 1935년이었다.

카와무라 하와요는 1900년 12월 24일에 하와이의 카우아이 섬 하나마울루에서 태어났다.[20] 그녀의 집안은 파인애플 나무를 자르는 일을 업으로 했지만, 그

20. 레이키에 관한 거의 모든 책이 하와요 타카타의 생애를 기술하고 있다. 여기에서 사용된 주요 자료는: Fran Brown, *Living Reiki: Takata's Teachings,* and Helen J. Haberly, *Reiki: Hawayo Takata Story,* (Olney, MI), Archedigm Publications, 1990) pp. 11-44, Both books are highly recommended.

녀는 농장 일을 하기에는 너무 작고 약해서 어린아이들을 가르치는 공립학교에서 소다수 판매점의 점원으로 일했다. 그후에는 부유한 농장주의 집에서 하녀로 일하게 되었는데, 그때부터 24년 동안 아주 중요한 직책인 농장주의 집안일과 회계 일을 하면서 농장에서 살았다. 1917년에 농장의 회계원인 타카타 사이치를 만나 결혼했고 두 딸과 함께 행복한 결혼 생활을 했다.

타카타 사이치는 1930년 10월에 32살의 나이에 심장마비로 죽었다. 다음 5년 동안 미망인으로 어린 두 딸을 키워야 했던 타카타 하와요는 신경쇠약과 심각한 육체적인 문제를 일으켰다. 그리고 수술을 필요로 하는 담낭의 질병을 가진 것으로 진단받았는데, 호흡곤란을 일으키는 호흡기 질환도 가지고 있어 마취를 하면 생명이 위험할 수 있었다. 건강은 악화되었고 결국 수술 없이는 살지 못한다는 말을 들었지만, 수술이 그녀를 죽일 수도 있었다. 1935년에는 여동생이 죽었다. 타카타는 그 소식을 도쿄에 있는 부모에게 전한 뒤 아카사카의 마에다 의료원에 입원하였다.

3-4주일 동안 병원에 있은 뒤 수술하기로 계획되어 있었다. 이때쯤 담석뿐만 아니라 맹장염과 암 진단을 받았다. 수술 전날에 그녀는 어떤 목소리가 "수술은 필요하지 않다."라고 하는 말을 들었다. 마취를 준비하고 있던 수술실의 테이블 위에서도 이 소리를 계속해서 들었다. 그녀는 일어나 의사에게 힐링될 수 있는 다른 방법은 없느냐고 물었다. 그 의사는 다음과 같이 말했다. "그래요, 일본에서 충분히 머물 수 있는 시간이 있다면요." 그리고 하야시 츠지로의 레이키 클리닉을 소개하였다. 그녀는 하야시의 힐러들에게 힐링되었으며, 레이키 트레이닝을 받았던 그 의사의 여동생이 그날 그녀를 그곳에 데리고 갔다.

타카타는 클리닉에 4개월 동안 머물렀다. 그 동안에 몸, 마음, 영혼이 완전히 힐링되었다. 그녀는 레이키를 가르쳐 달라고 했지만 처음에는 거부당했다. 그 이유는 여자라서가 아니라 외국인이어서였다. 하야시는 그 당시에 레이키 힐링이 일본 바깥으로 나가는 것을 원치 않았지만, 결국 마에다 병원 의사의 중재로 허락해 주었다. 타카타 하와요는 레이키 I 의 트레이닝을 1936년 봄에 받았고, 클리닉에서 일하는 힐러 팀에 합류했다. 1937년에는 레이키 II를 받았으며 그 뒤 하와이로 돌아갔다. 그녀는 일본에서 2년을 살았다.

그녀는 첫 레이키 클리닉을 카파에서 오픈하였다. 성공적이었다. 그녀는 감독 기관과의 법적인 마찰을 피하기 위해 마사지 치료사 자격을 얻었다.

1938년 겨울에 하야시 츠지로는 하와이로 타카타를 방문하였으며 같이 강의를 하러 다니기도 하였다. 이때 그녀는 레이키 Ⅲ을 받았다. 1938년 2월 22일, 하야시는 타카타 하와요를 마스터/티쳐로 그리고 그의 후계자로 발표했다. 그는 그녀에게 무료로 레이키 훈련을 해 주지는 말라고 했고, 또한 그가 부르면 바로 일본으로 와서 그를 만나야 한다고 말했다. 1939년에 그녀는 힐로에 두 번째 힐링 센터를 열었다. 1941년 어느 날 아침, 눈을 뜬 그녀는 하야시가 침대 발치에서 있는 것을 사이킥적으로 보았다. 이것이 소환이라는 것을 알고 그녀는 도쿄로 가는 배에 올랐다.

타카타가 레이키 클리닉에 도착했을 때, 하야시 츠지로와 그의 부인 하야시 치에, 그리고 다른 일본인 레이키 마스터들이 와 있었다. 그는 그녀에게 엄청난 전쟁이 다가오고 있으며, 레이키와 관련된 모든 것들이 사라지고 클리닉도 문을 닫게 될 것이라고 말했다. 레이키가 완전히 소멸될 것이라는 것을 사전에 알고 외국인인 타카타를 계승자로 삼았던 것이다. 하야시 츠지로는 자신이 해군 장교였기에 징집된다고 말하면서, 힐러나 의료인으로서 타인의 생명을 뺏을 수 없다고 말했다. 그 대신에 그는 자신의 죽음을 받아들이기로 결심했다. 그래서 타카타를 부른 것이었다.

1941년 5월 10일에 그의 학생들 앞에서 하야시 츠지로는 사이킥적인 방법으로 그 자신의 심장을 멈추게 하여 세상의 삶을 마감하였다. 그가 예언한 거대한 전쟁은 제2차 세계대전이었다. 정말로 레이키는 일본에서 더 이상 찾아볼 수 없게 되었다. 하야시 치에는 생존하였으나 그의 집과 클리닉은 점령군에게 빼앗겨 힐링 센터로 운영할 수 없게 되었다.

타카타는 레이키를 지속하는 수단이었다. 그녀는 레이키를 하와이에 처음으로 들여왔고, 미국으로, 나중에는 캐나다와 유럽에까지 퍼뜨렸다. 그녀는 80살까지 살았지만 항상 10년은 젊어 보였다. 그녀는 수백 명에게 레이키 힐링 체계를 훈련시켰고, 생애 마지막 10년, 즉 1970–1980년 동안에는 22명의 남녀를 레이키 마스터에 입문시켰다. 타카타 하와요는 1980년 12월 11일에 세상을 떠났다.

그녀의 힐링 클리닉에서는, 환자가 심하게 아파서 힐링을 많이 필요로 할 때는 가족 중의 한 사람에게 레이키를 훈련시켜 힐링을 하도록 했다. 환자가 할 수 있을 만큼 힘이 있으면 레이키를 훈련받도록 했다. 타카타는 이야기와 시범으로 가르쳤다. 학생들이 노트를 해서 집에 가져가는 것은 허용하지 않았다. 모든 수업도 다르게 진행했다. 어떤 때는 힐링 자세를 머리부터 했다. 다른 때는 몸의 중간이나 심지어 발부터 하기도 했다. 레이키 마스터들에게 레이키 Ⅲ 디그리(degree; 단계)를 가르칠 때도 달랐다. 그녀는 마스터/티처를 같은 방법으로 가르치지 않았다.

타카타 여사는 항상 학생들로부터 수업료를 받았다. 심지어 그녀의 가족들로부터도 받았다. 그것이 꼭 필요하다고 보았다. 돈을 내지 않고 수업을 받으면 수업을 가치 있게 느끼지 않거나 배운 것을 사용하지 않는다고 보았기 때문이다. 그녀는 가르침에 대해 돈을 내지 않는 사람은 사업이나 삶에 있어서도 성공하지 못한다고 느꼈다.[21] 그녀가 훈련시킨 마스터들은 많은 수업료를 받았다. 너무 많아서 대부분의 사람들에게는 레이키를 하는 것이 경제적으로 어려울 정도였다.

내 생각에는, 이런 타카타의 이해와 경험도 일리가 있다. 그러나 힐링 체계의 높은 가격은 오늘날 고통이 많은 세상에서는 도덕적으로 잘못된 것이라고 생각한다. 물론 어떤 사람들은 비싼 대가를 지불하지 않은 것을 가치 없다고 생각한다. 미국의 문화도 본질적인 가치보다는 지불된 가격에 기초한 존경의 개념을 조장하고 있다. 그러나 내가 관찰한 바에 따르면, 몇몇 사람들은 자신이 받은 것의 가치를 이해하지 못하고 있지만, 레이키는 항상 어떤 중요한 방법으로 그들에게 여전히 혜택을 주고 있다.

타카타 하와요가 세상을 떠난 후 레이키는 서구에서 많은 변화를 겪었다. 타카타의 계승자이자 손녀인 필리스 후루모토는 우스이 전통 대(大) 레이키 마스터라고 명명되었다. 가르치는 기술과 방법이 변화를 겪었고, 레이키의 서너 분파가 갈라져 나왔다. 이 모든 분파들이 각각 유일하게 옳은 방법이라고 주장하고

21. Hawayo Takata, *The History of Reiki as Told by Mrs. Takata*, Transcript pp. 14–15.

있다. 하지만 사실은 그 모든 방법이 다 옳다. 그 모든 분파들은 타카타 하와요의 가르침에 기원을 둔 것이다.

우스이의 레이키 료호라고도 불리는 우스이 전통의 레이키는 아마 타카타 하와요가 원래 일본에서 들여온 방법과 가장 가까운 것일 것이다. 이것은 3단계로 되어 있다. 마스터/티쳐의 트레이닝 코스는 레이키 III에서 한다. 전통적인 레이키 마스터 훈련에는 아주 소수의 사람들만이 받아들여지며, 심지어 1만 달러를 낼 수 있는 사람들이 초대된다. 어떤 티쳐들은 레이키 III을 두 단계로 나누고 있다. 즉 레이키 III 수련자 코스와 레이키 III 티쳐 코스이다. 어떤 사람들은 레이키 III의 수련자 코스를 레이키 II의 진보 단계로 부르기도 한다. 레디언스(Radiance)라는 체계는 레이키 트레이닝을 열한 단계로 나누는데, 더 높은 단계가 더 초월적이며 타카타의 가르침을 확장한다고 주장한다. 단계별로 숫자가 높아지면 더 높은 비용을 지불해야 한다.

단계별 가르침도 방법에서 다르다. 대부분의 티쳐들은 레이키 I을 같은 방법으로 가르치며, 레이키 II 단계에서는 약간의 변화와 첨가가 있다. 그러나 가장 큰 변화는 레이키 III에서 오는데, 어튠먼트를 주는 방법에 차이가 있다. 전통적인 어튠먼트/입문은 레이키 I에 네 번의 어튠먼트를 주고, 어떤 티쳐들은 레이키 II에 네 번을 주는 반면, 어떤 현대적인 방법은 각 디그리마다 하나의 통합된 어튠먼트를 준다. 나 자신의 가르침과 이 책에서, 나는 레이키를 세 단계로 나눈다. 레이키 III 디그리는 완전한 교수 정보가 포함된다. 나는 두 가지 어튠먼트 방법을 훈련받았지만, 각 디그리에서 한 번의 어튠먼트만 전달하는 현대적인 방법을 선호한다. 나에게는 이것이 정말로 간단할 뿐만 아니라 더 강력하다. 나의 방법은 전통적인 레이키보다 현대적이며, 가장 잘 작용하는 것과 가장 쉬운 것이라는 기준에 의해 개선된 것이다.

레이키는 우스이 미카오, 하야시 츠지로, 타카타 하와요의 시대 이래 계속 변해 오고 있다. 이것은 더욱더 많은 사람, 특히 어느 정도의 비전통적인 티쳐들이 이제 더 이상 높은 수업료를 받지 않는 곳에서 더 많은 사람들에게 퍼지고 있다. 붓다가 어떻게 손을 올려놓는 힐링을 가르쳤는지, 예수가 어떻게 그것을 배워서 가르쳤는지는 더 이상 알려지지 않고 있다. 레이키의 기원은 존중되어야 하지만, 동시에 사람들과 지구의 변화하는 필요도 존중되어야 한다. 이 책은 레이키의 가르침을 계속 지속시키고 유용한 방법을 보존해서, 그것들이 더 이상 잊혀지지 않게 하고, 동시에 그것을 배우고 싶어 하는 사람이면 누구나 레이키를 배울 수 있도록 하려는 나의 희망을 담고 있다. 레이키는 사랑이다. 이 지구가 위기에 처한 이 시대에 우리 모두는 우리가 가질 수 있는 모든 사랑을 필요로 한다.

일본어 서체에 따라 달리 쓴 "레이키"

제2장
레이키란 무엇인가?

위안을 주고 고통을 덜어 주기 위해 사람이나 동물의 몸 위에 손을 올려놓는 행위는 본능만큼이나 오래된 것이다. 고통을 경험할 때 대부분의 사람들이 하는 행위는 그 부분에 손을 올려두는 것이다. 아이가 넘어져서 무릎을 다쳤을 때, 아이는 어머니가 그 부위를 손으로 만져서 낫게 해 주기를 원한다. 아이가 열이 나거나 아플 때 어머니는 본능적으로 아이의 이마에 손을 댄다. 인간의 터치는 따뜻함, 평온, 그리고 힐링을 가져오며 보살핌과 사랑을 동반한다. 동물이 아플 때, 개나 고양이가 처음 취하는 본능적인 행동은 아픈 부위를 핥는 것이다. 같은 이유로 사람들은 손을 댄다. 동물의 어머니도 아픈 새끼들을 핥는다. 이런 간단한 행동이 모든 터치 힐링 기술의 기초이다.

인간이건 동물이건, 살아 있는 몸은 따뜻함과 에너지를 발산한다. 이 에너지는 생명의 힘 그 자체이다. 이것은 인간의 문명만큼이나 많은 이름들을 가지고 있다. 메리 코딩턴은 그녀의 책 《In Search of the Healing Energy》(Destiny Books, 1978년)에서 다양한 문화 속에 있는 이 에너지의 역사를 논의하는 것으로 책 전체를 채우고 있다. 폴리네시아의 후나(Huna)들은 이 힐링의 힘을 마나라고 하며, 아메리카 원주민 이로쿼이 족은 이것을 오렌다라고 한다. 인도에서는 쁘라나라고 알려져 있으며, 히브리인들은 루앗이라고 부르며, 이슬람 국가들에서는 바라카, 그리고 중국에서는 치라고 부른다. 어떤 힐러들은 그것을 오르곤 에너지(빌헬

름 라이히), 애니멀 마그네티즘(F.A. 메스머), 그리고 아르케우스(파라셀수스)라 부른다. 일본에서는 그 에너지를 키라고 부르는데, 이 말에서 레이키라는 이름이 나왔다.

기공 교사인 만탁 치아는 기(氣)를 "에너지, 공기, 호흡, 바람, 중요한 호흡, 중요한 본질…… 우주를 움직이는 에너지"로 규정했다.[1] 기공은 고대 아시아의 힐링 수련이다. 이것은 몸 안에 에너지를 운행하여 기를 강화시키고 보존하는 것이다. 기는 몸을 만들고 건강 상태를 결정하는 에너지의 전기적 타입이다. 기가 살아 있는 조직을 떠날 때 생명이 떠나는 것이다. 기는 또한 지구, 행성, 별, 그리고 천국의 본질적인 생명력이다. 이 에너지의 근원은 살아 있는 몸의 기에 영향을 미친다. 모든 살아 있는 것은 기를 가지고 있고 또 그것을 발산한다. 이것은 오라의 생체 자기적 에너지이다.

레이키의 살아 있는 생명의 힘 속에서, 레이키 힐러로 어튠된 사람은 몸의 에너지 통로들이 열리며, 레이키의 어튠먼트로 방해물이 깨끗해진다. 그는 이제 자신의 힐링을 위하여 이 생명의 에너지, 즉 기를 받을 뿐만 아니라 모든 우주적 기의 근원에 연결된다. 이 근원은 어떤 이름으로 불러도 된다. 나는 이것을 여신이라 부른다. 신, 더 높은 참나, 첫 번째 근원, 우주, 첫 창조 혹은 생명의 에너지라는 다른 용어들로도 이름 붙일 수 있다. 레이키는 종교나 종교의 분파도 아니다. 이 생명의 에너지는 생명 그 자체의 근원이며, 어떤 종교 철학보다도 개념과 사실에서 훨씬 더 오래되었다.

생명이 있는 모든 것은 기를 가지고 있지만, 레이키 어튠먼트는 받는 사람을 그의 무한한 근원과 연결시킨다. 레이키 I에서 첫 어튠먼트를 받으면, 받는 사람은 이런 우주적 힐링 에너지의 채널이 된다. 어튠먼트를 받는 그 시간으로부터 그의 마지막 여생까지, 힐링의 기와 연결하기 위해 그가 할 일이라고는 오로지 그냥 손을 자신이나 다른 사람 위에 올려두는 것뿐이다. 그러면 그를 통하여 힐링의 기가 자동적으로 흐를 것이다. 어튠먼트는 그 사람을 기의 근원과 직접적으로 접촉하게 한다. 따라서 그것을 받는 사람의 생명력의 에너지를 증가시킨다. 그는 먼저 그를 힐링하고, 그 다음 그를 고갈시키지 않고 다른 사람들을 힐

1. Mantak and Maneewan Chia, *Awaken Healing Light of the Tao*, (Huntington, NY, Healing Tao Books, 1993), p. 31.

링하는 그런 에너지를 경험하게 된다. 어튠먼트 과정의 처음 몇 분 동안에, 레이키 에너지를 받은 사람은 여러 긍정적인 방법으로 그의 일생을 영원히 바꿔 놓는 선물을 받는 것이다.

어튠먼트 즉 입문의 과정은 다른 모든 형태의 손을 올려놓는 힐링 혹은 터치 힐링으로부터 레이키를 구분해 주는 것이다. 어튠먼트는 힐링 세션이 아니다. 그것은 힐러를 만들어 내는 것이다. 레이키 I에서, 학생은 첫 번째 결합된 어튠먼트를 받는다(전통적인 레이키 마스터의 클래스에 있다면 네 번의 어튠먼트를 받는다). 레이키 II에서는 추가적인 어튠먼트를 받고, 레이키 III에서는 어튠먼트를 하나 더 받게 된다. 각 디그리의 어튠먼트는 기를 채널하는 능력을 증가시킨다. 레이키는 어튠먼트 그 자체이다. 티쳐/마스터가 학생에게 직접 전달해야 하는 이 과정이 없는 힐링 체계는 레이키가 아니다.

어튠먼트는 일대일로 주어진다. 어튠먼트는 아름다운 의식(ritual)이 될 수도 있고, 또는 의식이 없이 재빨리 이루어질 수도 있다. 어느 쪽이든 간에 어튠먼트를 받는 것은 마술적인 선물을 받는 것이다. 이렇게 하는 과정 동안, 티쳐는 받는 사람의 뒤에 서서 상징을 그리는 것으로 시작한다. 그 다음에는 앞에서 의식을 진행한 뒤, 다시 받는 사람의 뒤에서 마무리한다. 받는 사람들은 저마다 많은 다른 것을 경험한다. 어떤 사람들은 컬러를 지각하고, 어떤 사람들은 그림을 본다. 어떤 사람들은 과거의 삶, 특히 그전에 레이키를 했던 전생을 경험하기도 한다. 어떤 사람들은 빛이나 완전한 평화의 느낌, 경이로움, 사랑으로 가득 채워지는 것을 느낀다. 어떤 사람들은 다른 사람들이 느끼는 것보다도 더 많은 것을 느낀다. 그 감각들은 분명하지만 매우 부드럽다. 에너지를 흐르게 하려고 손을 다른 사람 위에 두라고 부탁받았을 때, 새로운 레이키 힐러는 처음으로 자신의 손을 통해 방출되는 레이키의 열을 경험할 것이다.

이 시점부터 어튠먼트를 받은 사람은 자신에게 있는지조차 모르고 있던 능력들을 지닌 레이키 힐러가 된다. 어튠먼트는 받는 사람에게 새로운 어떤 것을 주는 것이 아니며, 이미 자신의 부분으로 있던 것을 열어 주고 정렬시키는 것이다. 그것은 이미 전기선에 연결되어 있는 집 안의 등에 스위치를 올리는 것과 같다. 즉, 힐러가 힐링하려는 의지를 가지고 다른 사람의 몸에다 손을 아래로 향하여 두면, 불을 켜는 것이다. 전통적인 티쳐들은 당신이 이 생애에서 레이키를 받아들이면, 그것은 이전의 다른 환생에서 그것을 받아들였기 때문이라고 말한다. 또한 레이키는 기억하는 것이라고 말한다. 하지만 나는 그 이상이라고 믿는다. 우리 모두는 과거의 생에서 레이키를 가졌었다. 즉 이것은 우리의 유전적 유산의 일부이며, 우리 모두의 일부이다.

레이키는 세 단계로 나뉜다. 레이키 I 어튠먼트는 받는 사람의 신체적 수준의 불편함을 힐링한다. 종종 신체적인 건강은 입문을 받은 날들로부터 수개월에 걸쳐 더 나은 방향으로 변화가 일어나기도 한다. 레이키 I 힐링 세션은 주로 자기힐링을 위한 것이다. 레이키 I 힐러는 또한 육체적으로 같이 있는 누군가를 힐링해 줄 수 있다. 그런 힐링을 직접 힐링이라 한다. 힐러는 반드시 손을 자신이나 다른 사람 위에 직접적으로 두어야 한다. 레이키 I의 손 자세들은 다음 장에서 설명한다.

레이키 I의 어튠먼트에 적응하는 데는 3–4주가 필요할 것이다. 그 기간에 레이키 에너지는 때때로 힐링하지 않을 때도 작용할 수 있다. 레이키 어튠먼트를 받은 사람은 멍하거나 따끔거리는 느낌을 받을 수도 있고, 전생의 꿈을 포함하여 생생한 꿈을 꿀 수도 있다. 해독 과정의 증상을 경험할 수도 있는데, 이때는 설사가 나거나 콧물이 나올 수도 있고 소변이 많아질 수도 있다. 그러나 여전히 기분은 좋을 것이다. 그런 것들은 에너지가 적응하는 동안 일어나는 현상들이며, 그 에너지를 채널할 수 있는 새로운 힐러의 능력이 증가되고 있는 것이다. 전에 경험하지 못했던 더 많은 기 에너지가 오라와 몸에 들어가며, 오라와 짜끄라들이 정화되고 있다. 그 과정이 불편하면 자기 힐링을 하든지 다른 사람을 힐링하여 에너지를 다시 균형 잡히게 하면 된다. 그러면 그 감각이 줄어들 것이다. 레이키 I을 받고 나서, 매일 자기 힐링을 하고, 또 최소한 첫 달만큼은 가능한 한 많은 힐링 세션을 가지는 것이 가장 좋다.

레이키 II 어튠먼트는 힐링 에너지의 양을 어느 정도 증가시킨다. 어튠먼트는 그것을 받는 사람의 정서적, 정신적 그리고 까르마적인 힐링에 집중한다. 어튠먼트를 받은 뒤에는 오래된 정서들, 힐링받지 못한 이전의 상황들, 과거의 삶들, 그리고 부정적인 정신적 패턴들이 결국에는 힐링된다. 이것이 완료되는 데는 6개월이 걸릴 수 있다. 그 과정이 항상 즐겁지만은 않지만 긍정적이며 필요한 과정이다.

레이키Ⅱ를 가지고 힐링하는 것은 직접적인 세션에 상당한 힘을 준다. 이것은 또한 물리적으로 같이 있지 않은 사람을 힐링하는 절차와 도구를 추가해 준다. 즉 원격 힐링을 할 수 있게 되는 것이다. 레이키Ⅱ에서는 레이키 상징들 중 세 가지가 소개되며, 그때부터 그것들을 의식적으로 사용할 수 있게 된다. 레이키Ⅰ을 받은 사람은 상징들이 이미 그 사람의 오라에 있게 되며, 그가 힐링할 때 손을 통해 무의식적으로 흘러나온다. 레이키Ⅱ를 받은 사람은 그 에너지들에게 지시를 내릴 수 있게 된다. 그것은 또한 레이키Ⅲ의 어튠먼트를 주는 데 필요한 에너지의 채널링에 대한 예비적 정보를 제공한다.

레이키Ⅲ은 마스터/티쳐의 단계이다. 마스터는 티쳐이며 원리를 통달한 사람이다. 그 말 속에 자신의 소유권이나 에고와 같은 것은 포함되어 있지 않다. 이 어튠먼트는 영적인 수준의 에너지를 포함하고 있다. 그래서 그것을 받는 사람에게 영적인 힐링을 준다. 이 에너지는 순수한 기쁨이며, 모든 생명과 하나이며, 또 여신/근원과의 연결이다. 레이키Ⅱ의 어튠먼트에 따르는 힘든 노력이 끝난 뒤, 레이키Ⅲ은 즐거운 선물이다. 힐링 세션을 하는 데 있어서, 레이키Ⅲ 힐러들은 힐링 에너지를 채널하는 능력이 더욱 증가됨을 경험한다. 힐링 능력 또한 더 높은 수준에 이른다. 레이키Ⅲ은 두 개의 큰 내용을 포함하고 있다. 하나는 상징에 대한 더 비밀스런 정보와 어튠먼트를 주는 절차이다. 이 단계는 오직 진지한 힐러, 특히 레이키를 가르치고 레이키를 삶의 중요한 부분으로 삼고 싶은 사람들에게 권장된다.

배움의 과정은 레이키Ⅰ에서 시작된다. 처음의 어튠먼트를 받게 되면, 그 사람은 힐링하기 위해 그저 두 손을 아픈 부위에 올려놓든지, 혹은 레이키의 전신 손 자세들을 이용하기만 하면 된다. 그러면 기 에너지가 힐러의 손을 통하여 흘러가며, 지시를 하지 않아도 기 에너지가 그 나머지를 다 알아서 처리한다. 힐러가 어느 곳이 힐링을 필요로 하는지 알든 모르든, 에너지는 인간을 초월한 지능을 가지고 있어서 알아서 필요한 곳으로 간다. 이 에너지는 힐러나 힐러의 오라로부터 나오는 것이 아니라 여신 즉 생명의 근원으로부터 나오는 것이다. 힐러가 세션을 구성하는 여러 자세에 자신의 손을 올려두면 나머지는 레이키가 알아서 한다. 그 에너지는 몸의 모든 수준, 즉 육체적, 정서적, 정신적 그리고 영적인 수준을 모두 힐링한다.

레이키 에너지는 사람 전체를 힐링한다. 예를 들자면, 두통을 힐링할 때 레이키는 다른 기관들과 수준들도 힐링한다. 힐러의 손을 그 사람의 아픈 부위, 예를 들어 머리에 두더라도, 많은 두통의 원인은 소화계에 원인이 있을 수 있어서 손이 그쪽으로 간다. 두통이 장의 장애에 의하여 일어났다면, 에너지는 머리의 통증뿐만 아니라 장으로도 간다. 이 둘은 육체적 수준의 부분이다. 두통이 정서적인 원인, 예를 들어 스트레스로 인한 것이라면, 레이키는 그 수준도 힐링한다. 고통의 원인이 정신적이거나 영적인 수준이라면 마찬가지의 과정이 일어난다. 힐링을 받는 사람이 다른 질병, 예를 들어 알레르기를 갖고 있다면, 그것을 힐러에게 말했건 안 했건 레이키는 역시 그곳으로 가서 작용할 것이다.

사람과 동물은 육체적 존재 이상의 존재이다. 우리는 눈과 접촉으로 즉각 인식할 수 있는 조밀한 신체를 가지고 있지만, 또한 세 가지 수준의 몸들도 가지고 있다. 이런 눈에 보이지 않는 비신체적 몸들은 신체적 몸의 상태를 관리하는 기로 구성된 에너지 수준의 몸들이다. 힐링은 신체 홀로 될 수는 없으며, 진동하고 있는 에너지의 몸들도 반드시 포함되어야 한다. 약은 신체적 몸을 힐링할 뿐이지만, 힐링 특히 레이키 힐링은 네 가지 몸 모두를 힐링한다. 따라서 힐링은 약보다도 훨씬 더 깊이 들어가며 그 결과도 훨씬 더 완전하다. 두통을 예로 들면, 아스피린을 먹으면 두통이 덜어지지만 그것의 근본 원인이 힐링되는 것은 아니다. 레이키는 분명해 보이는 고통을 힐링할 뿐만 아니라, 고통의 원인도 해결해준다. 아스피린으로는 두통이 사라졌다가 3시간 뒤에 다시 나타날 수도 있지만, 레이키는 두통을 완전히 사라지게 한다.

훨씬 심각한 질병의 경우는 특히 그렇다. 어떤 신체적 질병의 원인은 신체적인 것 이상일 수 있으며, 몸의 고통을 힐링하기 위해서는 비신체적인 원인들이 힐링되어야 할 것이다. 대부분의 형이상학적 관점을 지니고 있는 힐러들은 모든 신체적 고통이 정서적 트라우마, 부정적 마음의 패턴 및 영적인 절망에 뿌리가 있다고 믿는다. 질병을 힐링하려면 이러한 뿌리들을 찾아내 다루어야 한다. 루이스 헤이의 《You Can Heal Your Body》와 《You Can Heal Your Life》(Hay House, 1982년과 1984년), 앨리스 스테드먼의 《Who's the Matter with Me?》(ESPress, 1966년)는 이 주제에 관한 주요 저작이다. 이 두 여성은 질병들과 그 원인을 목록으로 제시하고 있다.

원인에 대한 이러한 정의들은 어떤 사람들에게는 대단히 정확하고, 다른 사람들에게는 덜 그러할 수도 있을 것이다. 저자들은 현재의 정치적인 자각을 하지 못하고 있으며, 그래서 그들의 정의가 이 내용을 반영하지 못하고 있다. 예를 들면, 루이스 헤이는 생리 문제를, 사회에서의 여성의 두 번째 계급이라는 면에서보다는 "여성성의 거부"[2]로 생각해서 목록을 제시하고 있다. 이런 자각을 추가하면 그 정의들이 더 타당해질 것이다. 어떤 형이상학적 힐러들도 사람들의 고통에 대한 비난으로 이런 점들과 까르마(전생의 상황이 옮겨짐)의 개념을 오용하고 있다. 그들의 태도는 "당신이 이것을 가지게 된 이유가 여기에 있다. 당신 자신이 자초했다. 이제 가서 그것을 고쳐라."이다. 질병은 까르마적이며 벌칙이라는 논리로 그들은 합리화한다. 사람들이 자신의 질병과 고통을 선택하며, 그들이 그런 질병을 가지지 않기로 선택할 수도 있다는 것이다.

까르마는 그렇게 간단한 것이 아니다. 각 생애에는 (탄생 전 미리 동의된) 배워야 할 것들이 있으며, 어떤 질병이나 상태를 가지는 것은 그 배움을 위한 환경을 만들기 위해 마련된 하나의 방법일 수 있다는 것을 까르마의 법칙은 상정한다. 까르마는 행동이라는 뜻이다. 모든 행동에는 반응이 있다. 이것을 표현하는 위카의 격언이 있다. "당신이 보낸 것은 당신에게 돌아온다." 삶의 실수는 바로잡음, 이해, 혹은 그것들을 힐링하는 태도의 변화를 요구한다. 그것들을 해결하기 위해서는 그냥 정서들을 충분히 경험할 필요가 있다. 그 상황이 이번 생애에서 일어나지 않으면, 다음의 생애에서 일어날 수 있다. 이것을 처벌로 생각해서는 안 될 것이다.

2. Louise L. Hay, *Heal Your Body: The Mental Causes for Physical Illness and the Metaphysical Way to Overcome Them* (Santa Monica), CA, Hay House, 1982), p. 25.

사람은 필요한 배움을 촉진시키기 위한 방법으로서 질병을 가질 수도 있다. 예를 들어 한 생애에서 아주 참을성이 없는 사람은 참을성을 배우기 위해 다음 생애에서는 누워 지내게 되거나 혹은 휠체어에서 꼼짝 못하게 되는 상황에 동의할 수 있다. 그러나 그 상황들이 확실하거나 단순한 경우는 거의 없다. 당신이 이 생애에서 다리가 부러지게 된 것이, 전생에서 당신이 남의 다리를 부러지게 해서 그렇다고 말하기는 아주 쉽다. 그와 같은 선택과 동의가 몸의 의식이나 자각이 없는 전생에서 만들어졌을 때, 어떤 사람이 질병을 자신이 선택했다고 믿는 것은 까르마에 대한 오해라고 할 수 있다.

불교도들은 까르마가 한 생애에서 다음 생애로 전달되는 정서적 집착들에 의하여 만들어진다고 생각한다. 까르마는 상황들과 정서들을 해소하기 위해 사람들을 지구로 반복해서 돌아오도록 하는 힘이다. 그들은 깨달음으로 가는 길이 모든 까르마를 힐링하고 사람들을 윤회로부터 자유롭게 한다고 느끼지만, 까르마는 오직 몸으로 환생할 동안에만 풀 수 있다고 한다. 어떤 힐러들은 질병을 힐링하기 위해 레이키를 이용하는 것이 사람의 까르마를 방해하는지, 혹은 힐러가 힐링 받는 사람에 대해 까르마적 책임을 져야 하는지를 묻는다. 이에 대한 나의 생각은, 레이키나 혹은 다른 방법에 의해 어떤 사람이 힐링되었다면, 그것은 그 사람의 까르마가 이루어지는 것이다. 그렇지 않다면 그런 일이 일어나지 않을 것이라고 나는 생각한다. 힐러에게 책임이 있는 것은 아니다. 힐러는 오로지 에너지의 통로가 되는 것이다. 그러한 힐링은 힐링을 받는 사람, 자신의 영적 가이드들, 그리고 (여)신 사이에서 이루어지는 것이다. 레이키Ⅱ에서 까르마에 대한 논의가 더 있을 것이다.

이것을 염두에 둔다면, 어떻게 레이키 힐링에서 정서적 자료와 까르마를 사용해야 하는가? 부드럽고 자비롭게, 그리고 존중하면서 해야 한다. 루이스 헤이나 앨리스 스테드먼은 힐링에서 이번 생애를 다룰 때, 진술이 아닌 질문으로 먼저 시작하라고 한다. 즉, "피부 발진을 경험하는 것이 누군가가 '당신의 피부 아래에 있기' 때문입니까?"라고 묻는 것이다. 힐링을 받는 사람이 "아니오."라고 하면, "무엇이 원인이라고 생각합니까?"라고 질문해 보라고 한다. 이완된 힐링의 상태에서, 그 사람은 아마 세션 전에는 몰랐던 이유에 접근할 수 있을 것이다. 그는 전생의 기억에 접근할 수도 있다. 대개 상황들을 봄으로써 해소가 된다. 그의 대답을 들으면 그를 판단하는 데 이용하지 말고, 그의 자기 자각을 증가시키는 데 사용하라. 만일 그가 삶의 상황에서 위협받는다고 느끼기 때문이라고 대답한다면, 그것을 변화시키기 위해 무엇이 필요한지를 물어보라. 그리고 힐러로서 어떻게 그 사람을 도울 수 있는지 물어보라.

힐러는 그가 자신의 어려움에 대해 얘기할 때 경청할 수도 있고, 힐링을 마음 놓고 분노를 표현하거나 울 수 있는 안전한 장소로 만들어 줄 수도 있다. 힐러가 힐링 받는 사람의 목이나 가슴에 손을 올려둘 때, 네 번의 레이키 힐링 중 한 번은 힐링 받는 사람이 정서적 방출을 할 것이다. 자신의 질병이나 상황에 대한 감정들을 표현할 것이며, 종종 질병의 직접적 원인이 되는 감정들을 표현할 것이다. 울 수도 있고, 화를 많이 낼 수도 있다. 자신에게 일어난 일을 얘기하기 시작할 수도 있고, 피식 웃을 수도 있고, 매우 동요할 수도 있다. 여기에서 힐러의 역할은 지원하는 것이다. 방출을 경험하는 사람과 같이 머물면서 그 과정을 거치게 하고 레이키 손 자세와 힐링을 계속하는 것이다.

힐러는 판단을 완전히 배제해야 한다. 그리고 설령 소름끼치는 이야기를 듣더라도 반응을 하지 말아야 한다. 그의 일은 감정을 표현하는 사람이 전적으로 안전하다고 느끼게 하면서 듣는 것이다. 힐링을 받는 사람이 울면, 그에게 "울어도 괜찮아요, 여기서는 울어도 돼요. 다 쏟아내 버려요, 괜찮아요."라고 말하라. 그 사람이 이 생애에서의 트라우마, 예를 들어 어린 시절에 근친상간을 당한 일을 말하면, 그녀의 고통을 같이 느끼고 지원해 주어라. "그것을 이겨낸 자신이 얼마나 강한지 보세요. 이제 다 끝났어요. 다시는 그런 일이 일어나지 않을 거예요. 당신은 멋지고 좋은 사람이에요." 그가 울면, 이렇게 말하라. "당신은 화 낼 권리가 있어요. 다 쏟아내 버려요." 그가 전생의 트라우마에 도달하면, 그는 아마 현생의 패턴의 근원을 열고 있을 것이다. 그의 병을 야기시킨 감정들을 표현하여 방출하도록 도와라. 이것이 주요한 힐링이다. 그는 이제 힐링되었다. 이것은 다른 곳에서는 그렇게 하지 못했던 것이다.

질병의 정서적 근원[3]

문제	근원
결장	변비는 내보내는 능력의 부족이며, 설사는 유지의 두려움을 의미한다. 변비=충분한 보유, 비축에 대한 신뢰 부족.
과체중	보호를 필요로 함, 불안전.
관절염	자신과 다른 사람들에 대한 비판의 패턴, 완벽주의.
궤양	공포, 충분히 좋지 않음, 자기 존중이 부족함.
귀	남의 말을 받아들이기 어려움. 귓병=분노, 청각장애=듣기를 거부함.
뇌졸중	부정적인 생각, 기쁨 중지, 방향을 바꾸도록 강제됨.
다리	앞으로 나아가는 것에 대한 두려움, 움직이기를 원하지 않음. 정맥류성 정맥: 싫어하는 곳에 있음.
두통	자기에 대한 불신.
등	윗부분=정서적으로 지지받지 못한다는 느낌, 지지를 바람. 가운데=죄책감 아랫부분=탈진, 돈에 대한 걱정.
머리	우리, 우리가 세상에 보여 주는 것, 뭔가 아주 잘못된 것.
목	유연성 문제.
목구멍	변화에 대한 두려움, 큰 소리를 못 내는 것에 대한 두려움, 분노, 좌절된 창조성. 후두염=너무 화가 나서 말할 수가 없음; 인후염=분노; 편도염 혹은 갑상선=창조성이 질식당함, 백혈병으로 창조성이 깊이 질식당함.
무릎	완고함, 굽힐 수 없음, 자만심, 자아, 고집스러움, 변화에 대한 두려움, 자기가 옳음.
발	자기 이해, 앞으로 움직임.
붓기	정체된 생각, 눈물을 억누름, 갇힌 느낌.
뻣뻣함	뻣뻣한 몸=뻣뻣한 마음, 비유연성, 공포, "오직 한 길", 변화에 대한 저항. 드러나는 곳=패턴이 있는 곳.
사고	화, 좌절 및 반항의 표현.
생식기	여성성 혹은 남성성의 문제, 성생활을 거부함, "섹스는 더러워", "여성의 몸은 불결해." 방광염: 짜증, 상처들에 갇혀 있음. 질: 파트너에 의해 연애 관련 상처 받음.

3. Louise L. Hay, *You Can Heal Your Life* (Santa Monica), CA, Hay House, 1984), Chapter 14.

문제	근원
생식기	전립선: 자존감, 성적인 기술. 발기불능: 짝에 대한 공포 혹은 앙심. 불감증: 공포, 성적인 죄책감, 자기혐오. PMS(생리전 증후군): 여성의 생리 혹은 여성적인 가치에 대한 부정. VD(성병): 성적인 죄책감.
손	돈이나 관계에 너무 집착함. 관절염=자기비판, 비판의 내면화, 다른 사람을 비판함.
손가락	검지=자아, 분노와 공포; 엄지=근심; 중지=분노; 오른손의 중지는 남자, 왼손의 중지는 여자. 방출하려면 다른 손으로 잡아라; 약지=화합과 슬픔; 소지=가족과 겉치레.
식욕부진/식욕이상	자기혐오, 삶의 영양분에 대한 부정, "충분하지 않음."
심장	심장은 사랑이고, 피는 기쁨이다. 심장마비는 사랑과 기쁨에 대한 부정.
암	깊은 후회, 불신, 자기연민, 절망, 무력감.
위장	아이디어와 경험을 소화하기 어려움. 누구 혹은 무엇을 당신이 소화할 수 있는가? 두려움.
유방	보살핌, 사람/사물/장소/경험에 대한 지나친 보살핌. 유방암: 지나친 보살핌에 대한 깊은 분개.
종양	잘못된 성장, 오래된 상처로 고통 받음, 치유를 허락하지 않음. 자궁 종양: 여성성에 대한 약간의 보호, 여성 혐오증.
천식	과잉 사랑, 죄책감, 열등감.
축농증	누군가에 의해 짜증이 남.
통증	처벌을 구하는 죄책감, 죄가 드러나는 곳을 알아차림.
팔	수용 능력. 관절에 오래된 정서들이 있음.
편두통	분노와 완벽주의, 좌절. 멈추어야 할 자위행위.
폐	삶을 받아들이거나 주지 못함. 폐기종 혹은 과다 흡연=삶에 대한 부정, 열등감.
피부	개성이 위협 당함, 다른 사람의 힘이 당신을 압도함. 피부가 얇음, 산 채로 피부가 벗겨지는 느낌, 스스로 보살핌이 필요함.
화상, 부스럼, 열, 염증, 따가움	분노.

만약 그가 매우 불안해하거나, 말하려고 하지만 말하지 못할 때는, 하고 싶은 말을 할 수 있도록 용기를 주어라. 이 문화에서는, 특히 여성에게는, 감정을 표현하지 않도록 너무나 잘 훈련되어 있다. 그래서 강한 정서를 일으키는 것은 매우 무서운 일이 될 수 있다. 힐링 세션을 사람들이 필요한 것은 무엇이든지 다 표현할 수 있을 만큼 안전한 공간으로 만들어서 이런 정서들이 표출될 수 있게 하라. 그에게 "어떤 일이 일어나고 있는지 말해 줄 수 있어요?" 혹은 "지금 보고 있는 것을 설명할 수 있나요?"라는 질문으로 시작할 수 있다. 그가 아직 말할 준비가 되어 있지 않다면, 강제로 시키지 말라. 그러나 일단 힐링 받는 사람이 말을 하기 시작하면, 그 다음에는 눈물이나 분노가 나올 것이다. 간직하고 있던 정서들의 해소는 힐링 그 자체에서 중요하다.

초보 힐러가 힐링하고 있던 사람의 정서적 방출을 처음 경험하면 아마 매우 놀랄 것이다. 이런 방출은 보통 몇 분 정도만 지속되며, 힐러가 다리 부위에 도달할 때쯤 해소된다. 이런 방출은 종종 힐러에게 몹시 무섭게 느껴질 때도 있지만, 레이키 세션을 받고 있는 사람에게는 아주 좋다. 우주는 경험이 없는 힐러들도 보호하는 것 같다. 힐러에게 감당할 수 있을 만큼의 상황이 주어진다. 더 심각하고 집중적인 세션들은 힐러가 준비될 때 온다. 일단 레이키를 시작하면, 힐링도 역시 더욱 더 안내를 받는다. 힐러는 의식을 하든 안 하든 영적 가이드에 연결되어, 무슨 말을 해야 할지, 언제 그리고 어떻게 말해야 할지를 안다. 정서적 방출이나 어떤 상황에서도 힐러는 무엇을 해야 할지를 안다. 나중에 그는 자신이 어떻게 그런 생각을 했는지 돌이켜 보며 아마 놀라게 될 것이다.

힐링 후에 방출을 경험한 사람은 굉장히 가벼워지고 좋아졌다고 느끼며, 힐러도 역시 성장하게 된다. 이때는 다른 행동들, 예를 들면 근친상간을 이겨낸 사람을 지원하는 그룹을 찾거나 과거 삶의 패턴을 이해하는 등의 행동들에 대해 이야기하는 시간이다. 레이키 에너지는 보호하는 성격을 가지고 있다. 그렇기 때문에 힐러는 다른 사람의 고통이나 정서적 상태를 덜 흡수할 것이다. 이미 흡수했다면, 그가 할 일은 오직 그것을 인정하고 방출하는 것뿐이다. 레이키 세션 후에, 힐러와 힐링 받는 사람은 둘 다 활력을 얻고 균형 잡힌 에너지로 충만하게 된다. 손을 통해 레이키 에너지를 다른 사람에게로 가져온 힐러도 역시 힐링을 받았다.

이러한 복잡성과 레이키 에너지가 힐링이 필요한 모든 곳을 힐링하기 때문에, 세션 중에 무슨 일이 일어날지는 예측할 수 없다. 힐러의 손이 레이키를 하고 있더라도, 힐링은 문자 그대로 힐러의 손을 벗어나 있다. 힐러는 레이키를 경험하는 모든 사람이 혜택을 받는다는 것만을 약속할 수 있다. 레이키 세션이 특정한 질병을 힐링하거나 특별한 결과를 낳을 것이라고 약속할 수는 없다. 레이키는 고통을 덜어 주고 힐링 과정을 촉진해 주며, 피를 멈추게 하고, 힐링 받는 사람을 편하게 해 주고, 짜끄라와 오라 에너지를 균형 잡아 준다. 레이키 세션 중에는 호흡이 느려지고, 혈압은 내려가고, 정서적 고요가 일어난다. 그밖의 어떤 일이 일어나든 그 모든 일은 (여)신, 즉 근원의 에너지에 달려 있다. 이것은 예측 가능한 것이 아니다.

그렇다고 해서 기적이 일어날 수 없다는 말은 아니다. 기적은 종종 일어난다. 레이키 에너지를 가지고 일하는 사람들은 누구나 그 결과에 대한 이야기들을 조금은 가지고 있을 것이다. 한 예로, 나는 두 명의 남자와 함께 죽음을 눈앞에 둔 젊은 에이즈 환자를 위해 힐링하고 있었다. 그는 열이 화씨 107.8도였기에 그날 밤을 넘기지 못할 것으로 생각되었다. 그는 의식이 없었고 환각 상태였으며 매우 불안정하였다. 우리가 힐링했을 때, 남자 중의 한 명은 머리를, 한 명은 발을, 나는 몸통을 힐링했다. 힐링 중에 나는 그의 열이 3도 내려갔다는 것을 저절로 알았다. 세션이 끝난 후, 온도계를 다시 켜자(우리는 침대 위에 있던 그 사람에게 손이 닿을 수 있도록 하기 위하여 온도계를 껐었다), 그의 열이 확실히 3도가 내린 것을 확인했다.

삼십 분쯤 기다렸다가 우리는 두 번째 세션을 했는데, 이번에는 열이 사라졌다. 힐링하는 도중에 모니터의 디지털 숫자가 실제로 움직이는 것을 보았다. 우리가 그 방에 있는 동안에 그 젊은이는 다시 의식을 찾았다. 그날 밤 그는 그의 어머니와 이야기를 했다. 해결할 일이 남아 있었는데, 힐링은 그들 둘 다에게 그 문제를 해결할 수 있는 시간을 주었다. 그 남자는 다음 날 아침에 평화롭게 깊은 잠에 빠져 숨을 거두었다. 그의 어머니는 나를 불러, 힐링이 그들에게 함께 할 수 있는 시간을 주고 아들이 조용히 숨을 거둘 수 있도록 해 준 데 대하여 감사했다. 어떤 사람이 임종한다면, 레이키는 그 사람의 죽음을 방지하거나 늦추는 것이 아니라 그 과정을 편하게 해 준다.

다른 예가 있다. 여자 친구가 일하는 도중 넘어져서 등을 다쳤다. 4개의 척추 디스크가 빠져나왔고 하나가 부러진 것으로 진단되었다. 과체중과 나이, 부실한 건강 상태(심장병, 당뇨병, 소아마비 후 장애) 때문에 그녀는 수술할 수 없는 것으로 판정되었다. 그래서 그녀를 요양원으로 보내 6개월을 지내게 한 뒤 휠체어 사용법을 배우기로 하였다. 나는 병원에 있는 그녀를 방문했다. 그녀는 의사가 종양이라고 진단한 무릎 위의 혹을 내게 보여 주었다. 그 위에 손을 올려놓은 나는 그것이 근육 경련이라는 것을 알게 되었고, 그 혹은 나의 손 아래에서 줄어들어 정상으로 회복되는 것을 느꼈다. 그녀는 13년 동안 하루에 75단위의 인슐린을 맞고 있었는데, 그 간단한 힐링 후 실시한 혈액 검사의 결과는 그녀에게 인슐린이 더 이상 필요 없음을 보여 주었다. 간호사는 그녀의 혈액 수치를 하루에 여러 차례 검사해 보았지만, 다시는 인슐린을 투여할 필요가 없게 되었다.

그녀가 요양원에 들어갔을 때, 나는 학생 2명과 함께 가서 전신 힐링 세션을 하였다. 1주일 후에 다시 갔을 때 그녀는 테라스에 있었고 그곳에서 혼자 걷고 있었다. 우리는 다른 세션을 했다. 그녀는 6개월 대신 2주 반만 요양원에 있었고 스스로 걸어서 나갔다. 간호사와 의사들은 어떻게 그런 일이 일어났는지 전혀 알 수 없었다. 그날 저녁 우리는 베란다에 앉아서 다른 방문객의 작은 개를 힐링하고 있었다. 그 개는 에너지를 위해 나를 찾아왔다. 개는 에너지를 요청했지만, 내가 레이키 힐링을 하고 있다는 것을 알고 있던 주인도 알아듣지 못하고 그저 미소를 지을 뿐이었다. 몇 주 후 그녀는 나에게 말하기를, 그 개의 혈액을 검사했는데 개의 생명을 위협하던 간 질환이 사라진 것 같다고 했다. 개의 혈액은 정상이었고, 주인인 그녀는 왜 그렇게 되었는지 알 수가 없었다. 그날 내가 베란다에서 개를 만졌을 때 개에게 간 질환이 있다는 느낌은 없었다.

또 다른 예가 있다. 유방에 호두부터 레몬 크기에 이르기까지 다양한 크기의 큰 혹들을 가진 여자가 나에게 왔다. 그녀에게 의사를 만나러 가야 한다는 확신을 주려고 노력했지만, 그녀는 의료 체계로 유방을 제거하지 않겠다는 분명한 결정을 내렸다. 처음에 나는 그 혹들이 홀리스틱 의학 힐링으로 성공을 거두기에는 너무 진행된 것이 아닌가 하고 느꼈지만, 다른 2명의 레이키Ⅲ 힐러들과 함께 매주 힐링 세션을 했다. 그녀는 또한 허브도 이용하기 시작했는데, 미국자리공이라는 허브를 부위에 대고 압착하고, 피마자유를 압착하고, 풀과 상어간유도 이용하기 시작했다.

한 달 후 어두운 색깔의 둥근 부위가 그녀의 유방에서 발달되었다. 우리는 그것을 종양이라고 생각했으며, 그런 일이 일어나더라도 세션을 멈추지 말라고 그녀에게 이야기했다. 3달 후에는 멕시코에서 구한 연고의 도움으로, 가슴은 내가 지금까지 본 종양 중 가장 큰 종양으로 발달되었고 반경이 약 2인치 정도 되었다. 그 종양은 몇 주에 걸쳐 서서히 줄어들었으며, 마지막에는 세 개의 덩어리 모두가 사라졌다. 나는 그녀에게 아는 의사로부터 항생제를 처방받기를 권했고, 그녀는 그렇게 했다. 그 과정은 그녀에게 고통스럽고 무서웠지만, 그 종양은 암과 달리 생명을 위협하지 않는다.

나의 학생 중 한 명이 다음 이야기를 들려주었다. 그녀의 딸이 첫 아이를 낳았는데 그 아이는 정상적인 청력의 10%만을 가지고 태어났다. 이 할머니는 아이에게 자주 힐링을 해 주었다. 아이와 할머니는 깊은 신뢰 관계를 형성하게 되었다. 아이가 5개월쯤 되었을 때 아이 엄마가 할머니에게 도움을 청했다. 아이가 전에 들어 보지 못한 목소리로 소리치고 있었는데, 아이 엄마는 어떻게 해야 할지 모르겠다는 것이었다. 나의 학생은 찾아가서 아이를 레이키로 진정시키면서 말했다. "그냥 재미로 자기의 귀를 시험해 본 거야." 다음 번 소아과 진료 때 아이 엄마는 아이의 청력이 이제 정상이 되었다는 것을 알았다.

그런 경험은 진실로 놀라운 것이다. 레이키는 힐러에게서 오는 것이 아니라 그를 통하여 우주로부터 온다. 힐러는 힐링에서 일어나는 일들에 대한 공적이 있는 것이 아니다. 사실은 종종 아무 일도 일어나지 않는다. 아무런 힐링이 일어나지 않더라도 책임은 없다. 그럴 만한 이유가 있다. 아마 그 질병을 충분히―심지어 죽음으로 인도한다고 해도—경험해야 하는 그 사람의 까르마가 있을 수 있다. 죽음도 역시 힐링의 일종이다.

힐링을 받는 사람 역시, 의식적이든 무의식적이든, 질병을 보유하기로 혹은 죽기로 결심하면서 에너지를 거부할 수 있다. 어떤 사람이 질병을 갖기로 결심하는 데는 이유가 있을 수 있다. 다른 방법으로 얻을 수 없는 것을 그 사람에게 주는 방법일 수도 있다. 아니면, 그가 당분간 보살핌을 받고 싶어서 그럴 수도 있다. 그런 일이 일어날 때, 나는 힐링을 받는 사람이 그것을 자각하도록 돕는데, 그를 비판하는 방식—그는 자유로운 선택권을 가지고 있다—으로 하는 대신에 그 과정을 의식하게 해 준다. 그것을 의식하게 되면 그는 상황을 충분히 볼 수 있고 다른 선택을 할 수 있을 것이다. 그러나 그 사람이 죽음을 선택한다면, 그는 그렇게 할 것이다.

나는 "내가 이 사람을 힐링했어."라고 말하는 것은 윤리적이라고 느끼지 않는다. 누군가를 힐링할 수 있는 유일한 사람은 그 사람 자신뿐이다. 힐링은 오로지 그 사람의 몸 안에서만 일어날 수 있다. 힐러의 역할은 단순히 에너지를 채널하는 것이다. 그래서 힐링을 받는 사람이 자신의 필요에 가장 적합한 방법으로 에너지를 사용할 수 있도록 하는 것이다. 나는 힐링이 3자 간의 합의, 즉 힐러, 힐링 받는 사람, 그리고 (여)신 즉 근원 사이의 합의라고 완전히 믿는다. 힐러는 누구에게 힐링을 하는 것이 아니다. 그들과 함께 하는 것이다. 그 과정에서 힐링을 받는 사람의 동의와 참여 없이는 어떤 힐링도 일어날 수 없다. 레이키 I에서의 유일한 규칙은 힐링 받는 사람이 힐러에게 힐링을 허락해 주는 것이다. 그 동의 하에 행해지는 세션에서 일어나는 일은 무엇이든지 일어나기로 되어 있는 일이다.

레이키는 전적으로 긍정적이며, 조건이나 상태가 어떠하든지 간에 살아 있는 존재에게는 어떤 해도 끼치지 않는다. 레이키는 얼마나 어리든 늙었든 혹은 약하든지 간에 누가 사용하더라도 효과가 있다. 연장자나 유아, 그리고 아이들은 레이키 힐링에 반응을 잘 한다. 개나 식물도 그렇다. 누구든지 병에 걸렸거나 아프거나 정서적인 괴로움 속에 있으면 레이키는 도움을 준다. 건강한 사람이나 강아지에게는 휴식을 주고 새로운 힘을 준다. 레이키 힐링은 뇌의 왼쪽과 오른

쪽의 균형을 잡아 주며, 모든 짜끄라와 에너지 장을 균형 잡아 준다. 그리고 동물이나 사람의 몸의 생명력, 즉 기를 맑게 하고 증가시킨다. 어떤 사람이 죽어갈 때 레이키는 그 과정을 쉽게 해 주지만, 그 정해진 시간에 죽는 것을 막지는 못한다. 슬퍼하는 사람에게 레이키는 위로가 되고 도움이 된다.

레이키는 대부분의 선천적인 장애들을 힐링하지는 못하겠지만 희망이 없어 보이는 질환의 상황을 확실히 완화시켜 준다. 영구적 장애를 가지고 사는 사람에게, 레이키 에너지는 그 상태를 고칠 수는 없지만 가능한 한 편안하게 그것과 함께 살 수 있도록 도와준다. 이 에너지는 고통을 완화해 주고, 긴장된 근육을 풀어 주고, 정서를 평온하게 해 준다. 불구나 몸의 일부가 제거된 곳을 레이키가 대신할 수는 없지만, 레이키는 그 사람이 상실과 새로운 기능에 적응하도록 해 준다.

그럼에도 불구하고 이런 예들에서 나는 약간의 "불가능한" 힐링도 경험했거나 보았다. 뇌 손상을 입은 유아의 예가 있는데, 매일의 레이키 세션은 의사들이 예견한 것보다 더 빠른 회복을 가져왔다. 다른 예는 심장 판막에 구멍이 생긴 3주 된 아기의 경우다. 나의 학생이 행한 복구 수술 전의 레이키 세션은 수술 절차를 더 간단하게 하고 회복을 예상보다 더 빠르게 해 주었다. 구멍은 힐링 전에 찍었던 엑스레이에 나타난 것보다 더 작았고 아기는 더 건강해졌다. 나는 다른 수술들의 경우에도 수술 전에 레이키를 했을 때 이런 일이 일어나는 것을 보았는데, 이전에 예견되었던 것보다 회복이 더 빨라졌고 문제가 덜 심각해졌다.

한 번은 워크숍 여행을 하는데 한 여성이 나에게 6, 7개월 된 아이를 데리고 왔다. "이 아이는 뇌사 상태랍니다. 의사의 말에 따르면요."라고 그 여성이 말했다. 그 아이는 내가 보기에 완전히 정상이었다. 그녀는 아기에 관한 이야기를 들려주었다. "임신 6개월쯤 되었을 때 의사들이 많은 실험과 사진을 찍었어요. 나에게는 왜 그렇게 하는지 말해 주지 않았죠. 결국 그들은 아이가 뼈나 뇌의 기능이 멈춘 채로 태어나서 출생 이후 며칠 안에 죽을 것이라고 말했어요. 나는 겁에 질렸죠. 나는 여성 위카 클럽의 멤버인데 그곳의 여자 3명이 레이키 I을 받은 사람들이에요. 우리(위카) 모임에서 한 달에 두 번씩 그들이 나를 원의 중심에 두고 힐링을 해 주었습니다. 아기는 정상으로 태어났고 의사들은 아직도 그 이유를 모릅니다. 그들은 뼈 없는 아기의 수많은 종류의 사진을 가지고 있죠. 이 아이는 세 아이 중에서 가장 쉽게 출산되었어요."

힐링 후나 힐링 중에 레이키 힐링을 받은 사람이나 동물이 해독 과정을 시작할 수 있다. 이것은 힐러가 첫 어튠먼트를 받고 났을 때의 증상과 비슷하다. 설사를 할 수 있고, 냄새가 나거나, 대변의 색깔이 이상하거나, 소변의 양이 증가하거나, 몸에서 체취가 나거나, 일시적으로 피부 발진이 일어나거나, 콧물이 흐르거나, 땀이 많이 나는 등의 변화가 생길 수 있다. 이것은 질병을 일으키는 독소가 몸에서 방출되는 것이며, 중지시키는 대신 오히려 촉진해야 할 것이다. 힐러는 이런 일이 일어나며 피해를 주지 않는다는 것을 알아야 한다. 그는 고객들에게 이러한 증상들을 억지로 중지시키지 말고 그 독이 저절로 몸에서 빠져나가도록 하라고 말해야 한다.

해독은 대개 며칠간 지속된다. 질병의 과정과 정화 반응이 다른 점은, 정화를 하는 중에는 증상이 있음에도 불구하고 기분이 아주 좋다는 것이다. 많은 양의 순수한 물을 마시게 하고, 가볍게 먹게 하며, 며칠 동안 커피와 주스 등 음료수를 끊도록 지도하라. 이런 종류의 "힐링 위기"라고 명명된 기간 이후에, 그 사람은 오랫동안 가지고 있던 불편한 느낌보다는 더 나은 느낌을 가질 것이다. 그에 대한 힐링은 잘 될 것이다. 이 시점부터 질병의 힐링이 빠르게 진행될 것이다.

종종 힐러는 힐링을 받고 있는 사람이 힐링을 믿지 않고 있다는 것을 알게 될 것이다. 그 사람이 힐링을 허용하고 힐링에 마음을 열면, 힐링은 믿음이 있든 없든 일어난다. 그러나 힐링에 대해 마음을 열지 않거나 내적으로 거부하는 사람은 그 과정을 막을 수 있다. 어떤 사람들은 힐링 세션에 대해 허락을 해도 그들의 믿음 체계는 비의료적인 힐링을 받아들이기 어려울 수 있다. 그들은 "예."라고 말하지만 여전히 그 에너지를 받아들이지 않고 거부한다. 그런 현상이 일어나면, 힐러들은 대개 그 사람이 가로막고 있다는 것을 안다. 힐러는 자신이 아는 것을 힐링 받는 사람에게 부드럽게 말해 줄 수 있지만, 그것도 힐링 받는 사람의 선택에 달려 있다.

레이키는 자유의지를 침범하지 않을 것이다. 그 사람이 에너지를 거부하면,

힐러는 더 이상 아무것도 할 수 없다. 이런 현상이 이제 막 힐링을 시작하거나 경험이 없는 힐러에게 일어나게 되면, 그의 자신감이 흔들리게 된다. 특히 힐링을 받는 사람이, 사실은 그렇지 않은데, 에너지를 받아들이고 있다고 주장하면 더욱 그러하다. 이 경우, 문제는 힐링을 받는 사람에게 있지 힐러에게 있는 것은 아니다. 이런 거절은 일어날 수 있다. 당신은 최선을 다했다는 것을 인식하라. 이런 일은 내가 한 처음의 힐링들 중 하나에서 일어났다. 나는 당시에 일어난 일을 몇 년 동안 깨닫지 못했다.

힐링을 받는 사람은 아무것도 느끼지 못했다고 말할 수 있다. 종종 힐러도 레이키 세션 중에 아무 일도 일어나지 않았다고 생각할 수 있다. 때로는 힐러는 아무것도 느끼지 못하는데 힐링 받는 사람은 많은 것을 느낄 수도 있다. 이런 경우에는 레이키 에너지를 믿어라. 누군가가 에너지를 인식하든 아무도 인식하지 못하든 간에 힐링은 일어나고 있다. 때때로 세션 중에 힐링 받는 사람의 고통이 갑자기 증가되는 것을 느낄 것이다. 이것은 몇 분 동안 지속된다. 나는 사람들에게 그런 현상이 진행되는 동안 "그것을 들이쉬세요."라고 말한다. 레이키는 며칠간 지속될 수 있는 두통이나 질병의 고통을 이런 식으로 몇 분 안으로 압축시킬 수 있다. 이 일은 기다릴 만한 가치가 있다. 이 과정이 끝나고 추가적인 고통을 사라지면, 모든 고통은 사라진다. 나는 나의 힐링 가이드들에게 이런 고통을 가능한 한 빠르고 쉽게 만들어 달라고 부탁했지만, 종종 그렇게 되어야 할 때가 있다. 그 과정은 절대로 오래가지 않으며 해를 일으키지 않는다.

우리가 유방에 혹을 가진 여성에게 레이키를 했을 때, 그녀는 서너 번 종양의 부위에서 타는 듯한 느낌을 경험했다. 이 통증은 일반적인 경우보다 더 심했다. 이 일은 그 여성을 놀라게 했고 나도 걱정이 되었다. 계속해서 나의 영적 가이드들에게 부드럽게 해 달라고 부탁했지만, 가이드들은 그렇게 할 수 없다고 대답했다. 그러나 그것은 오래가지 않았다. 이것은 각각의 세션마다 약 10분 동안 일어났다. 힐링의 효과는 종양을 태워 버리는 것이었다. 그 종양은 완전히 힐링되었다.

레이키는 단독으로 할 수도 있고 의학(수의학) 치료와 같이 할 수도 있다. 레이키는 의학 치료나 다른 절차들을 방해하지 않고 그것들을 더욱 효과적으로 만든다.

또한 환자들을 더욱 편하게 만든다. 그 에너지는 힐링을 가속화시킨다. 어느 때는 의료 체계의 방법보다도 더 빠르게 힐링한다. 예를 들자면, 화학 요법—홀리스틱 힐러들이 득보다는 실이 많다고 믿는 요법—을 받고 있는 여성의 경우에, 레이키는 부정적인 효과를 줄이면서 긍정적인 효과를 지원한다. 홀리스틱 힐링을 하면 더욱 행복해지고 몸의 힐링에 더욱 효과적이 된다. 레이키와 약초와 동종요법은 서로 아름답게 작동한다. 일반 치료를 하기 전에 명상이나 레이키를 이용한 전체적인 힐링을 하면 효과가 증대된다. 인슐린이나 고혈압 약이 포함된 경우에는 혈액의 수치를 자주 체크하면 그 수치들이 아마 감소될 것이다.

레이키는 부러진 뼈의 힐링을 빠르게 하지만, 뼈의 부러진 부위가 제자리를 잡을 때까지 기다리는 것이 가장 좋다. 어떤 때는 기 에너지가 너무 빨리 힐링을 하므로, 부러진 부위가 아직 아물지 않았을 때는 이 힐링이 긍정적이지 않을 수 있다. 뼈가 자리 잡을 때까지는 몸의 다른 부위에 레이키 힐링을 하고 부러진 부분은 하지 말아야 한다. 절대로 당신의 손을 직접 상처나 부러진 부위 바로 위에는 올리지 말아야 한다. 손을 그 근방에 올리면 더 이상의 고통이나 감염을 방지하면서 에너지가 필요한 곳으로 간다. 뼈가 굳으면, 레이키는 깁스를 통해 잘 작용을 한다.

부러진 뼈가 굳기 전에 레이키를 하지 말라고 배웠지만, 나는 그렇게 한 적이 있다. 한 친구가 현관에서 떨어졌다. 무릎뼈가 부서진 것이 명백했다. 그녀에게 엑스레이를 찍는 것이 필요하다고 말했지만 그녀는 거부하고 나에게 힐링을 해 달라고 했다. 이 여성은 뼈가 부러져도 의사에게 가지 않으려고 했다. 나는 이런 태도가 아주 못마땅했지만 힐링을 하기로 동의했다. 내 손을 그녀의 무릎에 댔다. 다시 한 번 더 뼈가 부러졌다는 메시지를 들었다. 나는 조용히 나의 가이드들에게 말했다. "이것이 그녀에게 해 줄 부러진 다리에 대한 유일한 힐링입니다. 처음으로 한 번 제대로 해 봅시다." 나는 내 손 아래에서 뼈들이 제자리로 움직이는 것을 느꼈다. 그 여성은 다리를 지탱하기 위해 서너 주일 동안 딱 올라붙는 높은 부츠를 신고 있었다. 그녀는 염증 때문에 비타민 C와 컴프리를 먹었다. 처음에는 염증이 검고 푸른색이었지만 힐링이 잘 되었다. 그녀는 운이 좋았다. 나는 그런 식으로 하는 것을 권장하지는 않는다.

레이키를 이용하기까지 기다리는 것이 최선이라고 생각하는 다른 예가 있다. 어떤 사람이 목재를 자르는 톱에 손가락이 잘리는 사고를 당했다. 그는 물을 넣은 컵에 잘린 부분을 담아서 응급실로 즉시 갔다. 그리고 가는 길에 손에 레이키 힐링을 했다. 병원에 도착하자, 병원에서는 그에게 왜 그렇게 오는 데 시간이 많이 걸렸는지 물어보았다. 그 상처 부위가 너무 힐링이 잘 되어 손가락을 다시 접합하는 것이 어려웠기 때문이다. 사고는 고작 20분 전에 일어났지만 레이키 에너지는 손가락 힐링을 극적으로 빠르게 만든 것이었다.[4]

앞에서 약과 치료제를 레이키로 충전하는 방법을 언급했었다. 그렇게 하기 위해서는, 두 손 사이에 병을 잡고 에너지를 흐르게 하면 된다. 이것을 이용하는 다른 방법도 역시 많다. 손바닥 아래로 음식을 잡는 것이 아마 식사 축복의 원래의 방법일 것이다. 레이키로 한 컵의 물을 충전하면, 물은 힐링하는 치료제가 된다. 붕대 같은 것도 이런 식으로 충전할 수 있으며, 유리 공 같은 것도 역시 이런 식으로 충전될 수 있다. 이것은 레이키 II와 레이키 III의 상징을 가지면 더 효과적으로 할 수 있다. 나는 심지어 나의 차에도 레이키를 사용한 적이 있었다. 그때는 추운 지방에 살아서 아침에 시동을 확실히 켜야 할 때였다.

위대한 힘을 가진 힐링 체계로서, 이 힐링에는 당신이 잘못할 여지가 거의 없다는 것을 아는 것이 중요하다. 레이키 에너지는 인간의 지식을 넘어서는 지능을 가지고 있다. 이것을 활성화시키는 데 필요한 모든 것은 당신의 손을 고통이 있는 곳에 두는 것이다. 그 에너지는 힐링을 잘 할 것이다. 힐러는 어떠한 앞선 영적인 능력이나 심지어 그 과정에 대한 인식도 필요하지 않다. 그러나 레이키 트레이닝을 받음으로써 오는 혜택과 그것에서 파생되는 이점은, 힐러의 사이킥 능력이 어튠먼트를 받을 때부터 자라기 시작하여 다방면으로 자란다는 것이다.

내가 레이키 I을 받으면서 일어난 첫 번째 일 중의 하나는 진단을 할 수 있는 사이킥 능력을 개발했다는 것이다. 손을 고통스러운 부분에 둘 때 나는 종종 무엇이 잘못되었는지를 알았다. 그 기술은 고도로 정확했다. 그러나 기억하라. 미국에서 비의료인이 진단하는 것은 불법이다. 따라서 이런 종류의 능력을 사용

4. Louise L. Hay, *Heal Your Body: The Mantal Causes for Physical Illness and the Metaphysical Way to Overcome Them* (Santa Monica), CA, Hay House, 1982), p. 25.

할 때는 주의해야 한다. 힐링 과정에서 당신이 본 것을 누군가에게 말할 때 조심해야 하고, 말하기 전에 먼저 생각해 보아야 한다. 상황이 심각하면 의사를 만날 것을 권해야 한다. 예를 들어 암이라고 진단하는 것은 대개 현명하지 못한 일이다. 힐링을 하는 동안 정직해야 하지만 책임 있는 태도로 말해야 한다. 또한 사람에게 죽을 수도 있다고 말하는 것도 적절하지 못한 일이다. 사이킥 정보는 틀릴 수 있다. 질병은 힐링 절차의 코스에 의해 변화될 수 있다. 항상 자비심을 가져야 한다는 점을 기억하라.

힐링은 이 시대의 우리들 대부분에게 필요하다. 이 위기의 시기에 어떤 기술을 마스터하려고 긴 세월을 기다릴 수는 없다. 레이키에서 필요한 것은 오직 어튠먼트뿐이며, 그러면 그 사람은 즉각적으로 힐러가 된다. 우리는 지금 얻을 수 있는 모든 힐러가 필요하다. 그 다음에는 약간의 힐러가 필요할 것이다. 레이키로 자신에게 부여할 수 있는 잠재성은 엄청나다. 특히 여성에게는 더 그러하다. 그러한 힘의 부여는 진정한 재주와 능력의 확인이지 에고를 확인하는 것이 아니다. 레이키 힐링을 받는 사람에게는 큰 혜택이 즉각적으로 온다. 레이키는 사람들로 하여금 자신들의 건강에 대해 더 많은 조절을 할 수 있도록 해 주고, 종종 높은 비용과 비인간성, 그리고 급속히 퍼지는 의료 체계의 방법을 피하게 해 준다. 레이키는 약을 대체할 수는 없다. 그러나 많은 경우에 있어서 의학이 할 수 없는 것들을 한다. 그리고 그것도 더 부드럽고 긍정적으로 한다.

독감이나 감기, 두통 혹은 발목을 삔 것 같은 질병은 한 번의 레이키 힐링 세션으로 충분히 도움이 될 것이다. 그러나 상황이 심각하거나 만성질환일 때는 더 많은 세션이 필요하다. 나는 레이키를 배터리 충전하는 것과 비교한다. 즉 상대적으로 좋은 건강 상태에 있다면 충전은 적게 해도 된다. 그러나 더욱더 심각하게 아프면 더 많이 충전해야 한다. 하야시 츠지로의 레이키 클리닉에 온 사람들은 그들이 나아질 때까지 매일 또는 더 자주 팀 힐링을 받았다. 암이나 에이즈를 가진 사람에게는 매일 하는 힐링이 주일마다 하는 힐링보다 더 나은 결과를 가져다준다. 변화를 시작하기에는 시간이 약간 걸리기 때문이다. 만성적으로 아픈 사람의 경우에는 그 사람이 자기 힐링을 할 수 있도록, 혹은 어튠먼트 그 자체의 이익을 얻도록 하기 위해 레이키 어튠먼트를 받을 것을 제의한다. 레이키 어튠먼트를 받았다면, 아프든 아프지 않든 관계없이 자기 힐링을 매일 하라. 그 사람의 배터리가 충전되면, 힐링의 빈도는 줄어들 수 있다.

레이키와 다른 손을 이용한 힐링의 차이점이 몇 가지 있다. 레이키 I 에서 내가 보는 가장 중요한 차이점은, 다른 사람의 증상을 이어받기를 멈추었다는 것이다. 그 전에 힐링을 했을 때는 생리통을 가진 여성이 좋은 기분을 느끼면서 떠났지만, 나는 그녀의 생리통을 이어받았다. 나는 그 에너지를 그라운드(ground) 하여 방출하는 법을 배웠지만, 이것은 종종 힐링하는 만큼 시간이 걸린다. 나는 종종 힐링을 한 뒤에 매우 아팠다. 그러나 첫 번째 레이키 I의 어튠먼트를 받은 이후 이런 상황은 완전히 변했다. 종종 힐링 중에 나는 나에게 정보를 주는 내 몸 속의 감각을 느끼기는 하지만, 더 이상 다른 사람의 고통을 받지는 않는다. 내가 받았다는 것을 알자마자 그 감각들은 없어져 버린다.

내가 그런 식으로 여전히 증상을 흡수했다면 병원에서 에이즈 힐링을 시작할 수 없었을 것이다. 힐링의 느낌이 고갈되어 끝났다면 그런 집중적인 힐링 작업을 할 수 없었을 것이다. 레이키 힐링을 끝마치고 나면, 깨끗함과 균형감, 안정감, 에너지화된 감각과 다른 좋은 느낌을 받는다. 만일 다른 사람을 위해 힐링하는 동안에 나에게 힐링이 필요하면, 나는 힐링을 하면서 자동적으로 레이키를 받는다. 이것은 힐링받는 사람에게 필요한 것을 주는 데 방해가 되지 않는다. 그러나 많이 아프거나 화가 많이 나 있다면, 레이키 힐링을 하거나 다른 힐링 작업을 하는 것을 피하라. 레이키를 가지면 자신이 찾고 있던 힘과 효율성이 강하게 증가할 것이다. 힐러가 레이키 에너지를 쓰면 쓸수록 그의 힐링 능력은 더욱 강해진다.

레이키에게 특이한 것이 하나 더 있는데, 나는 일부러 마지막에 말하려고 남겨두었다. 이것은 레이키의 계율이다. 레이키는 종교는 아니지만 모든 종교보다도 더 오래되었으며 동양 철학적이다. 레이키는 서양에 형이상학과 윤리 모두를 전달해 준 문화에서 유래하였을 것이다. 고대에 발전한 대승불교와 밀교 분파는 명상 기술, 시각화, 의식(儀式), 허브 힐링, 꿈 작업, 의식하면서 죽음을 맞이하기, 여성 존중으로 하는 성 힐링, 전생 회귀, 사이킥의 발달과 능력 등에서 뛰어나다. 이 책을 위해 딴뜨라 불교인 밀교를 연구하면서, 나는 위카를 포함한 모든 종교의 뿌리가 그곳에 있음을 알고 소스라치게 놀랐다[5]. 이 근원이 보여 주듯이, 기독교가 예수의 진정한 가르침을 따랐다면 세상이 얼마나 달라졌을까.

모든 레이키 책에서 다섯 가지 레이키 계율의 변형들을 보았다. 계율은 우스이 미카오에 의해 쓰여졌다고 한다. 타카타 하와요의 오디오북 《The History of Reiki as Told by Mrs. Takata》(Vision Publications, 대본 11쪽)의 것이 아마 원본에 가장 가까울 것이다.

오늘만은, 화내지 말라.
오늘만은, 걱정하지 말라.
우리는 우리의 축복을 셀 것이고, 우리의 아버지와 어머니를 공경할 것이며, 우리의 티쳐들과 이웃들을 존경할 것이며, 우리의 음식을 존중할 것이다.
정직한 삶을 살아라.
생명을 가진 모든 것들에 친절하라.

래리 아놀드와 샌디 네비우스의 《Reiki Handbook》에는 또 다른 레이키 계율이 보인다.

오늘만은 나의 많은 축복에 감사할 것이다.
오늘만은 걱정하지 않을 것이다.
오늘만은 화내지 않을 것이다.
오늘만은 나의 일을 정직하게 할 것이다.
오늘만은 나의 이웃과 모든 살아 있는 것들에 대해 친절할 것이다.[6]

다른 버전도 보인다.

오늘만은 걱정하지 말라.

5. 이 주제에 관해서는 다음 책을 참고하라. John Blofeld, *The Tantric Mysticism of Tibet* (Arkana Books, 1970).
6. Larry Arnold and Sandy Nevius, *The Reiki Handbook* (Harrisburg, PA, PSI Press, 1982), p. 27.

오늘만은 화내지 말라.

당신의 부모를, 티쳐와 연장자를 공경하라.

당신의 삶을 정직하게 살라.

모든 것에 감사를 보여라.[7]

나는 바로 위의 것을 선택했고, 여기에 여섯 번째 계율을 더하였다. "모든 생명의 하나임을 존중하라." 따라서 이것은 기본적으로 타카타 여사의 버전(최근까지도 나는 이것을 보지 못했다)이 된다. 이 계율들은 사려 깊은 생각을 담고 있다. 이것들을 매일 사용하면 레이키를 삶의 방식으로 만들 것이다. 이것들은 자신의 종교나 종교 윤리를 위반하지 않는다.

이러한 연민 어린 계율들을 어떻게 해석하는지는 개인에 따라 다를 수 있다. 종종 어떤 사람은 이렇게 묻는다. "나는 근친상간을 당했어요. 내가 어떻게 나의 부모를 공경할 수 있죠?" 나는 그녀에게 '다른' 부모를 공경할 수 있는지, 혹은 그녀에게 진정한 부모처럼 행동한 다른 사람이 있는지 물어본다. 다른 사람들은 화에 대해 묻는다. 나는 그들에게 원망과 분노를 품고 있지 말고, 그 감정에 집착하여 결국 폭발하게 만들지는 말라고 충고한다. 나에게는 정직한 느낌을 표현하고 화를 들끓게 함이 없이 문제를 해결해야 한다는 것이 이 계율의 본질로 보인다.

레이키 I을 받는 것은 한 사람의 일생에서 이정표가 된다. 어튠먼트를 받는 순간부터 그 사람의 일생은 완전히 변한다. 이러한 변화는 충분히 긍정적이며, 새로운 힐러는 새롭게 의지할 무언가가 필요할 수 있다. 그의 삶이 이전과는 매우 달라지기 때문이다. 레이키 계율은 이처럼 성장이 점점 빨라지고 새롭게 시작하는 과정에 도움을 줄 수 있다. 레이키 계율에 대한 명상은 마음을 고요하게 하고 힘을 주며, 자기 힐링 세션 동안에 행하면 매우 좋다. 나는 학생들에게 레이키 계율들을 옆으로 제쳐두기 전에 잘 보고 숙고해 볼 것을 부탁한다. "감사를 보여라."는 모든 계율 중에서도 가장 중요한 계율일 것이다.

레이키에 관한 대부분의 가르침은 직접 힐링을 하는 것과, 에너지가 힐러를

7. Bodo Baginski and Shalila Shanramon, *Reiki; Universal Life Energy* (Mendocino, CA, LifeRhythm Press, 1988), p. 29.

가르치도록 허용하는 데서 나온다. 나는 새로운 레이키 I 힐러들에게 어튠먼트를 받고 난 뒤 매일 자기 힐링 세션을 할 것을, 그리고 첫 한 달 동안은 다른 사람에게 1주일에 최소 세 번의 전신 힐링을 할 것을 부탁한다. 레이키를 더 이용할수록 레이키는 그 사람을 더 가르친다. 그래서 그 사람의 힐링 능력은 더욱 강해진다. 더 많이 이용하면 할수록 레이키는 힐러의 삶에서 개인적인 성장과 자기 힐링을 가속화시키기 위해 작동된다.

이 생애에서 나의 공헌은 되도록 많은 사람들이 레이키를 통해 혜택을 보도록 힐링을 가르치는 것이다. 필요로 하는 사람들에게 전할 수 있는 효과적인 기법을 찾기 위해 나는 접근할 수 있는 모든 힐링 방법을 배우고 있다. 레이키는 나에게 다른 체계가 줄 수 없는 무엇인가를 주고 있다. 나는 힐링이나 에너지에 대해 아무런 개념이 없는 사람들을 맡아 반나절 동안 가르친 뒤, 집으로 돌려보낼 때는 숙련된 레이키인으로 만들어 보내고 있다. 다른 힐링 수련은 능숙해지려면 몇 년이 걸린다. 새로운 레이키 I의 사람들이 나의 교실을 떠날 때, 나는 그들의 능력을 확신하며 그들이 하는 모든 일이 긍정적이 될 것임도 확신한다. 레이키는 절대로 피해를 주지 않으며 실수를 하게 내버려두지 않는다. 이것이 내가 레이키를 그렇게 높은 존경심으로 보는 많은 이유들 중의 하나이다. 이 점에 대해 한 번도 학생들로부터 반론을 들어 본 적이 없다.

레이키 계율[8]

오늘만은 나의 많은 축복에 대해 감사한다.

오늘만은 걱정하지 않는다.

오늘만은 화내지 않는다.

오늘만은 나의 일을 정직하게 한다.

오늘만은 나의 이웃과 모든 살아 있는 존재들에게 친절히 대한다.

---

8. Larry Arnold and Sandy Nevius, *The Reiki Handbook* (Harrisburg, PA, PSI Press, 1982), p. 27.

제3장
레이키 힐링 세션

당신이 레이키 I 어튠먼트를 받았다면, 이 장은 에너지를 어떻게 적용하는지에 대해 가르쳐 줄 것이다. 이것은 자기 힐링, 타인과 애완동물의 힐링, 그리고 그룹 힐링에 대한 정보와 손 자세를 담고 있다. 일단 힐링을 시작하면, 레이키의 완전한 기적이 나타나기 시작한다. 앞에서 나는 레이키 힐링에 관한 나의 이야기를 몇 가지 얘기했는데, 힐러들은 저마다 자신의 이야기를 나에게 들려준다. 레이키의 진정한 마술은 힐링을 하는 데 있다.

힐러가 알아야 할 첫 번째 사항은 손을 어떻게 두느냐 하는 것이다. 레이키에서는 항상 두 손을 손바닥이 아래로 향하게 하여 사용한다. 손가락과 엄지손가락은 펴서 (장갑이 아니라 마치 양말을 끼고 있듯이) 함께 붙인다. 그 상태로 레이키 위치에 올려놓은 뒤 그곳에 부드럽게 두되, 완전히 이완되게 하며 억지로 압력을 주지 않아야 한다. 힐링을 발생시키는 생명력의 에너지인 기(氣)가 짜끄라들을 통하여 손바닥의 중심과 각 손가락의 끝으로 흐른다. 어떤 이유로 두 손을 그 위치에 둘 수 없다면, 한 손을 그 위치에 두고 다른 손은 몸의 다른 부위에 두라. 에너지가 활성화되고 흐르도록 하기 위해서는 두 손을 모두 받는 사람의 몸에 두거나 그 바로 위에 두어야 한다.

레이키 힐링에는 늘 손이 이용되지만, 손이 레이키 에너지가 흘러나오는 유일한 장소는 아니다. 일단 레이키 I 어튠먼트를 받으면, 놀랍게도 에너지는 당신 몸의 어느 부위를 통해서도 흐를 수 있다. 만일 당신의 발바닥이 개에 닿아 있고 당신이 레이키를 사용할 의향이 있다면, 에너지는 발을 통해 흐르고 그 개는 혜택을 받는다. 당신이 힐링을 할 의향이 있다면, 침대에서 당신의 발을 친구의 다리나 등에 대고 있어도 에너지가 흐르게 된다. 시아츠(Shiatsu) 힐러는 마사지의 압력을 만들기 위해 팔꿈치를 사용할 때 에너지가 팔꿈치를 통하여 흐르는 것을 발견한다.

힐링을 하지 않을 때도 손을 통해 에너지가 흐를 수 있다. 레이키를 하는 나의 예술가 친구들은 작업을 할 때 에너지가 방출된다고 말한다. 종종 새로운 레이키 I의 사람들은 때때로 손이 뜨거워진다고 보고한다. 이런 현상은 처음의 몇 주 동안에 일어날 수 있다. 에너지가 필요한 사람 가까이에 있으면 손이 뜨거워질 수 있다. 극장 같은 곳에서 이런 일이 일어난다면 약간 당황스러울 수 있는데, 그들에게 말하지 않으면 그들은 결코 모를 것이다. 친구들 사이에서 그런 일이 일어난다면, 힐링 받기를 좋아하는지 그들에게 물어보라. 아마 그들은 분명히 당신을 사이코라고 할 것이다. 레이키는 손을 당신의 몸 위에 두어도 활성화

레이키를 할 때 손의 자세

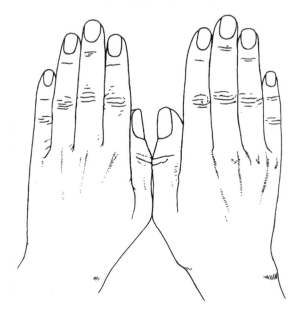

된다. 한번 시도해 보라.

힐링할 의도를 가지고 두 손을 자신이나 다른 사람 위에 두면, 레이키는 자동적으로 흐르기 시작한다. 손을 들어 올리면 흐름이 멈춘다. 레이키를 켜거나 끄기 위한 요청이나 절차는 필요치 않다. 일단 에너지가 흐르기 시작하면, 힐러나 힐링을 받는 사람은 대개 열을 지각한다. 이것이 레이키의 특징이다. 레이키 I 어튜먼트를 받고 처음으로 레이키 힐링을 하면, 대부분의 힐링에서 손이 뜨거워진다. 힐링을 받는 사람의 필요가 차가운 것이라면, 힐러의 손은 그에게 차가움을 줄 것이다. 에너지를 받는 사람이 차가움을 느낄 때, 힐러는 손이 매우 뜨겁다고 느끼기도 한다. 그 반대가 되기도 한다. 모든 힐링과 힐링 자세는 서로 다를 수 있다.

손을 레이키 자세에 두면, 힐러는 감각들이 순환하는 것을 느낀다. 처음에는 몸의 열의 따뜻함을 느끼지만, 손을 그 자리에 계속 두면 다른 느낌이 생기게 된다. 열이나 차가움, 물의 흐름, 진동이나 흔들림, 자기(磁氣)나 정전기, 톡 쏘는 느낌, 컬러, 소리, 아주 드물게는 통증이 힐러의 손을 통하여 올 수도 있다. 힐러는 손이 찌릿 하는 느낌과 더불어 잠이 든 것처럼 느낄 수도 있다. 힐링을 받는 사람은 같은 느낌을 받거나, 다른 느낌을 받거나, 혹은 아무것도 느끼지 못할 수 있다. 감각은 부위에 따라 다를 수 있으며 힐링에 따라 다를 수 있다. 그것들은 예측할 수 없다. 그러나 대부분은 비슷한 유형의 느낌이 거의 항상 있다.

이런 현상은 처음에는 긴 시간 동안 계속되는 것처럼 보이는데, 일반적으로는 5분 동안 진행된다. 그 뒤 그 감각은 끝나고 안정된 몸의 온기가 다시 돌아온다. 그러면 그 부위가 완료된 것이며, 그것은 힐러에게 그 다음의 위치로 가라는 신호이다. 레이키 I을 하는 나의 여섯 살짜리 친구인 칼리가 말하였다. "그것은 올라가다가 다음에는 내려가요. 그러면 움직일 수 있어요." 나는 이 표현이 가장 적당하다고 생각한다. 움직이지 않으면 순환이 다시 시작된다. 즉 몸이 따뜻해지고, 감각이 3, 4분 정도 진행되고, 몸의 열이 다시 온다. 종종 한 자세가 예상되는 5분보다 적게 걸릴 수도 있다. 이것은 괜찮다. 손의 느낌에 따라 하라. 힐링을 받는 사람의 등에 문제가 없는 한, 등의 자세에서는 아마 시간이 적게 걸릴 것이다.

종종 그런 감각이 영원히 지속될 것 같이 보이며, 힐러의 손이 그 장소에 굳어진 것처럼 느껴질 때도 있다. 거기에 있을 필요가 있는 동안에는 계속 그렇게 두어라. 손이 자유롭게 움직이고 그런 감각이 계속 지속되면, 적당한 시간만큼 있다가 다음의 위치로 옮겨라. 여기에 힐링을 더 많이 할 필요가 있다. 그러나 고통이 하룻밤 사이에 생긴 것이 아니므로 한 번의 세션으로는 힐링하기에 충분하지 않을 수 있다. 이런 곳은 대개 많은 레이키가 필요한 부분이지만, 완전한 힐링 세션은 한 시간 반가량 소요되기 때문에 한 부위에 시간을 너무 많이 할애하는 것은 유익하지 않다. 몇 차례 힐링을 하다 보면, 힐러는 언제 이동해야 할지를 아는 감각을 발달시키게 된다. 직관을 존중하라. 옳고 그름은 없다는 점을 기억하라. 타인 힐링보다는 자기 힐링에서 감각이 좀 덜 분명할 것이다.

레이키를 사용할 때 의도적인 집중은 거의 필요치 않다. 그때 무엇을 하고 있고 무엇을 생각하고 있든지 관계없이, 힐링하려는 의도를 가지고 손을 놓아두면 에너지가 흐른다. 마사지 치료사들처럼 어떤 다른 형태의 손으로 하는 일을 하더라도 에너지가 켜지게 된다. 나는 워크숍에서 손으로 레이키 힐링을 하면서 설명을 하기도 한다. 그럴 때에도 힐링을 받는 사람은 에너지를 빼앗긴 것이 아니며, 에너지는 지시받을 필요가 없다. 당신의 손이 언제 위치를 바꿔야 할지 자연스럽게 알려줄 것이다. 그러나 완전한 집중이 필요한 때도 있다. 만일 힐링 받는 사람이 정서적 방출이나 전생의 기억을 경험하고 있고, 시각화 과정을 통한 안내를 필요로 하거나 자신에게 무슨 일이 일어나고 있는지에 대해 얘기하고 싶어 한다면, 힐러는 그와 함께 온전히 있어 줄 필요가 있다. 레이키 세션들을 통하여 얻어진 사이킥 앎들은 중요할 수 있다. 이것들은 오직 침묵 속에서만 얻어진다. 자기 힐링을 할 때도 손이 몸에 있을 때 떠오르는 생각에 주목하라. 그것들은 주요한 정보를 담고 있을 수 있다.

개나 고양이 혹은 어린아이들에게 레이키를 할 때의 힐링 세션은 성인들에게 하는 것과는 다르다. 대부분의 동물과 아이들은 풀타임 레이키 세션의 시간을 견디지 못한다. 그리고 그들은 성인보다 훨씬 더 쉽고 빠르게 에너지를 흡수하는 능력을 가지고 있다. 한 부위는 30초로 단축될 수 있다. 애완동물은 기분이 좋으면 에너지를 완전히 거부할 수 있으며 그냥 걸어 나갈 것이다. 그러나 동물은 아플 때는 대개 받아들인다. 죽어가는 애완동물들은 종종 거부한다. 애완동물들은 여러 이유로 거부할 수 있다. 아기들에게 레이키를 하면 대개 잠이 들며, 아기들은 대개 언제든 레이키를 좋아한다.

이런 경우 레이키를 해 주기 위해서는 두 손을 아이나 애완동물의 편한 부위나 아픈 부위에 갖다 대면 된다. 두 손을 올려놓으면, 레이키는 에너지를 필요로 하는 곳으로 흘러간다. 몸집이 크면 여러 부위를 하라. 도마뱀이나 게르빌루스 쥐나 새 같은 아주 작은 동물들은 두 손 안에 들어올 수 있다. 애완동물은 레이키를 충분히 받으면 그렇다고 말할 것이다. 즉, 매우 들뜨거나 자리를 떠날 것이다. 더 필요하면 몇 분 안에 돌아올 것이며, 계속 반복하여 돌아올 수도 있다. 동물이 레이키를 요구하면 그 세션을 반복하라. 어린아이들의 경우, 당신의 손이 힐링이 다 되었음을 알려줄 것이다. 혹은 아이가 조바심을 내 직접 당신에게 알려줄 수 있다. 더 나이 든 아이들은 그만하라고 부탁하는 수도 있다.

고양이들은 레이키 에너지를 자각한다. 그들은 레이키에 대한 특별한 태도를 지니고 있다. 고양이들은 자신들이 그 에너지를 발견했다고 느끼며 그것을 가지기를 원한다. 그들은 레이키 에너지를 인간과 공유하기를 좋아하지 않는 것 같다. 그러나 힐링이 필요하면, 그들은 레이키를 받아들일 것이다. 아마도 그들은 당신의 기술을 평가할 것이다. 어떤 신참 레이키 III 사람이 어튜먼트를 하고 있었다. 그녀의 고양이도 그곳에 있었다. 힐링 받는 사람이 갔을 때, 고양이의 사이킥 코멘트는 "나는 그것을 알고 있어!"였다. 고양이들은 멋진 힐러가 될 수 있다. 힐링을 받는 사람이 고양이를 좋아한다면, 어떤 레이키 세션에서도 그들은 자산이 될 것이다.

개들은 좀 더 편하게 받는 편이다. 레이키 에너지가 그들을 간지럽게 한다. 나의 두 마리 시베리안 허스키 중에서 코퍼는 레이키를 좋아하며, 내가 줄 수 있는 만큼 혹은 내가 주고 싶은 만큼 가지려고 한다. 깔리는 나에게는 전혀 받으려 하지 않지만, 나의 친구들로부터 받는 것은 좋아한다. 고양이들처럼 개들도 힐링

애완 동물에게 레이키 하기[1]

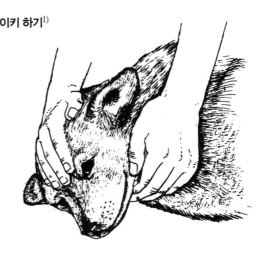

이 필요하면 받아들인다. 내가 사람들에게 레이키 세션을 하고 있으면, 코퍼는 발을 통해 무지개를 보낸다. 이것은 종종 도움이 되지만, 그럴 때면 깔리가 지나치게 흥분한다. 깔리는 사이킥 에너지에 극히 민감하며 그것을 좋아하지 않는다. 레이키에 중독되었거나 마사지 테이블을 독차지하려는 애완동물들은 주의하라. 성가신 존재가 될 수 있다.

어린이들도 상황은 비슷하다. 당신은 두 손으로 한 번에 어린아이의 몸의 여러 부위를 동시에 덮을 수 있다. 동물처럼 아이들도 에너지를 급속히 흡수한다. 그들은 충분하면 알려줄 것이다. 그렇게 말하면, 손을 다음 부위로 움직이든지, 아니면 힐링을 멈추어라. 아이들이나 걸음마를 하는 아기들은 레이키 에너지에 매우 매력을 느낀다. 어머니가 힐링을 받거나 힐링을 하는 동안에 방 안을 자유롭게 돌아다니는 어린아이는 방해가 될 수 있다. 어린아이와 고양이, 60파운드의 개까지 마사지 테이블 위에 올라와 세션에 참가하려 할 것이다. 그러므로 그들의 차례가 될 때까지 다른 방에 있게 하는 것이 좋을 것이다. 레이키 I을 훈련받은 어린이들은 힐링 부위들을 1분 혹은 그보다 더 짧은 시간에 마치려는 경향이 있다. 그럼에도 불구하고 그들은 기본적인 에너지 순환을 느끼며, 언제 움직여야 하는지를 알고 있다.

레이키 세션을 완료하려면 최소한 한 시간이나 그 이상이 걸린다. 자기나 타

. . . .
1. Bodo Baginski and Shalila Sharamom, *Reiki: Universal Life Energy* (Mendocino, CA, LifeRhythm Press, 1988), pp. 93 and 96.

인 힐링을 할 때, 언제 어디에서 그것들을 할지를 잘 생각해 보는 것이 중요하다. 손을 아픈 부위나 한 부위에 둔다면, 이것은 전신 힐링을 하는 것보다는 덜 문젯거리가 될 것이다. 자기 힐링 세션은 밤에 침대에서 마지막 하는 일로, 혹은 아침에 처음 하는 일로 하면 좋다. 모든 자세들을 하는 것이 불편하다면, 닿을 수 있는 곳만 하라. 자기 힐링은 의자에 편하게 앉아서 할 수도 있고 텔레비전을 보면서도 할 수 있다.

타인들에게 레이키를 할 때는, 힐링을 받는 사람과 힐러가 매우 편안해야 한다. 힐링을 받는 사람은 계속 누워 있어야 한다. 먼저 등을 대고 누워서 하고, 그 다음에는 엎드려서 최소한 1시간은 있어야 한다. 등에 문제가 있다면, 무릎 아래에 베개를 끼워라. 필요하면 엉덩이나 머리 아래에도 끼운다. 마루에서 한다면, 두 사람 다 아래에 패드나 담요를 받친다. 힐러는 베개 위에 앉으면 더 쉬울 것이다. 힐러는 각 부위마다 긴 시간을 보내야 할 것이며, 몸을 움직이기 전에 아마 서너 부위를 하게 될 것이다. 발에 쥐가 나거나 허리 경련이 나서 멈추거나 움직여야 한다면 부끄러운 일일 것이다. 모두에게 가장 좋은 방법은 마사지 테이블을 이용하는 것이다. 나는 마사지 테이블과 함께 사무용 회전의자를 사용하며 그 의자에 앉아서 레이키를 한다. 마루나 침대에서 힐링을 한다면, 힐러는 자신의 몸을 편안하게 하는 것과 어떤 신체 자세가 자신에게 가장 잘 어울리는지를 배워야만 한다.

레이키를 받는 사람이 병원에 있거나 아프다면, 그들은 아마도 돌아누울 수 없을지도 모른다. 이런 경우라면 몸의 앞 부위들만을 하라. 닿기가 어려운 곳이 있을 수 있다. 닿기 어려우면 그곳은 넘어가라. 완전한 레이키 세션을 하는 것이 최선이다. 그러나 이것이 어려울 경우에는 할 수 있는 곳만 하라. 아픈 부분의 위나 근처에 손을 두어라. 힐링을 받는 사람은 눕는 것이 최선이다. 그러나 의자에서 받는 것도 가능하다. 공공장소에서 누군가를 힐링해야 하는 경우, 나는 종종 손을 어깨에 올려놓고 에너지가 흐르도록 한다. 레이키는 하지 않는 것보다는 어떤 부위라도 하는 것이 낫다.

대부분의 힐링 세션들은 조용히 행해진다. 최소한 머리 자세를 할 때 조용하게 할 것을 권한다. 그 이후 힐링을 받는 사람은 중지되거나 방해 받아서는 안 되는 정서적인 방출을 시작할 수 있다. 이때 힐링을 받는 사람에게 완전히 집중하라. 힐링 중에 어떤 사람들은 잠에 빠지거나 몸 바깥에 있기도 한다. 그때는 방해를 받아서는 안 된다. 가벼운 세션에서는 힐러와 힐링을 받는 사람이 서로 이야기를 나눌 수 있다. 다른 사람들이 있는 자리에서 세션을 하는 경우에는 중대한 정서적인 방출이나 정서적인 작업을 하지 않도록 하라. 언제 대화가 가능한지, 그리고 언제 그렇게 하면 안 되는지에 대해서는 직관을 이용하라. 사이킥 정보가 떠오르면, 그것을 힐링 받는 사람과 애정 어린 방식으로 나누어라.

어떤 힐러들은 레이키를 할 때 방에 잔잔한 음악을 틀어 놓는다. 하드록이나 힙합이 아니라 연주음악, 클래식, 혹은 뉴에이지 음악을 낮은 소리로 틀어라. 조명을 어둡게 하고, 전화선을 뽑고, 벨 소리가 나지 않게 하라. 방해받지 않도록 문을 닫아라. 자기 힐링을 할 때도 방해를 받거나 산만해지지 않도록 하라. 다른 사람들과 마찬가지로 당신에게도 힐링을 위한 시간과 공간을 누릴 자격이 있다. 첫 번째 레이키 부위는 눈 위쪽이므로 힐링을 시작하기 전에 눈을 씻어라. 자신에 집중하라. 마음을 맑게 하고 시작하라.

옷을 헐렁하게 입는 것이 힐러와 힐링을 받는 사람 모두에게 편하다. 둘 다 옷을 입고 있어야 한다. 어떤 힐러들은 마루에 카펫을 깔고 방을 따뜻하게 한 뒤 신발을 벗고 한다. 힐링 받는 사람은 구두를 벗는다. 안경을 쓰고 있다면 안경을 벗는다. 콘택트렌즈는 대부분 그대로 둔다. 나는 레이키를 할 때 보석류를 몸에 걸치지 않아야 한다고 보지는 않지만, 어떤 힐러들은 힐링 받는 사람이나 힐러도 보석류를 걸치지 않는 것을 선호한다. 힐링 받는 사람이 추위를 느낄 경우를 대비하여 담요를 준비하라. 마사지 테이블 밑에 크리스탈을 둘 경우에는 그것들을 깨끗이 하라.

레이키를 할 때는 보석과 크리스탈을 사용할 수 있다. 이것들은 아주 유용할 수 있다. 가장 중요한 점은 힐링이 끝난 뒤, 이것들을 철저하게 깨끗이 해야 한다는 점이다. 깨끗해진 크리스탈이나 보석은 당신의 손으로도 충전할 수 있다. 힐링을 받는 사람이 등지고 누웠을 때, 보석을 그녀의 짜끄라들에 올려놓은 뒤 레이키 세션을 시작하라. 보석을 올려놓는 것에 관한 정보는 나의 책《All Women Are Healers》(The Crossing Press, 1990년)를 비롯해 많은 책에서 찾아볼 수 있다. 기본적으로 보석의 색깔은 짜끄라의 색깔과 맞추어 놓는다. 오렌지색 보석들은 복부 짜끄라에 둔다. 직관을 이용하라. 레이키 힐링에 보석을 사용하면, 힐링을 받는 사람이 정서적인 방출을 할 가능성이 훨씬 높아진다. 이것은 매우 깊은 힐링이 된다.

레이키의 손 위치들 역시 주로 짜끄라의 위에 둔다. 세 가지 머리 부위를 하고 나면, 그것들은 이제 기억하기 쉬워진다. 짜끄라는 신체의 에테릭 더블 에너지 쌍둥이에 위치한다. 이것들은 신체 수준으로부터 한 단계 떨어져 있다. 이것들을 통해 기는 천상과 지구로부터 인간이나 동물의 몸 안으로 들어온다. 짜끄라들은 이 에너지들을 변환하는 곳이다. 인간의 짜끄라들은 몸의 중심을 따라 수직선상에 앞뒤로 있다. 완전한 레이키 세션은 모든 짜끄라들과 신체의 모든 기관들을 다 포함하여 하게 된다. 애완동물에게는 삼각형으로 된 에너지 패턴이 있다. 짜끄라 몇 개만이 척추의 중심 라인 주위에 있다. 이것에 관해서는 나의 책인《Natural Healing for Dogs and Cats》와《The Natural Remedy for Dogs and Cats》(The Crossing Press, 1993년과 1994년)를 보라.

짜끄라들의 위치를 아는 것이 레이키를 하는 데 핵심적인 것은 아니다. 그러나 그것을 알면 손을 놓는 위치를 설명하기가 쉬워진다. 서구에서 사용되고 있는 짜끄라 체계는 인도에서 발달한 것이다. 인도는 짜끄라와 레이키에 대한 관련성을 더 보여 주고 있다. 그러나 많은 문화들이 비슷한 체계를 발전시켰다는 점을 기억하는 것이 중요하다. 또한 손이 왜 몸의 특정한 부분에 놓여 있는지를 아는 것이 에너지 면에서 납득된다. 각각의 짜끄라는 그 부분의 기관들을 조절한다. 나는 짜끄라들을 매우 간단히 설명하고자 한다. 그러나 짜끄라 체계에 대해서는 뛰어난 책들이 많다. 레이키 힐링은 머리로부터 시작해서 내려오기에, 머리부터 발까지의 짜끄라를 설명하겠다.

세 가지 머리 부위는 정수리와 제3의 눈 짜끄라를 커버한다. 정수리는 머리 위에 있으며, 두개골의 가장 높은 부분보다 약간 뒤쪽에 위치하고 있고, 신체적으

일곱 개의 주요 짜끄라 [2]

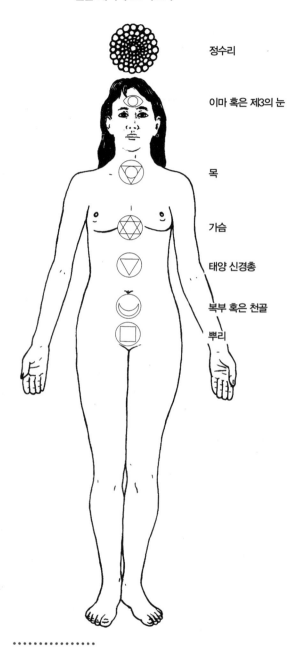

정수리

이마 혹은 제3의 눈

목

가슴

태양 신경총

복부 혹은 천골

뿌리

2. Ajit Mookerjee, *Kundalini: The Arousal of the Inner Energy* (Rochester, VT, Destiny Books, 1991), p. 11. The crown chakra is pictured here above the head.

로는 송과샘과 연결되어 있다. 이 짜끄라는 인간이 영성, (여)신/근원에 연결되는 곳이며, 대개 보라색이나 흰색으로 나타낸다. 정수리는 영적 가이드들과 채널링의 기술이 있는 장소이다. 이마 혹은 제3의 눈이 그 다음 짜끄라인데, 신체적인 두 눈의 사이에 있으며 눈보다 약간 높은 곳에 위치한다. 뇌하수체와 연결되어 있다. 이것은 사이킥 자각과 우주가 하나라는 것을 이해하는 짜끄라다. 이마 짜끄라의 색깔은 인디고, 밤하늘의 색인 블루블랙이다. 이것은 여성의 힘의 중심이며, 개인적인 실체들을 창조하는 자리이다. 신체적인 힐링에서, 정수리와 이마는 뇌, 눈 그리고 중추 신경계이다.

목 짜끄라는 목의 기저에 위치해 있고 갑상선과 부갑상선에 연결되어 있다. 이 짜끄라의 색깔은 연한 푸른색이다. 기능은 육체적인 것과 사이킥적인 것 둘 다의 의사소통이다. 솔직히 말하는 것이 두려운 이 세상에서, 대부분의 사람들의 목 짜끄라는 힐링이 필요하다. 정서들이 이 수준에서 표현된다. 창조성이 여기에 위치하고 있다. 인후염, 무대공포증, 갑상선 문제, 식도암 등과 같은 힐링의 문제들은 목과 관련이 있다. 가슴 짜끄라는 목 짜끄라의 아래에, 가슴뼈 즉 흉골의 뒤에 있다. 신체적으로는 심장 조직 혹은 흉선과 연결되어 있다. 가슴 짜끄라를 나타내는 색깔은 종종 두 개가 사용되는데, 주된 것은 녹색이고 다른 것은 장미색이다. 감정들은 가슴에서 나오며, 우주적인 사랑과 다른 사람들에 대한 사랑도 그러하다. 두통과 비통함(그리고 신체적인 심장 상태)은 현대 사회의 전형적인 모습이다. 우리들 대부분은 가슴의 힐링과 정서적인 힐링이 필요하다.

태양 신경총 짜끄라는 가슴 짜끄라의 아래에, 아래쪽 갈비뼈 사이에 있다. 색깔은 태양의 노란색이다. 이것은 남성의 힘의 중심이며, 몸을 따라 흐른 에너지가 흡수되는 곳이다. 음식은 이 중심에서 소화된다. 힘의 문제들, 힘들의 균형과 관련이 있는 곳이다. 이것에 해당하는 몸의 대응 부분은 췌장선 혹은 간이다. 태양 신경총과 관련이 있는 질병은 소화불량, 알코올 중독, 그리고 음식 문제이다. 복부 혹은 천골 짜끄라는 남성의 비장(정화), 여성의 자궁이다. 자궁도 정화의 기능을 한다. 그것의 위치는 배꼽 몇 인치 아래이다. 첫 인상들과 오래된 정서적 그림들이 이 중심에 저장되어 있으며, 성적 선택을 하는 중심이기도 하다. 그것의 색깔은 오렌지색이다. 이 짜끄라의 힐링은 과거의 학대로부터의 회복, 성생활이나 성적인 것 또는 생식력에 관한 문제들이다.

뿌리 짜끄라는 대개 부신과 연결되어 있고, 생식기에 위치하고 있다. 진동하는 빨간색으로 표시된다. 이 짜끄라는 동양에서는 삶과 죽음의 출입구로 알려져 있다. 뿌리 짜끄라는 탄생과 재탄생의 장소이다. 이것은 생존의 중심이며, 지구로부터 풍부함을 취할 수 있는 능력이기도 하다. 뿌리 짜끄라의 힐링은 충분한 음식과 주거와 의복을 갖는 것, 생존이나 죽음에 대한 욕구, 지구 위에서의 생활 같은 기본적인 주제들과 관련이 있다.

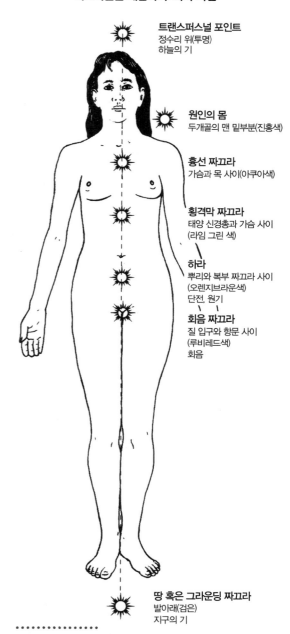

짜끄라들을 개발하기: 하라 라인 [3]

트랜스퍼스널 포인트
정수리 위(투명)
하늘의 기

원인의 몸
두개골의 맨 밑부분(진홍색)

흉선 짜끄라
가슴과 목 사이(아쿠아색)

횡격막 짜끄라
태양 신경총과 가슴 사이
(라임 그린 색)

하라
뿌리와 복부 짜끄라 사이
(오렌지브라운색)
단전, 원기

회음 짜끄라
질 입구와 항문 사이
(루비레드색)
회음

땅 혹은 그라운딩 짜끄라
발아래(검은)
지구의 기

---

3. 나는 이와 같이 인식했다. 다른 사람들은 다른 컬러들을 인식하거나 센터들에 다른 이름들을 부여한다. '하라 라인'이라는 용어의 출처는, Barbara Ann Brennan, *Light Emerging: The Journey of Personal Healing* (New York, Bantam Books, 1993) p. 29.

이것들이 일곱 개의 주요 짜끄라로서 몸의 앞과 뒤에 위치하고 있다. 인간의 에테릭 더블에는 49개의 짜끄라가 있다고 말해진다. 다른 것들은 작은 에너지 포인트로 여겨진다. 침술의 혈점은 작은 짜끄라로 볼 수 있는데 그것들은 수백 개나 된다. 손과 손가락에 있는 작은 짜끄라들은 힐러에게는 작은 중심들이 아니다. 발바닥에 있는 작은 짜끄라들은 레이키를 전달하며 우리가 지구와 연결되는 데 도움을 주는데, 이것들 역시 작은 중심들이라고 치부하면 안 된다. 각 관절 뒤에도 짜끄라가 있다. 짜끄라들은 몸의 전기적 체계의 중요한 부분이며, 육체적 존재와 비육체적인 존재를 연결하는 다리다.

에테릭 더블의 몸에 있는 7개의 중요한 짜끄라와 수많은 작은 짜끄라들 이외에도, 중요한 에너지 중심들의 또 다른 라인이 있다. 정수리 너머에 그리고 육체적인 몸의 위에는 트랜스퍼스널(超個人) 포인트가 있다. 그것의 컬러는 모두 맑다. 그것의 기능은 내면의 여신이다. 정수리 너머에 있는 중심들은 이 시대의 사람들이 아마 발전시키고 있을 것이다. 신체의 발 아래에 있는 것은 땅 혹은 그라운딩(grounding; 接地) 짜끄라이다. 컬러는 검정이다. 이것은 사람들이 지구와 연결되는 지점이며, 우리로 하여금 지구의 영양분과 자기적 에너지를 받도록 해 준다.

에너지 라인은 트랜스퍼스널 포인트에서 땅 짜끄라로 흐른다. 이 라인은 아마 에테릭 더블 위의 정서적/아스트랄 몸 오라 층에 있을 것이다. 바바라 브레넌은 그녀의 책《Light Emerging》(Bantam Books, 1993년)에서 이것을 '하라 라인'이라고 이름 지었다.[4] 만탁과 마니완 치아는《Awaken Healing Light of the Tao》[5]에서 이것을 묘사했다. 이것은 또한 듀앤 패커와 사나야 로먼의《Awakening Your Light Body》테이프 시리즈 [6]의 기초가 되고 있다. 이 라인을 따라 몇 개의 중심들이 더 있다. 이것은 고대의 기공 체계의 일부분인데, 지금 처음으로 많은 사람들에게 알려지고 있는 것 같다. 나는 그것들이 존재함을 힐링을 통해 점점 더 자각을 한다. 하라 라인은 레이키 II와 III에서 더 중요하다. 지금으로 봐서는 그것들의 용도가 나에게 충분히 명확하지는 않지만, 이제부터 나는 "새로운" 중심들을 설명할 것이다.

4. 같은 책.
5. Mantak and Maneewan Chia, *Awaken Healing Light of Tao*, p. 22.
6. Duane Packer and Sanaya Roman, *Awakening Your Light Body* (Oakland , CA, LuminEssence Production, 1989), Audio Tape series.

이들 중에서 두개골의 아래에 붉고 황금색의 짜끄라가 있다. 이것은 현현과 관계가 있는 것 같다. 원인의 몸이라고 불린다. 목과 가슴 사이에는 또 다른 새로운 중심이 있다. 이것의 색깔은 아쿠아마린색이다. 나는 이것을 흉선 짜끄라라고 부른다. 이것은 면역에 기여하며, 공해물질과 화학물질로부터 보호하는 역할을 한다. 횡격막에도 새로운 짜끄라가 있으며 그것의 컬러는 라임그린색이다. 이것의 목적은 과거의 정서들과 독소들을 각 수준에서 제거하는 것이다. 이 중 마지막 짜끄라는 단전이다. 이것은 뿌리와 복부 짜끄라들 사이에 있다. 종종 천골 중심이라고 불린다. 기공에서는 이것을 단전이라고 부른다. 일본과 중국에서는 인간의 에너지와 힘의 중심으로 알려져 있다. 즉 원기의 자리이다. 이것에 해당하는 서구의 이름은 태양 신경총(비록 그것의 색깔은 노란색이라기보다는 황금색이다)이지만, 하라 혹은 단전은 훨씬 더 이상이다.

만탁 치아는 단전을 몸의 원기의 장소이며 사람이 태어날 때 가지고 나온다고 말한다. 이것은 천상의 기(우주로부터 오는)와 땅의 기(지구로부터 오는)—트랜스퍼스널 포인트와 땅 짜끄라—를 결합시킨다. 그래서 생명을 유지하고 영향을 주는 세 개의 힘이 만들어진다.[7] 바바라 브레넌은 단전 혹은 하라를 "신체적 몸에 살려는 의지"[8]의 장소라고 정의한다. 그녀는 하라 라인을, 이번 환생을 위한 의지와 목적의 라인이라고 기술한다. 레이키 II에서는 단전에 대한 설명이 더 많이 기술되고 있다. 인간의 기 체계는 아주 복잡하다. 사람들이 발달을 하면, 그것은 더욱 복잡해진다. 그러나 레이키의 손 자세들을 위해서는, 당신이 알아야 할 모든 것은 7개의 중요한 짜끄라이다.

자기 힐링

이제 레이키 세션을 시작할 수 있게 되었다. 레이키 I의 가장 큰 장점은 자기 힐링이다. 나의 학생들은 다른 힐링 방법들을 많이 공부해 보았지만 자기 스스로를 돕는 정보를 알려주는 것은 없더라는 이야기를 한다. 그러나 레이키는 자기 힐링부터 시작한다. 자기 힐링을 위한 손 위치들은 모든 다른 레이키 손 위치

7. 같은 책.
8. Barbara Ann Brennan, *Light Emerging: The Journey of Personal Healing*, p. 29.

들의 기초가 된다. 다음에 체계적으로 설명을 하겠지만, 항상 직관이 자유롭게 작용하도록 허락하라. 힐링을 하는 동안 지정되지 않은 곳으로 손이 놓이도록 가이드 되면, 그렇게 하라. 그와 마찬가지로 한 위치를 건너뛰거나 순서에 맞지 않게 하도록 가이드 될 수도 있다. 나는 학생들에게 주어진 위치들을 충분히 익히라고 하며, 그것들을 철저히 통달하라고 한다. 그리고 난 뒤 가이드들이나 직관에 따라 그것들을 사용하라고 부탁한다.

레이키를 하는 데 틀린 방법이란 없다. 티쳐들마다 위치들을 달리 할 수 있다. 그러나 그들 모두가 옳다. 손을 아래로 두면 에너지가 필요한 곳으로 간다. 에너지의 흐름이 변할 때까지 그 위치에 두면, 다음 위치로 움직이라는 지시를 받을 것이다. 어떤 위치를 할 수 없거나 닿기가 불편하다면, 건너뛰어라. 등을 할 수 있도록 팔과 몸을 굽힐 수 없다면, 앞만 하라. 자세들에서는 팔이나 다리를 꼬지 마라. 레이키를 위한 기본 가르침은 아픈 곳에 손을 둔다는 것이다. 완전한 몸 힐링 세션을 하는 것이 가능하다면, 그것이 최상이다. 그렇지 못할 때는, 할 수 있는 것만 하라.

그림들은 자기 힐링을 하기 위한 손 위치들을 보여 주고 있다. 구별하기 위하여 편의상 숫자를 매겼다. 힐링은 항상 전면의 머리부터 시작해서 발로 나아간다. 그 다음에 뒷면의 머리에서 시작하여 발로 나아간다. 처음 세 위치는 머리다. 처음 위치에서는 손을 가볍게 쥐어 컵 모양을 만들어서 눈 위에 부드럽게 두어라. 눈을 누르지는 말라. 감각들이 일어나 멈출 때까지 그 자세에 있어라. 약 오 분 정도 걸린다. 처음의 이 위치는 뇌의 좌우 균형을 맞추어 준다. 두통과 눈의 피로에 아주 좋다. 이것은 또한 이마 즉 제3의 눈 짜끄라를 커버한다.

다음으로, 손을 얼굴 옆으로 움직여라(위치 2). 엄지는 귀 바로 밑에 두고 손바닥은 뺨을 잡는다. 다시 한 번 에너지 순환이 끝나기를 기다려라. 이것은 거의 본능적으로 손을 두는 방식이며, 굉장한 편안함을 준다. 세 번째 머리 위치는 손을 머리 뒤쪽으로 움직여서, 후두의 마루 부분을 둥글게 잡는 것이다(3-3a). 이것은 정수리 짜끄라를 커버하며, 뒤로부터 제3의 눈도 커버한다. 또한 원인의 몸에 닿기도 한다. 다시 말하지만 각각의 자세는 약 오 분이 걸린다.

레이키 Ⅰ 손 자세
자기 힐링
몸의 앞면

〈머리 위치〉

1. 양쪽 눈 위

2. 양쪽 뺨 위. 엄지손가락은
귀 바로 밑에 오게 한다.

2a. 2의 변형

3. 뒷머리, 후두부의 능선 위

3a. 3의 변형

〈상체 위치〉

4. 목 위

4a. 4의 변형

5. 가슴─가슴뼈 위(자기 힐링의 경우에만 한다.)

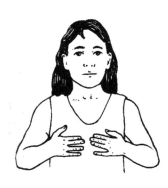

5a. 5의 변형(자기 힐링의 경우에만 한다.)

6. 가슴 밑 아래쪽 갈비뼈 위

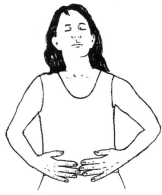

7. 중간 복부

8. 골반뼈 위, 하복부

9. 치골 위 하복부 중앙(성기 부위가 닿지 않게 한다.)

9a. 9의 변형. 치골 부위(자기 힐링의 경우에만 한다.)

〈무릎, 발목 및 발 위치〉

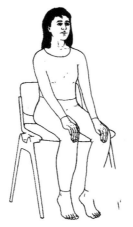

10. 양무릎의 앞쪽

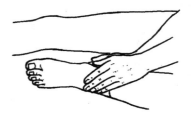

11. 양발목의 앞쪽

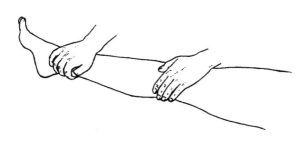

10a–11a. 무릎과 발목을 함께 하기.
양쪽 다리를 모두 한다.

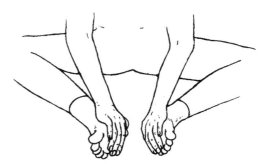

12. 양손으로 양발바닥을 동시에 한다.

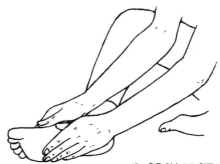

12a. 혹은 양손으로 한쪽 발바닥씩 따로 한다.

몸의 뒷면

〈머리 자세〉

13. 머리 뒤쪽. 한 손은 후두부 능선을,
다른 손은 정수리를 감싼다.

13a. 13의 변형

〈상체 자세〉

14. 목 뒤쪽과 어깨 근육 위쪽

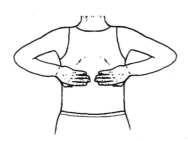

15. 견갑골 아래, 가슴 뒤쪽, 갈비뼈 위

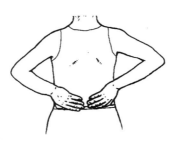

16. 등 중간

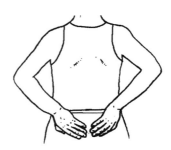

17. 천골 위 등 아래

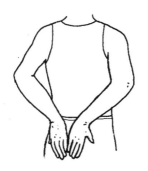

17a. 17의 변형 또는 추가

〈무릎, 발목 및 발 자세〉

18. 양무릎 뒤쪽
   (10번 그림을 참조하되, 뒤쪽을 한다.)

19. 양발목 뒤쪽
   (11번 그림을 참조하되, 뒤쪽을 한다.)

19a. 한쪽 다리의 무릎과 발목의 뒤쪽을 잡는
다. 반대쪽 다리에도 반복한다.

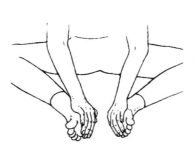

20. 양손으로 양발바닥을 동시에 한다.

다음에는 목 짜끄라로 간다(4-4a). 손을 자신의 목 위로 가져가는 것이 극심한 공포를 일으킨다면(자신의 목에 손을 두는 것은 그 정도 반응을 일으키지 않을 것이다), 손을 그 아래에 있는 쇄골에 두어라. 다른 사람들에게 레이키를 할 때는 목 중심에다 두지 말고 항상 아래에 두어라. 어쨌든 짜끄라는 실제로 쇄골의 V 모양의 안에 있다. 가슴 짜끄라 위의 위치는 자신에게만 한다(5-5a). 손을 가슴뼈 위에 올려두라. 가슴에 힐링이 필요하면 그곳에 두어라.

태양 신경총 짜끄라가 그 다음 위치이다. 가슴 바로 아래에 두 손을 마주보게 하여 두고 아래쪽 갈비뼈 위에 손가락이 놓이게 한다(6). 해부적으로 보면, 오른손은 간과 쓸개 위에 있게 되며, 왼손은 췌장과 비장과 위장 위에 있게 된다. 이 위치에 손을 두면, 약간의 울렁거리는 내부의 소리를 들을 수도 있다. 다시 말하지만, 각 위치에서 에너지 순환을 끝내는 데는 약 오 분 정도 걸린다. 그러므로 편안히 이 과정을 진행하라. 같은 식으로 손을 허리나 그 바로 아래에 있는 배 부분으로 움직여라(7). 그 다음 치골을 커버하기 위해 한 번 더 내려가라(8). 이 위치의 에너지는 내장과 복부 짜끄라에 도달한다.

상체 위치의 마지막은 치골 바로 위쪽, 아랫배의 중앙에 두 손을 갖다 대며 한 손 위에 다른 손을 두는 것이다(9-9a). 자기를 위해 할 때는 원한다면 생식기를 커버해도 된다. 이 위치는 뿌리 짜끄라이다. 여성이면 자궁과 난소, 방광과 질을 커버하고, 남성이면 방광과 고환을 커버한다.

다음에는 무릎과 발목, 발로 간다. 이것들은 전통적 레이키 위치들이 아니지만, 나는 이것들이 극히 중요하다는 것을 발견하였다. 특히 발이 그렇다. 이것들은 위쪽 짜끄라들에 대해 에너지 작업을 한 뒤 균형 잡히고 어머니 대지와 연결되며 힐링 에너지를 통합하는 데 도움이 된다. 무릎과 발목을 위해서는(10, 10a, 11, 11a) 먼저 두 손을 무릎 위에 두고, 다음에는 발목에 댄다. 발목에 대해 편하게 할 수 있는 방법을 찾아야 할 것이다. 또 하나의 방법은 한 손을 오른쪽(또는 왼쪽) 무릎과 발목에 동시에 두고, 다음에는 다른 쪽 다리의 무릎과 발목에 두는 것이다. 발은 맨 마지막에 한다. 손을 짜끄라가 있는 발바닥 위에 두어라. 각각의 발에 각각의 손을 두어라(12). 아니면 두 손을 한쪽 발에 두었다가 다른 발로

신체 주요 기관의 위치(앞면)

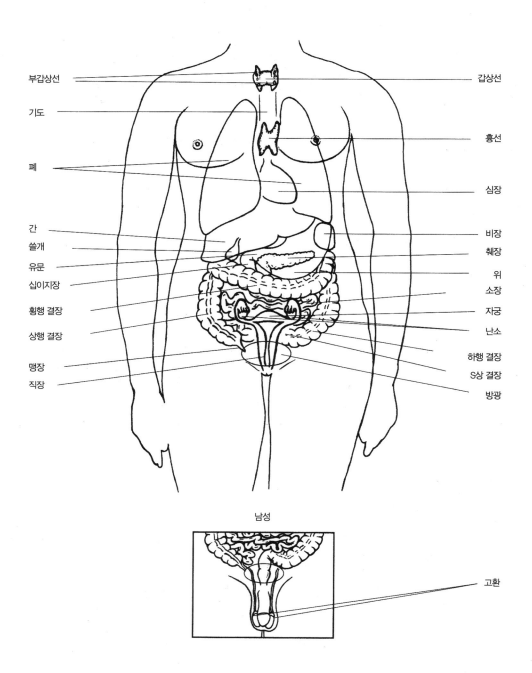

부갑상선
기도
폐

간
쓸개
유문
십이지장
횡행 결장
상행 결장
맹장
직장

갑상선
흉선
심장
비장
췌장
위
소장
자궁
난소
하행 결장
S상 결장
방광

남성

고환

신체 주요 기관의 위치(뒷면)

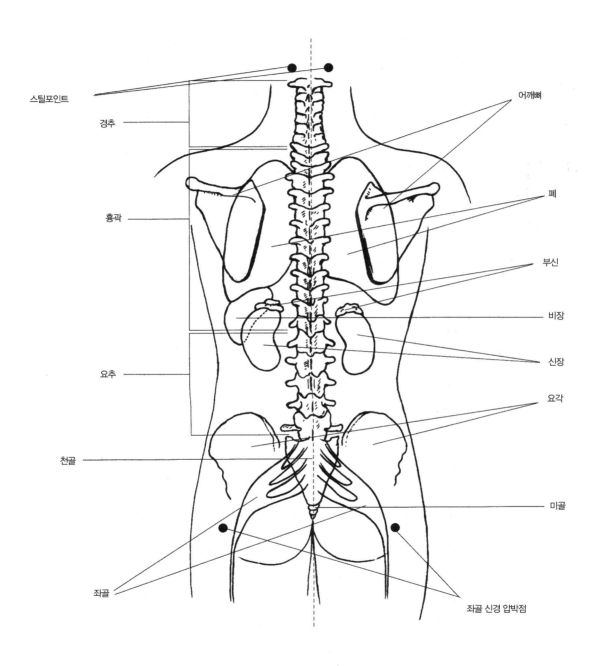

스틸포인트

경추

흉곽

요추

천골

좌골

어깨뼈

폐

부신

비장

신장

요각

미골

좌골 신경 압박점

옮겨가라(12a). 에너지 감각이 지속되는 동안에는 손을 그 자리에 두어라.

다음에는 몸의 뒤쪽으로 가라. 머리에는 위치가 하나밖에 없다(13). 이미 세 가지 머리 위치를 했기 때문에 이것은 선택 사항이다. 한 손을 머리 위의 정수리에다 두고 다른 한 손은 머리 뒤(원인의 몸)에다 두어라. 두 손 다 정수리에 둘 수도 있다(13a). 다음으로 손을 목 뒤, 혹은 목과 어깨 사이에 있는 큰 근육 위에 두어라(14). 많은 사람들은 이 근육에 긴장을 보유하고 있다. 그것들은 목 짜끄라 뒷부분을 구성하고 있다. 앞쪽의 목 짜끄라만큼 민감하지는 않다.

이제 손을 뒤로 돌려서 가슴 뒤쪽을 커버하고 있는 어깨뼈(견갑골) 아래에 이르게 하라(15). 앞쪽의 상체를 할 때처럼, 손끝은 서로를 향하게 하라. 이제 팔과 손은 그대로 하고 등의 중간으로 내려가라(16). 더 내려가 하나의 위치를 하라(17). 이런 위치들은 태양신경총과 복부 짜끄라를 커버한다. 다른 대안의 방법 또는 추가적인 위치로는 손을 뿌리 짜끄라로 향하게 하여 등 아래에 놓는 것이다(17a).

무릎과 발목 위치들을 하라. 이번에는 손을 앞이 아니라 뒤에 두어라(18-19 혹은 19a). 끝으로 양발바닥을 다시 하라(20). 이것이 완전한 자기 힐링의 세션이다. 위치들은 빨리 익숙해진다. 다 마치면 순수한 물을 큰 컵으로 마시고 좀 쉬어라. 아마 몇 분에서 한 시간까지 멍한 느낌이 들 수도 있다. 힐링을 하는 동안에 떠오른 정서들과 생각들에 주목하라.

타인 힐링

다른 사람들을 위한 레이키 세션은 사실 다음의 두 가지만 제외하면 자기 힐링과 같다. 첫째, 손을 자신 쪽으로 가져오는 것이 아니라 바깥쪽으로 뻗는다. 이 결과로 부위들을 힐링하는 데 약간의 변화가 생긴다. 힐러는 자신의 몸을 완전히 편안하게 하고서 세션을 할 필요가 있다. 그렇지 않으면 손을 뻗을 때 상당히 긴장될 수 있다. 팔이나 다리를 꼬지 말고, 힐링을 받는 사람도 그렇게 하지 않도록 하라. 둘째, 다른 사람을 위한 힐링을 할 때는 신체의 프라이버시를 인식하라. 자기 자신이나 부부가 아니라면, 가슴이나 생식기를 만지는 것은 신체 안

전에 대한 위협이 된다. 이것은 어른뿐만이 아니고 아이들도 마찬가지다. 미국 여성의 1/3은 강간을 당한 적이 있다. 1/2이나 3/4은 근친상간이나 다른 방법으로 성추행을 당한 적이 있다. 레이키 세션은 안전한 공간이 되어야 한다.

힐링을 시작할 때, 세션을 받는 사람의 뒤에 서거나 앉아서 머리 위치들을 힐링하라. 세 가지 머리 위치와 목, 그리고 아마도 가슴을 할 때까지는 그렇게 하고 있어야 할 것이다. 손의 위치들은 다시 그림과 숫자로 제시하였다. 두 손을 컵 모양으로 모아 그 사람의 눈 위에, 누르지 말고 살며시 두어라(1). 에너지의 감각이 순환하는 것을 느낀 뒤, 그 감각이 끝나면 다음 위치로 넘어가라. 이 처음 위치는 뇌의 왼쪽과 오른쪽의 균형을 맞춰 준다. 힐링을 받는 사람은 이 과정을 거치는 동안 들뜰 수 있지만, 다음 위치로 넘어가면 차분해질 것이다. 최소한 머리 위치들을 하는 동안에는 말하는 것을 자제시켜라. 말을 계속한다면, 조용히 해 달라고 부탁하라.

(2)의 위치는 새끼손가락을 귀 바로 옆에 두고 뺨을 덮는 것이다. 1의 위치가 제3의 눈을 커버하는 데 반해, 2의 위치는 정수리와 제3의 눈 짜끄라 둘 다를 커버한다. 힐링을 받는 사람은 종종 조용해진다. 잠이 들거나 정신이 몸 바깥에 있을 수도 있다. 다음 위치인 (3)을 하기 위해서는, 힐러가 힐링 받는 사람의 머리를 들어(대개 힐링 받는 사람이 도와준다), 손을 그 밑으로 넣는다. 두 손을 컵 모양으로 둥글게 모아서 힐링 받는 사람의 뒷머리 곡면, 즉 후두부의 솟은 부분을 커버하라. 손이 편안해진다고 생각되면 그곳이 그 장소이다. 정수리, 제3의 눈 그리고 원인의 몸 짜끄라가 커버된다. 머리 위치들은 두개골, 뇌, 눈, 귀와 중추 신경계를 치료한다.

목 짜끄라로 나아가라(4). 힐러가 손을 목구멍에 두면 공포를 느끼는 사람들이 많기 때문에, 나는 절대로 그곳에 직접 손을 두지 않는다. 그 대신에 손을 목 아래에 있는 쇄골 위에다 두어라. 또한 그곳에 접촉하지 않고, 텐트 치는 것처럼 손을 목 위에다 둘 수도 있다. 그러나 이것은 힐러에게 불편한 긴장을 줄 것이다. 오늘날의 힐러들 중 많은 사람들은 과거의 전생들에서 화형주에 매달려 죽었으며, 우리는 화염이 닿기 전에 질식하여 죽었다. 그래서 공포증이 있는 것이다.

가슴 양쪽을 향해 손을 내뻗거나 움직인다(5-5a). 힐링 받는 사람과 친한 사이가 아니거나 그렇게 하기로 합의하지 않았다면, 절대로 가슴 위에 손을 두어서는 안 된다. 여성이 가슴에 포낭이 있거나 혹이 있다면 합의 하에 그곳에 손을 놓을 수도 있을 것이다. 그러나 대개는 손을 가슴에서 떨어지게 하여 위쪽에 두거나, 가슴 사이에 틈이 있으면 그곳에 두라. 아니면 아예 그 위치는 하지 마라. 다시, 에너지가 순환하여 올라왔다가 사라질 때까지 최대 5분 정도를 기다려라. 그러고 난 뒤 손을 다음의 위치로 움직여라. 이제 당신은 그 사람의 위쪽이 아니라 옆에 있어야 한다. 태양 신경총은 가슴 바로 밑에 있으며(6), 소화 기관 윗부분(간, 쓸개. 췌장)을 커버한다.

몸통의 위치들에서, 손을 두는 장소는 몇 가지 선택이 있다. 자기 힐링처럼 둘수도 있다. 그럴 때에도 손은 안으로 향하게 하는 것이 아니라 내밀어야 한다. 이렇게 하려면 두 손을 몸의 가로 방향으로 놓은 뒤, 한 손의 손가락이 다른 손의 뒤꿈치나 손목에 거의 닿듯이 해야 한다. 또는 종종 더 편하게 할 수 있는 방법은 손을 조금씩 움직여서 엄지와 엄지가 거의 닿도록 나란히 놓을 수도 있다. 이 위치를 하기 위해 힐링 받는 사람의 몸통을 4부분으로 나눈 뒤, 손을 짝 지워서 각각의 4분면에 댄다. 위의 오른편, 위의 왼편, 아래의 오른편, 아래의 왼편 순으로 한다. 어느 편부터 시작해도 상관이 없다. 레이키에서는 아무런 문제가 되지 않는다. 원한다면 뒤부터 해도 된다. 그림과 나의 설명은 첫 번째 방식을 보여 주고 있다. 두 번째 방식의 그림은 87쪽에 있다. 둘 다 옳다. 힐러에게 어느 방법이 더 편한지의 문제일 뿐이다.

몸통을 계속하기 위해, 허리 바로 밑에 있는 복부 짜끄라에 손을 두라(7). 다음의 손 위치는 그것의 바로 밑인 골반뼈 위에 두라(8). 이곳은 치골 위에 있다. 손을 수평으로 즉 나란히 두라. 다음으로 두 손을 하복부의 중심, 즉 치골뼈(뿌리 중심)의 바로 위에 가져다 두라(9). 손은 몸 위에 하나를 두고, 그 위에 다른 하나를 두라. 이런 위치들은 모든 복부의 기관, 즉 소화, 배설, 생식기관을 커버한다. 신체 기관의 그림을 보라. 의료 용어는 필요하지 않지만 레이키 힐링을 위해 약간의 해부학적 지식은 도움이 된다.

레이키 Ⅰ 손 위치
타인 힐링

앞쪽 – 힐러는 힐링 받는 사람의 뒤쪽에 서거나 앉는다.

   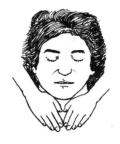

1. 양손을 오목하게 만들어 두 눈 위에 부드럽게 올려둔다.

2. 양손을 뺨 위에 올려둔다. 새끼 손가락이 귀에 닿게 한다.

3. 양손을 머리 아래에 둔다. 힐러 는 머리를 조금 들어 올린다.

4. 양손을 목 아래의 쇄골 위에 가깝게 올려둔다.

앞쪽 – 힐러는 힐링 받는 사람의 옆쪽으로 이동한다.

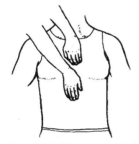  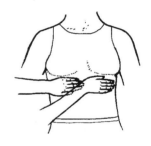

5. 가슴 사이(생략 가능). 여성의 신체의 프라 이버시를 침해하지 않도록 주의하라.

5a. 5의 변형

6. 가슴 아래 갈비뼈 위

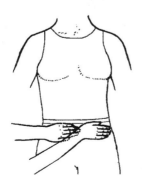 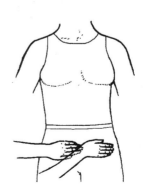

7. 허리 바로 밑

8. 치골 위의 골반 부위

앞쪽 – 힐러는 옆에서 더 아래로 이동한다.

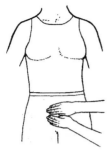 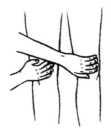 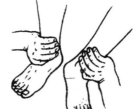 

9. 치골 위 하복부　　10. 양무릎의 앞쪽　　11. 양발목의 앞쪽　　11a. 무릎과 발목을 동시에. 양쪽 다리를
　　　　　　　　　　　　　　　　　　　　　　　　　　　　　　　　　　하라. 선호하는 위치–10과 11을 결합.

앞쪽 – 힐러는 힐링 받는 사람의 발을 마주할 수 있는 맨 아래로 움직인다.

12. 양발바닥　　　　　　　　　　　　　　12a–12b. 12의 변형

뒤쪽 – 힐러는 힐링 받는 사람의 머리 쪽으로 되돌아간다.

13. 선택 가능한 머리 위치—한 손은 정수리 위에, 다른 손은 머리 뒷부분, 후두부에 둘 수 있다. 힐링 받는 사람은 머리를 옆으로 돌려야 할 것이다.

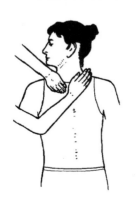 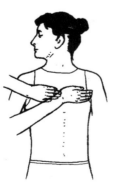 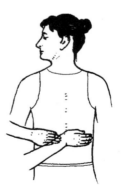 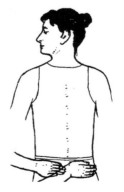

14. 뒷목(힐러는 힐링 받는 사람의　　15. 견갑골 위　　16. 등의 중간　　17. 허리 밑, 등 아랫부분, 엉치뼈 위
　　옆으로 이동한다.)

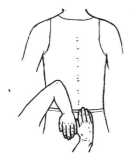

18. 꼬리뼈(미골) 위. 선택 가능한 위치.

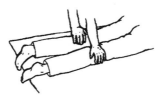

19. 양무릎 뒤

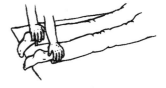

20. 양발목 뒤

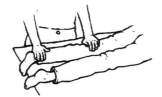

20a. 한쪽 다리의 무릎과 발목을 함께 잡
기. 양쪽 다리를 모두 하라.

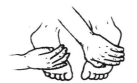

21. 양발바닥

선택 가능한 손 자세의 대안

상체와 등을 위한 손 자세를 달리 할 수도 있다. 앞의 경우처럼 한 손의 손가락을 다른 손의 손목에 대는 대신,
양손을 옆으로 나란히 놓을 수 있는 것이다. 앞쪽 위치 6, 7, 8, 9와 뒤쪽 위치 15, 16, 17을 할 때 다른 자세로 바꿔 해도 된다.

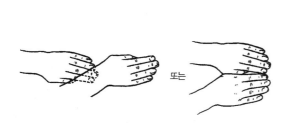

또는

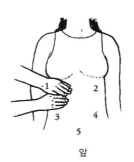

앞

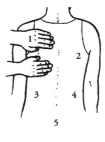

뒤

무릎, 발목과 발의 위치들은 자기 힐링을 할 때보다 다른 사람을 위해 작업을 할 때 더욱 중요하다. 힐링을 받는 사람이 정서적인 방출을 하지 않았다면, 그는 30분이나 그 이상 조용히 누워 있었을 것이다. 그는 아마 잠든 것처럼 보일 수도 있고, 아니면 그냥 "어딘가 밖에" 즉 몸 바깥에 있는 것처럼 보일 수도 있다. 발과 다리 위의 손 위치들은 그를 이제 지구로 다시 데려오기 시작한다.

그곳들을 하기 위해서는 힐러가 다시 움직여야만 한다. 몸통의 위치들을 할 때 힐러는 힐링 받는 사람의 한쪽에 서거나 앉아 있었다. 옆으로 움직일 필요는 없으며, 그냥 힐링을 받는 사람의 몸 반대편에 손을 뻗으면 된다. 이제 좀 더 밑으로 내려와 그의 다리에 손이 닿게 하라. 두 무릎 위를 하고(10), 다음에는 두 발목 위를 하라(11). 다른 방법으로는, 한 손을 무릎 위에 놓고 다른 한 손을 같은 쪽의 발목 위에 둔다(11a). 이것이 더 선호되는 방법이다. 다른 때와 같이 에너지의 감각이 사라질 때까지 기다려서 이런 위치들을 완료하라.

발바닥(12)을 하는 것으로 힐링을 마쳐라. 한 번에 한 발씩 하든지(12a~12b), 아니면 두 발을 한꺼번에 하라. 이것이 더 선호되는 방법이다. 몸 뒷부분의 힐링을 계속한다면, 발의 위치를 건너뛸 수도 있다. 세션의 끝에 하면 된다. 이제 돌아누우라고 하라. 다시 그 사람의 머리 부분으로 가라.

힐링 받는 사람의 머리를 옆으로 돌리게 한다. 그리고 하나의 머리 뒤 위치를 할 수 있다(13). 이것은 선택적이다. 한 손은 정수리에 두고, 다른 한 손은 후두의 튀어나온 부분에 둔다. 감각이 변하면, 다음 위치로 나아가라. 목의 뒤로 간다(14). 나는 뒤에서 목 위치를 취할 때에 민감한 사람을 만나 보지 못했다. 두 손을 승모근, 즉 어깨가 목을 만나는 곳의 큰 근육에 두어라. 이것은 대안으로 하는 방법이다.

다시 옆으로 움직여라. 등의 세 위치를 하라(15, 16, 17). 앞의 몸통을 할 때와 같이, 한 손의 뒤꿈치에 다른 손끝을 맞출 수도 있고, 두 손을 나란히 둘 수도 있다. 이런 위치들은 가슴, 태양 신경총과 복부 짜끄라를 커버한다. 그것들은 신장에도 닿을 수 있으며, 긴장과 스트레스, 등의 문제에 아주 좋다. 받는 사람이 특별히 등이 길거나 등의 아랫부분에 고통이 있으면, 더 밑으로 내려가 엉덩이가 시작되는 곳에 한 위치를 더 하라. 이렇게 하는 다른 방법은 양손을 서로 다른 방향으로 맞대며 하는 것이다(18).

　다음에는 다리와 발로 내려간다. 이번에는 이런 위치들을 철저히 하는 것이 아주 중요하다. 이 위치들은 힐링 받는 사람들이 지상으로 돌아오도록 돕는다. 힐링 받는 사람은 이제까지 꽤 오랫동안 정신적으로 "밖에 나가" 있었을 것이다. 다리 쪽으로 더 내려가라. 두 무릎 뒤쪽(19)과 두 발목의 뒤쪽(20)의 레이키 위치들에 힐링을 하라. 이렇게 하는 선호되는 방법은 한 손을 무릎의 뒤에 두고, 다른 한 손을 같은 쪽의 발목 뒤에 두는 것이다(20a). 에너지를 기다렸다가 반대쪽에도 반복하라. 반드시 양쪽 다 해야 한다.

　힐링의 마지막 위치는 발바닥이다(21). 몸의 앞면을 하든 뒷면을 하든 발바닥을 잡아야 한다. 이곳이 짜끄라가 있는 곳이다. 에너지의 흐름이 발을 통해 흐르는 것을 느낄 것이다. 이 느낌은 몇 분 동안 지속될 것이다. 이 위치는 힐링을 통합하고 완성시킨다. 힐링을 받는 사람은 세션에서 깨어났을 때 전혀 지상에 있는 것 같지 않을 것이다. 그러나 기능은 할 수 있을 것이다. 발의 위치를 하지 않으면 그는 한동안 몹시 멍한 채로 있을 것이다.

　힐링을 완료하는 또 하나의 방법은 에너지를 털어내는 것이다. 한 손이나 두 손을 힐링 받는 사람의 몸의 8인치 위에 두고, 손바닥은 아래로 향하게 한다. 이 높이에서 힐링 받는 사람의 머리에서 발까지, 부드럽지만 재빠르게 손으로 길게 쓸어내린다. 먼저 머리부터 몸통까지 서너 번 훑어 주고, 다음에는 몸통에서 다리로, 그리고 다리에서 발로 훑는다. 당신의 손은 힐링 받는 사람의 오라 안에 있다. 물이 흐르는 느낌이 들 것이다. 그 사람도 아마 느낄 것이다. 오라를 훑는 것, 특히 재빠르게 훑는 것은 힐링 받는 사람을 그라운딩(grounding; 接地)시키며, 그를 완전히 일깨우는 데 도움이 될 것이다. 그 사람은 그 느낌을 좋아할 것이다.

　세션을 받는 사람에게 끝났다고 말하고, 움직일 준비가 될 때까지 조용히 누워 있으라고 권유하라. 깨우려고 서두르지 말라. 그가 준비되면, 먼저 몸을 옆으로 돌린 뒤 팔로 몸을 일으켜 세우는 방법을 보여 주어라. 목을 들어 올려 일어나면 목과 등에 충격을 주기 때문이다. 일어난 뒤에는 너무 빠르게 움직이지 말

스틸포인트의 위치 [9]

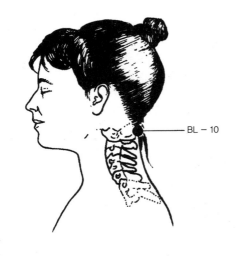

BL - 10

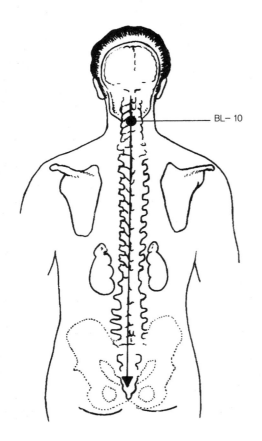

BL- 10

라고 주의를 주라. 잠시 앉아 있게 하고 순수한 물을 한 컵 갖다 주어라. 그는 30분가량은 약간 어지럽고 멍한 느낌을 경험할 수 있고, 사흘 정도는 편안히 이완되며 평소와는 다른 상태로 있을 수 있다. 그 느낌은 즐겁고 재미있다.

힐링 세션을 마친 뒤, 어떤 사람들에게는 육체적인 해독 과정이 시작된다. 이 과정은 아주 안전하지만, 레이키에 생소한 사람들은 그것에 대하여 알 필요가 있을 것이다. 모든 힐링에 이 과정이 다 일어나는 것은 아니며, 아마 여섯 번을 하면 한 번꼴로 일어날 것이다. 그는 아마 다음 며칠이나 일주일 동안 약간의 정서적인 과정을 거칠 수도 있다. 그에게 떠오르는 이미지들을 용인하고, 그것들을 보고, 그것들에 저항하지 말고 그냥 내버려두라고 말하라. 대부분의 사람들은 레이키 세션 후에 아주 좋은 기분을 느끼며, 더욱더 좋아지는 느낌을 경험할 것이다. 장기간에 걸쳐 지속된 문제들이 한 번의 세션으로 해결되는 경우는 드물지만, 레이키 힐링의 긍정적인 변화들 중 많은 것들은 영구적이다. 레이키를 하고 나면, 힐러 역시 좋은 기분을 느낄 것이다.

세 번째 레이키 머리 위치에 사용될 수 있는 두개천골 마사지 운동이 있다. 이때 힐링 받는 사람은 바닥에 등을 대고 누워야 한다. 그것은 스틸포인트(Stillpoint)라 불린다. 스틸포인트를 하면 그 에너지에 의하여 척추 전체가 위에서 아래까지 정렬되는 효과가 있다. 이것은 척추를 인위적으로 조작하는 것이 아니며 완전히 안전한 과정이다. 이 과정은 제대로 하지 않으면 아무 일도 일어나지 않는다. 제대로 하면 편두통과 두통을 없애 주며, 목과 등 아래의 고통을 완화시켜 주고, 턱을 정렬시켜 준다. 종종 완전한 카이로프랙틱 처치 효과를 보기도 한다.

자동차 사고로 머리를 바람막이에 부딪힌 한 여성에게 그렇게 해 보았다. 사고 후 그녀는 문자 그대로 별들을 보았고 방향감각을 상실했지만, 스틸포인트를 하자 그 증상에서 벗어났고 더 이상의 후유증을 겪지 않았다. 나는 편두통에 자주 그것을 사용했는데, 그러면 훌륭한 결과를 얻는다. 이것은 또한 정서적 긴장 완화에도 좋다. 등에 문제를 가지고 있는 사람들에게 해도 안전하다. 스틸포인트를 하는 여러 방법이 있는데, 몸의 부위에 따라 다르게 한다. 대부분의 마사지 치료사들은 아래에 설명하는 방법을 교육받지만, 그들은 그 가치를 깨닫지 못한 채 건너뛰곤 한다.

처음에는 두 개의 블래더(Blader)-10 지압점을 찾아야 한다. 그 짝은 윗목 뒤에, 두개골이 목을 만나는 척추의 양쪽에 있다. 그 지점들은 피부 아래 목 근육에 있는 두 개의 작은 움푹한 곳이다. 그곳은 이상한 감각이 느껴지므로 어렵지 않게 찾을 수 있는데, 나는 두뇌 속의 압정 같은 느낌이라고 설명한다. 그곳은 목이 정렬되어 있지 않거나 근육이 긴장되어 있지 않으면 보통 아픈 감각을 일으키지 않는다. 대부분의 시간 동안에는 그냥 이상하다는 느낌만을 줄 것이다. 한 지점을 찾아냈다면, 바로 맞은편에 있는 다른 지점을 느낌으로 찾아내라. 당신 스스로 이 지점을 알아내는 것을 배웠고 또 익숙해졌다면, 다른 사람의 지점도 찾아보도록 시도하라.

힐링을 하고 있고 손이 힐링 받는 사람의 머리 밑에 있다면, 이때가 이 기술을 사용할 때이다. 그의 머리는 당신의 손바닥 안에 놓여 있다. 먼저 두 손의 집게 손가락으로 목의 양쪽에 있는 지점을 하나씩 찾아라. 그 지점을 찾고 있을 때 도움을 요청하면, 그 사람이 말해 줄 것이다. 정확하게 그 지점에 두는 것이 중요하다. 그렇지 않으면 아무 일도 일어나지 않을 것이다. 두개골이 목을 만나는 지점의 선을 따라 그런 지점의 쌍들이 많이 있을 것이다. 그것들 대부분은 작동한다. 블래더-10 지점은 척추 가장 가까이에 있지만, 척추 위에 있지는 않다.

9. 수의사 로빈 칸니짜로는 포인트들의 명칭을 알려주었고, 마사지 테라피스트 다이애너 그로브는 과정을 설명해 주었다. 감사드린다.

일단 그 지점을 찾았으면, 손가락을 그곳에 대고 가볍게 압력을 가하라. 힐링 받는 사람은 당신의 손가락이 특별히 민감한 지점에 있다고 느낀다. 그때 그 사람의 호흡을 잘 보라. 블래더-10 지압 지점에 압력을 가하면 척추 체액의 맥박이 균형 잡히는데, 이것은 1분에 17번씩 박동을 한다. 균형이 일어나면 그 사람의 심장 박동과 맥박, 호흡이 한동안 동시에 이뤄진다. 그 사람의 호흡으로 이것을 알 수 있다. 처음에는 그의 가슴이 리드미컬하게 오르내리면서 정상적인 호흡을 한다.

스틸포인트 동기화—순식간에 되거나 몇 분 정도 걸릴 수 있다—에 이르면, 그 사람은 먼저 깊은 숨을 쉰다. 그때 호흡의 속도가 떨어질 것이다. 그 순간 손가락으로 지압 점에 약간의 압력을 더 가하다가, 손가락을 부드럽게 약 1/4이나 1/2인치 정도 뒤로 뺀다. 아마 그의 목이 약간 움직인다는 것을 느낄 것이다. 이것은 아무 힘도 가하지 않는 매우 부드러운 당김이다. 그 지점을 안정되게 잡고 있어라.

1분이나 2분이 지나면 힐러는 압력을 주고 있는 지점의 손가락 끝에 약간의 맥박을 느끼기 시작할 것이다. 두 지점에서 한꺼번에 느끼기 전에 먼저 한 손가락부터 느끼게 될 것이다. 그 다음에 다른 손에서 느낄 것이다. 양 지점에서 맥박이 느껴지면, 그 지점들로부터 손가락을 떼고, 손을 머리 아래에서 빼내라. 그러면 스틸포인트를 마친 것이다. 이제 레이키 세션을 계속하라. 에너지와 척추 맥박의 균형은 척추골이 정렬되게 만든다. 뼈는 제자리로 들어갈 것이다. 힐러가 조정을 하는 것이 아니라, 스틸포인트와 레이키의 에너지가 그렇게 한다.

세션을 마칠 즈음, 스틸포인트를 경험한 사람은 일반적인 레이키 힐링을 받은 사람보다 더 멍한 느낌을 경험할 것이다. 이런 느낌은 약 30분 정도 지속될 것이다. 이 느낌은 즐겁고, 그는 매우 편안히 이완된다. 그러나 느낌이 사라질 때까지는 운전을 하면 안 된다. 대부분의 사람들은 스스로 스틸포인트를 할 수 없지만, 그래도 가능은 하며 다음의 방식으로 하면 된다. 양말에 테니스공 두 개를 넣고 끝을 기운다. 공들이 같이 있도록 한다. 단단하고 평평한 마루에 누워라. 테니스공을 목 윗부분 아래에 놓고 공 위에 목을 기댄다. 이것은 스틸포인트를 할 수 있는 압력을 줄 것이다.

이 과정을 할 때는 두 가지 실수를 할 수 있다. 손가락을 압력 지점에 정확히 대지 않으면, 힐링 받는 사람에게 동기화가 일어나지 않으며, 그래서 아무 일도 일어나지 않을 것이다. 다른 하나는, 동기화가 일어나기 전에 당기는 압력을 가하면 역시 척추의 정렬이 일어나지 않을 것이다. 당신이 동기화를 놓치면, 즉 힐링 받는 사람에게 동기화가 일어나도 당신이 당기지 않았다면, 동기화가 다시 일어나기를 기다리면서 손가락을 그 지점에 두라. 힐링 받는 사람에게 동기화가 일어나지 않는 듯하고 많은 시간이 지나면, 그에게 깊은 숨을 쉬라고 부탁한다. 그러면 당기는 압력을 가할 수 있는 자리로 그 사람이 들어오게 될 것이다. 스틸 포인트를 하는 동안 실수를 하면 아무 일도 일어나지 않는다. 힐링이 일어나지 않는다. 그렇더라도 아무런 해는 없다.

이 절차는 편두통이나 허리 문제를 가진 사람들뿐만 아니라 수많은 사람들에게 혜택을 준다. 그래서 나는 보통 그것을 레이키 I에서 가르친다. 이것은 사실상 레이키의 일부는 아니지만, 힐링에 분명히 중요한 역할을 한다. 이것은 세 번째 머리 위치를 할 때 아주 잘 들어맞기 때문에 나의 레이키 책에 포함시켰다. 내 수업을 들은 한 학생이 나에게 이런 글을 보냈다.

저에게 해 주었던 TMJ(턱부조합증후군) 힐링은 기적 같습니다. 턱이 빠져나오지 않을 뿐더러, 입을 열고 닫을 때 더 이상 딸깍 하는 소리가 나지 않습니다. 정말 감사합니다!

절차는 간단하다. 그러나 배우려면 약간 연습을 해야 한다. 노력한 만큼의 가치가 있을 것이다.

그룹 힐링

일본에 있는 하야시 츠지로 레이키 센터의 힐러들은 팀을 이뤄 일했다. 이것은 지금도 채택할 수 있는 부분이다. 힐러들이 그룹으로 일하면, 서너 개의 손 위치를 한꺼번에 할 수 있고, 세션에 드는 시간도 훨씬 단축될 것이다. 에너지를 받는 사람은 아주 강한 에너지 폭발을 경험할 것이며, 완전한 레이키 힐링의 모든 혜택을 아주 빠른 시간 내에 얻을 수 있을 것이다. 그룹 힐링을 잘 하는 방법을 배운 힐링 팀은 혼자서 할 때보다 더 많은 힐링을 할 수 있을 것이다. 그리고 팀 힐링을 하면 거의 노력을 들이지 않고도 힐링을 할 수 있다. 함께 힐링을 하는 다른 레이키 힐러들과의 친교도 큰 즐거움이다. 팀원 각자는 각 세션에서 저마다 독특한 임무를 발견하는 것 같다.

모든 구성원은 최소한 레이키 I 디그리를 가지고 있어야 한다. 디그리 II와 디그리 III의 사람들도 포함될 수 있다. 팀은 최소 2명에서 많게는 8명이나 9명까지도 될 수 있다. 공간이 부족하면 나머지 힐러들은 다른 힐러들 뒤에 서 있을 수 있다. 그때 손을 자기 앞에 있는 힐러의 어깨에 대고 에너지를 줄 수 있다. 에너지를 받은 힐러는 손을 힐링 받는 사람에게 댄다. 많은 사람들이 같이 힐링을 한다는 것은 멋진 일이다. 세상에는 레이키를 줄 수 있는 사람이 많이 필요하다.

그룹 힐링을 시작할 때, 한 사람은 힐링 받는 사람의 머리 위치에 서거나 앉는다. 그는 머리의 세 위치를 모두 한다. 다른 사람의 손을 더 놓기에는 공간이 너무 좁기 때문이다. 그는 또한 세션을 인도하는 책임자다. 각 위치에 두 손씩, 이런 식으로 하여 여러 레이키 위치에 많은 힐러가 손을 놓을 수 있다. 힐러의 수가 적으면 일을 분담한다. 힐러가 둘이면 한 사람은 머리부터 가슴까지 내려오면서

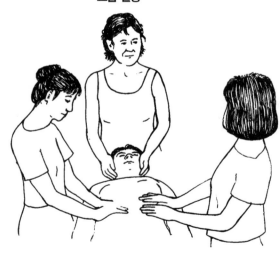

그룹 힐링[10]

10. Bodo Baginski and Shalila Sharamom, *Reiki: Universal Life Energy* (Mendocino, CA, LifeRhythm Press, 1988), p. 84.

하고, 다른 사람은 태양 신경총부터 발까지 한다. 힐러가 셋이면, 한 사람은 머리를 담당하고, 한 사람은 몸통을, 나머지 한 사람은 다리와 발을 담당한다. 힐러가 넷이면, 한 사람은 머리를, 두 사람은 몸통을, 다른 한 사람은 다리와 발을

담당한다. 마사지 테이블이나 침대 주위에 둘러설 수 있는 숫자만큼 세션에 참여할 수 있다.

팀이 세 명이나 네 명일 때, 한 사람은 힐링 시간 내내 마지막 위치인 발에 계속 둘 수도 있다. 그 사람은 세션 내내 두 발바닥에 손을 하나씩 대고 있게 한다. 이곳은 매우 흥미로운 위치가 될 수 있다. 그 힐러는 세션 중에 일어나는 에너지 변화 모두를 느낄 수 있다. 그는 어디에 에너지가 흐르고 있으며 어디에 에너지가 막혀 있는지를 알 수도 있다. 이런 감각들은 힐러에게 해가 되지 않는다. 그러나 정제되지 않은 정서가 너무 많이 일어나면, 옆으로 비켜서는 것이 가장 좋다. 발에 손을 계속 대고 있되, 자신의 몸은 방출되는 에너지의 범위를 벗어나 있게 하라. 또한 이 위치에서 힐러에게 더 많은 사이킥 정보가 올 수도 있다. 이것은 전생이나 이번 생의 상황들, 힐링 받는 사람이 알아야 하거나 해야 할 필요가 있는 가이드 된 지시들 혹은 진단적인 자료일 수도 있다.

1988년, 나는 두 명의 남자 힐러와 한 팀을 이뤄 레이키 힐링을 시작했었다. 우리는 에이즈 병동에 가서 원하는 사람들에게 세션을 해 주었다. 그 힐링은 대단히 정서적인 것이었다. 우리는 주로 죽을 날이 며칠 남아 있지 않은 사람들을 대상으로 힐링을 하였다. 병원 관계자는 우리를 몹시 의심스러워했다. 이 일을 했던 해에 나는 레이키와 그룹 힐링에 대해서 엄청나게 많은 것을 배웠다. 며칠 전에 수술을 했던 사람에게 세션을 했던 적이 있었다. 의사들이 암을 찾고 있었다고 들었다. 젊은 남자는 마취에서 깨어나지 못하고 있었다. 그는 체중도 괜찮았고 신체 상태도 좋았다. 병이 심신을 약화시킨 것도 아니었다. 나는 그가 왜 수술을 받았으며 왜 이제 그가 무의식 상태에 있는지 의아했다.

우리가 힐링을 했을 때, 나는 세션 내내 내 손을 그의 발 위치에 대고 있었다. 한 사람은 머리부터 가슴까지, 그리고 다른 한 사람은 몸통과 무릎, 발목을 하고 있었다. 내가 느끼기에 그들은 신참 힐러인 나를 무시하는 것 같았다. 갑자기 나는 무엇이 잘못되었는지 알고 말을 불쑥 내뱉었다. "이 사람은 에이즈로 죽어가고 있는 것이 아닙니다. 간의 손상 때문에 그래요. 마취제를 너무 많이 주입했어요." 그러자 우리를 초대해서 힐링을 하게 해 준 사회복지사가 무척 당황해하면서 나를 밖으로 끌고 나갔다. "누가 그렇게 말했죠?" 그녀는 알고 싶어 했다. "차트를 보면 그렇지만, 아무도 몰랐어요." 나는 차트를 본 적이 없었다. 그 남자는 세션 중에 의식을 되찾았다. 우리는 그가 병원에 입원하기 전에 만난 적이 있었다. 그는 나의 이름을 알고 있었다. 그는 그날 밤 힐링 후 몇 시간 뒤에 죽었다.

어떤 사람의 집에서 팀 힐링을 할 때, 나는 굴러 떨어져서 어깨를 다친 여성에게 그룹 힐링을 하는 일곱 명 중의 한 명이었다. 그녀는 고통을 심하게 느끼고 있었고, 다음 날 엑스레이를 찍기로 예정되어 있었다. 힐링이 시작되었을 때, 나는 왜 그 여성이 세션을 요청했는지 몰랐다. 보조 힐러이자 신참 레이키 I 힐러였던 나는 그 여성의 팔을 붙잡고 있도록 지시받았다. 나는 그렇게 했다. 몇 분 뒤에 엄청난 고통이 손과 팔에 전해졌다. 이것이 내가 레이키를 하면서 처음 느낀 심한 고통이었다. 너무나 참기 어려웠지만 이를 악물고 참았다. 마침내 그 감각은 사라졌다.

그 뒤에 그녀에게 팔에 고통이 있느냐고 물어보았다. 그녀는 추락에 대해 이야기했다. 어깨가 분명히 부러졌다고 그녀는 생각했다. 그런데도 더 이상 아프지 않았다. 레이키 세션 뒤에, 그녀는 어깨를 움직일 수 있었다. 다음 날의 엑스레이는 아무것도 잘못된 것이 없음을 보여 주었다. 힐링 전에 심하게 아팠던 나의 목도 갑자기 아프지 않았다. 세션 전체는 아마 10분도 채 걸리지 않았을 것이다. 그룹 세션에서는 힐링이 빨리 일어날 수 있다. 힐러가 많을 경우에, 그룹 힐링은 정서적 힐링보다 신체적 힐링에 더 좋다. 정서적 방출을 하기에는 시간이 부족하기 때문이다.

힐링 받는 사람의 머리 쪽에 있는 힐러는 세션의 감독자이자 팀 리더이다. 그룹 레이키 힐링 때 모든 힐러들은 힐링 받는 이의 몸 위, 자신들이 맡은 처음 위치에 손을 둠으로써 시작한다. 누가 어떤 위치를 맡을 것인지는 시작 전에 합의한다. 모든 사람들이 제자리에 자리하면 머리를 끄덕인다. 그러면 모두가 동시에 손을 힐링 받는 사람의 몸 위에 올려놓는다. 팀의 구성원들은 리더가 위치들에 힐링하는 것을 지켜보면서 자신들의 역할을 한다.

리더가 처음의 위치를 완료하면, 리더는 다른 사람들도 그들의 처음 위치를 완료했는지 확인한다. 모두 조용히 고개를 끄떡이면 두 번째 위치로 넘어간다. 힐러들은 동시에 다음 위치로 넘어간다. 리더가 다음 위치로 나아가지만, 나아갈 위치가 없는 힐러는 자신의 자리에 그대로 머물러 있는다. 머리와 목 위치를 맡은 리더가 마치면, 리더는 다른 힐러들을 본다. 모두가 자기 위치를 마치고 리더가 각 힐러들로부터 끄떡임의 표시를 받으면, 그도 역시 고개를 끄떡이고 손을 동시에 들어 올린다. 연습을 조금만 하면, 세션들은 빠르고 부드럽게 진행된다.

그 다음에 힐링 받는 사람은 돌아눕는다. 세션은 등에서도 똑같이 진행된다. 그룹 힐링에서 정규적인 등의 위치에 추가하거나 대안적으로 행하면 좋은 것이 있다. 힐링 받는 사람이 등에 문제를 가지고 있는 경우에는 특히 좋다. 이것을 공유하게 해 준 다이애너 아추나에게 감사드린다. 그녀는 이것을 "빅 H"라고 불렀다. 여기서 H는 힐링을 말한다. "빅 H"를 하기 위해서는, 세션의 리더는 머리에 머물고 자신의 손을 힐링 받는 사람의 어깨 위에 둔다. 옆쪽에 있는 힐러들은 힐링 받는 사람의 척추를 따라 열을 지어 손을 바꾸어 가면서 둔다. 가능한 한 많은 손을 이용하라. 한 사람은 발에 머물 수도 있을 것이다. 힐러가 적으면, 머리 쪽을 하는 힐러가 자신의 힐링 위치를 마치고 난 뒤 옆쪽으로 움직일 수도 있을 것이다.

많은 손이 몸의 중요한 에너지 채널을 따라 열을 지어 있으면, 척추와 꾼달리니 채널을 따라 내려가는 엄청난 양의 레이키 흐름이 생긴다. 힐러는 손 밑에서 쇄도하는 에너지를 느낄 수도 있다. 때로는 흐름이 오르내리는 듯이 느껴지는데, 이런 현상은 3-4분 동안 지속될 수도 있다. 힐러들을 머리와 발에만 배치해서, 그들 사이에서 에너

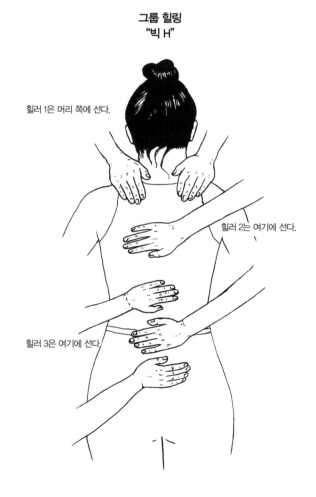

그룹 힐링
"빅 H"

힐러 1은 머리 쪽에 선다.

힐러 2는 여기에 선다.

힐러 3은 여기에 선다.

지를 주고받도록 하는 것도 시도해 보라. 마지막으로 레이키가 밀려들 때는 이 흐름이 발로 가도록 해야 한다.

이 힐링을 마칠 때, 힐링 받는 사람은 현재로 돌아오는 데 평소보다 시간이 더 걸릴 수도 있다. 그는 상당한 시간 동안 멍한 기분이 들 것이다. 스틸포인트와 결합한 "빅 H"는 등 위쪽과 아래쪽의 통증, 디스크, 좌골 신경통, 척추염, 목 부상 혹은 다리 통증 등의 문제가 있는 사람에게는 멋진 세션이 될 것이다.

그룹 힐링의 다른 측면이 있는데, 그것은 사회적 측면이다. 함께 그룹 힐링을 하는 것은 아주 재미있는 일이다. 당신 지역의 힐러들과 함께 레이키를 공유하는 것을 시작하라. 그러다가 나중에는 정기적 모임으로 발전할 수 있다. 이 일을 하기 위해서는 충분히 큰 집을 가진 사람이 날짜와 시간을 정한다. 그러고 난 뒤 자신이 아는 레이키 힐러들을 될 수 있는 대로 많이 초대한다. 음식을 준비하며, 마사지 테이블을 가지고 있는 사람은 그것을 가져온다. 사람들이 모이면 그들을 서너 그룹으로 나눈다. 각각의 그룹은 각각의 구성원들에게 그룹 힐링을 한다. 모든 사람들이 힐링을 받을 수 있으며, 몇몇 다른 세션들에도 참여할 수 있다. 힐링을 마치고 나면 준비한 음식을 먹으면서 사교를 나눈다.

레이키 공유 모임을 위한 몇 가지 다른 조언도 있다. 먼저 흥미가 가는 힐러들을 중심으로 하여 전화연락망을 만든다. 한 사람이 혼자서 연락을 다 하면 지치기 쉽다. 처음 미팅에서 확실한 날짜와 장소를 정한다. 예를 들면, 매월 두 번째 일요일 오후 2시 등으로 하는 것이다. 충분히 넓은 거실을 가진 사람들이 다수 있다면, 같은 장소에서 계속하는 것보다 매월 장소를 바꾸도록 한다. 레이키 공유 모임을 시작할 때나 끝마쳤을 때 다음 장소를 결정한다. 힐링을 적당히 일찍 시작하여 저녁식사가 너무 늦어지지 않도록 하라. 저녁식사가 너무 늦어지면 많은 사람들이 불편해지며, 기다리다가 아프기도 한다. 가능한 한 힐링 시간을 원래 정한 시간에 하라.

그룹 힐링의 모든 구성원은 최소 레이키 I 은 되어야 한다. 그렇지 않은 사람은 그냥 힐링만 받으러 왔을 것이며, 그렇게 하도록 허용해 주어야 한다. 레이키 공유 모임에 레이키 Ⅲ 클래스가 있는 경우, 레이키 I 어튠먼트를 원하는 사람들에게 무료로 해 줄 것을 권장한다. 특별히 만성이거나 심각한 질병, 예를 들면 암이나 에이즈 감염자들의 경우에는 더욱 그러하다. 이미 어튠먼트를 받은 힐러들도 다시 어튠먼트를 받게 되면 좋아할 것이다. 방문객이 어튠먼트를 받아 힐러로서 힐링에 참여하게 되면, 이것은 힐러들이 많아지는 것이다. 모든 공동체는 많은 힐러들을 필요로 한다. 전통적인 어튠먼트의 가르침에 반대가 되겠지만, 인류와 행성의 이름으로 나는 지금 그렇게 해야 할 때라고 생각한다. 아이들에게도 어튠먼트를 해 주어야 한다고 굳게 믿는다. 그들은 아주 어려운 시대에서 성장하고 있다. 그들 중 많은 아이들은 레이키 힐러로서의 능력을 보여 주어 당신을 놀라게 할 것이다.

이것이 레이키 I 디그리의 전부이다. 레이키는 모든 곳에 매일 필요하다. 일단 레이키를 사용하기 시작하면, 이것은 당신의 일상생활의 큰 부분이 될 것이며 생활이 될 것이다. 그것에 대한 끝없는 요구와 활용이 있을 것이다. 크고 작은 부상이 있을 때, 스트레스를 받을 때, 정서적으로 동요가 일어날 때, 두통이 올 때, 생리통이 있을 때, 만성 질병이 있을 때, 갑작스런 위기가 발생할 때가 그렇다. 자신에게, 가족이나 친구에게, 애완동물에게, 나무에게, 심지어 차나 기계에게도 할 수 있다. 다른 사람들에게 할 때는 허락을 받는 것을 잊지 말라. 나는 오늘 야외 음악회에 다녀왔는데, 친구들과 풀밭에 앉아서 거의 처음부터 마지막까지 어떤 곡도 놓치지 않고 힐링을 했다. 일단 사람들이 레이키에 대해 알게 되면 당신은 종종 "한번 해 주세요."라는 부탁을 받게 될 것이다.

레이키는 (여)신의 선물이며 정말로 기적이다. 레이키를 사용하면 할수록 힐러는 더 강해지며, 자신과 다른 사람들에게 많은 혜택을 줄 수 있다. 그것을 현명하게, 자주, 그리고 잘 이용하라. 그것에 대해 감사하라. 레이키에 감사하는 가장 좋은 표현은 그것을 매일 사용하는 것이라고 나는 생각한다. 더 많은 사람들이 레이키 II와 III으로 가기를 희망한다. 이 책과 앞으로 나올 정보가 그렇게 되는 데 도움을 줄 것이다. 레이키 II에 대한 토론은 다음 장에서 한다.

제2부
두 번째 디그리

제4장
레이키 상징

두 번째 디그리를 조금 알고 있는 사람들이 레이키Ⅲ을 하기 위하여 나를 많이 찾아온다. 그들은 레이키Ⅱ의 상징들을 보았고 그 상징들을 기억하라고 지시받았으며 어튠먼트를 받았지만, 다른 훈련들은 받지 못했던 사람들이다. 한 여성은 레이키Ⅱ 수업을 받는 데 30분이 걸렸는데, 나의 레이키Ⅱ 훈련 과정이 그 수업과 유사하다고 하였다. 몇몇 전통적인 학생들은 며칠 동안 세 가지 상징을 그리는 연습을 했다고 한다. 그러나 그 상징들이 어디에 쓰이는지, 무엇을 할 수 있는지에 대한 이해는 부족했다. 어떤 사람들은 레이키의 상징들을 그리는 방법조차도 몰랐으며, 심지어 상징들의 이름조차 잊어버린 상태로 나에게 레이키Ⅲ을 배우러 오는 사람들도 있다. 그들은 레이키Ⅲ으로 나아가기 전에 레이키Ⅱ를 배울 필요가 있다.

전통적으로 레이키Ⅱ는 상징들을 복사하는 것이 허용되지 않으며 수업 중에 배워야 한다. 상징들의 복사물을 집으로 가져가는 것도 허용되지 않는다. 수업 주간 마지막 날에는 배웠던 종이를 태워 버리는 것이 관례였다. 일단 집으로 돌아가면 사람들은 너나 할 것 없이 다 잊는다. 인간의 기억이 불완전하기 때문에, 상징들을 정기적으로 사용했던 사람들조차도 시간이 지나면 잊어버리기 마련이다. 나는 가장 복잡한 레이키Ⅱ의 상징인 혼-샤-제- 쇼-넨의 적어도 네 가지 버전을 보았다. 당신이 전화로 파티 게임을 해 보았다면, 그 순환의 마지막에는 메시지가 처음과 많이 다른 것을 경험해 봤을 것이다. 시간의 흐름에 따라 흐려지는 인간의 기억에만 의존한다면, 상징들이 완전히 잊혀질 수도 있다.

이런 이유로, 논란의 여지가 있지만 나는 이 책에 레이키 상징들을 인쇄하고 이 상징들에 대해 충분히 논의하고자 한다. 이 일을 빨리 하지 않으면, 그 상징들은 영원히 사라져 버리거나 변조될 수도 있을 것이다. 이 책이 "돌에 새겨져" 있는 것은 아니지만, 기록되어 있을 것이기 때문에 볼 수도 있고 표준화될 수도 있을 것이다. 나는 대다수의 레이키 레벨 Ⅱ의 상징들과 그 사용 방법의 절반 정도만 남겨져 있다고 느낀다. 많은 교재들이 이미 사라지고 없다.

수잔 와그너의 채널링 세션에 의하면, 한때 300개의 레이키 상징들이 있었고, 그것들 중 22개의 레이키 상징들은 흔히 사용되었다고 한다. 오늘날에는 레이키 Ⅱ와 Ⅲ의 상징들 다섯 개만 남아 있다. 남아 있는 이 상징들은 티베트의 도서관과 외진 수도원 몇 곳에 있다. 그러나 티베트는 공산주의 국가인 중국이 지배하면서 레이키의 영성과 지식이 체계적으로 파괴되어 버렸는데, 쫓겨난 승려들이 그 중 일부를 인도로 몰래 가져왔다. 그러나 많은 사원들은 파괴되었고 고서적들이 이미 완전히 사라졌다. 활용할 만한 남은 정보를 인쇄해서 남겨 놓는 것이 레이키를 보존하는 한 방법이 될 것이다.

존 블로펠드의 《The Tantric Mysticism of Tibet》을 보면 티베트인들의 레이키 비밀에 대한 생각을 엿볼 수 있다.

천 년 이상, 레이키 기법은 티쳐가 제자에게만 전수했다. 외부인에게는 철저히 보안이 유지되었다. 수년 전 티베트에 비극이 일어났고 중국이 티베트를 점령했다. 티베트인들은 국경 밖으로 쫓겨났다. 그 이후, 라마들은 그들의 조국 티베트가 자신들의 시대에 해방되지 않는다면 신성한 지식이 사라질 것이라는 것을 알았다. 그래서 라마들은 배우고자 하는 사람이면 누구에게나 그것을 열심히 가르쳤다. 이런 면에서만 본다면, 티베트의 비극적 운명이 세상에는 이득이 된 셈이다.[1]

레이키는 사라질 위험에 처해 있는 비밀 중 하나다. 왜냐하면 중국이 티베트

1. John Blofeld, *The Tantric Mysticism of Tibet*, p. 9.

를 점령하였고, 그 기법이 서구의 가르침으로 희석될 수 있기 때문이다.

상징들의 이름조차 비밀로 해야 한다는 전통적인 주장의 근거는 상징들의 이름도 신성하다는 것이었다. 신성함과 비밀스러움은 더 이상 동의어는 아니다. 신성한 것들은 배우고자 하는 사람들이 접근할 수 있어야 한다. 우리는 이제 더 이상 지식을 가진 학자나 구루/티쳐로부터 몇 년 동안 개인적인 가르침을 받을 여유가 없다. 티쳐들을 양성하기 위한 장소도 세상에 거의 남아 있지 않다. 삶을 전적으로 신성한 길에 바칠 수 있는 사람도 거의 없다. 구전의 가르침의 전통은 이제 더 이상 남아 있지 않다.

오늘날 대부분의 사람들은 독립적이다. 사람들은 대중매체나 책을 통해서 배운다. 정보는 실제로 이런 곳에서 발견된다. 오늘날 지구와 세상의 많은 사람들은 도덕적, 신체적 위기에 직면해 있다. 이런 상황을 변화시키거나 극복하기 위해서는 영적인 것과 신성한 것에 이르는 열쇠가 필요하다. 자신들의 문화 안에서 신성한 것에 대한 감각을 발견할 수 있어야만 한다.

이런 이유로 내가 알고 있고 또 가르칠 수 있는 레이키 체계 전부를 책으로 출판하고자 한다. 내가 가르치는 방법들은 현대적이며, 그것들은 최적의 방법으로 작용하는 통합된 에너지 체계이다. 나는 필요로 하고 원하는 사람들에게 성스러운 것을 전해 주기 위해 그 비밀을 공개하고자 한다. 이런 관점에 맞춰 쓴 이 책의 지식들은 혁명적인 시도라고 할 수 있을 것이다. 레이키Ⅱ와 레이키Ⅲ의 상징들, 정보들 그리고 방법들은 이전의 책에서는 볼 수 없다. 물론 고대 산스끄리뜨 시대에도 없었다. 나의 이런 작업에 동의하지 않거나 신뢰하지 못하는 사람들도 있을 것이다. 그들은 나의 방식이 레이키가 아니라고 말할 것이다. 그러나 사실 나의 방식은 분명히 레이키이다. 그런 분들에게는 내가 이 작업을 하게 된 이유만 이해해 달라고 말하고 싶다. 정직하게 영혼을 탐구하는 사람들만이 그것을 알 것이다. 나의 영혼의 가이드들은 수년 동안 이 일을 하도록 재촉하였다. 이 책을 만드는 작업은 이전의 다른 책보다 빨리 진행되었으며 막힘없이 쓰여졌다. 작업을 하지 않는 밤에도 생각의 흐름은 계속되었다. 이제는 레이키의 비밀이 활자화되고 레이키가 모든 사람들에게 공개되어야 할 때다. 이것은 그렇게 되도록 되어 있다.

나는 전통적인 방법과 현대적인 방법 둘 다로 훈련을 받았다. 전통적 가르침에서 나온 새로운 것이 있으면 설명할 것이다. 가르침에서 갈라져 나온 부분은 그것이 전통적인 방법보다 힘과 간결성의 측면에서 더 낫기 때문에 그렇게 하였다. 몇몇 변화들은 연구나 영적인 가이드에 의한 더 깊은 정보로부터 나왔다. 나는 가르칠 때나 이 책을 저술하는 동안, 나의 가이드들이 "이런 식으로 하라."고 하는 말을 들었다. 새로운 방법들에서 틀린 것은 아직 발견하지 못했다. 우리는 변화하는 세상에 살고 있다. 레이키도 변해야 한다.

레이키 상징들과, 레이키 II와 III의 가르침의 내용이 대중들에게 공개되지 못한 이유는 사람들의 손에 들어가 잘못 사용될 우려 때문이었다. 나의 경험에 의하면 잘못 이용된 적은 별로 없었다. 다른 사람들도 이 점을 알고 있을 것이다. 내가 이 책의 초반부에 언급했고 우스이 미카오도 알고 있었듯이, 정보는 스스로 활성화되지 않는다. 힐링 방법과 정보를 활성하기 위해서는 레이키 어튠먼트를 받아야 한다. 어튠먼트를 받은 훈련된 티쳐만이 어튠먼트를 전달할 수 있다.

레이키는 또한 주의 깊게 설계되어 있다. 과거에 레이키를 지구로 가져온 리더들과 가이드들은 그들이 무엇을 해야 하는지를 알고 있었다. 레이키는 실수가 없는 힐링 체계가 되어야 한다는 것이었다. 레이키를 바람직하지 않은 다른 방법으로 사용한다면, 아무 일도 일어나지 않는다. 해로운 일도 일어나지 않는다. 레이키 에너지가 중립적이라는 점을 기억하라. 불은 요리를 위해 쓰일 수도 있고 도시 하나를 불태워 버리기 위하여 사용될 수도 있다. 에너지를 사용할 때의 의도는 보낸 이에게 되돌아온다. 당신이 내보낸 것은 당신에게로 되돌아온다. 그래서 좋은 것으로 올 수도 있고 나쁜 것으로 올 수도 있다. 힐링을 위해 디자인된 체계로 누군가를 해치려 한다면, 성공했든 실패했든 그것은 보낸 사람의 까르마가 될 것이다. 도움과 힐링의 목적으로 만들어진 것을 좋은 의도로 한다는 것이 잘못 사용되면 그것은 무효화될 것이다. 레이키를 좋은 용도로 사용하려고 노력한다면, 빠진 부분이 생기더라도 가이드들이 그 빠진 부분을 채워 줄 것이다.

레이키 가이드들은 레이키 I을 받으면 나타나기 시작하지만, 대다수 사람들에게는 레이키 II 에서 인식된다. 이 가이드들은 모든 레이키 힐링에 참여하는 무형의 힐러들이다. 레이키 I 힐러들은 아마 그들을 모르겠지만, 레이키 II 를 받고 나면 그들을 인식하게 될 것이다. 레이키 III 을 받고 나면, 그들은 모든 과정에 참여한다! 내게 레이키 I 을 교육받은 사람들 중 단지 몇 명만이 영적 가이드들을 자각한다. 몇 달이 지나 레이키 II 를 받은 학생은 매 힐링에 가이드들을 의식하면서 힐링을 한다. 레이키 II 를 받은 뒤 힐링 작업에서 나에게 일어난 가장 큰 변화는 바로 이것이었다. 이것은 레이키 힐링을 아주 폭넓게 만들었다.

영적인 가이드를 의식하면서 작업하면 힐링이 즐겁고 경이로워진다. 가이드를 의식하게 되면 힐러의 직관이 상승될 것이다. 그 힐러는 "이것을 어떻게 생각해 냈을까?"에 대한 이유를 찾아내지 못할 것이다. "그것"의 존재가 힐링의 가장 중요한 정보가 된다. "그것"은 또한 그에게 미래의 세션이나 자기 힐링에 새로운 도구를 제공해 줄 것이다. 힐링을 하는 상황에서 무엇을 해야 할지 모를 때, 도움을 요청하면 답이 올 것이다. 그래서 문제는 간단히 해결될 것이다. 더욱 복잡한 상황들은 레이키 I 보다 레이키 II 에서 일어난다. 바람직한 의도로 레이키 힐링을 하는 데 최선을 다한다면, 필요한 모든 도구와 정보가 주어질 것이다. 기법이 잘못되었다면, 예를 들어 상징을 잘못 그렸다면, 레이키 가이드들이 그것을 고쳐 줄 것이다. 그런 일이 일어나는 것을 사이킥적으로 볼 수 있을 것이다.

나는 레이키가 오용이나 나쁜 의도로 인해 해롭게 사용될 수도 있다는 걱정은 하지 않는다. 가이드들이 그렇게 되도록 내버려두지 않을 것이다. 나는 이 책에 정보를 담기 위하여 레이키 가이드들에게 많은 질문을 하였다. 그들은 동의하였을 뿐만 아니라 필요한 자료를 찾아낼 수 있도록 도움을 주었다. 사실 상징들 중 몇 개는 이미 책으로 나와 있으며[2], 불교학자들도 알고 있다. 레이키 III 을 보라. 한때 레이키는 모든 사람들에게 속해 있었다. 레이키 가이드들은 다시 그렇게 되기를 바라고 있다. 당신이 이 책을 읽고 있다는 것 자체가, 당신이 이 정보를 알기를 레이키 가이드들이 원하고 있다는 것을 보여 준다.

내가 가르치는 레이키 II 는 세 가지 상징과 그 사용법, 까르마 힐링, 원격 힐링, 상징들의 비힐링 사용법, 영적 가이드들과의 접촉 등으로 구성되어 있다. 나

2. A.J. Mackenzie Clay, *The Challenge to Teach Reiki* (Byron Bay, NSW, Australia, New Dimensions, 1992), pp. 9-11, and *One Step Forward for Reiki* (Byron Bay, NSW, Australia, New Dimensions, 1992), pp. 38-45.

는 또한 레이키Ⅱ에 꾼달리니/하라 라인 기법들을 포함시켰다. 그 기법들은 나의 비전통적인 어튠먼트를 주는 것과 관련이 있다. 그것들은 사실 레이키Ⅱ와 Ⅲ을 잇는 가교이다. 이 정보와 더불어 레이키Ⅱ에 한 번의 어튠먼트 전달을 한다. 레이키Ⅱ의 상징들도 유인물로 제공하며, 참석한 사람들은 유인물을 집으로 가져갈 수 있다. 상징들은 레이키의 에센스이자 필수적인 것이며, 힐링 체계에 사용된다. 또 어튠먼트를 전달하는 데도 꼭 필요한 것이다. 삶에 필수적이며 심오한 모든 것은 지극히 단순하다. 레이키는 상징들로 구성되어 있고 그 방법이 지극히 단순하다. 상징들은 우스이 미카오가 경전에서 발견한 공식들이다. 레이키Ⅱ 디그리에서는 세 가지 상징을 가르친다. 레이키Ⅲ 디그리에서는 두 가지 상징을 더 가르친다. 그 상징들은 불교계에는 이미 알려져 있는 것이므로 비밀이나 기밀에 속하는 정보는 아니다. 상징들과 깨달음의 여정에 대한 충분한 논의는 이 책의 마지막 부분에 있다. 레이키Ⅱ 디그리부터 이러한 심오한 에너지 열쇠들을 사용하기 시작한다.

레이키Ⅰ 어튠먼트를 전달한 뒤 사람들이 수업 중 나에게 종종 "이상한 글을 봤어요."라고 말하곤 한다. 그들이 본 것을 그려 보라 하면 그들은 보통 하나 이상의 상징을 그린다. 레이키의 상징들 중에는 복잡한 것이 있다. 그런데도 정확하게 그려 내는 학생들이 있었다. 이러한 상징들은 레이키Ⅰ 어튠먼트 때 오라 내에 둔 것이다. 그들은 이미 레이키 힐러들의 일원이다. 상징들을 보여 주기 전에 그리는 학생들은 자신들이 상징들에 이미 익숙하다고 말할 것이다. 레이키Ⅱ 디그리를 하는 동안 종이에 그려진 상징들을 처음 보여 주었을 때, 많은 학생들은 그 상징들 중 한두 개를 이전에 본 적이 있다고 말한다. 일부의 학생들은 이미 그것들을 사용하고 있다. 레이키Ⅱ에서 시각적으로 상징들을 보기 전에, 당신은 이미 손으로 레이키 에너지뿐만 아니라 상징들을 채널하고 있는 것이다.

일단 상징들을 시각적으로 보면, 그 상징들은 직접적인 세션과 자기 힐링의 부분이 되며, 원격 힐링의 기초가 된다. 직접 힐링을 할 때 당신은 손을 자신에게 두거나 레이키를 받는 사람의 위에 둘 수 있다. 원격 힐링을 할 때는 힐링 받는 사람이나 동물이 신체적으로 함께 있을 필요는 없다. 손을 올려놓는 레이키

두 번째 디그리 상징

초－쿠－레이
힘의 증대

세이－헤－키
정서적인

혼－샤－제－쇼－넨
부재 힐링을 위한

세션에 상징들을 더하기 위해서는 상징들이 거기에 있다고 그냥 시각화하라. 상징들을 마음속에 두고 있으면 상징들이 작동할 것이다. 세션이나 위치들을 하기 전에, 상징들을 공중에 그리거나, 힐링 받는 사람의 몸에 그리거나, 몸 위에 그리거나, 혀로 입천장에 그려라. 직접 힐링을 할 때는 이러한 방법들로 사용하라. 원격 힐링에 대한 정보는 다음 장에 있다.

상징들 중 첫 번째 것은 초－쿠－레이다. 그것의 용도는 힘을 증가시키는 데 있다. 이것은 "전원 스위치"로 알려져 있다. 나는 일찍이 레이키를 전기라고 했다.[3] 그 불은 힐링하기 위해 손을 몸 위에 내려놓을 때 켜진다. 초－쿠－레이를 더하면, 그 불은 오십 와트에서 오백 와트로 밝아진다. 레이키 II는 힐링 능력을 110의 전력선에서 220의 전력선으로 끌어올린다. 레이키 레벨 III은 교류 전기를 직류 전기로 바꾼다.

초－쿠－레이의 상징을 시각화하면, 레이키 에너지에 접근하는 능력은 몇 배로 커진다. 아마 모든 힐링에 그것을 사용하게 될 것이다. 초－쿠－레이는 하나의 집중된 지점에 (여)신의 모든 힐링 에너지를 오도록 한다. 이 상징의 나선형 모양은 미로 디자인이며, 크레타 섬에 있는 크노소스 궁전의 고대 여신전에 있는 입문 공간의 디자인이다. 고고학에 의하면 나선은 항상 여신 에너지의 상징이다. 상징에 있는 화살표와 빛의 선은 그리는 방법을 말하고 있다. 이 상징은 기억해야 하며 정확히 그릴 수 있어야 한다. 전통적인 초－쿠－레이는 시계반대 방향으로 그린다. 나는 시계방향으로 움직이는 초－쿠－레이를 배웠다. 나와 제자들은 두 가지 방법 모두를 시도해 보았다. 이 상징은 에너지를 증가시키기 위한 것이다. 시계방향으로 그리는 것이 에너지를 증가시킨다는 나의 견해에 제자들도 동의했다. 시계반대방향은 그렇지 않다.

위카를 포함한 모든 형이상학적 혹은 에너지 작업에서는, 북반구

상징을 그리는 방법

가는 화살표는 상징을 그리는 법을 보여 준다. 상징들은 정확히 그려지고 기억되어야 한다.

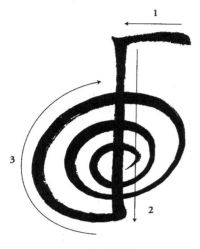

초─쿠─레이
힘의 증대, 전원 스위치
(시계방향)

세이─헤─키
정서 힐링, 정화, 보호, 세정

혼─샤─제─쇼─넨
원격 힐링, 아카식 기록, 과거─현재─미래

에서의 시계방향 운동은 통합과 증가가 일어나게 하고, 시계반대방향은 감소와 분산을 일어나게 한다고 말한다. 남반구에서는 그 반대이다. 그러나 의도가 무엇보다도 중요하다. 두 가지 방법으로 다 그려 본 뒤 스스로 선택하라. 에너지를 증대시키는 것이 이 상징의 목적이다. 두 방향 모두를 사용해 보고 난 뒤, 에너지를 증가시키는 방향 하나를 선택하라. 선택했으면 그 방법을 계속 사용하라.

나는 한 가지 경우에만 초–쿠–레이를 시계반대방향으로 사용하라는 안내를 받았다. 그때 나는 복부에 종양이 있는 여성을 힐링하고 있었다. 힐링할 때 초–쿠–레이를 주로 시계방향으로 사용했다. 종양 부위에 나의 손이 닿을 때, 시계반대방향으로 하라는 안내를 받았다. 나에게 시계반대방향은 분산을 의미하므로 일리가 있었다. 그 경우 이외에 "반대방향"을 사용하는 경우는 아주 드물었다. 상징을 사용하는 데 있어서 매우 중요한 것은 의도이다. 당신의 의도가 증가라면 어떤 방향으로 그리든 그 상징은 당신에게 증가를 줄 것이다. 각각 다른 방향으로 그려진 두 개의 초–쿠–레이는 더 분명한 결과를 내려고 할 때 사용한다. 이것에 관한 더 자세한 내용은 다음 장에 있다.

세이–헤–키가 그 다음이다. 이 상징은 전통적으로 정서 힐링을 위해 고안되었다. 나는 힐링 세션 중에 누군가가 심하게 동요하거나 혼란스러워지거나 정서적으로 불안해질 때 사용하고, 다른 경우에는 사용하지 말라고 배웠다. 이 상징의 의미는 "신과 남자가 함께 오는 것"이다. 이것은 나의 여권 신장론에 반하는 것이다. 왜 "여신과 여성이 함께 오는 것" 또는 "신과 사람들"이 아닌가? "위에서와 같이, 아래에서도."라고 정의될 수도 있다. 이것은 신성을 인간 에너지의 패턴 안으로 가져와서 상위 짜끄라들을 정렬시키는 상징이다.

다른 상징들에 비해 세이–헤–키는 변형들이나 다른 버전들을 찾아보기가 어렵다는 것이 흥미롭다. 이 상징을 길게 하는 단 하나의 변형이 있었을 뿐이다. 이 상징의 버전들이 드물다 해도, 사용하는 방법은 다양하다. 이 상징은 예로부터 정서 힐링은 물론이고 정신 힐링에도 사용해 왔다고 한다. 그러나 나는 이것이 잘못된 것이라 생각한다. 마음의 몸을 위한 힐링 상징으로는 혼–샤–제–쇼–넨이 있다. 상징들에 대한 더 많은 자료는 이 책의 후반부에 나온다. 구분들을

....

3. 이 비유의 출처는, Sherwood H. K. Finley 11, "Secrets of Reiki; Healing With Energy in an Ancient Tradition," in *Body Mind and Spirit*, March–April, 1992, pp. 41–43.

4. A. J. Mackenzie Clay, *The Challenge in Teach Reiki*, pp. 11–12.

더욱 명확하게 해 줄 것이다.

힐링 작업을 하면 할수록, 신체적인 수준의 모든 질병들은 정서적인 면과 연관되어 있다는 것을 더욱 알게 된다. 루이스 헤이와 앨리스 스테드먼이 주장하듯 현재의 정서 상태나 과거의 정서적 트라우마가 질병을 유발하든, 아니면 질병 자체가 정서와 마음가짐을 일으키든 상관없이, 요점은 질병과 고통스러운 정서가 함께 한다는 것이다. 질병을 힐링한다는 것은 질병을 수반하는 정서도 힐링한다는 것을 의미한다. 인간의 삶은 고통스러운 정서와 크고 작은 트라우마로 채워져 있다. 사람들은 정서를 표출하는 것이 바람직하지 않다고 배운다. 그래서 고통스러운 정서들을 느끼고 표현하기보다는 참고 견딘다. 고통이 내면에 쌓이고 표출이 없으면, 신체적인 질병으로 표현된다.

레이키 에너지는 힐링이 필요한 모든 수준, 즉 신체적, 정서적, 정신적, 영적인 수준에 모두 도달한다. 세이-헤-키를 사용하면 특히 정서적인 수준과 잘 연결된다. 이것이 종종 힐링의 핵심이 된다. 내면에 감추어져 있던 고통스러운 정서나 트라우마가 표면으로 떠오르게 된다. 힐링 받는 사람은 그 고통이 완료되어 사라질 때까지 그 고통과 다시 연결된다. 정서가 방출됨에 따라 신체적 질병이 사라질 때가 많다. 인간은 박테리아, 바이러스, 신체 기관의 문제 같은 것들보다는 화, 좌절, 공포, 슬픔, 외로움 때문에 병에 걸리는 경우가 더 많다. 이것을 염두에 두고 나는 대부분의 힐링에 세이-헤-키를 사용한다.

인간과 마찬가지로, 동물들도 방출하지 못한 정서들

더블 상징

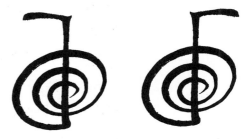

초-쿠-레이
시계방향

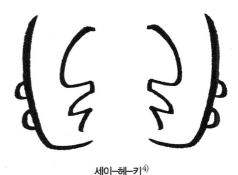

세이-헤-키[4]

혼-샤-제-쇼-넨
나란히 그리되, 한 그림이 다른 그림보다
조금 뒤에 오도록 한다.

때문에 병을 앓는다. 그들도 인간처럼 정서들을 느끼고 경험한다. 그러나 동물들은 인간처럼 삶을 이해하고 통제하지 못한다. 그렇기 때문에 애완동물들은 좌절과 공포를 크게 느낀다. 주인을 잘 따르는 개나 고양이는 주인의 병이나 정서를 지닐 수도 있다. 동물들은 주인과 집의 방해되는 에너지를 깨끗하게 해 줘야 하는 일을 스스로 떠맡는다. 그 가족이 위기에 처하면 동물들은 그것을 알아보지만, 그것을 변화시킬 수 있을 정도로 강하지는 못할 것이다. 세이-헤-키는 인간에게 고통스러운 정서를 방출하도록 하여 질병을 힐링한다. 동물에게도 그러한 측면에서 도움을 준다.

힐링 세션이나 힐링 세션의 바깥에서, 세이-헤-키는 더 사용할 수 있는 곳들이 있다. 세이-헤-키는 보호하고 정화하고 부정적인 에너지를 깨끗이 한다. 빙의를 극복하고, 방에 있는 부정적인 정서나 질병, 엔티티들을 방어하기 위하여 사용될 수 있다. 이런 식의 사용법을 나는 배우지 못했다. 그러한 내용들이 일반적으로 알려지지 않고 있는 듯한데, 이것은 사라질 위험에 처해질 수 있는 또 다른 정보이기도 하다. 세이-헤-키의 사용법들이나 다른 정보들의 논의는 다음 장에 나온다. 나는 이 도입부에서, 레이키 I의 힐링인 손을 올려놓는 힐링에 상징들을 사용하는 기초적인 사용법에 중점을 두고 설명하고 있다. 그런 맥락에서 질병의 정서적 근원을 방출하기 위한 도움을 얻기 위하여 대부분의 힐링 세션에 세이-헤-키를 사용한다.

힐링 받는 사람이 정서를 방출하기 시작하면, 세이-헤-키가 아주 중요해진다. 정서를 방출하려고 시도는 하지만 잘 일어나지 않을 때, 이 상징은 도움이 될 것이다. 세이-헤-키를 시각화하거나, 속으로 이름을 말하거나, 혀로 입천장에 그 상징을 그리거나, 또는 손으로 힐링 받는 사람의 몸 위나 공중에 그 상징을 그려라. 정서적인 면이 우선이라는 것을 알고, 정서적인 면에서 힐링해야 한다는 것을 안다면, 힐링을 시작하기 전에 힐링을 받는 사람의 정수리에 세이-헤-키를 그릴 수도 있다.

세이-헤-키를 부르면 정서적 몸에 레이키의 에너지가 집중되어 그 효과가 강해진다. 세이-헤-키는 힐링 받는 사람으로 하여금 그 힐링에 특별히 필요한 정서들에 과녁을 맞추도록 도와준다. 그래서 가능한 한 쉽고 빠르게 그 정서들을 방출하도록 한다. 힐링을 시작할 때나 필요해 보일 때 한 번 이 상징을 사용하라. 만약 당신의 직관이 세이—헤—키를 전혀 상기시키지 않는다면, 그 힐링에 그것은 필요하지 않다고 생각하라.

A. J. 맥켄지 클레이는 그의 책 《The Challenge to Teach Reiki》(New Dimensions, 1992년)에서 세이—헤—키를 인쇄하였는데, 그것이 아마 첫 사례였을 것이다. 그의 그림은 내가 배웠던 시각적인 표현과 일치했다. 클레이는 세이—헤—키를 "내면에 있는 근원을 활성화시키는 것"[5]이라고 묘사했다. 그는 또 세이—헤—키를 정의하기를, 꾼달리니를 일깨우고 정화하며, 두뇌를 재디자인하며, 무의식을 통하여 몸과 마음의 연결을 힐링하는 것이라고 했다. 자신의 다음 레이키 책 《One Step Forward Reiki》에서 클레이는 쌍으로 된 상징을 보여 주는데, 그 그림은 두 개의 세이—헤—키가 서로 마주한 채 거꾸로 서 있다. 그는 이 상징을 사용하면 좌뇌와 우뇌가 통합된다고 느낀다.[6]

혼—샤—제—쇼—넨의 한 버전이 A. J. 맥켄지 클레이의 책 《The Challenge to Teach Reiki》(9쪽)에 보인다. 이 상징은 많은 변형들과 버전들이 있는데, 아마 기억하여 그리기가 복잡하기 때문일 것이다. 이것은 다른 레이키 상징들과 마찬가지로 일본어로 쓰여 있으며 어떤 그림을 전달하고자 한다. 혼—샤—제—쇼—넨은 피라미드 모양을 하고 있으며 인간의 신체와 닮았다. 이것은 "탑"으로 알려져 있지만, 과거의 양식인 "스투파(Stupa)"—딴뜨라 불교의 건축 양식으로서 짜끄라 혹은 5원소를 표현한 탑 모양 건축물—라고 하는 것이 더 맞을 것 같다.[7] 나는 그 상징의 의미를 "과거도, 현재도, 미래도 없다."고 배웠다.

대부분의 힐러들은 이 상징이 원격 힐링을 위한 것이라고 배운다. 맞는 말이지만, 그것은 매우 강력한 이 상징의 용법들 중 하나일 뿐이다. 혼—샤—제—쇼—넨은 거리, 공간, 시간을 넘어 레이키를 전달하는 에너지다. 이것은 원격 힐링이나 부재자 힐링을 하기 위해 항상 사용되지만 직접적인 힐링을 할 때도 사용되며, 타인 힐링은 물론이고 자기 힐링에도 사용된다. 이 상징의 가장 집중적인 사용은 직접적인 힐링 세션 때이다. 이 상징은 레이키 II 에너지들 중에서 가장 강

5. A. J. Mackenzie Clay, *One Step Forward for Reiki*, p. 45.
6. Ibid.
7. 스투파의 사진들을 보고 싶다면, Pierre Rambach, *The Secret Message of Tantric Buddhism* (New York, NY, Rizzoli International Publications, 1979), pp. 56-61.

력하고 복잡한 것이며, 레이키Ⅲ의 상징들까지 포함해서도 그러할 것이다.

혼–샤–제–쇼–넨은 각 영혼의 삶의 기록이 담겨 있는 아카식 기록으로 들어가는 문이다. 따라서 혼–샤–제–쇼–넨의 가장 중요한 용도는 까르마를 힐링하는 데 있다. 아카식 기록에는 까르마적인 목표와 빚, 계약, 그리고 각 영혼의 현생을 포함한 많은 환생들에서의 인생 목표가 기술되어 있다. 이 상징을 힐링에 사용하면, 현재 삶의 트라우마들이 재프로그램될 수 있어 실제로 미래를 변화시킬 수 있다. 전생의 패턴들이 드러나고 해소될 수 있으며, 그러면 까르마적인 빚들이 청산된다. 이 모든 것이 손을 올려놓는 힐링 세션에서 일어나며, 대개는 연속되는 힐링 세션에서 일어난다. 이 방법은 자기 힐링에서도 사용될 수 있다.

이번 생으로부터 시작하여 까르마를 해소하기 위하여 이 상징을 사용한 몇 가지 예가 여기에 있다. 레이키 세션을 받고 있던 어느 여성은 어릴 때 근친상간을 당했다. 그녀는 그 상처를 힐링하기 위하여 이제 회복 작업을 거치고 있는 중이다. 이 여성은 충분히 오랫동안 작업을 해 왔다. 그래서 그녀는 자신에게 일어난 일을 되돌아볼 수 있었는데, 이것은 그녀의 과거를 방출하기 위한 필수적인 사전 작업이다. 혼–샤–제–쇼–넨은 의식적인 마음, 즉 마음의 몸에 작업을 한다. 세이–헤–키는 잠재의식에 초점을 두면서 작업을 한다. 그러므로 혼–샤–제–쇼–넨은 세이–헤–키 다음 단계의 작업이다. 정서들을 느끼고 난 다음에, 혼–샤–제–쇼–넨은 사람들에게 새로운 선택들과 행동들을 제공한다. 아직 정서들을 완전히 통과하지 못하여 전체적인 그림을 그리지 못하는 사람들을 힐링할 때는 그 사람이 이 지점에 도달할 때까지 세이–헤–키로 힐링을 계속해야 한다.

힐링 세션에서 그 여성은 자신에게 어떤 일이 일어났으며, 근친상간이 그녀의 삶에 어떤 영향을 끼쳤는지에 대해 얘기를 한다. 여기에서 혼–샤–제–쇼–넨을 사용하는 방법은 먼저, 그 여성에게 아이였을 때 자신이 어떠했는지 묘사해 보도록 요청하면서 혼–샤–제–쇼–넨을 그리거나 시각화하는 것이다. 다음에는 손을 올려놓는 힐링을 하면서, 그녀의 어린 시절로 돌아가서 아이–자아를 힐링해 보라고 요청하라. 상처받은 어린 소녀에게 레이키 에너지를 전해 주며, 그 소녀에게 이제 더 이상 혼자가 아니라고 말해 달라고 그녀에게 요청하라. 이 일이 일어나고 있는 동안 혼-샤-제-쇼-넨을 계속 시각화하라. 아마 세이-헤-키를 시각화해도 괜찮을 것이다. 어린 소녀는 성인이 된 그녀에게 무엇인가를 요청할 수도 있다. 힐링 받고 있는 성인에게 아이가 요청하는 것을 주도록 하라. 이것이 단순하게 들릴지 모르겠지만 심오한 변화를 가져오게 하는 강력한 힐링이 될 수 있다. 힐링 받는 사람이 세션을 통합하도록 돕는 데 며칠 동안 고요히 있는 날들이 필요할 수도 있다.

그 뒤 아마 다른 힐링에서, 그녀를 다시 아이-자아로 데려가되, 이번에는 첫 번째 근친상간이 일어나던 날, 그 일이 있기 전의 낮이나 저녁으로 돌아가게 하라. 근친상간이 일어나기 전에 그녀가 어떻게 지냈는지, 그 아이가 무엇을 하고 있었고 느끼고 있었고 생각하고 있었는지 묘사해 보도록 요청하라. 그 뒤, 가해자가 그녀의 방으로 들어오지 않았다면 그날 낮이나 밤이 어떠했을지 상상해서 묘사해 보게 하라. 이 시점에 혼-샤-제-쇼-넨을 사용하기 시작하라. 그날 밤에 근친강간을 당하지 않았다면, 그날 밤은 어떠했을까? 그녀에게 그것을 묘사해 보게 하라.

그녀를 새로운 삶으로 더 나아가도록 인도하라. 전날 밤에 근친강간을 당하지 않았다면, 다음 날은 어떠했을까? 그 일이 일어나지 않았다면 그 후 6개월은 어떠했을까? 1년 후는 어떠했을까? 그 일이 없었다면 5년 뒤에는 그녀가 어떻게 변해 있을까? 10년 후는? 그리고 현재는 어떻게 변해 있을까? 그녀가 근친강간을 아예 당하지 않았다면 지금으로부터 5년 후 그녀의 삶은 어떤 모습일까? 힐링 받는 사람이 아예 근친강간을 당하지 않은 것처럼 자신의 삶을 상상해 보도록 서서히 용기를 줘라. 이 과정은 삶을 바꿔 버린 어떤 큰 트라우마에도 사용될 수 있다.

그 여성을 현재로 데려온 뒤에는, 그 변화들을 현재와 미래 안으로 가져와서 그것들이 그녀 삶의 일부가 되게 하도록 요청하라. 이 시점에 많은 혼-샤-제-쇼-넨을 보내라. 그녀는 주저하면서, "하지만 이미 그 일이 일어났는데, 어떻게 아무 일도 없었던 것처럼 가장할 수 있겠어요?"라고 말할지도 모른다. 여기에서 우리는 현실을 부정하려는 것이 아니라, 현재까지 남아 있는 정신적 상처를 변화시키고 힐링하려는 것이다. 그녀에게, "물론 그 일이 일어났지만, 당신은 방금 또 하나의 현실을 창조했습니다. 당신은 자신의 인생을 위해 어떤 실재를 가지기를 원하십니까?"라고 말하라. 아마 그 여성은 방금 상상하거나 시각화한 현실을 더 원할 것이다. 그러면 그것을 현재로 가져와서 그녀의 것으로 만든 뒤, 그녀의 미래를 보게 하라. 다시 그 상징을 반복하라.

이 힐링을 마칠 때는 그 여성에게 보통 때보다 더 오래 쉬게 하라. 그녀의 마음의 몸 전체는 새롭게 조정되고 있으며, 이 과정은 아마 일주일 동안 계속될 것이다. 그 기간 동안 그녀는 혼자만의 공간에서 가능한 조용하게 있을 필요가 있다. 평소보다 잠이 더 필요할 것이다. 잠이 오면 자야 한다. 조용히 있을 때면 그녀 앞에 강간당하는 모습이 영화 장면처럼 펼쳐지는 것을 볼 수도 있다. 이런 상황을 다루는 방법은 그냥 그 장면들을 보고 그것들이 지나가게 두는 것이다. 그것들과 싸우거나 거부하지 않아야 한다. 그림과 더불어 정서들이 일어난다면, 그것들은 곧 사라지는 일시적인 정서들일 것이다. 그 정서들을 수동적으로 경험하게 하라. 그것들은 재빨리 지나갈 것이다.

이 힐링은 삶을 변화시킨다. 오래된 정서들이 방출되고(정서의 몸, 세이-헤-키), 새로운 모습이 창조되면서(마음의 몸, 혼-샤-제-쇼-넨), 그녀는 삶에서 앞으로 나아가게 된다. 그녀는 자신의 아카식 기록에 있는 근친강간의 기억으로부터 자유로워지며, 그래서 그녀의 까르마가 해소된다. 비록 그녀가 근친강간을 당했다는 사실은 바뀔 수 없지만, 힐링은 마음의 패턴을 바꿈으로써 상처로부터 풀려나게 한다. 그녀의 머리는 새로운 그림으로 재구성된다. 근친강간의 상처를 회복시키는 일반적인 힐링 과정은 길고 힘들지만, 이런 형태의 레이키 힐링은 그 과정을 몇 년씩 단축시킬 수 있다. 더욱 중요한 점은, 레이키 힐링은 그 트라우마가 다음 생애들에서 다시 반복되는 까르마 패턴이 되지 못하도록 방지한다는 것이다.

때로는 전생에서 넘어온 패턴들을 해방시키거나 힐링할 필요가 있다. 심한 만성 우울증으로 고통 받던 한 여성이 나를 찾아왔다. 그녀는 아무런 이유도 없이 평생 동안 우울증으로 고생해 왔다고 말했다. 정신과에서 주는 약물을 복용해 왔지만 도움이 되지 않았고 오히려 부작용만 생겼다고 했다. 이제 그녀는 홀리스틱 방법으로 해결하려 하고 있었다. 힐링 세션에서 나는 그녀에게 맨 처음 심한 우울증을 느꼈던 때로 가 보라고 말했다. 생애 초기의 트라우마를 찾을 생각이었다. 하지만 그녀는 자신이 기원전 3세기에 그리스에서 살면서 굴욕을 당하고 파산한 남자였다고 말했다. 우울증을 앓던 그 남자는 절벽에서 바다로 뛰어내려 죽었다.

나는 혼-샤-제-쇼-넨 상징을 사용하기 시작했다. 나는 그녀에게 자살하기 전날로 돌아가서 그녀의 상태를 힐링할 다른 방법을 찾아 보라고 요청했다. 그녀는 많은 돈이 필요했지만 누구에게도 도움을 요청할 수가 없었다고 했다. 나는 그녀에게 "당신의 부유한 아버지가 돈을 주면서 당신을 껴안아 주었다고 상상해 보세요."라고 제안했다. 그녀는 그렇게 했다. 그녀는 빚을 다 갚고 명예를 회복한 뒤 조용한 저녁을 보내는 모습을 묘사했다. 이 상징을 계속 사용하면서 나는 그 일 년 후의 삶을 상상해 보라고 했다. 그녀는 한 아기의 아버지였다. 다시 5년 후의 삶을 묘사해 보라고 요청했다. 그는 시장에 당선되었다.

나는 그녀에게, "그 생애에 당신은 어떻게 죽었나요? 영화를 보듯이 정서를 일으키지 않고 그 생을 봐 주세요."라고 요청했다. 그녀는 그 남자가 늙어서 자식들과 손자들에 둘러싸인 채 침대에서 죽는 모습을 묘사했다. 그 당시 그 남자는 그 마을에서 가장 존경받는 사람들 중의 한 사람이었다. 나는 그녀에게, 그 생애의 자신에게 방금 주었던 힐링을 현재의 삶으로 가져오라고 요청하였다. 그 뒤 나는 레이키의 세션을 완료했다. 그 여성은 힐링을 통합하는 데 일주일이 더 필요했다. 그 후로는 우울증을 다시 보이지 않았다.

다른 세션에서 그 여성에게, 다시 한 번 그 생애로 가서 묘사해 보라고 요청했다. 그녀는 처음에 했던 것과는 완전히 다른 장면들을 묘사했다. 자살도, 굴욕도, 파산도, 우울증도 없었다. 나는 그녀가 우울했다든가 자살을 했던 다른 전생이 있었는지 물어보았다. 그녀는 그 세션에서 네 번의 다른 생애들을 묘사했다. 각각의 생애에서 우리는 시나리오를 아주 빨리 바꾸었다. 그리스에서 있었던 처음의 상황이 힐링되었기 때문에 반복되는 패턴은 더욱 빨리 힐링되었다. 다시 그녀는 일주일간의 통합 과정을 거쳤으며, 그때 그림들과 정서들이 표면으로 떠오른 뒤 놓여났다. 그녀는 평소보다 더 많은 수면을 취했다. 그 뒤 "마치 그녀의 세포가 재조정되고 있는" 것처럼 느꼈다고 말했다.

다음의 힐링 때, 나는 그녀를 지난 세션의 생애들 각각으로 데려갔다. 그림들은 아주 달랐다. 우울증을 겪었거나 자살을 했던 다른 전생이 있었느냐고 물었다. 더 이상 나타나지 않았다. 까르마의 패턴은 힐링되었다. 어떤 식으로든 아카식 기록이 지워질 때까지 상황은 재발한다. 불교도들은 모든 것은 "마음의 작용"이라고 하는데, 그것이 까르마의 정의이기도 하다. 일단 정서가 처리되고(그 여성은 우울증을 느꼈고 그것이 패턴이라는 것을 알았다) 그 패턴들을 (마음의 몸 안에서) 의식적으로 바꾸면, 그 상황의 까르마는 해소되고 놓여난다. 이 여성의 삶은 세션 이후에 아주 달라졌다.

이것이 혼-샤-제-쇼-넨의 주요한 사용법이다. 그것의 기초가 되는 많은 정보와 왜 그것이 이루어질 수 있는지의 이유가 레이키 레벨 Ⅲ에 있다. 위의 세션들은 매우 집중적인 작업이며, 레이키 Ⅱ 힐러가 되기 위해 어떻게 준비를 해야 하는지를 잘 보여 주는 전형적인 사례이다. 누군가에게 그런 과정을 이끌 준비가 되어 있지 않을 때는 그러한 상황이 그 사람에게 주어지지 않을 것이다. 이 방법은 자기 힐링에도 사용할 수 있다. 필요하면 혼자서 힐링해도 되지만, 가이드가 되는 사람과 함께 힐링하는 것이 더 바람직하다. 당신이 그것을 할 수 있는 준비가 될 때만 그런 힐링을 할 수 있는 시간이 올 것이다. 시작하기 전 그 상황에 관한 많은 정보를 가지고 있는 것이 중요하다. 마음 수준의 힐링이 일어나려면 정서들이 처리되거나 적어도 인식은 되어야 한다. 자신이 어렸을 때 강간당했다는 사실을 이번 주에야 깨달은 여성은 아직 준비되지 않았다.

과거를 변화시키고 그런 변화를 현재로 가져오면, 미래도 바꿀 수 있다. 현재의 순간은 현재가 되기 전에는 모두 미래였다. 그리고 시간이 지나면 그것은 모두 과거가 된다. 과거의 사건을 변화시키면 현재와 미래 또한 변한다. 이것은 도미노 효과를 일으켜 대단히 좋은 결과를 낳을 수 있다. 이번 생이나 전생의 트라우마에 대한 시각화를 변화시킬 때, 그 변화들은 당신의 현재나 미래의 일부가 되기 원하는 것들이라는 점을 잊지 말라. 긍정적인 방법들로만 새로운 해결책을 만들고, 오직 긍정적인 대안들로만 시각화하라. 직접적이거나 원격으로 마음 힐링 작업을 하고 있는 사람들은 "모든 시간은 현재다."라는 것을 알게 된다.

혼-샤-제-쇼-넨은 또한 공간을 가로질러 힐링을 전달하는 원격/부재 힐링 작업을 하는 메커니즘이다. 다음 장에 이것에 대한 내용이 더 있다. 혼-샤-제-쇼-넨이 "과거도, 현재도, 미래도 없다."라고 번역되는 것은 그것의 다양한 용도를 나타내는 핵심적인 말이다. 레이키Ⅱ를 배울 때 나는 그 의미를 "삶의 책을 펼치고 지금 읽어라."라고 들었다. 내가 들은 또 다른 뜻은 인도의 인사말인 나마스떼인데, "내 안에 있는 (여)신이 당신 안에 있는 (여)신에게 인사한다."라는 뜻이다. 이 상징이 어떻게 정의되든 간에, 이것은 현재의 생애와 다른 생애들의 과거, 현재 및 미래를 힐링한다. 두 개의 그림을 나란히 그린 쌍의 상징을 사용하면, 미래로 가서 미래를 힐링한다. 시각화 중에는 하나의 그림이 다른 그림의 거의 뒤에 나타난다.

이것들이 레이키Ⅱ의 세 가지 상징이며, 세 번째 디그리에서는 두 가지가 더 나온다. 초-쿠-레이는 신체적인 힐링에 초점을 두고, 세이-헤-키는 정서의 몸이나 무의식을 힐링하는 데 중점을 두며, 혼-샤-제-쇼-넨은 레이키 에너지를 마음의 몸 즉 의식적인 마음으로 가도록 지시한다. 직접 힐링에서 세 가지 상징 모두를 사용하는 것은, 늘 그렇게 하지는 않지만, 흔한 일에 가깝다. 세 가지 모두를 사용하라고 가이드 된다면, 그렇게 하라. 어떤 힐링에 그것들을 사용하도록 가이드 되지 않았다면, 그것들은 필요하지 않다. 하나의 상징만을 사용해도 괜찮다. 하나 이상을 사용해도 좋다. 레이키Ⅱ를 하면서 강해지고 선명해진 당신의 직관을 따르라. 당신이 작업하는 마사지 테이블의 위나 아래에 이 상징들을 그리거나 붙여 둘 수 있다.

이 상징들은 반드시 외워야 한다. 외우는 데에 시간이 좀 걸릴 것이다. 도해에 나와 있는 안내선을 따라 그려 보면서 외워라. 각각의 선을 순서에 따라 명확히 그려야 하고, 삽화에 나와 있는 것처럼 정확히 그려야 한다. 상징들에 익숙해졌다면, 완전히 외우지 못해도 그것들을 힐링에 "모두 보낼" 수 있다. 마음속으로 이름을 말하라. 상징들을 가능한 선명하게 시각화하라. 그러면 상징들은 모든 선들이 제 위치에 있는 채로 나타날 것이다. 레이키Ⅱ의 훈련과 어튠먼트를 받고 난 후 나는 외우는 데 몇 시간밖에 걸리지 않았다. 그 상징들을 충분히 외워서 그릴 수 있게 되기까지는 몇 주가 걸렸다.

나는 보라색만 사용하여 상징들을 시각화하라고 배웠다. 그러나 힐링할 때 컬러들이 바뀌는 경우를 본다. 순수하고 밝은 컬러로 나타난다면, 그것은 다 옳다. 손가락만으로 하지 말고 손 전체를 사용해서 공중에 그리는 연습을 하라. 에너지는 손바닥 짜끄라로부터 흘러나온다. 나의 제자들이나 나에게 레이키Ⅱ를 받았다면, 양쪽 손 모두에 레이키 상징을 받았을 것이다. 전통적인 방식으로 레이키Ⅱ를 받았다면 "힐링의 손"이 어느 것이냐는 질문을 받았을 것이다. 그 손바닥에만 상징을 받았을 것이다.

상징들을 연습하기 위해 또는 힐링 작업을 하면서 상징들을 시각화하는 동안에는 혀끝을 입천장에 닿게 하라. 이렇게 하면 신체의 두 주요한 꾼달리니/하라 에너지 통로가 연결되어 상징들을 보내는 힘이 증가한다. 제6장 '꾼달리니 열기'에는 이것에 관한 더 많은 정보와 이 정보의 사용법이 있다. 레이키는 인간의 전기 체계와 더불어 작용한다. 레이키는 그런 전기 체계의 일부이다.

나는 다양한 레이키 상징들의 그림, 특히 혼–샤–제–쇼–넨의 그림들을 보아 왔다. 어떤 학생이 레이키Ⅲ을 배우러 오면, 나는 그 사람이 사용하고 있는 어떤 버전이라도 사용하라고 한다. 모든 버전이 작동한다. 우리가 가지고 있는 상징들 중 옳지 않은 것은 없다. 레이키 가이드들은 모든 상징들이 작동하도록 바꾸어 준다고 나는 생각한다. 상징들을 사용할 때 의도가 아주 중요하다. 레이키 가이드들은 이 힐링이 지금 이 시기에 지구상에서 모든 가능한 방법으로 나타나기를 원하고 있다. 레이키 가이드들은 그들이 할 수 있는 모든 방법으로 그것이 이루어지도록 돕고 있다. 상징 하나를 잘못 그렸으면, 다시 시작하지 마라. 레이키 가이드들이 그것을 고쳐 줄 것이다. 그러나 이것을 어설프게 대충 기억하는 데 대한 변명으로 쓰지는 마라. 가이드들은 나태함을 용인하지 않으며, 정직한 노력을 기꺼이 지원할 것이다. 레이키Ⅰ의 손 위치들에 관한 한, 상징들을 배우는 가장 좋은 방법은 그것들을 자주 사용하는 것이다.

대안의 레이키II 상징들과 그리는 방법

우스이 전통 레이키

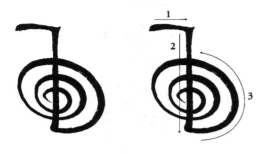

초-쿠-레이
"여기에 힘을 놓으소서." 혹은 "신이 여기에 계시다."(시계반대방향)

세이-헤-키
"우주로 가는 열쇠" 혹은 "사람과 신이 하나가 되다."

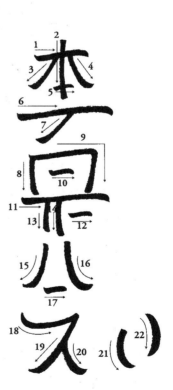

혼-샤-제-쇼-넨
"깨달음과 평화를 증진시키기 위하여 내 안에 있는 붓다가 당신 안에 있는 붓다에게 다가갑니다."

다른 형태의 혼-샤-제-쇼-넨 [8]

레이키의 상징들을 항상 존경심을 갖고 다루어라. 상징들은 오랜 고대 에너지의 신성한 표현이며, 그 자체 내에 에너지가 담겨 있다. 전통적으로 학생은 레이키 II에 입문하지 않은 사람들에게 상징들을 보여 주지 않을 것을 약속하는 관습이 있었다. 나는 상징들이 해롭게 쓰일 수 없으며 어튠먼트 없이는 활성화되지 않는다고 생각한다. 그렇지만 그것들은 신중하게 사용되어야 한다. 나는 어튠먼트를 하는 동안에 상징들을 본 레이키 I의 사람들에게 상징을 종종 보여 준다. 레이키 I을 받았을 때 나는 상징들을 부분적으로 보기 시작했고, 내가 보고 있는 것이 무엇인지를 나의 티쳐에게 물어보았다. 나의 티쳐는 잘못된 정보를 주었다. 그것들에 대해 거짓말을 하는 것은 힐링의 윤리에 부합하지 않으며 필요하지도 않다. 나는 적절하고 진실성이 있는 사람들에게는 상징을 보여 주라는 제안을 하고 싶다.

· · · · · · · · · · · · ·
8. 원격 힐링 상징의 버전이 실린 책은, A. L. Mackenzie Clay in *The Challenge to Teach Reiki*, p. 8.

다음의 장에는 레이키Ⅱ 상징들의 이용법을 더 자세하게 소개한다. 원격/부재 힐링, 세 가지 상징 열쇠들을 위한 비힐링 용법, 그리고 영적 가이드들과 함께 작업하는 법을 설명할 것이다. 레이키Ⅰ의 초보 힐러는 이제 경험 있는 힐러가 되었으며, 더 수준 높은 작업을 할 준비가 되었다.

제5장
원격 힐링과 그 외

손을 올려놓는 힐링에 대한 관심이 증가하고 있다. 레이키Ⅱ의 상징들은 원격 힐링을 가능하게 한다. 이것은 지금 신체적으로 함께 있지 않은 사람에게, 즉 당신이 세션을 위해 손을 올려놓을 수 없는 사람들에게 레이키를 하는 것을 의미한다. 이런 힐링을 하는 것은 단순하며 사이킥 능력을 열며, 레이키Ⅱ의 힐러가 되면 자연히 사이킥적으로 성장하게 된다. 레이키Ⅱ는 정서적이고 정신적인 수준에서 주로 작업을 한다. 레이키Ⅰ은 주로 신체적 몸을 힐링한다. 지난 장의 까르마 해소 작업에서 보았던 것처럼, 원격 힐링은 마음의 몸 수준에서 일어난다. 디온 포춘(Dion Fortune)의 격언에 "마술은 의지대로 의식을 바꾸는 행위다."라는 말이 있는데, 이 말에 따른다면 레이키Ⅱ는 분명히 마술이다. 이것은 세상에 진정한 결과가 일어나게 하는 마술이다.

이 수준에서 자주 작업을 하는 힐러들은 물리적 수준을 초월한 실체들을 자각한다. 이것은 모든 실체들이 공(空)에서 나오는 마음에 의해 만들어진다는 불교의 개념과 일치한다. 딴뜨라 불교의 마음 훈련에는 복잡한 시각화를 발달시키는 과정이 있는데, 모든 세계들은 명상 안에서 만들어지며 그곳에는 여신들과 악마들이 공존하고 있다. 이들은 힐러가 살고 있는 세상 너머의 세상에서 그의 티쳐가 된다. 레이키Ⅱ의 입문으로, 다른 실체들과의 접촉이 시작되며, 힐러는 힐링에 필요한 정보와 도움을 얻기 위해 다른 세계들에 접근하는 법을 배운다. 영적 가이드들인 레이키 가이드들이 이 수준에서 나타난다. 레이키Ⅱ의 힐러는 자신의 신체적 한계 너머로 나아간다.

이런 확장과 새로운 초점은 힐러들에게 아주 다른 존재가 될 수 있게 한다. 레이키Ⅱ 어튠먼트 후, 그 사람은 심오한 변화의 과정을 겪는다. 레이키Ⅰ이 그 사람의 인생을 실제로 바꿨다면, 레이키Ⅱ는 세계들과의 관계에서 힐러를 바꾼다. 이 변화는 매우 긍정적이지만 아주 불안할 수도 있다. 어튠먼트 후 약 6개월 동안, 급속히 성장한 힐러의 정서적이고 정신적인 패턴들이 도전을 받는다. 더 이상 긍정적이지 않은 것들이 그의 정서적, 정신적인 몸에서 정화된다. 즉 그는 과거와는 다르게 생각하고 다르게 느낀다. 이러한 변화들이 의미하는 바는 개인마다 다르다. 이 수준에서 힐링이 필요한 것이면 무엇이든 힐링되며, 새로운 현실들에 대한 자각이 확장된다.

정서적, 정신적인 정화가 항상 쉬운 것은 아니다. 어떤 사람들은 중요했던 관계가 더 이상 그렇지 않다고 판단하고 자신의 파트너를 떠날 수도 있다. 어떤 사람들은 수년 동안 보지 못했던 학대나 근친상간의 기억들과 대면할 수도 있다. 어떤 사람들은 다른 사람을 위해 일하는 것을 그만두고 자신의 일을 하게 될 수도 있다. 환상에 불과해 보였던 꿈들이 이제는 일상생활이 되기도 하며, 한때는 감당할 수 없는 위험으로 보였던 것들이 일상적인 일이 될 수도 있다. 모든 사람이 레이키Ⅱ를 하면서 성장한다. 1년이 지나 보면, 1년 전의 자기와 현재의 자기의 모습을 보게 될 것이다. 가는 길이 혼란스러웠지만 더 강해지고 더 완전해진 자신의 모습을 깨닫고 놀랄 것이다. 현재의 모습에 만족하게 될 것이다.

레이키Ⅰ을 마친 뒤 레이키Ⅱ를 시작하기 전까지는 약간의 기간을 두는 것이 좋다. 3개월이 적당할 것이다. 레이키Ⅰ을 철저히 배우고, 힐링과 자기 힐링 세션들을 가져라. 더 계속하기 전에 몸이 새로운 에너지에 적응할 시간을 주어라. 그러나 비전통적인 레이키를 배우는 사람의 경우에는 이런 식으로 할 시간이 없을 것이다. 가르치기 위해 여행을 할 때, 나는 대개 주말에 세 디그리를 모두 가르친다. 나의 학생들은 대부분 훈련을 받을 다른 기회가 없다. 그들 중 많은 사람들은 이 주말 동안에 Ⅱ 디그리를, 심지어는 Ⅲ 디그리를 한다. 새로운 힐러가 이해하고 그 뒤에 따르는 삶의 변화를 받아들이려는 의지만 있다면, 레이키 I과 레이키 II를 동시에 하는 것은 잘 어울린다.

형이상학이나 에너지 작업에 경험이 없는 초보 힐러들은 훈련을 천천히 받는 것이 좋을 것이다. 3개월 정도면 레이키 I에 편안해지고 능숙해질 것이다. 사람마다 필요로 하는 바가 다르다. 디그리 I 이후 깊은 힐링과 정화 과정이 시작되면, 디그리 I의 힐러는 레이키 II를 하기 전에 그것을 완성하고 싶을 것이다. 전통적으로 레이키 I 너머로 가는 사람들은 레이키에 전념하고자 하는 사람들이었다.

레이키가 아닌 다른 형태의 에너지 작업을 수년간 했고 사이킥 능력을 훈련하여 자신을 중급이나 상급 힐러로 생각하는 사람들은 일주일에 두 디그리를 해도 어려움을 느끼지 않을 것이다. 심지어 세 디그리까지도 가능하다. 그들은 준비된 사람들이다. 자신만이 자신의 수준을 판단할 수 있기에, 나는 학생들이 스스로 결정하도록 한다. 레이키 에너지로 해를 입는 사람은 없다.

레이키 II의 중요한 가르침은 원격 힐링 또는 부재 힐링이다. 뉴욕에 있는 당신 어머니의 귀가 아플 때 플로리다에 있는 당신이 어머니를 돕고 싶다면, 원격 힐링이 그 답이 된다. 원격 힐링의 종류는 힐러들의 숫자만큼이나 많다. 부재 힐링이 레이키에 의해 발명된 것도 아니다. 레이키의 원격 힐링을 특별하게 만든 것은 레이키의 기술들과 레이키의 상징들이다. 레이키 II를 가르칠 때, 나는 둥글게 모여 앉은 사람들을 따라 돌면서 각자에게 어떤 원격 힐링을 하고 있는지 물어본다. 이런 힐링을 하는 사람이 15명 중 8명이라면, 그들은 서로 다른 8가지 방법을 말할 것이다. 그들이 하는 방법들은 다 효과적이다. 각 그룹의 절반 정도만이 이런 식으로 힐링을 해 본 경험이 있기에, 나는 원격 힐링을 하는 방법을 더 자세히 설명할 것이다.

부재 힐링은 기본적으로 명상 상태에서 시각화를 하는 과정이다. 시각화는 상상을 의미한다. 시각화를 하기 위해서는 힐링을 필요로 하는 사람을 나타내는 것을 마음속에 만들어 내야 한다. 다시 말해, 그 사람을 상상하는 것이다. 서구 사회에서는 사진이 대개 그런 물건이지만, 사진만 이용할 수 있는 것은 아니다. 시각화에는 시각, 청각, 촉각, 후각 중 어느 것이라도 이용될 수 있다. 그러나 미각은 힐링에서 거의 사용되지 않고 있다. 힐링을 위한 시각화에서 내가 배운 한 가지는 장미를 만들어 내는 것이다.[1] 어떤 감각을 이용하든지 간에 상상 속에서 장미 한 송이를 만들어 내라. 그 장미에 당신이 아는 사람의 이름을 붙여라. 레이키를 그 장미에게 보내면서 장미가 꽃피어 나는 것을 지켜보라. 그 뒤에는 장미가 사라지게 놓아두어라. 이것이 사이킥 또는 원격 힐링의 핵심이다.

때로는 다른 사람들이 어떻게 원격 힐링을 하는지 듣다 보면 자신도 이미 그 방법을 알고 있음을 깨닫는 사람들이 있다. 이렇게 말하는 사람들도 있다. "나는 그들에게 에너지를 보냅니다. 이것이 원격 힐링인가요?" 그렇다. 에너지를 보내고, 사랑을 보내고, 빛이나 색깔을 보내고, 기도하고, 누군가를 생각하고, 누군가를 깊이 상상하는 것, 이 모두가 원격 힐링 기법들이다. 힐링을 필요로 하는 사람의 사진 앞에 촛불을 켜는 것이나, 관세음보살이나 마리아의 손에 그 사진을 올려놓는 것도 원격 힐링의 한 방법이다.

사이킥 힐링을 하는 방법들은 대부분 힐링 받을 사람을 대표하는 것으로 시작된다. 사진이 없으면, 그 사람을 생각나게 하는 아무 물건이라도 된다. 마음속으로 시각화를 하여 그것을 만들 수도 있다. 이런 식으로 원격 힐링이 이루어진다. 원격 힐링을 하기 위해서는 조용하며 방해받지 않을 장소가 필요하다. 시간은 얼마 걸리지 않는다. 이 조용한 장소는 명상을 하는 장소이며, 이것은 부재 힐링의 나머지 반이다. 원격 힐링에서 하는 명상은 깊은 황홀경에 들어가는 명상이 아니다. 그냥 가벼운 집중의 상태이다. 시각화에 능숙해지면 어느 곳에서도 할 수 있지만, 처음에는 명상 공간을 이용하라.

이곳은 방해가 없는 조용한 방이다. 문을 닫고 전화선을 뽑아라. 조명을 낮춰라. 촛불을 켜는 것은 좋다. 그렇게 하면 아름답고 잔잔한 광이 만들어진다. 촛불을 켜는 것만으로도 조화로워져서 명상을 자극하게 된다. 의자에 앉아라. 다리와 팔을 곧게 펴라. 마루에 결가부좌나 반가부좌를 하는 것이 편안하다면 그렇게 하라. 고요하게 하기 위하여 깊은 숨을 서너 번 쉬어라. 불꽃을 바라보면서 당신이 힐링하고자 하는 사람을 떠올려라.

그 사람이 선명하게 떠오르지는 않을 것이다. 아마 그 사람의 실루엣, 빛, 컬

1. Amy Wallace and Bill Henkin, *The Psychic Healing Book* (Berkeley, CA, The Wingbow Press, 1978), pp. 99–101.

러의 흐릿한 윤곽일 것이며, 사진처럼 깨끗한 이미지는 아닐 것이다. 당신의 주 감각이 시각이 아니라면, 첼로의 소리나 라일락의 향기로 나타날 수도 있다. 익숙한 포옹의 느낌이나 팔 위에 놓인 그녀의 손의 느낌으로 올 수도 있다. 어떤 방법으로 오든 그 사람을 인식할 수 있을 것이다. 그 인식으로 충분하다.

다음으로 당신은 허락을 받아야 하는데, 이것은 너무나 중요하다. 레이키 I의 윤리는 허락을 받고 하라는 것이었다. 레이키 II의 원격 힐링에도 역시 그러하다. 귀가 아픈 어머니가 전화로 힐링을 부탁했다면, 더 이상 필요한 것은 없다. 그렇지 않고 물어보았을 때 어머니가 거부할 것이라는 생각이 든다면, 시각화의 "아스트랄 차원"에서 어머니에게 물어보라. 아마 응답을 받을 것이다. 승낙하거나 거절하는 어머니의 음성일 수도 있고, 당신을 향해 돌아서거나(승락) 혹은 가버릴 수 있다(거절). 당신은 알 수 있을 것이다. 윤리적인 입장에서, 힐링 받을 사람의 소원대로 해 주어라. 종종 신체적인 차원에서 거부하거나 혹은 당신이 생각하기에 거부할 사람도 이런 식으로 물어보면 힐링을 환영하는 경우도 있다. 혼수상태에 있는 사람들에게도 이 방법을 사용하라. 명상적인 상태에서 허락을 받았으면, 힐링을 진행하라. 그렇지 않으면 사랑의 마음으로 조용히 물러나라. 그 세션을 끝내라.

대답이 확실치 않다면, 오직 자유의지로만 수용될 수 있다는 명확한 의도와 함께 힐링을 보내라. 그 사람이 에너지를 거부하면 그 에너지는 지구나 힐링이 필요한 다른 사람에게로 간다고 덧붙여라. 원하지 않는 레이키 에너지는 이런 식으로 긍정적인 용도로 재활용될 수 있다. 이 방법은 누구의 자유의지도 침범하지 않는다. 원하지 않는 힐링을 강제하는 것은 힐러의 윤리에 전적으로 위배된다. 사람들과 동물들은 자신들이 원하면 질병을 가질 권리도 있다.

계속하라는 허락이 오면, 나는 그 사람에게 빛을 보낸다. 특정한 컬러를 지정하여 보내지는 않는다. 그 빛이 필요한 컬러가 되도록 한다. 밝고 아름다운 컬러라면 다 괜찮다. 검은 컬러도 좋다. 별이 있는 밤하늘 혹은 어머니 지구의 기름진 땅의 색깔인 검은 벨벳 컬러는 좋다. 사람들이 검은 컬러를 좋아하는 이유가 많다. 사랑과 힐링의 의지를 담은 검은 컬러는 절대로 부정적이지 않다. 이것은 편안하고, 보호해 주며, 그라운딩시켜 준다. 덜 쓰는 컬러는 흰색이다. 모든 것을 덮어 버리는 흰 컬러를 보내는 것보다 힐링 받는 사람의 필요에 초점을 맞춘 컬러를 보내는 것이 훨씬 효과적이다.

원격 힐링에서 나타나는 몇몇 컬러는 지상에서 볼 수 있는 컬러가 아니다. 그 컬러들은 말로 표현하기가 어려우며, 내가 아는 한, 이름도 없다. 그리고 믿기 어려울 정도로 아름답다. 그것들은 지구의 기본(짜끄라) 컬러들을 보충하는 아스트랄 컬러들로서 원격 힐링을 할 때 종종 나타난다. 내가 빛을 보낼 때 컬러를 지정하지 않는 중요한 이유는 바로 여기에 있다. 지상의 컬러를 지정하면 나타날 수 있는 컬러를 제한하게 한다. 또한 이름을 붙이면 아스트랄의 보완 컬러들이 나타나지 않을 수 있다. 그래서 나는 힐링 받는 사람이나 그의 더 높은 자신, 혹은 가이드들로 하여금 컬러들을 선택하게 한다.

컬러들이 그 사람의 오라를 채우게 한 뒤에 레이키 상징을 보내라. 그 상징들이 나타나길 원함으로써 그것들을 모두 보내라. 상징들은 공간을 날아가서 힐링 받는 사람의 몸에 쓰여지는 것 같다. 혼-샤-제-쇼-넨이 공간과 시간을 가로질러 레이키를 전달하는 상징임을 기억하라. 그것을 매 원격 힐링에 사용하라. 초-쿠-레이는 힐링 에너지의 힘을 증가시킨다. 세이-헤-키는 질병의 정서적인 부분들을 다룬다. 나는 일반적으로 대부분의 원격 힐링에 모든 상징들을 보낸다. 상징들은 컬러들을 취하며, 나는 이것을 제한하지 않고 그 컬러가 힐링 받는 사람에게 필요한 것이 되게 한다.

상징들을 보내고 난 뒤에는 잠시 기다려라. 가이드나 에너지를 받는 사람으로부터 메시지를 들을 수 있으며 더 해야 할 일을 지시받을 수 있다. "그 사람의 오라를 황금색으로 채워라."와 같은 메시지를 받을 수 있는 것이다. 가이드 된 메시지들은 항상 긍정적이고 삶을 긍정한다. 그렇지 않은 메시지는 거절하라. 이 과정이 끝나면, 그 사람이 회복되어 좋아진 모습을 시각화하라. 예를 들어 귀가 아픈 어머니라면, 어머니의 귓병이 다 나았다는 말을 듣는 것을 상상할 수 있을 것이다. 다리가 부러진 사람이라면, 깁스 없이 환한 웃음을 지으며 행복하게 달려가는 모습을 상상할 수 있다. 그 다음 명상에서 깨어나라. 장미를 없애라. 현재의 자각으로 돌아오라. 그 과정은 설명보다 훨씬 더 짧으며 몇 초밖에 걸리지 않는다.

사이킥 힐링을 하는 대부분의 사람들은 그 나름의 방법을 가지고 있다. 이것은 나의 방법이다. 사람들은 저마다 다른 방식으로 시각화를 하며, 모든 방법이 다 옳다. 시각화와 명상은 처음에는 잘 되지 않지만 연습을 하면 발달된다. 마치 근육을 사용할수록 튼튼해지듯이 이 기술도 사용하면 할수록 더욱더 향상된다. 나는 초보 레이키II 힐러들에게 이런 힐링을 밤에 해 보라고 한다. 결국에는 어느 곳에서도 명상 상태로 들어갈 수 있을 것이며, 심지어 버스 안에서도 할 수 있게 될 것이다. 많이 하면 할수록 명상 상태에 더욱 깊이 들어갈 수 있다. 그러나 운전 중에는 하지 않아야 한다.

그 사람에 대해 상상하거나 집중하고, 그 사람에게 빛과 레이키 상징들을 보내며, 그가 좋아진 것을 보고 현재로 돌아오는 이 간단한 절차는 깊은 효과를 낳는다. 이런 식의 힐링은 손을 올려놓는 힐링 세션만큼 효과적이지만, 한 시간이 아니라 몇 초밖에 걸리지 않는다. 그러나 정신적인 수준에서 이루어지는 이런 힐링은 그 사람의 신체적인 몸보다는 정서의 몸, 마음의 몸에 반향을 불러일으킨다. 이 수준들의 에너지가 신체의 몸으로 가기는 하지만, 거기에 집중되는 것은 아니다. 이런 방식으로 힐링을 했을 때 신체적 수준의 통증이 영향을 받으려면 (몇 분부터 몇 시간까지) 시간이 걸릴 것이다. 힐링이 질병의 근원에 도달한다 해도, 그 동안에 손을 올려놓는 힐링이 필요할 것이다.

원격 힐링을 받는 사람은, 힐링한다는 사실을 의식적으로 알든 모르든, 힐링이 일어나고 있다는 것을 아마 느낄 것이다. 에너지에 충분히 열려 있고 사이킥적인 자각을 하는 사람이라면 당신이 언제 무슨 일을 했는지 정확히 알 수도 있다. 완전히 알아차리지는 못할 수도 있지만, 힐링이 일어나고 있는 동안에 보내는 사람을 생각하고 있을 것이다. 그는 갑자기 평화를 느끼거나, 어떤 컬러를 보거나, 기분이 좋아지는 것을 느낄 것이다. 힐링을 하는 동안 통증이 멈출 것이며, 그 통증은 다시 돌아오지 않을 것이다. 처음으로 원격 힐링을 할 때 아마 당신은 "그냥 상상만 하고 있었다."고 생각할 수 있다. 그러나 몇 번 사실을 확인하게 되면 의심은 재빨리 바뀌며 그 과정에 대한 큰 존경심이 일어난다.

레이키 상징들은 사이킥 힐링의 힘을 엄청나게 강화시킬 것이다. 어떤 원격 힐링을 하든 상징은 긍정적이다. 계속 사용하라. 그냥 그것에다 레이키 상징들을 더하라. 그러면 그것은 레이키 힐링이 된다. 사이킥 힐링의 방법들은 장미를 창조하는 것처럼 간단할 수도 있고, 더 복잡할 수도 있다. 짜끄라들을 보여 달라고 부탁하라. 짜끄라들을 정화하고 균형 잡히게 함으로써 힐링이 이루어질 수 있다. 어떤 짜끄라가 제자리를 벗어나 있으면, 그것을 제자리로 가져다 놓아라. "더러워져" 있으면, 씻어라. 이때 창문 청소기를 시각화할 수 있다. 부서졌으면, 강력접착제를 사용하라. 무엇인가가 막고 있다면, 그것을 제거하라. 레이키의 상징들, 특히 세이-헤-키를 각 짜끄라에 덧붙여라. 그리고 세이-헤-키들이 각 짜끄라들을 청소하는 것을 지켜보라.

어떤 힐러들은 해부적으로 "본다." 그러면서 위에서 언급한 것과 같은 은유를 사용해서 잘못된 것을 고친다. 누가 부상을 당했다면, 그것을 꿰맬 바늘과 실을 상상하라. 뼈가 부러졌다면, "(여)신의 테이프"를 사용하라. 상상의 수술은 효과가 있으며 시각화한 일은 일어난다. 오직 긍정적인 방향으로만 시각화하라. 세션의 마지막에는 건강한 이미지를 떠올려라. 그것은 보호 수단이 될 것이다. 다시 한 번 말하지만, 통증이나 질병이 있는 부분에 레이키 상징들을 사용하라. 그러면 그 상징들은 질병을 힐링하는 에너지를 가져온다.

원격 힐링을 할 때, 당신이 보는 것에 마음을 열어라. 종종 보이는 것들은 힐러가 기대하는 것과 다를 때가 있다. 예를 들어 두통을 힐링할 때, 레이키의 상징들은 그 사람의 복부로 날아간다. 에너지는 어디에 자신이 필요한지 안다. 그러므로 제한을 두지 말고 에너지가 가게 하라. 그 사람의 질병이 아니라 그 사람을 힐링하도록 세션을 지정하라. 예를 들어, 그 사람의 두통이 아니라 그 사람을 힐링하게 하는 것이다. 이것은 에너지로 하여금 그것이 할 수 있는 모든 좋은 일을 하도록 해 준다.

힐링이 끝났으면, 현재로 돌아오라. 힐링에 대해서는 잊어버려라. 힐링에 머무르고 있으면, 에너지가 힐링 받는 사람에게로 흘러가지 않고 힐러와 더불어 계속 있게 된다. 직접 세션과 마찬가지로, 상황의 정도를 보고 원격 힐링의 빈도를 정하라. 단순한 두통이나 귀앓이는 한 번으로 충분하다. 심각한 질병의 경우에는 매 분마다 하라. 세션들 사이에는 에너지를 그냥 두라. 심각하지 않은 대부분의 질환은 하루에 한두 번으로 충분히 힐링된다.

혼-샤-제-쇼-넨을 사용해서 힐링을 자주 반복할 수 있다. 지정한 시간에 힐링을 반복하도록 상징에게 말할 수도 있다. 예를 들어, 지정한 시간에 한 시간 동안 한 번, 하루에 두 번씩 12시 등으로 말할 수 있다. 그러나 적어도 매일 원격 세션을 반복해서 그것을 갱신하도록 하라. 레이키에게 반복하도록 요청할 때, 그것에 제한을 두어라. 그 사람이 힐링을 필요로 하는 한, 혹은 어떤 특정한 목표가 이루어질 때까지 그것이 반복되도록 지정하라. 그렇게 하지 않으면 필요하지 않아도 힐링 작업이 끝없이 계속될 것이다.

원격 힐링 기법들은 힐링 받을 사람이 함께 있을 때도 사용될 수 있다. 손을 올려놓는 힐링이 적절하지 않은 장소이거나 충분한 세션을 할 시간이 없을 때는 방 안에서 힐링 받는 사람의 맞은편에 앉아 힐링을 하라. 화상 환자처럼 접촉이 통증을 일으킬 수 있거나 감염의 위험이 있을 때도 이 방법을 사용하라. 애완동물이 손을 올려놓는 힐링에 협조하지 않는다면, 그 동물이 잠들었을 때 원격 힐링을 하라. 이것은 애완동물이 아닌 농장의 동물이나 야생 동물에게도 사용할 수 있는 좋은 방법이다. 힐러 자신에게도 역시 사용될 수 있으며, 이때는 다른 사람을 시각화하는 대신에 명상 속에서 당신 자신을 시각화하라.

원격 힐링을 하는 방법들에 레이키 상징을 추가하는 방법 외에도, 네 가지 레이키 방법이 있다. 이것들 역시 시각화 혹은 집중하는 기법들이다.

첫 번째 방법은 힐링 받을 사람이 당신과 더불어 있다고 상상하면서 손을 올려놓는 세션을 하는 것이다. 이것은 간단한 방법으로 보이지만, 실제로는 네 가지 방법 중에서 가장 어렵다. 이 방법은 레이키 위치들을 하는 데 오랜 시간이 걸린다. 그러므로 힐러는 오랜 시간 시각화를 해야 한다. 대부분의 원격 힐링은 몇 초밖에 걸리지 않는다. 경험이 많지 않은 사람의 경우에는 이런 종류의 확장된 시각화를 행하기가 매우 어렵다. 도움이 되는 하나의 선택은, 관음보살이나 따라의 상처럼 팔을 몇 개 더 나오게 하는 방법이다. 이렇게 하면 시간이 상당히 줄 것이지만, 여전히 많은 노력이 필요하다. 그럼에도 불구하고 나는 이런 식으로 힐링을 몇 번 해 보았는데, 무척 다정하고 효과가 있는 경험을 할 수 있었다.

원격 힐링을 하는 두 번째 방법은 사람이나 동물, 행성을 아주 작게 줄이는 것을 상상하는 방법이다. 양손을 모아 컵 모양으로 둥글게 만든 뒤, 그 손 안에 이미지를 둔다. 원격 힐링은 사람뿐만 아니라 동물에게도 사용될 수 있으며, 지구는 우리가 보낼 수 있는 모든 힐링을 필요로 한다. 이렇게 하는 다른 방법으로는 구슬 모양이나 열쇠고리로 판매하는 작은 지구본을 구해서 손 안에 놓고, 그것에 레이키를 보내는 것이다. 사진을 손 안에 두고 레이키 에너지를 보낼 수도 있다. 힐링 받는 사람의 사진을 양손 안에 놓은 채로 레이키 상징들을 보내고 손을 올려놓는 레이키 힐링을 할 수 있다. 아마 이것이 네 가지 방법 중에 가장 쉬울 것이다.

나머지 두 가지 방법은 시각화라기보다는 집중하는 방법이다. 이 중 첫 번째 방법은 똑바른 의자에 앉아서 자신의 무릎과 다리 위쪽을 힐링 받는 사람의 몸으로 상상하는 것이다. 무릎의 둥근 부분은 힐링 받는 사람의 머리를, 허벅지는 몸통을, 그리고 엉덩이는 다리와 발을 나타내는 것으로 상상한다. 당신의 양손이 실제 힐링 받는 사람의 몸 위에 있는 것처럼 힐링을 하되, 힐링을 하는 동안에 마음속으로 힐링 받는 사람의 모습을 간직하라. 왼쪽 무릎은 그 사람의 앞면을, 오른쪽 무릎은 뒷면을 나타내는 것으로 상상한다.

내가 가장 선호하는 것은 네 가지 중 마지막 방법이다. 테디 베어, 인형, 베개 혹은 그 사람의 사진을 대리물이나 집중의 대상으로 삼는 것이다. 그것에 힐링을 하라. 예를 들어 곰을 힐링하라. 그런 뒤에 그 힐링된 곰을 원격 힐링을 받는 사람에게 준다고 상상하는 것이다. 그 사람에게 이렇게 말하라. "곰으로부터 당신이 사용할 수 있는 것을 가져가세요." 이 방법은 허락을 요청할 때 "잘 모르겠어요."나 "어떻게 하길 원하시죠?"와 같은 반응이 나올 때 특히 좋다. 아스트랄 상태로 곰을 힐링 받는 사람에게 보여 준 뒤 그 사람에게 주어라.

나는 전에 한 번 이 방법을 나의 친구에게 사용해 보았는데, 그녀는 등을 다친

상태였고 힐링에 대해 잘 모르고 있었다. 그녀는 힐링을 받을 것인지 확신하지 못했다. 그래서 나는 힐링을 목적으로 가지고 있던 부드러운 테디 베어에게 힐링을 했다. 그 뒤 그 곰을 그녀에게 주는 것을 상상했고 그녀가 곰을 들고 있는 것을 상상으로 보았다. 그리고 명상을 끝냈다. 이것이 그날 밤에 마지막으로 한 일이었다. 다음 날 나는 긴 의자에 앉아 책을 읽고 있었는데, 손에 곰을 들고 있는 그녀의 이미지가 떠올랐다. 내가 "무슨 일이야?"라고 묻자, 그녀는 "곰으로부터 그것을 가져오고 있어."라고 대답했다.

그녀가 나에게서 에너지를 직접 받아들이기로 마음먹을 때까지, 나는 그녀를 힐링하는 데 곰을 자주 사용했다.

요약하자면, 이미 하고 있는 원격 힐링에 레이키 상징들을 추가하라는 것이다. 원격 힐링 혹은 사이킥 힐링은 짧은 순간에 끝난다. 이것은 명상 상태에서 하는 시각화이다. 원격 힐링을 하는 네 가지 레이키 방법이 있다.

1. 힐링 받을 사람이 그곳에 있다고 상상하라. 손을 올려놓는 세션을 하라.
2. 그 사람이 작아져서 힐링을 받기 위해 당신의 손 안에 있다고 상상하라.
3. 왼쪽 무릎과 허벅지를 힐링 받을 사람의 앞면, 오른쪽 무릎과 허벅지를 뒷면이라 상상하라. 손을 올려놓는 힐링을 하라.
4. 테디 베어, 베개, 인형 혹은 사진을 대리물로 사용하라.

원격 힐링은 연습할수록 쉬워지고 자주 할수록 강해진다. 그것의 좋은 점을 과소평가하지 마라. 힐링에 상징들을 첨가한다는 것을 잊지 마라.

레이키를 사용한 옛날 사람들은 누구나 자신만의 상징을 가지고 있었다는 말을 채널링 세션에서 몇 번 들었다. 이 개인적인 상징은 에너지를 자주 사용하는 레이키 II의 사람들에게 종종 나타나며, 어튠먼트 동안에도 종종 나타난다. 그 상징은 계속해서 나타나며 무시하지 말라고 요청한다. 대개 이런 개인적 상징들은 자기 힐링에 아주 긍정적이다. 때때로 그것들은 다른 의미들도 갖는다. 이런 에너지가 당신에게 오면, 그것에 대해 명상하고 그 상징을 보내는 연습을 하라.

레이키 II: 원격 힐링

힐링 받을 사람이 당신과 더불어 있다고 상상하라. 그 사람에게 힐링을 하라. 힐링의 과정을 빨리 하고 싶다면, 여러 벌의 손을 상상으로 더 만들 수 있다.

사람/동물/식물을 작게 줄여라. 그것이 당신의 손 안에 있다고 상상하라.

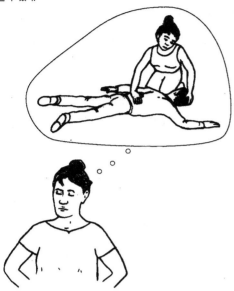

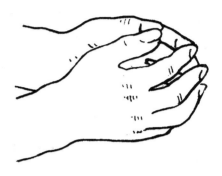

무릎을 힐링 받는 사람의 몸으로 상상하라. 그것에 힐링하라. 힐링 받는 사람에게 집중하라. 왼쪽 무릎을 힐링 받는 사람의 앞면, 오른쪽 무릎을 힐링 받는 사람의 뒷면으로 사용하라. 무릎은 힐링 받는 사람의 머리, 허벅지는 몸통, 엉덩이는 다리와 발이다.

테디 베어, 인형, 베개 혹은 그 사람의 사진을 집중의 대상으로 한다. 그것에 힐링을 하라. 예를 들어 곰을 힐링하라. 그러고 난 뒤 그 힐링된 곰을 원격 힐링을 받을 사람에게 준다고 상상하라. 그 사람에게 "곰으로부터 당신이 사용할 수 있는 것을 가져가세요."라고 말하라.

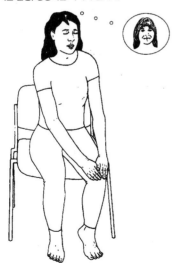

재빨리 혹은 서서히, 당신은 그 상징이 무엇이며 그것을 어떻게 사용하는지에 대한 감각을 발달시키게 될 것이다. 종종 이런 것들은 개인적 상징이 아니며, 레이키 III에 보이는 상징들이다.

레이키 II의 상징들은 직접 힐링이나 원격 힐링을 위한 용도가 많다. 영양분을 증가시키고 음식에 대하여 감사하기 위하여 음식 위에 초-쿠-레이를 그려라. 아마 이것이 음식을 축복하는 최초의 방법이었을 것이다. 음식의 품질이나 신선도가 의심될 때는 깨끗하게 정화하기 위하여 세이-헤-키를 그려라. 이것은 소풍을 갔는데 감자 샐러드가 너무 오랫동안 바깥에 있었을 때 사용할 수 있는 유용한 방법이다. 그러나 레이키에 너무 의존하지는 마라. 음식에 문제가 있어 보일 것 같으면 먹지 말라. 두 상징을 사용할 때는 에너지를 확대시키기(초-쿠-레이) 전에 정화(세이-헤-키)를 하라.

초-쿠-레이와 세이-헤-키는 함께 사용하여 크리스탈을 정화할 수 있다. 먼저 크리스탈이나 보석을 손에 쥐어라. 정화하기 위하여 세이-헤-키를 그 위에 그리는 것을 시각화하라. 그런 뒤 상징이 가라앉도록 하라. 더 이상 필요가 없다고 느낄 때까지 반복하라. 그 다음 크리스탈이 밝아지고 빛을 발할 때까지 초-쿠-레이를 같은 방법으로 보내라. 초-쿠-레이를 사용하는 동안, 그것의 용도가 힐링인지 혹은 보호인지를 지정하라. 크리스탈이나 준보석도 사람을 힐링하는 데 사용하기 위한 것이라면 이런 식으로 프로그램될 수 있다. 돌을 깨끗이 한 다음 충전하라. 그리고 난 뒤 그것을 필요로 하는 사람에게 주어라. 크리스탈 이외의 물건들도 이런 식으로 할 수 있다. 용도가 힐링이라면, 나는 돌이나 다른 물건 내에 있는 에너지들에 혼-샤-제-쇼-넨을 추가하고 싶다.

초-쿠-레이와 세이-헤-키는 약품에도 위와 같은 방법으로 사용할 수 있다. 부작용이 생길 가능성을 줄이고 힐링 능력을 강화시킬 수 있는 것이다. 다시, 오직 깨끗하고 긍정적인 특성만 에너지를 북돋우기 위해 세이-헤-키를 먼저 이용하라. 동종 요법에 사용할 약품의 경우에는 힐링을 증가시키고 부작용을 없애거나 감소시키기 위하여 두 가지 상징을 사용하라. 허브나 플라워 에센스는 양손 사이에 병을 들고 초-쿠-레이를 그것들 속으로 보내면 효능이 증가한다. 나는 나만의 플라워 에센스와 보석수(gem elixir)들을 만드는데, 이것들을 병 안에 넣은 뒤 레이키를 불어넣고 병을 닫는다.

풍부함을 실현시키는 데는 초-쿠-레이보다 강력한 것이 없다. 초-쿠-레이를 사용할 때는 완전히 긍정적이고 윤리적인 요청을 해야 하며, 자신이 진정으로 원하는 것만을 신중하게 요청해야 한다. 우주는 풍부함으로 가득 차 있으며, 원하는 것을 요청하고 받을 준비가 된 사람들은 우주로부터 모든 좋은 것을 얻을 수 있다. 대부분의 사람들, 특히 여성들에게는 받는 것이 쉬운 일이 아니다. 자신에게는 좋은 것을 받거나 요청할 만한 자격이 없다고 배웠기 때문이다. 물론 우리는 그럴 자격이 있다. 빈곤과 결핍이 있는 많은 상황들이 까르마에서 오거나 가부장적인 제도에서 온 것이다. 우리는 원하는 것을 실현시키는 기술을 배울 수 있다.

원하는 것을—특히 레이키처럼 강력한 수단을 통해—실현시키는 윤리는 단순하며 분명하다. 다른 사람의 소유를 빼앗는 방식으로 무엇인가를 요청하는 것은 비윤리적이다. 다른 사람의 것을 가져오지 않고도 돈을 비롯해 원하는 것을 가질 수 있다. 좋아 보이는 무엇인가를 가지는 것이 어떤 식으로든 다른 사람에게 해를 입힌다면, 이것 역시 비윤리적이다. 예를 들어 다른 사람의 일자리를 요청하는 것은 잘못이다. 그 대신에 당신 자신에게 가장 어울리는 직장을 요청하라.

원하는 것을 실현시키는 것에 관한 대부분의 문제는 연애와 관련된다. 당신은 어떤 사람의 사랑을 원하지만, 그 사람은 다른 사람을 사랑하고 있다. 그럴 때 그 관계가 끝나도록 요청하는 것은 비윤리적이다. 왜냐하면 그 사람으로 하여금 당신을 원하도록 "만들기" 때문이다. 특정한 사람을 지정하지 않고 가능한 최선의 관계를 요청하는 것이 긍정적인 방법이다. 상대방이 동의하지 않는데도 그 사람을 요청하거나 시각화하는 것 또한 비윤리적이다. 동의를 얻고 난 뒤에 이 의식을 함께 행하는 것은 아주 좋을 것이다. 이것을 무시하는 것은 자유의지를 위반하는 것이며, 이번 생애의 관계에 영향을 미칠 뿐만 아니라 까르마적인 결과들까지 낳을 수 있다.

긍정적인 관계를 실현시키는 한 가지 방법은 가능한 최선의 짝을 상상하고,

그에게 바라는 모든 자질들을 담은 목록을 만든 뒤, 그 목록을 시각화의 집중을 위하여 사용하는 것이다. 원격 힐링에서와 같이, 명상 상태에서 목록을 만든다. 그리고 그 목록을 두 손으로 감싼 뒤, 그 위에 초-쿠-레이를 더하면서 레이키를 한다. 그 다음에는 세이-헤-키와 혼-샤-제-쇼-넨도 그 목록 안에 넣는다. 명상을 끝낸 뒤 그 목록을 불이 켜진 양초 아래에 놓고, 또는 제단이 있다면 제단 위에 놓는다. 나중에 명상을 할 때 사용할 수 있도록 그 목록을 보관하라. 이것을 달이 차오르는 상현달 동안에, 즉 초승달에서 보름달에 이르는 기간 내에 하면 에너지가 더해진다.

원하는 것을 실현시키는 또 하나의 방법이 있다. 즐겁고 만족스러운 관계를 누리고 있는 자신을 시각화하라. 그러나 그 연인의 이미지에 이름이나 얼굴은 부여하지 말라. 그녀의 키스를 느끼고 그녀의 손도 잡아라. 마음속에 그 이미지를 간직하며 초-쿠-레이나 쌍으로 된 초-쿠-레이를 보내라. 상징이 그 이미지로 가는 것을 보라. 이 방법은 다른 것들을 실현시키는 데도 사용될 수 있다. 새 아파트를 원한다면, 원하는 아파트의 목록을 만들어라. 원하는 목록을 생각할 수 있거나 살 여유가 있는 것에만 한정시키지 말라. 더 나아가라. 새 아파트 안에 살고 있는 당신 자신을 상상하라. 그 집이 당신의 것임을 증명하는 매매 계약서나 열쇠를 가지고 있는 것을 상상하라. 초-쿠-레이나 쌍으로 된 초-쿠-레이를 그 이미지에 보내라.

이런 명상 과정은 원하는 것을 삶으로 가져오는 데 사용될 수 있다. 이런 이미지들 안에 있는 당신 자신을 시각화하라. 그러나 어떤 사람을 시각화 속으로 데려올 때는 그 사람의 자유의지를 침범하지 않는다고 여겨질 경우에만 그렇게 해야 한다. 위카는 경고한다. "요청할 때 주의하라. 당신은 그것을 얻을 것이기 때문이다." 명확하게 요청하라. 가질 수 있다고 생각하는 것이 아니라 가지고 싶은 것을 정확하게 그려라. 사람들은 너무 적게 요청하기 때문에 적게 받는다. 요청하기 전에, 그것의 세심한 그림을 만들어 보라. 그것이 당신의 삶에 미칠 영향을 고려하여 요청하라.

원하는 것을 실현시키는 작업을 할 때, 나는 마리언 와인스타인의 책 《Positive

Magic》(Phoenix Publishing, 1981년)에서 가져온 확언을 적절히 변형하여 사용하는 것을 좋아한다.[2] 이 책은 위카나 형이상학의 윤리들을 다루고 있는 유일한 책이다. 이 책을 적극적으로 추천한다. 이 확언은 거의 모든 상황들에 맞게 바꿀 수 있다. 나는 이렇게 바꾼다. "저는 이런 것들이나 이와 유사한 것, 또는 더 나은 것을 요청하며, 이것이 아무에게도 해가 되지 않고 모든 사람에게 좋은 것이며 자유의지에 따른 것이기를 원합니다." 이런 말을 사용하면 원하는 것을 실현시키는 데 긍정적인 의도가 담기게 되며 모든 윤리적인 오류를 바로잡게 된다. 이것은 확실한 윤리를 대신하는 것은 아니지만, 도움이 된다.

세이-헤-키는 대부분의 레이키 힐러들이 배우고 있는 것보다 훨씬 더 많은 용도를 가지고 있다. 부정적인 행동 패턴이나 습관을 그만두게 하는 데 사용할 수 있다. 예를 들면 손톱을 깨무는 버릇을 그만두거나 금연하게 하는 데 사용할 수 있다. 무엇이든지 바라는 것이 있으면, 그것을 시각화하라. 직접 힐링이나 원격 힐링에서 에너지가 막혀 있다면, 그것을 정화하는 것은 멋진 일이다. 활기를 잃어버린 짜끄라나 기관에도 사용할 수 있다. 이 상징은 빙의를 포함하여 부정적인 에너지를 정화하는 데 사용된다. 부정적 에너지나 패턴이 까르마에서 온 것 같으면 혼-샤-제-쇼-넨을 첨가하라.

방이나 집의 에너지를 정화하기 위하여 세이-헤-키를 사용하라. 집의 코너나 창문 위에 사용하면 된다. 각 방의 에너지를 정화하기 위하여 세이-헤-키를 먼저 사용하라. 가정이 평화롭고 더욱 평화로워지도록 하기 위하여 집 전체에 초-쿠-레이를 사용하라. 기원하는 이런 성질 중에는 사랑, 조화, 우정, 번영과 건강이 될 수 있다. 집 주위나 경계선과 같은 바깥에도 할 수 있다.

종종 오래된 집에는 그곳에 살았던 누군가의 에너지가 있는 경우가 있다. 그 사람은 더 이상 살고 있지 않지만, 그 사람의 에너지와 이미지는 그대로 남아 있을 수 있다. 이것이 소위 말하는 몸이 없는 엔티티, 즉 "유령"이다. 그들은 도움을 받아야만 다른 곳으로 갈 수 있는 영혼들, 즉 잘못된 차원에 갇힌 영혼들로서 간혹 부정적이거나 해로울 수 있다. 엔티티들은 장난치는 것을 좋아할 수 있으며, 자신이 죽은 줄 모를 수도 있다. 사이킥 자각이 있는 사람은 그들을 볼 수도 있고, 아니

2. Marion Weinstein, *Positive Magic: Occult Self-Help* (Custer, WA, Phoenix Publishing, Co., 1981), See Chapter VIII, "Words of Power, The Work of Self-Transformation," pp. 199-254.

면 무엇인가가 잘못되었다는 것을 직관적으로 알 수 있다. 사람들은 방 안에, 신체적으로는 아무도 없는데도, 자기 말고도 누군가가 있다고 느끼거나 누군가가 자신을 보고 있다고 느낄 수 있다. 집의 에너지가 이상하게 느껴진다.

이런 경우에는 집 전체를 세이지나 세이지와 시다(향나무)를 섞은 향으로 철저히 정화하라. 각 방을 연기로 채워라. 각 코너, 창문과 문 위에 세이-헤-키를 두어라. 그 엔티티에게 "당신이 나가는 것을 도우러 여기에 왔다. 이곳은 당신이 있을 곳이 아니다."라고 말하라. 어느 순간 당신은 그것의 존재를 느낄 것이다. 그 엔티티에게 세이-헤-키를 보내라. 영적 가이드들을 초청하여 그들에게 그를 집으로 데려가 달라고 요청하라. 공손하고 깍듯이 대하라. 엔티티가 고함을 지르고 거부해도, 그것은 해를 입히지 못한다. 그 영혼을 떠나보내기 위해서는 그것의 어머니나 친구, 혹은 그가 믿었던 종교적인 인물을 보게 해야 할지도 모른다. 의심이 들면, 나는 지구의 어머니 마리아에게 그들을 집으로 데려가 달라고 부탁한다.

간혹 아스트랄 차원에 갇힌 영혼들이 사람이나 동물의 몸으로 들어가서 질병으로 나타날 수 있다. 이것이 빙의다. 힐러가 경험이 많을수록 그들을 자주 마주치게 된다. 이것들을 제거하는 과정은 집 안에 있는 엔티티들을 내보내는 방식과 유사하다. 그러나 차이점이 있다. 이러한 영혼들은 자신들이 잘못하고 있다는 것을 알고 있다. 아마 "집에 가기"를 두려워할 것이다. 나는 다시 한 번 더 어머니 지구인 마리아에게 도움을 요청한다. 그리고 그들에게 말한다. "빛으로 가거라. 너의 일은 이제 다 끝났다. 집에 가도 된다. 너는 벌 받지 않을 것이다. 환영받고 힐링될 것이다. 빛으로 가거라. 어머니가 기다리고 계신다." 많은 세이-헤-키를 사용하라. 에너지가 사라지는 것을 느낄 것이다. 그 힐링은 없애야 할 건강상이나 정서적 문제를 유발할 수도 있다.

빙의에 관한 이론은 다음과 같다. 즉, 그들의 빙의는 빙의된 사람이 환생하기 전에 동의한 일을 경험하여 배우도록 하는 행동이며, 그럼으로써 자신들이 해야 할 일을 했다는 것이다. 이제 학습은 끝났고, 그 질병이나 고통은 더 이상 필요치 않다. 그와 같은 엔티티들은 낮은 차원의 아스트랄 영역에 갇혀 있어 더 나아갈 수 없다. 이곳은 그들이 있어야 할 곳이 아니며 있을 필요도 없는 곳이다. 힐링을 통해 빙의된 몸에서 풀려나면 그들은 자신들이 속한 곳으로 가는 길을 찾을 수 있다. 엔티티들을 지니고 있는 사람이나 그들을 해방시키는 힐러는 둘 다 빙의라는 봉사를 끝마치게 한다. 많은 엔티티들이 이런 식으로 낮은 차원의 아스트랄 영역을 떠나고 있다. 빙의는 두려워할 것이 아니다. 힐링 장면에 그들이 나타난다면, 그들은 지금 집으로 가고 있는 중인 것이다.

일단 방이나 집, 혹은 사람의 에너지가 정화되면, 보호를 위해 세이—헤—키를 사용하라. 자동차와 애완동물에게도 사용하라. 이것은 부재 힐링으로 할 수 있다. 그 상징은 부정적인 것이 침입해 들어오는 것을 막기 위해 공간이나 사람의 오라를 봉인한다. 수술을 받았거나 육체적, 정서적 트라우마를 가지고 있다면, 세이—헤—키는 마취나 고통 혹은 두려움 때문에 생긴 오라 내의 눈물을 닦아 줄 수 있다. 빙의나 다른 부정적 에너지를 정화하고 난 뒤 오라를 봉인할 때, 나는 종종 세이—헤—키와 더불어 혼—샤—제—쇼—넨을 사용한다. 그와 같은 엔티티들은 까르마적인 집착일 수 있으며, 상징들은 그런 집착들을 완전히 정화할 수 있다.

까르마적인 집착은 지금 힐링되기 위하여 다른 생애에서 온 상황과 질병, 부정적인 에너지이다. 그것들은 전생의 정서적 패턴을 포함할 수 있지만, 대개는 과거로부터 온 부정적인 증상과 버릇들, 또는 질병들이다. 때로는 다른 생애들로부터 이어져 온, 사람들에 대한 집착이기도 하다. 까르마에서 생긴 집착은 긍정적인 관계가 아니며, 그의 삶을 조화롭게 실현할 수 있도록 정화해 주어야 할 무엇이다. 일관된 원인이 보이지 않을 때 혼—샤—제—쇼—넨을 사용하면, 그는 그런 집착들로부터 해방되어 설명하기 어려운 부정성과 고통으로부터 자유로워질 수 있다. 이 점에 대한 분명한 조언은 하기 어렵다. 그냥 안내와 직관에 따라 하라. 레이키는 종종 힐러나 힐링 받는 사람이 모르는 사이에 이런 것들을 해방시키기도 한다.

신체를 갖지 않은 존재들의 활동이 레이키 Ⅱ에서 많이 일어나지만, 다른 쪽으로부터 오는 도움은 적절하다. 우리는 지구에 홀로 오지 않았으며, 모든 사람은 도움과 힐링을 받도록 일련의 영적 가이드들을 할당받았다. 인간의 영혼 에너지는 단선의 가닥이 아니며 DNA 분자와 같이 다중 가닥으로 되어 있다. 환생할 때는 그 가닥 중 하나가 환생한 것이다. 환생하지 않고 있는 가닥은 분리되어 있는 엔티티이며, 아마 환생한 사람의 생명의 보호자이거나 수호천사로 있을 것이다. 영혼은 한꺼번에 서너 존재로도 환생할 수 있지만, 그들이 만나는 일은 거의 없을 것이다. 환생한 개인의 영혼 그룹에서 나온 다른 영혼들도 역시 그의 가이드로 행동할 수 있다. 이것은 매우 복잡한 과정에 대한 부분적인 설명에 불과하다.

우리 모두는 다수의 영적 가이드들을 가지고 있다. 모든 사람이 평생의 가이드를 가지고 있으며, 이 가이드는 그 생애의 전 기간 동안 동행한다. 이 가이드는 대개 그 사람이 삶의 임무를 성취하도록 도와준다. 예를 들어, 악기 연주자는 한때 바이올리니스트였던 가이드를 만날 수 있다. 나의 평생 가이드는 과거에 오지브와 샤먼이었는데, 그는 내 책을 쓰도록 도와주었다. 나의 또 다른 가이드는 아빌라의 성녀 테레사이며, 그녀는 자신이 나의 전생들 중 하나였다고 말했다. 그녀는 나의 몸을 돌보아 주고 힐링법들을 가르쳐 주고 있다. 내가 어머니라고 부르는 가이드는 여신 이시스이다.

다른 가이드들은 특정한 목적을 이루어 주기 위하여 오며, 그 목적이 달성되면 떠난다. 어떤 가이드는 오랫동안 머물러 있는 반면, 다른 가이드들은 하루나 일주일만 머물 수도 있다. 무리를 지어 나타나는 가이드들도 있다. 지난 몇 년 동안 나는 바라무스라는 이름의 가이드 그룹과 일했다. 그들은 행복을 가르치는 것이 그들의 목적이라고 말했다. 그 그룹은 남성과 여성을 합해 여섯 명의 엔티티로 이루어져 있었는데, 그들은 서로 구분이 되는 목소리와 이미지를 가지고 있었다. 어떤 원형들은 엄밀히 말해 가이드는 아니지만, 가이드의 역할을 할 수도 있다. 관음보살, 마리아, 그리고 브레데는 때때로 내가 힐링하는 동안 나타난다. 그들은 누구든지 자신을 부르는 사람을 위하여 필요하면 나타날 것이다.

영적 가이드들은 전적으로 긍정적인 존재들이다. 당신의 의지에 반하는 일을 하도록 지시하거나 당신이 알기에 잘못된 일을 하라고 하는 엔티티들은 가이드가 아니다. 가이드는 당신에게 무엇을 하라고 말하지 않으며, 오직 요청받을 때만 의견을 줄 것이다. 그들은 자유의지를 위반하지 않으며, 당신 대신 선택을 하지도 않는다. 교훈을 주거나 의사결정에 개입하지도 않는다. 그들은 배우는 과정을 지도하고 감독하며, 보호하고, 선물을 주고, 삶의 일을 수행하도록 지원하고, 당신이 다른 사람들을 위해 하는 일을 돕는 역할을 한다. 힐러에게는 언제나 힐링을 도울 가이드들이 있다.

레이키 영적 가이드는 레이키 I을 한 모든 힐러들에게 배당된다. 에너지가 힐링에서 흐르기 시작하면, 레이키 가이드들이 나타난다. 세션 중에 그들이 필요하면, 그들은 와서 참여한다. 레이키 II를 받을 때쯤에는 그들의 존재를 무시하기 힘들어진다. 레이키 I을 할 때는 한 명이었던 가이드가 II와 III 디그리일 때는 서너 명이 된다. 힐링을 할 때 나는 종종 방이 여러 명의 가이드로 차 있는 느낌을 받는다. 그들을 볼 때도 있고 느끼기만 할 때도 있다. 나의 힐링을 받는 사람들은 내 손이 오래 전에 치워졌는데도 내 손이 아직 그곳에 있다고 종종 생각한다. 그럴 때 그들은 여러 명의 손을 느끼기도 한다.

힐링을 할 때 나는 논리적인 방법으로는 알 수 없는 정보를 종종 얻기도 한다. 그러한 정보가 떠오르는 이유는 그것이 세션에서 중요하기 때문이다. 틀린 정보를 받아 본 적은 없다. 그리고 "이상하게" 여겨지는 메시지를 받을 때마다 힐링 받는 사람은 그 정보가 자기에게 맞는 것이라고 확인해 준다. 나의 사이킥 정보의 대부분은 투청으로 온다. 즉, 정보를 말로 듣는데, 청각은 나에게 가장 발달한 지각 기관이라서 그렇게 주어지는 것이다. 마치 나보다도 더 많이 아는 사람이 나의 곁에 서 있는 것 같다. 그는 가장 효과적인 힐링을 위해 필요한 정보들을 제공하며, 힐링 받는 사람과 나에게 힘을 북돋아 준다. 그들의 존재를 느낄 때면 나는 그 힐링이 중요한 것임을 안다. 정서적인 방출, 전생 문제들의 해결과 엔티티의 정화와 같은 것들이 필요한 힐링에 그들이 나타난다.

가이드들과 더불어 작업을 해 본 적이 없는 사람들은 영혼과 레이키 가이드들을 천천히 자각할 수 있게 될 것이다. 레이키 II 힐러는 가이드들과 더불어 힐링하는 것을 피하기 어렵다. 힐링을 하는 동안 "황금색을 보내라." 혹은 "그의 복부 짜끄라를 보라."처럼 안내하는 소리를 들으면, 그것은 분명히 가이드다. (한때 나는 내가 들은 목소리가 죄책감을 느끼는 양심에서 나온 것이라고 생각했지만, 그것은 테레사의 목소리였다!) 그들은 힐링을 기쁨과 경이로움으로 만들며, 그들의 현존은 레이키와 일상생활 둘 다에 기적이 일어나게 한다. 개인적인 영적 가이드들은 경험될 필요가 있는 삶에 한 차원을 추가해 준다. 우리는 조력자 없이 여기에 오도록 되어 있지 않으며, 가이드들과 상호 작용함으로 우리는 더 이상 고립된 혼자가 아니게 된다.

영적 가이드들과 같이 작업을 시작하려면, 먼저 그들을 인식해야 한다. 그 조용한 목소리가 들리면 그 소리에 집중하라. 힐링할 때 여분의 손들이 있는 것이 느껴지면 그들에게 감사하라. 레이키 세션을 처음 시작할 때는 그들을 힐링 세션으로 초대하라. "도와주기를 원하는 모든 긍정적인 힐러들과 가이드들"을 요청한다는 말을 하라. 일단 당신이 그들을 자각하고 있고 더 분명히 접촉하고자 노력한다는 것을 그들이 알게 되면, 그들은 그렇게 되도록 도와줄 것이다. 당신이 그들의 존재를 인식하고 그들에게 감사하면 그들을 더욱 분명히 알아차릴 수 있게 될 것이다. 당신이 그들과 더불어 가장 잘 힐링할 수 방법을 보여 달라고 부탁하라. 혼자서 명상을 할 때는 그들이 당신과 함께 하는 목적이 무엇인지 물어보라. 어떤 사람들은 나와 마찬가지로 안내되는 정보를 듣는다. 다른 사람들은 그들의 존재를 느낄 것이며, 시각적 인상을 받는 사람들도 있다. 당신은 그들을 보거나, 방 안에서 컬러나 빛의 형태를 볼 수 있을 것이다. 어떤 가이드들은 꽃이나 향의 냄새를 발산하면서 온다.

명상 중에 당신의 가이드들과 의식적인 접촉을 하라. 그렇게 하는 것은 아주 간단하며 엄청난 값어치가 있다. 이렇게 하기 위해서는 사이킥 힐링을 할 때보다 더 깊은 이완과 집중이 필요하다. 방해받지 않는 시간과 매우 안전한 공간에서 작업하라. 원한다면 촛불을 켜고 향을 피워라. 스윗그래스(sweetgrass)의 향기는 긍정적인 영혼들을 오게 하며, 촛불은 명상적인 집중에 좋다. 위카를 믿고 있다면 원을 그려라. 혹은 "긍정적인 에너지만이 여기로 온다."라는 확언을 하라. 발부터 머리까지 단계적으로 몸의 근육이 이완되도록 하라. 매 단계마다 그곳의 근육을 꽉 쥐었다가 풀어 주어라. 다 끝나면, 이미 이완되었다고 느끼더라도, 그

과정을 다시 한 번 반복하라. 발이 대지와 접촉할 수 있도록, 바닥에 누워 무릎을 올려 굽혀라.[3]

완전하게 이완된 뒤에는 다음의 확언을 마음속으로 하라. "나는 삶의 가이드를 의식적으로 만날 준비가 되어 있습니다." 조용히 누운 채로 다가오는 것에 마음을 열어라. 주의 깊게 경청하라. 그 존재는 항상 당신과 같이 있었고 너무 익숙한 존재이므로 만일 당신이 완전히 마음을 열지 않으면 그 목소리를 놓칠 수도 있다. 소리나 비전, 향기, 감촉 등으로 접촉을 하게 되면 정보를 요청하라. 가이드의 소리를 듣거나 그를 보고 싶다면, 요청하라. 이름이 무엇이며, 어떤 존재인지, 당신의 생애에서 그의 목적이 무엇인지 물어보라. 여러 명의 가이드가 있을 수도 있다. 그들에게 한꺼번에 나오지 말고, 한 번에 한명씩만 나오도록 부탁하라. 그들 전부를 만나려면 여러 번의 명상 세션이 필요할 수 있다.

이 명상을 처음 시작했을 때 나는 리아 매기 가필드와 잭 그란트의 책 《Companions in Spirit》(Celestial Arts, 1984년)을 읽고서 가이드들과 접촉하는 것이 얼마나 간단하고 쉬운지에 대해 놀랐다. 첫날 밤에 세 명이 나타났는데, 모두들 나와 이야기하고 싶어 했다. 나는 그들이 말하는 것을 마음속으로 들었으며, 한 명은 아주 분명하게 보았고 다른 두 명은 밝은 형태만 보았다. 그 후 나는 밤의 명상 시간을 그들과 대화하는 데 보냈고 그들에 대해 더 많이 알게 되었다. 그들의 목적이 무엇인지 듣고서 나는 그들을 더욱더 나의 삶에 포함시켰다. 처음에 나타난 세 명의 가이드 중 두 명은 여전히 나와 같이 있지만, 한 명은 환생을 위해 떠났다. 두 번째 가이드는 이제 거의 나타나지 않고 있다. 세 번째는 할아버지인데, 그는 나의 삶의 가이드인 샤먼이며 주로 책 쓰는 일을 도와주고 있다.

몇 년 뒤에 나는 비슷한 방법으로 레이키 가이드들과의 만남을 요청했다. 그들은 하나의 그룹으로서 이 책을 쓰도록 결정하는 데 도움을 주었고 이 책의 내용을 모두 안내했다. 이 가이드들은 레이키의 가르침에 대한 나의 질문들뿐 아니라 레이키의 과거에 대한 질문들에 대해서도 대답해 주었다. 레이키를 가르칠 때 나는 가르침을 주고 어튠먼트를 전해 주는 것도 그들이 하는 것으로 느낀다. 힐링 세션들에서도 그들은 나와 함께 하며 활발히 참여한다. 그들이 힐러들과

3. 다음 과정의 출처는, Laeh Maggie Garfield and Jack Grant, *Companions in Spirit* (Berkeley, CA, Celestial Arts Press, 1984), pp. 38-43.

함께 작업하는 일차적인 목적은 레이키를 보호하는 것이며, 그것이 모든 이들을 위해 가장 좋게 사용되도록 하기 위한 것이다. 그들은 레이키가 예전처럼 보편화되기를 바라고 있다.

만일 당신이 아직 영적 존재들과 함께 작업해 보지 않았다면, 나는 먼저 자신의 가이드들을 알아가기를 권한다. 먼저 당신의 삶의 가이드로 시작한 뒤, 다른 가이드들을 만나서 알아가라. 가이드들을 만나 대화 통로를 열기 위해 명상을 하고, 어떤 가이드들이 있으며 그들이 어떻게 당신의 삶에서 일하는지를 이해하게 될 때까지 계속 명상하라. 이 점을 이해하고 개인적인 가이드들이 어떻게 일하는지를 어느 정도 안 뒤, 다시 명상을 하며 당신의 레이키 가이드들을 만나기를 요청하라. 어떻게 하면 힐링을 위해 그들과 같이 작업할 수 있는지 물어보고, 다른 질문들이 있으면 그것도 물어보라. 힐링 세션을 할 때는 가이드들에게 참여를 요청하고, 그들과 함께 작업할 수 있는 방법에 대해 유연성을 가져라. 당신의 삶과 힐링 작업 둘 다는 이런 접촉으로 상당히 넓어진다. 이것은 놓쳐서는 안 되는 풍요로움이며, 힐러가 되는 것과 레이키의 아주 중요한 부분이다.

이 레이키 II의 장에서 논의해야 할 것이 하나 더 있는데, 그것은 지구를 힐링하기 위한 레이키 사용이다. 우리의 어머니 지구는 이전과 비교가 되지 않을 정도로 우리를 필요로 하고 있다. 레이키를 지구에 자주 보내도록 하라. 이렇게 하는 한 가지 방법은 당신의 손을 지구를 상징하는 어떤 것에 올려놓는 것이다. 지구본과 같은 것을 사용하라. 열쇠고리에 사용되는 작은 지구본을 손에 쥐어도 좋다. 나는 바다와 대륙의 모습이 들어 있는 요요를 가지고 있다. 지구 모습이 그려진 비치볼이나 봉제완구도 있다. 완구가 아니라 어머니 지구를 힐링하겠다는 의도에 집중하라. 두 손을 바닥에 대고 지구 안으로 에너지와 사랑을 보내라.

또 하나의 방법은 원격으로 힐링하는 것이다. 바깥 공간에서 지구를 시각화하라. 레이키 에너지와 상징들을 보내라. 특정한 나라, 문제가 있는 지역, 사람들의 집단, 위기에 처한 산림이나 동물을 시각화하고, 그곳에 힐링을 보내라. 지진이나 허리케인, 홍수, 전염병이 발생한 지역에 가라앉히고 정화하는 에너지를 보내라. 보호와 정화, 활력, 방출, 혹은 까르마적인 도움을 필요로 하는 사람이나 동물, 식물과 장소에는 끝이 없다. 지구의 여신이나 행성의 보호자를 선택하라. 그녀에게 에너지와 사랑을 보내라. 평화를 위해, 지구의 변화와 회복을 위해 일하고 있는 사람들에게도 그것을 보내라.

레이키Ⅱ의 힐러인 당신은 사람과 지구를 힐링하는 존재들의 일원이다. 능력에는 책임이 따른다. 당신은 레이키Ⅰ에서 자기 힐링의 기술을 배웠는데, 이것이 우선이다. 레이키Ⅱ에서는 정서적, 정신적 정화와 방출의 절차를 배웠고, 다른 사람을 돕는 능력이 증가되었다. 다음의 단계는 지구를 힐링하는 것이다. 우리들은 저마다 어머니 지구의 몸의 은유이다. 나는 모든 레이키Ⅱ의 학생들에게, 레이키Ⅱ의 힐링 작업의 일부로서 그들이 지구를 위해 무엇을 할 수 있는지 진지하게 생각해 보라고 한다.

다음 장은 인체의 전기적 체계에 초점을 맞춘다. 이것은 레이키Ⅱ와 레이키Ⅲ을 잇는 다리다. 레이키Ⅲ을 하지 않을 것이라면, 여기까지가 당신이 해야 할 모든 내용이다. 레이키Ⅲ으로 가려는 사람들에게는 다음의 자료가 나의 수업에 필수적인 내용이다. 더 많은 레이키Ⅱ의 사람들이 더 전진해서 레이키 티쳐가 되기를 바란다. 레이키를 가르치는 것은 사람과 지구를 힐링하는 또 하나의 방법이다.

제6장
꾼달리니 열기

이제부터 레이키를 가르치는 나의 방법은 전통적인 방법으로부터 완전히 현대적인 방법으로 이동한다. 사실 그것들은 전혀 현대적인 것이 아니지만 말이다. 다음에 나오는 연습과 정보는 전통적 가르침에는 사용되지 않고 있지만, 그 뒤를 잇는 비전통적인 레이키Ⅲ의 정보를 가능하게 해 준다. 나는 이 자료를 레이키Ⅱ의 일부로 제공하는데, 한편으로는 이것이 레이키Ⅱ와 Ⅲ을 이어 주는 가교 역할을 하기 때문이고, 다른 한편으로는 학생들이 레이키Ⅲ을 시작하기 전에 그 정보로 연습할 약간의 시간이 필요하기 때문이다. 이 정보와 연습은 또한 레이키가 어떻게 작용하는지를 이해하는 데 아주 중요하며, 레이키Ⅱ에서는 이제 중요해지기 시작했지만 레이키Ⅲ에서는 아주 중요한 것이다.

이번 장의 자료는 매우 오래된 것들이며, 산스끄리뜨와 딴뜨라 불교 가르침의 시대로 거슬러 올라간다. 이 가르침은 예수의 시대보다 더 오래되었으며 예수가 이것들 중 일부를 기독교로 가져왔을 것이다. 거의 2천년 동안 이것들은 서양에서 잊혀져 있었지만, 지구에서 가장 오래된 지식과 문명이 소멸과 소실의 위험에 처하자 이제 다시 소개되고 있다. 이것들은 동양의 여러 나라에서 여러 이름으로 알려져 있다. 나는 언제 혹은 어떻게 이 수련들이 상급의 레이키 가르침의 일부가 되었는지 모른다. 또한 내가 사용하는 어튠먼트 방법을 누가 개발했는지도 모른다. 이것은 원래 레이키의 일부였을 수도 있다. 그 이유는 우스이 미카오가 불교도의 가르침으로 훈련을 받은 것 같기 때문이다. 그는 고대의 수뜨라들도 알고 있었다.

몸의 에너지 통로를 이해함으로써 힐러는 어떻게 레이키가 자신에게 들어와 운행하는지를 이해하게 된다. 이 레이키 통로를 확장시킴으로써 그는 힐러로서 자신의 능력을 증가시킬 수 있다. 에너지 흐름을 조절하는 법을 배움으로써 힐러는 레이키 숙련자가 된다. 그러면 그는 그 에너지를 다른 사람에게 전달할 수 있게 된다. 그 전달이 레이키 어튠먼트 과정이며, 이번 장의 에너지 수련은 그것을 나를 수 있도록 몸을 훈련시킨다. 높아진 기(氣)의 양을 간직하고 전달하는 능력과 그 에너지를 이용하는 기술이 레이키 어튠먼트를 구성하며 레이키 마스터를 만든다. 이번 장의 수련은 그 과정의 시작이다.

이 에너지의 성질과 그것이 몸을 통해 어떻게 움직이는지는 생명 그 자체의 본질이다. 채널러인 바바라 마르시니악은 자각을 향상시키는 책인 《Bringers of the Dawn》(Bear & Co., 1992년)에서 이 생명 에너지를 "빛"이라 했다. 일본에서는 키라고 불린다. 그것의 정의는 "정보"다. 그녀는 "빛"이나 "기" 혹은 정보의 전달자인 인간 DNA가 한때는 열두 가닥으로 꼬인 줄과 같았지만, 지금은 이중 나선 가닥으로 줄었다고 말한다. 이제 인간이 진화하여 암호화된 정보/기에 다가가고 잃어버린 것을 다시 연결하는 법을 배우는 시대가 되었다. 지난 장에 영혼을 다중의 실로 언급한 것을 기억하라. 그런 재연결 과정에 레이키가 중요한 역할을 할 것이라고 나는 믿는다.

바바라 마르시니악은 다음과 같이 말한다.

이제 당신은 도전하여 몸 안에 있는 역사를 풀 시간이다. 이것은 빛으로 인코딩된 필라멘트들이 다시 묶이도록 허용하여 새로운 나선들을 이루게 하고, DNA 내에 있는 이 새로운 정보가 당신에게 연결시키는 것을 수용하도록 스스로 허용함으로써 가능하다.

빛으로 인코딩된 필라멘트들은 빛의 도구요, 빛의 일부이며, 빛의 표현이다. 빛으로 인코딩된 이 필라멘트들은 수백만 개의 섬세한 실 같은 섬유들로 당신 세포의 안에 존재하는 반면, 이와 쌍을 이루는 다른 필라멘트들은 몸의 바깥에 존재한다. 빛으로 인코딩된 필라멘트들은 기하학적인 빛의 언어를 전달하는데, 이 언어는 당신에 대한 이야기들을 지니고 있다.

DNA가 새로운 나선을 이루기 시작할 때, 이 새로운 줄들은 이때 발달되고 있는 몸 안의 신경 체계를 따라 여행할 것이며, 기억들은 당신의 의식 안으로 밀려들 것이다. 이 신경계를 발달시키고 빛을 당신의 몸 안으로 끌어오기 위해 당신은 작업해야만 한다.[1]

이 재연결의 에너지 작업은 바로 지금 일어나고 있으며, 기 혹은 빛을 자각하고 이용할 줄 아는 사람들에게 우선적으로 일어나고 있다. 기를 열고 전달하는 방법들은 매우 오래되었지만(밀교, 힌두교, 기공), 그 필요가 재발견됨에 따라 이 시대에 재발견되고 있다. 사나야 로먼과 듀앤 패커는 그들의 테이프 시리즈인 《Awakening Your Light Body》에서 이 과정으로 작업하고 있다. 빛 즉 기의 채널을 열고 생명력이 어떻게 작용하는지를 배우게 되면, 새로운 정보 또한 열리기 시작한다. 딴뜨라의 (여)신인 쉬바가 레이키를 이 지구에 가져온 이래, 이 새로운 정보는 인간의 성장을 위한 가장 큰 잠재력이 되고 있다.

인간은 이제 생명력 즉 기를 고대의 방법들과 더불어 새로운 방식들로 접근하고 있으며, 인류를 변형시키는 그 여러 수단 중 하나가 레이키다. "태양 아래 새로운 것은 아무것도 없다."라는 말이 있다. 우리는 고대의 방식들로 돌아감으로써 현대화되고 있다. 인간의 DNA에 재연결되고 빛의 존재(기 혹은 정보 내에 있는 빛)라는 우리의 유산을 되찾으려는 것은 레이키에 대한 은유와 다름없다. 이 지구에 있는 많은 사람들이 그들 자신을 열어 레이키를 사용하게 될 때, 우리는 잃어버리고 있던 12가닥의 DNA와 기/빛/정보를 되찾을 수 있다.

고대의 몇 가지 신비 체계, 즉 에너지 채널링 체계가 이제 서구에서 처음으로 알려지고 있다. 사람들과 지구를 긴급히 힐링할 필요성이 증가함에 따라 처음으로 비밀과 신비의 법칙들이 세상에 알려지고 있다. 위카의 가르침, 힌두교와 불

1. Barbara Marciniak, and Tera Thomas, Ed., *Bringers of the Dawn: Teachings from the Pleiadians* (Santa Fe, NM, Bear & Company Publishing, 1992), pp.62–63.

교의 가르침, 초기 기독교의 사해문서, 꾼달리니와 딴뜨라 명상법, 아시아의 기공과 같은 것들을 이제는 누구나 읽고 이해할 수 있게 되었다. 책과 텔레비전을 선호하는 현대인들에게는 구전의 전통이 더 이상 유효하지 않으며 그 뿌리들이 급속히 파괴되고 있는 오늘날의 문화에서는 그런 개방적인 접근이 배움의 존속을 위해 필요하다. 그것은 또한 지구인들에게 삶의 가치와 의미를 주어 다시 영적인 존재로 변화시키는 데 필요하다. 다시 영적인 존재로 변화시킨다는 것은 지구를 구하고, DNA와 재연결되며, 우리가 진정 누구인지를 배우는 것을 의미한다.

레이키는 이 과정에 아주 중요한 역할을 한다. 이 힐링 체계는 사람들을 지구의 기와 천상의 기(지구 및 별들과의 연결)에 다시 연결시켜 주며, 수세기 동안 잊고 지냈던 능력들을 다시 열어 준다. 이 능력들이 무엇이며, 어떻게 왜 일어나는지를 아는 것은 곧 생명력의 본질을 아는 것을 의미한다. 새로운 시대와 문화를 위해 회복되고 수정된 고대의 에너지 방법들은 레이키의 열쇠이며, 레이키는 그것들을 지구에 보편적으로 전달하는 열쇠이다. 인체의 빛/정보/에너지 체계와 기에 대해 작업하는 다른 방법들과는 달리 이것은 노력이 들지 않으며 간단하다. 다른 방법들은 공부와 수련으로 몇 년을 보내야 하지만, 레이키는 어튠먼트만을 필요로 한다.

백 년 전에는 레이키 어튠먼트가 무엇이며 에너지가 몸 안에서 정말로 어떤 작용을 하는지 아는 것이 중요하지 않았을지 모르지만, 오늘날에는 알아야 할 긴급함이 있다. 기의 에너지 채널들을 사용하고 개발함으로써, 우리는 잃어버리고 있던 DNA의 가닥들과 재연결되고, 우리의 몸과 마음, 영혼과 재연결된다. 어떻게 그리고 왜를 앎으로써 우리는 더 많이 배우는 길을 열게 된다. 비록 레이키의 마법과 아름다움의 일부는 그 단순성에 있지만, 그 정보(기/빛)는 그것을 이해하고자 하는 모든 사람이 이용할 수 있어야 한다. 이 장에서 나는 내가 이해하고 있는 정보를 제시하는 데 최선을 다할 것이다.

첫 번째 개념은 몸을 통하여 흐르는 기의 순환이다. 기는 생명력 에너지이며, 인도에서는 쁘라나, 중국에서는 치라고 한다. 인도의 꾼달리니 요가 용어로 쁘라나는 "호흡"을 뜻한다. 또한 "의식을 운반하는 매체로 작용하는 에너지의 몸"[2]으로 정의되기도 한다. 의식은 존재를 살아 있게 하는 힘이며, 이것 없이는 생명이 없다. 요가 전통에서 쁘라나는 항상 어머니 여신으로 상징되며 샥띠−꾼달리니라 하기도 한다. 샥띠−꾼달리니는 의식으로부터 형태를 탄생시키는 존재의 여성적 성질이다. 몸 안의 샥띠−꾼달리니 움직임을 연구하는 것이 꾼달리니 요가이다. 호흡을 이용하여 쁘라나를 조절하는 것을 쁘라나야마 요가라고 한다. 딴뜨라 요가는 쁘라나/기 에너지 채널에 작업을 하는 하나의 방법이다.

아시아의 샥띠−꾼달리니는 음의 원리이며, 음은 땅의 기다. 일본과 인도에서는 쁘라나 즉 기의 움직임이 의지에 기초한다고 설명한다. 몸 안에 있는 기는 마음의 힘으로 조절될 수 있다는 것이다. 불교의 가르침에 의하면, 모든 실체들은 공에다 마음의 행동/의지를 가함으로 만들어진다. "레이키"에서의 "기"는 의식의 여신이요, 생명력의 에너지다. 그 에너지가 육체의 몸, 에너지의 몸, 영적인 몸을 연결한다. 움직이려는 의지는 레이키 힐러가 힐링하기 위하여 손을 아래로 내려놓음으로 표현된다. 그러면 전원이 켜지듯 에너지가 켜진다. 더 집중되고 의식적인 의지는 레이키 어튠먼트를 줄 때 요구된다.

기는 하늘과 땅으로부터 오며, 생기를 주는 존재의 힘이다. 하늘과 땅의 기와 더불어 모든 사람들은 수태의 순간에 우리에게 스며드는 생명력인 원기를 가지고 태어난다. 하늘과 땅의 기는 바깥에서 몸 안으로 들어오는 반면, 원기는 안에 있으며, 배꼽과 복부 짜끄라 사이의 공간에 저장되어 있고, 몸의 중심 즉 신장(생명의 문) 바로 앞에 있다. 하라는 이 저장 공간에 대한 일본식 이름이다. 이것을 중국에서는 트리플 워머(Triple Warmer)라 하며 인도에서는 천골 중심이라 한다.

아시아와 인도 둘 다 기(쁘라나 혹은 치)가 몸에 들어가 순환하는 에너지 통로를 설명하고 있다. 두 체계 모두 중심 통로로부터 시작되며, 반대 방향으로 움직이는 에너지 통로 한 쌍을 옆에 두고 있다. 이 통로들은 몸의 척추를 따라 수직으로 흐른다. 그것들이 갈라져서 몸 전체에 퍼지는 전기적 "배선 장치" 체계가 된다. 인도에서는 짜끄라가 에테릭 중심의 파워 라인(수슘나)에 있다고 한다. 이 라인의 에너지는 에테릭 더블 너머에 있는 몸에도 있다고 한다. 에테릭 더블, 정서의 몸, 마음

2. Earlyne Chaney and William L. Messick, *Kundalini and the Third Eye* (Upland, CA, Astara Inc, 1980), p. 23.

3. Ajit Mookerjee, *Kundalini: The Arousal of the Inner Energy* (Rochester, VT, Destiny Books), 1991, p.21.

의 몸, 그리고 영적인 몸에도 짜끄라 체계가 있다는 것이다.

중국에서는 쌍으로 된 이 통로를 침술 경락의 주요 통로로 본다. 크고 작은 모든 침술 라인들이 이 주요 통로에서 가지처럼 뻗어 나오는데, 인도에서는 그것을 나디라 한다. 이것은 에테르 몸의 신경 통로들이며, 신체적인 수준에까지 이어져 있다. 나디에서 더 갈라져 나온 것이 신체의 중추 신경계와 자율 신경계이다. 경락 즉 신경계의 통로들은 일본어로 세케츠(Seketsu), 즉 손과 발의 반사 지점에서 끝난다. 가지처럼 뻗은 통로들의 망은 에테릭 더블과 신체를 연결할 뿐 아니라, 에테릭 더블과 더 높은 진동체까지도 연결하는 다리이다. 그것은 수많은 가지를 뻗은 나무의 모습으로 상상해 볼 수 있는데, 그러면 많은 문화에서 사용되는 익숙한 상징인 생명나무가 연상될 것이다.

인도에서는 세 가지 주요 통로를 꾼달리니라 한다. 이것은 일반적으로 에테릭 더블에 있다고 여겨진다. 척추를 따라 정수리로부터 뿌리 짜끄라까지 몸에서 수직으로 뻗어 있는 중앙의 큰 통로를 수슘나라 한다. 이것은 땅의 에너지와 우주의 에너지를 연결하며 중성 에너지 전하를 품고 있다. 신체적 수준에서 이것은 척추와 중추 신경계이다. 에테릭 더블의 짜끄라들은 수슘나 라인을 따라 위치해 있다. 서로 반대 방향으로 움직이는 이 한 쌍의 통로를 인도에서는 각각 이다

꾼달리니 채널과 짜끄라 [3)]

"이다와 삥갈라는 미골 부위에서 상승하여 짜끄라들 마디 사이를 교차하면서 수슘나를 따라 꼬아가며 있다.……같은 나선 패턴이 DNA 분자의 이중 나선 배열 형태에서도 보인다."

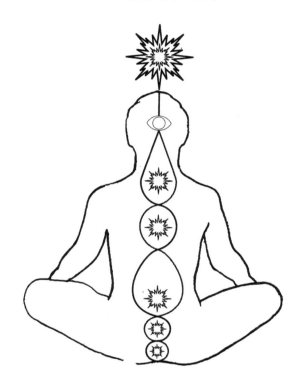

DNA 분자의 이중 나선에 사람의 유전 코드가 담겨 있다.

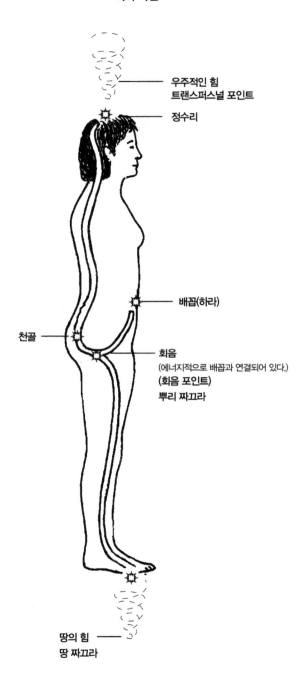

하라 라인 [4]

우주적인 힘
트랜스퍼스널 포인트

정수리

배꼽(하라)

천골

회음
(에너지적으로 배꼽과 연결되어 있다.)
(회음 포인트)
뿌리 짜끄라

땅의 힘
땅 짜끄라

(Ida)와 삥갈라(Pingala)라 한다. 때로는 샥띠와 쉬바라 하기도 한다. 이것들은 수슘나를 따라 서로 엮이면서 움직이며, 짜끄라들 사이의 지점들에서 교차한다. 이다는 여성적인 에너지이며, 몸의 전면에서 아래로 움직인다. 삥갈라는 남성적인 에너지이며, 척추를 따라 위로 움직인다.

중국, 일본, 그리고 다른 아시아 국가들은 이 세 통로에 대해 다른 이름들을 붙였지만, 같은 개념이며 강조점만을 달리하고 있다. 육체와 에테릭 더블 수준 너머에 있는 중심 통로를 일본에서는 하라 라인이라 한다. 쌍으로 움직이는 에너지 라인 중 한쪽을 임맥(혹은 기능적인 맥)이라고 하며, 다른 쪽 라인을 독맥(혹은 지배자 맥)이라 한다. 이것은 인도에서 말하는 이다와 삥갈라이다. 임맥은 여성(음)이고 음의 에너지 전하를 가지고 있다. 이것은 회음 지점(나중에 더 설명한다)에서 시작하여 몸 앞부분을 통과하여 아랫입술 바로 아래에서 끝난다. 독맥은 남성(양)이며 양의 전하를 운반한다. 이것도 역시 회음부(신체로는 성기와 항문 사이)에서 시작하여 척추를 따라 몸의 뒷부분으로 올라가서 머리를 회전하고 난 뒤 윗입술의 꼭대기에서 끝난다.

중심 통로에 있는 에너지 지점들을 인도에서는 짜끄라(에테릭 더블)라 한다. 아시아에서는 두 개의 중심 에너지 통로 라인을 따라 침술 점들을 표기하고 있는데, 짜끄라들이 덜 강조되고 있고 작은 중심으로 간주되고 있다. 이것은 짜끄라가 있는 에테릭 더블이 아니라 더욱 깊은 하라 라인의 통로를 강조하기 때문일 것이다. 그것이 나의 믿음과 해석이다. 아시아의 침술 점들은 짜끄라들 사이의 지점인데, 이것은 임맥(이다)과 독맥(삥갈라)이 기 순환 운동 내에서 만나는 지점들과 일치한다. 이 지점은 또한 앞에서 설명한 "새로운" 짜끄라들이다. 그것과 중심 통로(하라 수준에 있는 수슘나)가 합하여 하라 라인이 된다. 두 체계에서 기 즉 쁘라나는 나선형으로 움직인다. 이 패턴은 생명의 분자인 DNA를 닮았다.

4. Mantak and Maneewan Chia, *Awaken Healing Light of the Tao* (Huntington, NY, Healing Tao Books 19930 p. 114.

5. Dr. Stephen T. Chang, *The Tao of Sexology, The Book Infinite Wisdom* (San Francisco, CA, Tao Publishing, 1986), pp.. 182−183.

몸의 기 회로 [5]

소우주 궤도, 소주천

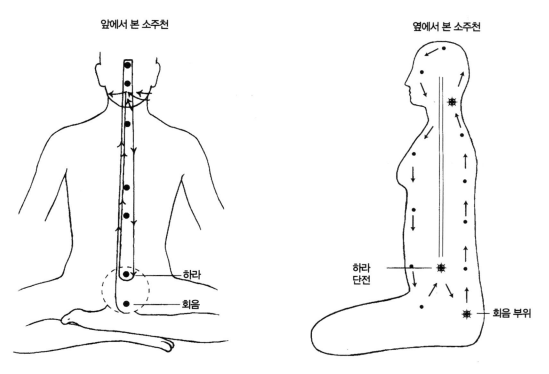

앞에서 본 소주천 · 옆에서 본 소주천

하라 · 회음 · 하라 단전 · 회음 부위

신체 내의 기 회로 [6]
대우주 궤도, 대주천
독맥과 임맥의 회로를 완성하기 위하여 혀를 입천장에 댄다.

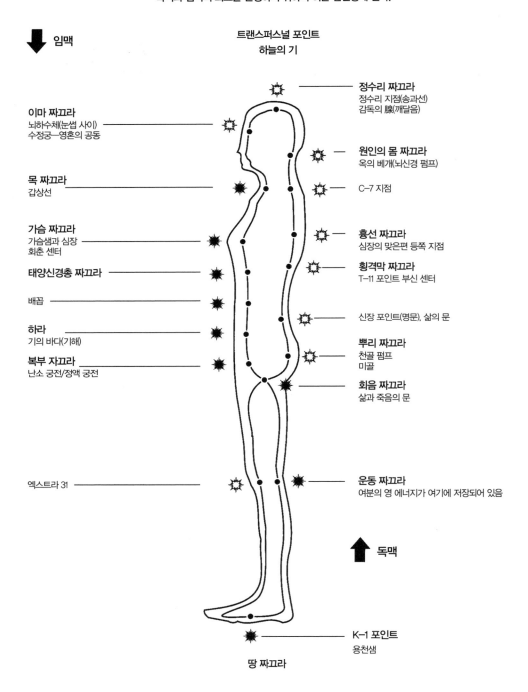

임맥

트랜스퍼스널 포인트
하늘의 기

정수리 짜끄라
정수리 지점(송과선)
감독의 腺(깨달음)

이마 짜끄라
뇌하수체(눈썹 사이)
수정궁—영혼의 공동

원인의 몸 짜끄라
옥의 베개(뇌신경 펌프)

C-7 지점

목 짜끄라
갑상선

가슴 짜끄라
가슴샘과 심장
회춘 센터

흉선 짜끄라
심장의 맞은편 등쪽 지점

횡격막 짜끄라
T-11 포인트 부신 센터

태양신경총 짜끄라

배꼽

신장 포인트(명문), 삶의 문

하라
기의 바다(기해)

뿌리 짜끄라
천골 펌프
미골

복부 짜끄라
난소 궁전/정액 궁전

회음 짜끄라
삶과 죽음의 문

엑스트라 31

운동 짜끄라
여분의 영 에너지가 여기에 저장되어 있음

독맥

K-1 포인트
용천샘

땅 짜끄라

이 에너지 통로를 통해 기 즉 쁘라나를 움직이게 하는 훈련을 인도에서는 꾼달리니를 여는 것이라 한다. 티베트에서는 다른 이름을 사용하며 다른 훈련 체계를 가지고 있다. 아시아의 다른 나라에서는 그 훈련을 기공이라고 한다. 이 체계에서 에너지의 움직임을 설명하는 데는 약간의 차이가 있다. 아시아에서는 생명력을 보충하는 것이 첫째 목적이라고 보는 반면, 인도와 티베트에서는 영적인 성장과 육체의 초월이 첫째 목적이라고 말한다. 인도에서는 뿌리 짜끄라로부터 정수리 짜끄라로 쁘라나 에너지를 상승시키는 것이 목적이라고 한다. 샥띠와 쉬바가 일단 정수리에서 만나면, 그 에너지는 정수리로부터 방출되거나 그것이 왔던 길로 되돌아간다고 생각한다. 기공에서는 내려오는 움직임이 올라가는 움직임만큼 주목을 받는다. 이렇게 하면 몸이 감당할 수 있는 것 이상의 에너지가 발생함으로 생기는 부정적 증상을 덜 일어나게 하기 때문이다.

일깨워지지 않은 꾼달리니는 척추 아래에 똬리를 튼 뱀처럼 나선 모양으로 감겨 쉬고 있다. 이것이 꾼달리니 샥띠 즉 의식의 힘이다. 이것이 일깨워지면 꾼달리니는 정수리 짜끄라 위에 있는 쉬바, 즉 순수한 의식과 결합하려고 짜끄라들을 통과하면서 상승한다. 그 결합은 희열이며, 육체의 초월이고, 땅과 하늘의 합일이다. 딴뜨라를 하는 사람들에게 이것은 (여)

하라 라인을 통한 에너지의 흐름

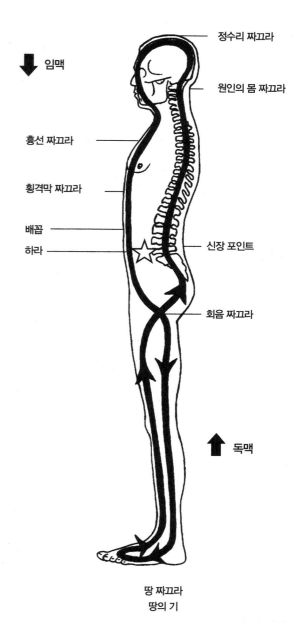

트랜스퍼스널 포인트
하늘의 기

정수리 짜끄라

원인의 몸 짜끄라

임맥

흉선 짜끄라

횡격막 짜끄라

배꼽

하라

신장 포인트

회음 짜끄라

독맥

땅 짜끄라
땅의 기

신과 하나 되는 것이며, 모든 생명과 하나가 되는 것이다. 지구에 있는 이원성은 합일과 하나임에서 오는 희열로 녹아든다. "위에서 그러하듯이 아래에도."[7]

기공에서는 에너지의 진로는 위로만 향하는 것이 아니라 순환하도록 인도된다. 목표는 건강과 장수를 위해 생명력을 효율적으로 사용하는 데 있다. 영적인 각성은 나중에 온다. 매일 에너지의 순환을 연습함으로 거의 모든 질병이 치료된다고 생각한다. 그 이유는 에너지의 순환이 에너지가 막힌 곳과 신체의 모든 약한 부분을 힐링하며 기를 모든 기관에 가져다주기 때문이다. 기공은 인도에서 중점을 두는 중앙의 수슘나 대신에 임맥과 독맥(이다와 삥갈라)에 대해 작업을 한다. 이와 같은 순환 운동은 많은 기를 갑자기 상부 짜끄라로 쇄도하게 하는 대신, 각 세션마다 차분하게 마무리하게 해 준다. 이것은 "두뇌의 과열", 정서적 문제, 환각의 경험을 방지하며, 수슘나를 이용할 때는 결여된 안전밸브를 제공해 준다. 에너지로 하여금 두 통로를 통해 상반된 방향으로 움직이게 함으로, 여분의 에너지들이 안전하게 그라운딩되거나 해방된다.[8]

레이키의 용어로 이것은 무엇을 의미할까? 레이키도 역시 몸에 기/치/쁘라나를 가져오도록 작용한다. 에너지는 주요 통로인 하라 라인, 임맥과 독맥을 통하여 흐르며, 세부 통로들을 통해 손까지 흐른다. 레이키 어튠먼트는 세 가지 주요 통로와 짜끄라들을 열고 정화하며 그 흐름을 안내하고 증가시킨다. 또한 에테릭 더블(수슘나)과 하라 수준의 에너지를 열고 정화한다. 레이키 I 이후에 이어지는 각각의 어튠먼트는 기를 유지하고 전하는 통로의 용량을 증가시킨다. 처음에는 힐링하는 데, 다음에는 어튠먼트를 주는 데 그렇다. 레이키 어튠먼트를 전달할 만큼 충분한 전기 에너지를 티쳐의 몸 안에 보유하는 것은 임맥과 독맥을 통하여 기를 다룸으로써 가능해진다. 레이키는 꾼달리니 수련법이다.

레이키 II를 통해 힐러는 이 에너지를 다루기 시작한다. 그리고 이 에너지를 유지하고 전달하는 몸의 능력을 증가시키게 된다. 인도, 티베트와 일본에서 이 수련은 오랜 세월에 걸쳐 배워야 하는 모든 딴뜨라 수련의 일부에 지나지 않는다. 레이키 II 힐러가 두 번째 디그리 수준의 에너지를 경험하게 될 때쯤이면 그는 이 에너지를 다루는 능력이 어떤 경지에 이르게 되었다. 그가 인식을 하든 안

6. Mantak and Maneewan Chia, *Awaken Healing Light of the Tao* (Huntington, NY, Healing Tao Books 1993) p. 170.

7. Ajit Mookerjee, *Kundalini: The Arousal of the Inner Energy* (Rochester, VT, Destiny Books, 1991) pp. 10-12.

8. Mantak Chia, *Awakening Healing Energy through Tao* (Santa Fe, NM, Aurora Press, 1983), pp. 6-7.

하든, 에너지 채널들이 열려 에너지가 흐르고 있으며, 힐링을 할 때는 많은 양의 강한 기가 그를 통하여 전달된다. 그러나 레이키Ⅲ에 도달하면 에너지를 자유자재로 전달하고 그 과정을 의식하는 법을 배워야 한다. 이것이 뒤에 나오는 기 수련의 목표이다. 즉 이 에너지를 보유하는 몸의 용량을 증대시키고, 그 과정을 의식하는 것이다. 이후 레이키Ⅲ에서는 마음과 의지의 행동이 추가된다.

우선, 기공에서 소주천(Microcosmic Orbit)이라고 하는 에너지의 흐름 패턴을 알아야 한다. 이것이 모든 에너지 작업을 하기 위한 기공의 기초이다. 간단히 설명하겠다. 나는 꾼달리니 요가보다는 기공의 방법을 선택했는데, 그 이유는 기공에서 하는 완전한 에너지 순환이 전기적 과부하로 인한 문제들을 방지하며 지도 없이 혼자 해도 훨씬 안전하기 때문이다. 기공 수련을 하면 많은 양의 에너지가 불편함이나 위험이 없이 급속도로 만들어진다. 딴뜨라의 꾼달리니 기법들도 여기에 제시하고 있는 수련과 같다.

소주천으로 수준 높은 작업을 하려면, 만탁 치아가 쓴 두 권의 책, 《Awaken Healing Energy Through the Tao》(Aurora Press, 1983년)와, 마니원 치아와 공저한 《Awaken Healing Light of the Tao》(Healing Tao Books, 1993년)를 권한다. 기공에 대한 나의 정보는 대부분 이 자료에서 나온 것이다. 소주천은 임맥과 독맥의 통로를 연결하여 몸을 통한 에너지 순환이 완료되게 한다. 이것은 두 가지 움직임을 통해 그렇게 하는데, 둘 다 레이키Ⅲ에 아주 중요하다. 첫 번째 움직임은 회음 부위를 이용하여, 즉 회음을 닫음으로써 몸의 밑부분(뿌리 짜끄라)에서 통로들을 연결하는 것이다. 두 번째 움직임은 몸의 윗부분에서 통로들을 연결하는데, 치아 뒤의 입천장에 혀를 댐으로써 그렇게 한다. 이 장의 후반부에서 더 자세히 다룰 것이다.

소주천으로 에너지를 운행하는 것은 레이키 수련의 시작이며 기초이다. 이것은 명상에서 이루어지며 원격 힐링과 비슷하지만, 내부로 집중된 에너지로 한다. 주의를 배꼽 아래 즉 하라에 두라.[9] 따뜻함(기)이 하라에서 생기기 시작하면, 그것을 마음의 의지로 생식기 뒤에 있는 회음(뿌리 짜끄라)으로 내린 뒤, 위로 올려 척추 속으로 들어가게 하라. 신장 지점(명문)에서 잠시 멈춘 뒤, 에너지/기를

9. 다음 과정의 출처는, Mantak Chia, *Awakening Healing Energy through Tao*, pp. 73–74. 그리고 Dr. Stephen T. Chang, *The Tao of Sexology, The Book of Infinite Wisdom* (San Francisco, CA, Tao Publishing, 1986), pp. 181–186.

천천히 척추로 올려 머리 꼭대기(송과샘, 정수리)까지 올려라. 억지로 하지 말고 에너지의 흐름을 따라라. 정수리에서 10분 동안 이 에너지를 유지하였다가, 그 다음에 이마/눈썹(뇌하수체, 제3의 눈)으로 내려가게 하라. 에너지를 몸의 앞면으로 해서 배꼽/하라로 내려 보내라. 따뜻함이 모일 때까지 에너지를 하라에 지니고 있다가, 다시 궤도를 시작하여 그것을 뿌리까지 보내라. 이 순환을 여러 번 반복하라. 각 세션당 36번까지 순환을 하도록 수련하라.

위의 과정에 익숙해지면, 다리와 땅의 연결도 포함시켜라.[10] 에너지를 배꼽으로부터 회음(뿌리)을 향해 흐르게 한 뒤, 그것을 두 통로로 나누어 기를 양 넓적다리의 뒤에서 양 무릎 뒤로 가게 하라. 기는 거기에서 종아리를 거쳐 발바닥으로 흐른다. 양 발바닥 위의 K-1 혈은 발 짜끄라가 있는 지점이다. 이 지점을 버블링 스프링(Bubbling Spring; 용천)이라 하는데, 몸이 땅의 에너지와 전기적으로 연결되는 지점이다. 온기가 발바닥에 올라오면 에너지를 엄지발가락으로 옮긴 뒤, 발바닥을 통해 지구로부터 에너지를 끌어들이면서 양발 앞면에서 무릎까지 올려라. 그 흐름을 허벅지 안쪽과 생식기 뒤에 있는 회음까지 올린다.

그 흐름을 척추를 따라 올라가게 한 뒤, 어깨뼈 사이의 한 지점에서 분리시켜 양 팔로 가게 한다. 기를 양팔 안으로부터 손바닥의 중앙, 즉 힐링할 때 레이키가 흐르는 곳까지 가게 한다. 일어나는 감각에 집중하라. 그 뒤 가운뎃손가락을 따라 양팔의 바깥쪽으로 올라가게 하라. 그것이 어깨에 도달하면 주요 순환으로 복귀하여 척추와 목을 거쳐 정수리까지 다시 올라간다. 에너지를 중심 통로를 따라 순환시키면서 하라로 돌아가게 하라.

에너지 이동이 끝나면, 에너지를 그라운딩시켜 소주천 명상을 완료하라. 이것은 대단히 중요하며, 에너지 순환을 몇 번 했든 상관없이 매 세션의 마지막에 반드시 해야 한다. 주먹을 배꼽 부위에 가볍게 놓아라. 그것을 6인치 너비 이하로 나선형으로 문질러라. 여성은 시계반대방향으로 36번 나선형으로 움직이고, 다음에는 시계방향으로 24번 움직여라. 남성은 반대 방향으로 움직인다. 즉 시계방향으로 36번, 시계반대방향으로 24번 움직여라. 이것은 에너지를 그라운딩시키고 모으며, 전기적 과부하와 불편함을 방지한다.[11]

10. Mantak Chia, *Awakening Healing Energy through Tao*. pp. 60-61.
11. 같은 책, p. 59.

위에서 기술한 소주천은 다음에 나올 두 가지 수련의 기초가 된다. 나는 그 수련들을 1989년에 레이키Ⅱ의 일부로 배웠다. 그 당시에는 그것의 기원이나 소주천에 대한 지식이 없었는데, 이 책을 쓰는 동안 그 내용을 책에서 발견하게 되어 아주 기뻤다. 이 기 수련은 꾼달리니 요가와 기공 둘 다에 알려져 있으며, 두 가르침에서 중요한 수련으로 여겨지고 있다. 그것은 인도와 티베트로부터 중국과 아시아로 건너왔을 것이다.

이 수련을 하는 이유는 몸이 기를 받아들이고 전하는 능력을 증가시키기 위한 것이다. 레이키 어튠먼트를 주려면 훨씬 증가된 양의 에너지가 필요하다. 이 수련은 그것을 위한 준비 과정이다. 레이키Ⅲ을 받지 않을 생각이라면, 이 과정을 건너뛰어도 좋다. 그러나 나는 레이키를 하는 대부분의 사람이 레이키Ⅲ을 하기를 바란다. 이 수련의 대부분이 영성으로 가는 길에 많은 도움을 준다. 건강도 증진시킨다.

이 수련을 시작하기 전에 알아두어야 할 것이 하나 더 있다. 몸의 신성함이다. 많은 신비주의 수련들은 몸을 초월하기 위하여 노력하지만, 몸이 신비스럽고 성스럽다는 것을 깨닫는 것도 중요하다. 불교도들은 환생하여 지구에 사는 동안에만 까르마 해소가 이루어질 수 있다고 하며, 분명히 레이키도 몸 안에서 이루어진다. 지구의 힐링을 위한 길을 열어 주기 위해 문명이 붕괴하는 이 시대에는 지상의 수많은 것들이 몸과 마음, 영혼을 오염시키고 손상시킨다. 이 중 많은 것들은 피할 수 없다. 우리는 어쩔 수 없이 숨을 쉬고, 물을 마시고, 오염된 음식을 먹어야 한다. 다른 선택의 여지가 없기 때문이다.

그렇지만 여전히 다른 것들은 어느 정도 통제할 수 있다. 많은 힐러들은 흡연자와 상습적인 마약 복용자, 알코올 중독자의 경우 레이키를 위한 충분히 깨끗한 통로가 될 수 없다고 믿는다. 나도 그렇게 믿는다. 알코올이나 마약의 영향 아래에서는 힐링을 하거나 어튠먼트를 전하지 말아야 한다. 이런 상태들은 언제든지 힐링에 좋지 않은 부정적 엔티티와 집착들을 불러들이기 쉽다. 그것들은 힐러에게 전적으로 부정적이다. 화가 나 있거나 질병이 심한 상태라면 힐링이나 어튠먼트 전달을 하지 말아야 한다. 금연하고 싶거나, 알코올이나 약물 중독을 끊고 싶다면, 레이키와 소주천은 강력한 자기 힐링의 도구가 될 것이다. 레이키 힐러로서 당신은 (여)신 우주의 생명력 에너지를 위한 신성한 통로라는 점을 명심하라.

수련 1

명상 상태에서 소주천을 시작하라. 기를 불 에너지(라쿠)로 느끼거나 시각화하라. 그것을 하라(배꼽)로부터 회음으로 옮겨라. 그 뒤 척추를 거쳐 정수리까지 올려라. 에너지를 몸의 앞부분 아래로 내려서 다시 하라까지 오게 하라. 여기에서부터 여성과 남성이 따르는 방법이 달라진다. 이 수련을 할 때는 레이키 상징을 시각화하지 마라.

여성

12. 이 자세가 묘사된 곳은, Eearlyne Chaney and William L. Messick, *Kundalini and the Third Eye*, pp. 32–35.

13. 이 수련의 나머지에 관한 참고 자료: Mantak and Maneewan Chia, *Awaken Healing Light of the Tao*, pp. 382–389, and Dr. Stephen Chang, *The Tao of Sexology*, pp. 103–107. 나는 이 수련을 레이키 II의 일부로 1989년에 배웠다.

14. Mantak Chia, *Awaken Healing Energy through the Tao* (Huntington, NY, Healing Tao Books 1993(pp. 383–384. 참고: 나는 이 수련을 레이키 II의 일부로 1989년에 배웠다.

뿌리-잠금, 즉 회음 부위로부터 시작하라. 이것은 다음 연습에서 충분히 설명될 것이다. 마루에 앉아라. 한쪽 발의 뒤꿈치로 질과 클리토리스를 눌러라. 단단하고 견고하게 눌러라. 이를 위해 다리 사이에 작은 베개를 끼울 수도 있고, 테니스공이나 커다란 크리스탈을 이용할 수도 있다.[12] 윗니 뒤의 입천장에 혀를 갖다 대라. 이것은 소주천을 포함한 대부분의 요가와 기공 작업에서 하는 기본 위치이다. 베개를 사용하는 것은 선(일본 불교)의 기술이다. 아마 그 압력으로 열이나 오르가즘을 느끼게 될 것이다.

다음에는 양손을 서로 문지르거나 레이키의 흐름을 시작하여 손이 따뜻해질 때까지 손에 에너지를 일으켜라.[13]

따뜻해진 양손의 손바닥으로 맨 유방을 덮어 누르면서, 위쪽과 바깥 방향으로 마사지를 시작하라. 유두를 자극하지 않은 채 18회 반복하라. 질, 송과선, 뇌하수체(뿌리, 정수리, 제3의 눈)로 흐르는 기의 흐름을 자각하라. 위쪽 방향으로 하는 회전을 분산이라 한다.

손가락을 가볍게 유두에 댄 채 멈추고, 에너지가 유방과 질, 정수리, 제3의 눈으로부터 가슴 짜끄라 안으로 흐르게 하라. 18회의 마사지 순환 동작을 2–4회 반복하라. 각 순환 동작 후에 기를 가슴 짜끄라 안으로 흐르게 하라.

그 다음에는 반대 방향으로 회전시키되, 위와 바깥 방향이 아니라 아래와 안쪽 방향으로 마사지하라. 에너지를 유두에 모은 뒤 유방 뒤편에 있는 척추로 이동시켜라. 그런 다음 그것을 신장 지점으로 내려 보내라. 18회 순환 동작을 2–4회 반복하라. 안쪽으로의 회전을 전도라 한다.

손을 유방으로부터 몸의 뒤편에 있는 신장 지점, 즉 아랫쪽 갈비뼈의 뒤편으로 가져가라. 그 부위를 9–18회 마사지하고 가볍게 흔든 뒤, 멈춰라. 이 동작 세트를 2–4번 하라. 각 세트 뒤에 쉬어라. 신장 지점의 열을 느껴라.

손을 다시 이동시켜라. 이번에는 사타구니부터 난소까지 아랫배를 마사지하라. 다음에는 아래쪽 갈비, 오른편에 있는 간과 콩팥, 그 다음으로 왼쪽에 있는 비장을 마사지하라. 바깥 방향으로 하다가 안쪽 방향으로 마사지하라. 각 위치를 36회 반복하라. 다음에는 에너지를 모으면서 질 주변을 마사지하라. 잠시 멈추며 기가 확장되는 것을 느껴라.

오른손을 질 위에, 왼손은 가슴 중심에 둔 채, 그로 인한 우주적 사랑의 감각을 가슴 안으로 끌어당겨라. 지구 에너지를 끌어당겨 소주천을 계속하라. 하라 안으로 에너지를 모으면서 끝맺어라.

이렇게 하여 여성을 위한 첫 번째 수련이 완료된다.

이 수련은 꾼달리니 통로를 확장시키는 것보다 더 많

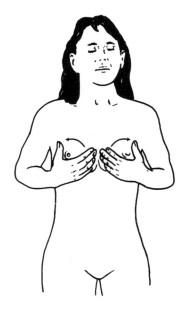

여성을 위한 기 수련 [14]
수련 1

유방을 위쪽과 바깥 방향으로 마사지한다.

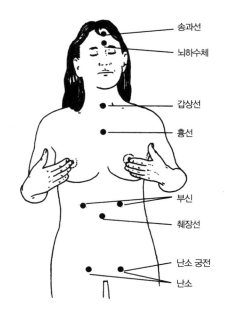

송과선
뇌하수체
갑상선
흉선
부신
췌장선
난소 궁전
난소

유두에 손가락을 댄 채 에너지를 가슴 안으로 가져온다.

여성을 위한 기 수련 [15]
수련 1 (계속)

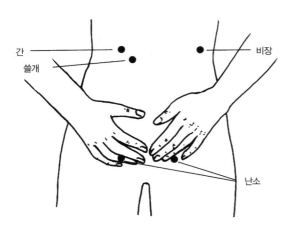

간
쓸개
비장
난소

사타구니와 허리를 마사지한다.

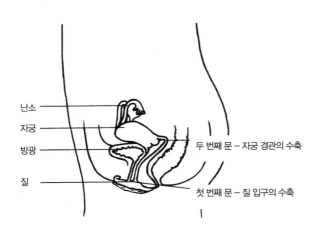

난소
자궁
방광
질

두 번째 문 – 자궁 경관의 수축

첫 번째 문 – 질 입구의 수축

회음 부위 – 여성의 삶과 죽음의 문

은 장점을 가지고 있다. 대부분의 영적 수련은 성 에너지를 정수리 쪽으로 상승시키는 결과를 낳는다. 성 에너지는 원기이며, 그것이 감소하면 삶의 원동력이 되는 생명력이 감소하고, 수명을 단축시키며, 최적의 건강 상태를 감소시킨다. 이 에너지는 생리와 배란, 성 행위로 소모된다. 위의 수련은 이 에너지를 재생시킨다. 그래서 원기를 증가시켜 몸과 마음, 영에 도움을 준다. 성 에너지가 가슴 에너지와 결합하면 연민이 발달되어 평화와 행복, 환희의 느낌이 찾아온다.

가슴 회전은 여성의 호르몬 분비 과정을 균형 잡는 데도 도움이 되며, 때로는 놀라운 효과를 볼 때도 있다. 분산 회전은 폐경기 증상을 없애 주기도 하는데, 이를 "피가 다시 돌아왔다."고 표현하는 사람도 있다. 가슴에 종양이 있는 여성이 분산 회전을 하면, 종양 덩어리가 작아지거나 없어지는 효과를 볼 수도 있다. 분산 회전만 하면 유방의 크기가 줄어들 수 있다. 전도 회전은 유방 사이즈를 키운다. 그러나 가슴 종양이나 폐경기의 불편함이 있다면 전도 회전은 삼가라. 대부분의 여성들은 두 가지 회전을 하면 유방의 크기는 변화되지 않으면서 호르몬이 균형 잡힐 것이다. 각 방향을 같은 횟수로 하라.

이 수련에서 올 수 있는 다른 결과는 "피가 다시 돌아온다."는 말 그 자체이다. 어떤 여성들에게는 에스트로겐 수치가 생리주기를 멈출 정도로 감소한다. 비전(esoteric)의 철학에서는 이것을 긍정적인 것으로 여긴다. 왜냐하면 성적 에너지가 재활용되어 정수리로 향하였다는 것을 의미하기 때문이다. 대부분의 여성은 임신 조절이 일어나기 전까지는 아마 이것을 믿지 않을 것이다. 생리가 멈추고 임신을 해야 한다면, 수련을 멈추든지 회전수를 줄여라. 이 운동으로 오는 안 좋은 효과는 없다. 이것은 생체 시계를 멈추게 하며, 창조성과 정신적 자각을 향상시킨다.

이 연습은 하루 두 번, 즉 아침과 저녁에 할 수 있을 것이다. 각 세션당 36회 이하나 360회 이상은 하지 마라. 적은 횟수로 시작해서 점차 늘려 나가라.

남성

옷을 입지 않고 명상 상태에서 소주천으로 시작하는 것이 가장 좋다. 이렇게 하는 동안에는 레이키 상징이나 라쿠(불의 에너지)를 시각화하지 마라. 그렇게 하면 과도한 자극과 불편함이 일어날 수 있다. 이미 그렇게 해 버렸다면 초과된 에너지를 땅으로 돌려주어라. 그리고 기를 하라 안으로 가져오기 위해서 소주천 연결을 완성하라. 회음 부위와, 궤도를 위한 임맥과 독맥을 연결하는 방법은 이 장의 후반에 있다. 시작하기 전에 여성을 위한 수련 1을 읽어 보라.

양손에 에너지를 올리는 것으로 시작한다. 양손을 빠르게 비비거나 레이키 흐름을 시작하라.[16]

손이 따뜻해지면, 신장을 9-18회 마사지하고 가볍게 흔들어라. 잠시 멈추고 그 부위의 따뜻함을 느껴 보라. 마음의 힘을 이용하여, 신장 안으로 숨을 들이쉰 뒤, 신장 지점 안으로 기를 내쉬어라. 이것을 2-4회 반복하라. 신장과 생식기 사이의 에너지 연결을 자각하라.

다시 양손의 에너지를 올려라. 고환을 가볍게 감싸 쥔 뒤, 오른손바닥으로 덮어라. 고환을 18-36회 마사지하라. 멈춘 뒤, 고환에 모인 기를 느껴 보라.

왼손으로는 고환을 쥐고, 오른손은 하라 위에 두어라. 가볍게 누르면서 오른손으로 배꼽 주위를 36-81회 시계방향으로 마사지하라.

손을 바꾸어서 반복하라. 다시 양손에 에너지를 올려라. 이번에는 하라를 시

15. 같은 책, p. 385.
16. Mantak and Maneewan Chia, *Awaken Healing Light of the Tao*, pp. 385-389 and Dr. Stephen Chang, *The Tao of Sexology*, pp. 72-76.

계반대방향으로 36-81회 마사지하라. 오른손으로는 고환을 감싼다.

양손바닥으로 생식기를 덮어라. 생식기관 안의 자극을 느끼고, 에너지를 모으도록 근육을 수축시켜라. 멈추고, 에너지가 확산되는 것을 느껴라.

오른손은 고환 위에, 왼손은 가슴의 중심에 두라. 가슴 안으로 우주적인 사랑

남성을 위한 기 수련 [17)
수련 1

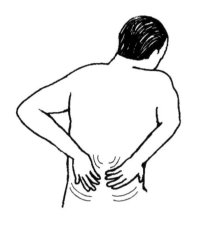

신장을 마사지하고 두드린다.

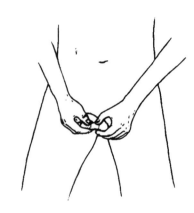

고환을 마사지한다.

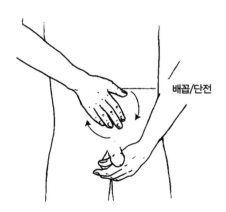

왼손은 고환을 잡는다.
오른손은 복부를 시계방향으로 마사지한다.

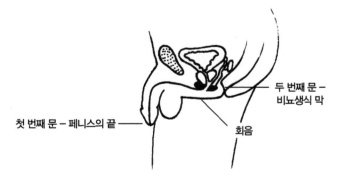

남성의 회음 부위의 위치

의 에너지를 끌어오라.

소주천을 계속하라. 에너지를 하라로 돌아오게 하면서 나선 돌리기를 끝마치면서 이 수련을 끝내라.

이 수련의 목적은 몇 가지가 있다. 첫째는 가슴과 성 기관을 연결시켜 연민을 발달시키는 것이다. 둘째는 성 에너지 즉 원기를 재생하여 수명을 늘리고 최적의 건강 상태를 유지하는 것이다. 성기관 자체도 강화된다. 전립선 문제, 조루, 그리고 여타 성적 문제들이 완화된다. 소주천을 통한 에너지 돌리기는 모든 기관을 힐링하며, 몸 안의 어느 곳이든 에너지가 막힌 곳을 균형 잡히게 한다. 영적 자각이 향상되고, 몸과 마음, 영이 통합된다. 이 수련은 또한 내면의 평화와 안전, 행복을 고양시키며, 창조성과 정신적 자각, 영적 성장을 증진한다.

회음 부위는 임맥과 독맥을 몸의 위와 아래에서 연결시킨다. 이 부위가 없으면, 기는 반대 방향으로 통로를 이동하며, 직선의 흐름으로 들어온 뒤 나간다. 회음을 수축시키면 기는 몸을 통해 완전한 순환으로 움직이며, 소주천의 에너지 움직임을 위한 추진력이 된다. 그것이 없이는 궤도가 완료될 수 없으며 기도 활성화되지 않는다. 이것은 또한 기가 레이키 티쳐의 몸을 통해, 내가 사용하는 방법으로, 어튠먼트를 전달할 수 있도록 추진하는 수단이기도 하다. 기 수련은 전통적인 레이키의 어튠먼트 과정에서는 사용되지 않는다.

레이키의 어튠먼트를 주는 데 있어서, 회음 부위는 비전통적인 레이키와 전통적인 레이키 사이를 가르는 주요 차이점 중 하나이다. 전통적인 입문에서는, 레이키 I을 배우는 각각의 학생에게 네 번의 어튠먼트를, 레이키 II를 받으려는 학생에게는 한 번의 어튠먼트를 주어야 한다. 회음 수축과, 하라 라인을 활성화시키는 비전통적 방법은 각 디그리에 오직 한 번의 결합된 어튠먼트만 필요하다. 레이키 III은 두 방법 모두 한 번의 어튠먼트를 준다.

두 가지 입문 과정이 모두 효과가 있지만, 나는 어튠먼트를 주기 위해 하라를 활성화시키는 방식이 더욱 강력하다고 생각한다. 두 가지 방법 모두로 어튠먼트를 받은 나의 많은 학생들도 그렇다고 말한다. 나도 개인적으로 그렇게 느꼈다. 또한 네 번의 어튠먼트를 주어야 한다면 수업당 학생 수를 상당히 줄여야 하고

17. Mantak and Maneewan Chia, *Awaken Healing Energy through the Tao* (Huntington, NY, Healing Tao Books 1993) pp. 386–38.

수업 시간도 상당히 길어야 한다. 레이키를 될 수 있는 대로 많은 사람들에게 소개하기 위해, 그리고 대규모의 그룹이 모여드는 여성 페스티벌에서 가르치기 위해서는, 어튠먼트의 수가 적을수록 더 좋다.

새로운 방법을 도입해야 하는 셋째 이유는 단순성 때문이다. 전통적인 레이키 I을 배우기 위해서는 네 번의 다른 어튠먼트를 받아야 하고, 레이키 II를 위해서도 한 번의 다른 어튠먼트를, 레이키 III을 위해서도 또 한 번의 어튠먼트를 다시 받아야 한다. 내가 사용하는 방법에서는 각 디그리마다 오직 한 번의 어튠먼트만 있을 뿐이며, 세 디그리 모두 같은 방법으로 진행된다. 레이키 III을 배우려는 사람들은 회음 부위를 반드시 배워야 한다. 내가 사용하는 어튠먼트 방식을 누가 개발했고 그 방식을 기공 수련과 연관시키는 방법을 누가 개발했는지, 나는 모른다. 현재까지 레이키는 구전으로 전해지고 있다.

회음 부위는 성 에너지를 영성으로 전환시키고 원기를 활성화시키며 보충시키는 또 하나의 사례이다. 이것은 꾼달리니 요가, 쁘라나야마 요가, 딴뜨라 요가, 기공의 기본 모습이다. 나는 이런 주제들을 논한 몇 권의 책을 본 적이 있다. 회음을 수축함으로 임맥과 독맥이 몸의 아래에서 연결된다. 이것은 뿌리 짜끄라를 일시적으로 닫히게 하는, 또는 뿌리 짜끄라를 하라 라인과 동등하게 하는 결과를 초래한다. 기는 발을 통해 몸 바깥으로 빠져나가는 대신에 위로 올라가며, 성 에너지는 정수리로 전환된다.

꾼달리니 요가에서는 이 위치를 뿌리 잠금 즉 물라반다라 한다. 처음의 기 수련에서 기술한 질 위에 압력을 가하는 것은 싯다사나 자세, 즉 성취의 자세를 만들어 낸다. 이것은 영적 성장을 위한 명상 자세로 알려져 있다.[18] 압력은 질이나 항문, 혹은 그 둘 사이에 있는 회음부에 발뒤꿈치, 베개 혹은 다른 물건을 두어서 만든다. 회음 지점을 닫는 것은 땅의 기를 하라 안으로 들어오게 하며, 그와 동시에 천상의 기를 하라 안으로 내려오게 한다. 두 에너지가 만날 때 열이 발생하여 척추(꼬리뼈, 뿌리 짜끄라)의 기저부로 움직여서 꾼달리니 에너지를 해방시킨다.[19]

수련 2에서는 외부 압박 없이 근육 수축만으로 회음을 닫는 법을 학생들에게

18. Ajit Mookerjee, *Kundalini: The Arousal of the Inner Energy*, p. 20.
19. Earlyne Chaney and William L. Mesick, *Kundalini and the Third Eye*, pp. 32–33.

가르친다. 이것이 필요한 이유는 레이키 마스터/티쳐가 어튠먼트를 받는 사람의 주위를 서서 돌면서 어튠먼트를 줄 때 필요하기 때문이다. 이 위치는 내가 가르치는 비전통적 방법으로 레이키 어튠먼트를 주는 데 반드시 필요하다. 그런데 어떤 장애가 있어 이것을 사용하지 못하는 학생들에게는 레이키 가이드가 개입하여 어튠먼트가 올바르게 전달되도록 해야 한다.

먼저 관여되는 신체 근육들을 찾아내라. 이것들은 남성과 여성 모두에게 생식기와 항문 사이에 있으며, 침술에서는 CV-1(임맥-1)으로 알려진 혈이다. 그곳은 출산을 돕는 외음 절개술과 케겔 운동(회음을 수축하는 운동)을 하는 장소이다. 《Awakening Your Light Body Tapes》에서 듀앤 패커와 사나야 로먼은 하라라인의 이 지점을 뉴아(N'ua)라고 부른다. 기공에서는 이곳을 삶과 죽음의 문이라 한다.

이 위치의 두 번째 부분은 혀를 윗니 바로 뒤의 입천장에 대는 것이다. 이것은 회음부의 수축이 뿌리에서 임맥과 독맥을 연결하는 것과 마찬가지로 몸의 위에서 연결하는 것이다. 이렇게 할 수 있는 지점이 입천장에 세 군데 있다. 가장 쉬운 곳은 앞에서 가장 멀리 떨어진 곳으로서 바람 위치(Wind Position)라고 한다. 가볍게 압력을 가하면 되며, 혀끝을 입천장에 대고 수련하는 동안 유지하면 된다. 이 자세는 레이키 어튠먼트를 전달할 때도 해야 한다.

앉은 자세에서 이 에너지들을 가지고 작업하라. 여성과 남성을 위한 수련 지침이 다시 주어진다. 이번에 수련하는 동안에는 레이키 상징을 시각화하지 말고, 레이키Ⅲ의 어튠먼트 과정을 기다려라.

여성

평평한 의자나 마루에 앉은 뒤, 질과 항문의 근육을 수축시켜라.[20] 항문 근육을 수축시키면 질의 근육도 따라 수축될 것이다. 마치 직장을 몸 속으로 끌어당기듯이 항문을 수축시켜라. 마치 소변의 흐름을 참으려는 것처럼 질의 근육을 수축시켜라. 출산 후나 요실금을 위해, 혹은 오르가즘을 자극하기 위해 케겔 운동을 해 본 적이 있다면, 이 수련이 익숙할 것이다. 수축은 해부적으로 보면 항

20. Dr. Stephen T. Chang, *The Tao of Sexlogy*, pp. 105-106. 나는 이 수련을 여러 출처에서 보았다.

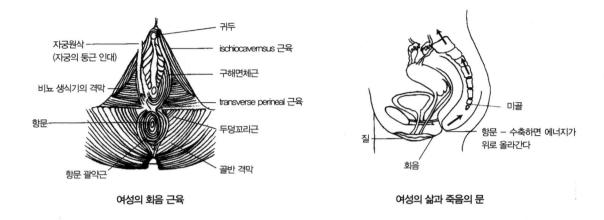

회음 부위의 위치 [21]

귀두

자궁원삭
(자궁의 둥근 인대)

ischiocavernsus 근육

구해면체근

비뇨 생식기의 격막

transverse perineal 근육

항문

두덩꼬리근

항문 괄약근

골반 격막

미골

질

항문 – 수축하면 에너지가
위로 올라간다

회음

여성의 회음 근육

여성의 삶과 죽음의 문

문거근에서 일어난다. 두 구멍이 바르게 수축되면, 마치 공기가 직장을 통해 몸에 들어오는 것처럼 느껴진다. 이 자세가 편안하게 느껴지는 한 오랫동안 유지한 뒤, 풀어라. 이것을 여러 차례 반복하라.

많은 여성들의 경우, 처음에는 이 자세가 어려울지 모른다. 그러나 연습하면 근육 조정력이 생기며, 꾸준히 할수록 근육이 더 강해진다. 수축된 상태를 점점 더 오래 유지할 수 있게 된다. 나중에는 하루 내내 수축 상태를 유지할 수 있게 될 것이다. 한 번 수축시킨 뒤 잊어버릴 수도 있다. 그러나 기억하라. 그렇게 하면 하라 라인 상에 있는 뿌리 짜끄라를 닫고 있는 것이 된다. 그러니 자주 풀어주어라.

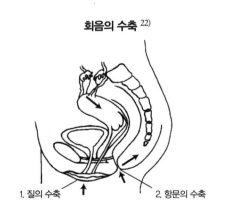

회음의 수축 [22]

1. 질의 수축
2. 항문의 수축
3. 그 부위를 꽉 조이면, 전체 골반이 수축된다.
4. 에너지가 미골로, 그리고 척추로 가는 것을 느껴라.

레이키 어튠먼트를 줄 때는 한 번에 2–3분 동안 혀를 입천장에 붙인 채로 회음을 수축하고 호흡을 멈추고 있어야 한다. 이 수련의 목표는 필요한 근육 조절 능력을 발달시키는 것이다. 먼저 호흡을 참는 것부터 시작하라. 질이 충분히 수축되면, 다른 추가적인 에너지 문이 닫히면서 자궁경관의 수축도 느낄 것이다. 기는 즉각적으로 하라 라인을 따라 몸 안에서 위쪽으로 올라가기 시작한다. 에너지는 더 이상 내려가지 못해 내장과 발을 통해 몸을 떠날 수 없게 된다. 땅의 에너지와 연결이 만들어지며, 이 에너지는 상승하여 하라 안으로 들어간다.

이제 몸의 밑부분에서 회음 자세를 취하면서 혀를 입천장에 댄다. 단단한 입천장 위에 있는 윗니 뒤의 홈에 대는 것이다. 이제 에너지의 순환이 닫히고, 임맥과 독맥이 양쪽 끝에서 합쳐진다. 아마 소주천이 즉각적으로 시작되고 있음을 느낄 것이다. 이 회음 혀 위치는 궤도를 하는 데 필요하다. 이제 기는 정수리에서 아래쪽으로, 또한 땅에서 위쪽으로 움직인다. 하라가 활성화되었고, 움직이는 숫자 8의 모습으로 에너지가 몸을 통해 순환하는 감각을 느끼게 될 것이다. 이 그림은 또한 무한을 나타내는 이집트 상징이기도 하다.

회음의 세 가지 부분 모두를 유지하는 것을 연습하라. 질과 항문을 수축하고, 혀끝을 입천장에 대고, 깊은 숨을 들이쉬고 멈추라. 이 상태를 할 수 있는 한 오래 유지하라. 나중에는 서서도 이렇게 할 수 있어야 한다. 숨을 내쉬지 않고, 임맥과 독맥의 양끝을 에너지의 순환으로 연결하라. 이 자세는 소주천을 가능하게 한다.

남성

이 수련은 항문을 수축하는 것을 제외하고는 여성용과 같다.[24] 근육을 안으로 끌어당겨라. 남성의 경우는 요도의 입구, 성기의 끝과 항문에 두 개의 문이 있다. 이곳들은 수련을 하지 않으면 성의 기가 소멸되는 곳이다.

회음 혀 위치 [23]

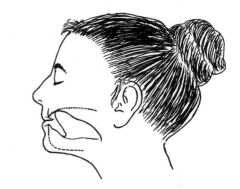

혀끝을 위의 입천장에 닿게 한다.

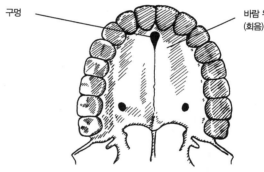

구멍

바람 위치
(회음)

21. Mantak Chia, *Awaken Healing Energy through the Tao* (Huntington, NY, Healing Tao Books 1993) pp. 113-117.

22. Mantak and Maneewan Chia, *Awaken Healing Light of the Tao*, pp. 195, 289 and 291.

23. Mantak and Maneewan Chia, *Awaken Healing Light of the Tao*, pp. 147 and 227.

24. Dr. Stephen T. Chang, *The Tao of Sexology*, pp. 73-76.

여성용을 읽고 같은 방식으로 연습하라.

남성이나 여성 모두 두 가지 연습을 하루에 두 번씩 하라. 한 번은 아침에, 나머지는 밤에 하라. 이 연습과 함께 소주천을 더 많이 할수록 더 좋다. 오랜 기간 수련을 하면, 완전한 웰빙의 감각이 일상생활의 일부가 될 것이다. 많은 육체적, 정서적인 문제들도 사라지기 시작할 것이다. 이 연습을 하면 두뇌로부터 엔돌핀이 나오며 자연히 "고양된" 상태가 된다. 두 번째 수련은 레이키 어튠먼트를 주기 위한 것이다. 첫 번째 수련은 에너지가 막힌 곳을 열어 주고, 영적인 자각을 증가시키며, 몸—마음—영의 연결을 발달시킨다. 이것은 특히 남성에게 좋다. 여성과 남성 모두에게 첫 번째 기 수련은 생식 능력의 문제와 호르몬의 불균형을 힐링하는 데 중요할 것이다.

나는 이 지구 변화의 시기에 영적으로 발달하고 있는 남성들에게 특히 경의를 표한다. 자기 힐링과 함께 시작되는 자각은 모든 남성 힐링의 일부가 되며, 지구를 모든 존재가 살 수 있는 더 나은 장소로 만드는 데 일부가 된다.

이로써 레이키 II에 대한 정보를 마친다. 다음은 레이키 III의 티쳐/마스터 디그리다. 기 연습은 두 번째와 세 번째 디그리 사이의 다리 역할을 한다. 레이키 III으로 작업을 시작하기 전에 학생들은 상징을 전부 알아야 하고, 제대로 모든 선을 그릴 수 있어야 한다. 원격 힐링과 직접 세션에 통달해야 하고, 비힐링 용도들도 통달해야 한다. 소주천의 수련과 두 가지 기 수련을 한 사람들은 이제 레이키 III을 위해 준비가 되었다.

제3부

세 번째 디그리

제7장
세 번째 디그리 상징들

레이키 세 번째 디그리는 이 놀라운 힐링 체계의 가장 흥미로운 부분이다. 이것은 가르치는 단계이며, 여기에서는 다른 사람들에게 레이키를 전달하는 정보를 제공한다. 일부 티쳐들은 이 단계를 레이키Ⅲ 수련자와 마스터/티쳐라는 두 부분으로 나누기도 한다. 레이키Ⅲ에서는 앞 장에서 했던 기 수련들, 그리고 레이키Ⅲ의 상징과 그것을 힐링에 사용하는 방법이 포함된다. 일부 티쳐들은 이것을 고급 레이키Ⅱ라 부른다. 전통적 티쳐들은 기 수련을 전혀 사용하지 않는다. 마스터/티쳐 디그리에는 어튠먼트의 전달과 레이키 체계에 대한 지식이 포함된다. 나의 가르침의 방법에서 레이키Ⅲ은 위의 힐링 정보와 교수 단계 둘 다를 포함하고 있다.

누가 Ⅲ 디그리를 배울 수 있는지에 대해 전통적 레이키와 현대적 레이키 집단 사이에 수많은 논쟁이 있다. 전통적 입장에서는 마스터 디그리는 삶을 기꺼이 레이키에 헌신할 수 있는 사람에게만 주어져야 한다. 후보자는 몇 년을 거치는 동안에 충분히 검증되고 난 뒤 선별되어야 하며, 레이키Ⅱ에서 레이키Ⅲ으로 넘어가기까지 몇 년의 시간을 보내야 한다. 또 학생들이 먼저 레이키Ⅲ을 요청하는 것은 허락되지 않으며, 레이키에 이미 입문한 뒤 가르치는 마스터에게서 배워야 한다. 그리고 극소수의 학생들만 가르침을 받을 수 있다. 반면, 현대적 방법의 레이키 티쳐들은 낮은 보수로 일하며, 더 자주 그리고 훨씬 덜 엄격하게 세 번째 디그리를 가르친다.

미국에서 전통적 레이키 마스터 훈련을 이수하기 위한 수강료는 10,000달러, 캐나다와 영국에서는 15,000달러이다. 레이키Ⅲ이나 다른 디그리에서 장학금으로 가르치거나 더 낮은 금액으로 가르치는 곳은 없다. 학생들은 적어도 1년 동안 마스터와 같이 실습을 해야 한다. 마스터에게 배운 사람이 레이키를 가르치기 시작할 때는 그 티쳐와 얼마간 같이 일해야 한다. 티쳐는 그에 대한 보수를 받는다. 새 티쳐는 처음에는 레이키Ⅰ만을 가르쳐야 하며, 그 다음에 레이키Ⅱ를 가르치는 것이 허용된다. 새로운 티쳐가 독립적인 티쳐가 되는 데는 몇 년이 걸린다.

타카타 여사가 사망한 전후로 한동안 그랜드 마스터만이 제자를 레이키Ⅲ에 입문시킬 수 있다고 생각되었다. 그녀의 제자들은 그들 스스로가 레이키Ⅲ 디그리였지만, 레이키Ⅰ과 Ⅱ만 가르쳤다. 전통적인 레이키 티쳐/마스터들이 다른 사람을 마스터 과정에 입문시킬 수 있는지도 몰랐다는 말을 나는 들었다. 그 마스터들이 스스로 마스터/티쳐를 양육할 수 있다는 것을 알게 되었을 때 많은 레이키Ⅲ 학생들이 훈련받기 시작했다. 하와요 타카타는 생애의 마지막 10년 (1970-1980) 사이에 22명을 레이키Ⅲ에 입문시켰다. 몇 년 후에는 총 250명의 우스이의 전통적인 레이키 마스터가 미국에 있었고, 전세계적으로는 7백 50명이 있었다. 지금은 아마 그보다 더 많을 것이다.

전통적으로 레이키Ⅲ을 훈련받은 일부 사람들이 수업료와 배타성에 대해 생각하기 시작했고, 몇몇 티쳐들이 수업료를 인하했다. 일부 티쳐들은 교수법을 개정하고 현대화하기 시작했다. 그 결과로 더 많은 레이키 마스터들이 나타나기 시작했고 레이키 교수법도 진화하고 있다. 나 자신의 고유한 레이키Ⅱ와 레이키Ⅲ의 훈련은 그런 마스터들과 교수법에서 나왔다. 이 마스터들은 수업료가 낮을 때 레이키가 더 많이 번성하고 이득이 될 수 있으며, 더 많은 티쳐들이 있는 것이 레이키에 이익이 된다는 것도 알아가고 있다. 전통적 레이키 조직들과 현대적인 레이키 마스터/티쳐들 간의 교류는 극히 드물거나 아예 없는 것 같다.

윌리엄 랜드가 인터뷰한 필리스 후루모토에 따르면, 우스이 미카오는 아주 느슨한 방식으로 레이키를 가르쳤고 단계로 나누지도 않았다. 하야시 츠지로는 전통적 교수법을 발전시켰으며, 하와요 타카타는 미국식 지불 방식을 정착시켰다. 레이키 협회는 타카타 여사의 사망 후 더 많은 규칙을 만들었다.[1] 레이키 협회에서는 타카타 여사의 딸인 후루모토를 그랜드 마스터라 불렀다. 그녀 스스로는 "그랜드 마스터라고 해서 내가 다른 레이키 힐러들 이상의 추가적인 레이키 능력, 추가적인 상징, 어튠먼트, 기술, 권위를 가지고 있는 것은 아니다."라고 말했다.[2] 그리고 덧붙였다.

> 많은 레이키 마스터들과 힐러들은 계보, 자격증, 그리고 "올바른" 조직의 회원 같은 것에 너무 민감해 보일 때가 많다. 중요한 것은 당신 자신이 레이키와 연관되어 있느냐 그렇지 않느냐이다. 연관되어 있다면 아무런 문제가 없다.[3]

레이키 상징들은 이 인터뷰에서도 언급되고 있으며, 후루모토는 오늘날 티쳐들마다 레이키 상징들이 다른 것을 알고 있다고 말했다. 그녀는 레이키의 상징들이 모든 티쳐들이나 힐러들에 따라 조금씩 다르게 그려질 필요가 없다고 했다. 그것들은 인식이 가능하게 그려져야 한다. 레이키 상징들을 사용함에 있어서 중요한 것은 상징의 의도이다. 그녀는 사람들이 손으로 그린 상징들을 비교했는데, 똑같이 그리는 사람이 없었다. 그렇지만 아무리 차이가 나도 거의 모든 사람들은 다른 사람의 상징을 읽을 수 있었다.

내 수업에서 학생들이 다른 형태의 상징들을 가지고 오면, 나는 그들에게 나의 상징들을 보여 주고 더 편한 것을 사용하라고 한다. 나는 혼-샤-제-쇼-넨의 네 가지 다른 버전을 보았고, 레이키 마스터 상징을 위해 여러 가지 선택 가능성이 뒤따른다. 그 상징의 모든 버전들이 강력하고도 적절하게 작용된다. 현재 진화하고 있는 레이키 교수법들도 마찬가지다. 전통적 체계는 레이키를 서구에 도입하고 가능한 순수하게 유지할 수 있게 한다는 점에서 높이 존중되어야 한다.

현대적인 레이키 티칭 체계들도 나름의 자리를 확보하고 있다. 그 체계들은 레이키를 발전시키기보다는 레이키가 과거와 매우 다른 시대와 문화에 더욱 적응하도록 돕는다. 이 힐링 체계는 인도와 티베트에서 발달되어 불교와 더불어

1. William L. Rand, "A Meeting with Phyllis Furumoto," in *Reiki News*, Spring, 1992, p.2.
2. 같은 책, p. 1.
3. 같은 책.

중국으로 건너왔고, 그 후 나머지 아시아 각국들로 전파되었으며, 일본을 거쳐 미국으로 건너왔을 것이다. 이 점을 기억하라. 기록으로 남아 있는 레이키 방식은 적어도 기원전 천 년 이상 거슬러 올라간다. 그러니 레이키의 역사는 적어도 삼천 년 이상인 것이다. 이 체계는 처음에 다른 행성에서 지구로 전해졌을지도 모른다. 레이키는 수천 년 동안 적응하고 변화하는 긴 과정을 거쳤다.

전통적으로 훈련받은 레이키 티쳐들과 힐러들 중 일부는 그들 자신의 방법이 아닌 다른 방법은 수용을 거부한다. 그들은 현대적인 방법으로 레이키 I을 훈련받은 뒤 그 이상의 디그리를 받기 위하여 자신에게 오는 학생들을 탐탁지 않게 여긴다. 심지어 비전통적인 방법으로 훈련받은 힐러들과는 레이키 공유 모임에 참여하는 것조차 거절한다. 나의 레이키Ⅲ 제자들 중 몇몇은 그들의 수업을 홍보하면서 이런 배타적인 사람들에게 괴롭힘을 당했다. 비전통적인 방법을 배운 학생들은 "그것은 진짜 레이키가 아니야."라거나 "잘못 배웠네."라는 말을 들었을 것이다. 만약 현대적 상징이 전통적인 티쳐들의 상징과 일치하지 않는다면, 학생들은 "그런 상징은 레이키 상징이 아니다. 그것들은 작용하지 않는다."는 말을 듣는다. 이 모두는 사실이 아니다. 그런 태도는 분명히 힐러의 윤리에 어긋날 뿐 아니라 또한 "레이키가 아니다."

사실 간단한 레이키 어튠먼트는 초보자를 반나절 수업만으로도 자격이 있는 힐러로 만들 수 있다. 힐러들은 절실히 필요하며, 세상에 힐러들이 많으면 많을수록 더 좋다. 모든 사람들이 이 지구 변화 시대에 고통을 받고 있으며 지구도 고통을 받고 있다. 한때 그랬듯이 레이키를 온 세상에 다시 퍼뜨리기 위해서는 어떤 레이키 교수법을 배웠든지 간에 더 많은 티쳐들이 절실히 필요하다. 이런 고통의 시대에 어떤 힐링 체계든지 도움이 되는 것을 제외하는 것은 도덕적이지 못하다. 더 나아가 어떤 방법도 "더 낫거나" "더 레이키적인 것"은 없다.

나는 레이키에 평생을 헌신할 수 있는 사람들로만 레이키 티쳐 훈련을 제한하는 것은 바람직하지 않다고 생각한다. 세상은 더 이상 그런 식으로 돌아가지 않는다. 몇 년 동안 훈련을 받을 수 있거나 훈련에 만 달러를 지불할 수 있는 사람은 드물다. 생계를 위해 레이키에 의지하는 것도 모든 사람들의 상황에 적합하지는 않다. 레이키 I과 레이키 II를 마쳤고 레이키 III을 진정으로 원하는 거의 모든 사람들에게 나는 레이키 III을 가르친다. 레이키에 헌신적이거나 눈에 띄게 힐링에 소질이 있는 사람에게 나는 종종 낮은 수강료를 받는다. 그리고 나의 학생들의 절반 이상은 보수 없이 가르친다. 이것은 세 단계 모두에 적용된다.

레이키의 세 디그리에는 각각 윤리가 있다. 레이키 I, II에서의 원리는 단순하다. 직접 힐링이든 간접 힐링이든, 레이키를 원하는 사람에게만 힐링을 해야 하며, 자유의지를 위반해서는 안 된다는 것이다. 레이키 III에서의 윤리는 돈이다. 레이키는 모든 사람들에게 번영과 장수, 웰빙을 가져다준다. 이런 것들은 사고팔 수 있는 가치들이 아니다. 티쳐나 힐러가 자신의 일로 생계를 유지할 권리가 있지만, 또한 알맞은 가격으로 힐링을 해 줄 책임도 있다. 개인적으로 가르칠 때, 나는 현재 레이키 I은 75달러, 레이키 II는 100달러, 레이키 III은 300달러를 받고 있다. 주말에 그룹으로 가르칠 때는 개인적으로 가르칠 때보다 더 낮은 가격을 받는다. 개인적으로 나는 힐링을 해 주는 일에 요금을 받지 않지만, 힐러들이 생계를 유지할 권리가 있다고 느낀다. 나는 내게 배운 힐러들에게 합리적인 수업료를 받고 장학금도 제공하라고 요청한다.

처음 가르치기 시작했을 때, 나는 레이키를 나 혼자만 간직하고 싶은 마음, 그리고 레이키를 통해 돈을 벌고 티쳐의 지위를 단순히 가르치는 책임 이상으로 만들고 싶은 마음 때문에 약 3주가량 갈등하는 기간을 거쳤다. 이런 식의 생각을 하는 나 자신이 역겹게 느껴졌지만, 그런 생각이 드는 것은 어쩔 수 없었다. 나는 항상 레이키 III을 최대한 많은 사람들에게 낮은 가격이나 무상으로 가르치길 원했으며, 마침내 이런 균형의 결핍이 지속되도록 허용할 수는 없었다. 얼마간 자기성찰을 거친 뒤, 이런 태도는 몇 주 안에 사라졌다. 그러나 나는 일부 현대적인 티쳐들이 가르치기 시작한 지 얼마 되지 않아 이런 식의 긍정적인 의도를 잊어버리는 것을 봐 왔다. 이기적인 욕심이 나의 학생들에게 일어나는 것을 경고하기 위해 지금 이 말을 하고 있는 것이다. 그런 생각을 버리고, 왜 당신이 레이키 티쳐가 되었는지를 기억하라.

나는 레이키 III 학생들에게 훈련 후에 집에 가져갈 수 있는 충분한 정보를 제공한다. 대부분은 복사물이다. 레이키Ⅱ에서도 그렇게 한다. 내가 그들을 가르칠 수 있고 또 가르치기는 하지만, 나는 진지한 학생들이 레이키 작업을 스스로 배워야 한다고 느끼길 기대한다. 나는 주말의 레이키 세 디그리 수업에서 레이키Ⅲ을 공개적으로 가르치며, 배우고 싶은 학생을 거절하는 경우는 거의 없다. 나의 레이키Ⅲ 제자들이 모두 진지한 티쳐들이 된 것은 아니지만, 대부분은 진지한 힐러가 되었다. 그들은 사용하기를 원할 때 선택할 수 있는 교수 기술도 가지고 있다. 나는 레이키Ⅲ 제자들에게 가르치는 일을 진지하게 생각해 보라고 요청한다. 가르칠 의사가 없다고 말한 제자들도 대개는 가르치게 되는 일이 많다. 그들은 수업을 개설하지는 않지만 가족이나 에너지가 필요한 사람들에게 가르친다. 이것은 레이키Ⅲ을 배울 학생들을 선택했던 전통적인 방법과 아주 다르다. 그렇지만 요즘 시대에는 이것도 괜찮다고 생각한다.

레이키Ⅱ를 가르칠 때, 나는 그들이 레이키Ⅲ까지 배우기를 진심으로 바란다고 말한다. 또한 그들이 자기 자신과 (동물을 포함한) 다른 사람들, 그리고 이 지구를 힐링하겠다고 결심할 때만 레이키Ⅲ을 배우라고 요구한다. 나는 수업을 제한하지는 않지만 수업마다 내가 체력적으로 감당할 수 있을 만큼의 사람들만 받는다. 학생 스스로가 결심할지 여부를 결정하며, 내 수업에 등록하면 나는 그 사람이 그렇게 하기로 결심했다고 믿는다. 가끔 학생들은 결심했다고 말하지만 실천하지 않는 경우도 적지 않다. 나는 디그리들 사이에 어떤 특정한 시간 간격을 요구하지 않는다.

주말 내내 가르칠 때, 나는 3일간에 걸쳐 레이키Ⅰ, Ⅱ, Ⅲ을 가르친다. 이것은 나 자신을 포함하여 관련된 모든 참가자들에게 상당히 고단한 과정이다. 레이키Ⅰ에서, 나는 학생들에게 다음 날 계속 배울 것인지 여부를 스스로 결정하라고 말한다. 만약 에너지에 너무 많은 영향을 받았거나 지식에 압도당했다고 느낀다면(레이키Ⅰ에서 자주 일어나는 일은 아니다), 레이키Ⅱ를 하기 전에 좀 기다리는 것이 최선일 것이다. 준비가 되었다고 느낀다면 더 나아가면 된다. 레이키Ⅱ에서는, 레이키Ⅱ를 한 후 뒤따르는 6개월 정도의 정서적 힐링 과정에 대해 주의를 주며 강조한다. 현재 진행 중인 정서적 트라우마를 가지고 있는 사람들은 좀 더 기다리고 싶어 할 것이다.

만약 어떤 학생이 어제 한 레이키 I과 오늘 한 레이키 II 이외에 아무런 다른 힐링 경험이 없다면, 그에게는 레이키 III을 나중에 하라고 말하고 싶다. 레이키 훈련 전에 경험이 있는 힐러이거나 사이킥적인 학생이라면, 혹은 적어도 이전 주말에 레이키 I을 했던 학생이라면, 나는 그 학생에게 스스로 선택하라고 맡길 것이다. 대부분의 사람들은 자신의 한계를 확실히 자각하고 있다. 디그리에 따라 적어도 몇 개월 정도의 시간을 두게 하는 것이 훨씬 긍정적이지만, 이렇게 해도 될 만큼 티쳐들을 항상 만날 수 있는 것은 아니다. 학생 자신이 준비되어 있는지 그렇지 않은지를 알 수 있을 것이며, 나는 그의 판단을 존중하고 받아들일 것이다. 어느 도시에서 레이키 주말 과정을 끝내고 떠날 때, 그 도시에는 적어도 몇 달 안에 가르칠 준비가 된 사람이 몇 명은 있을 것이다.

레이키 III을 가르치는 것은 두 가지 상징의 소개와 함께 시작된다. 두 상징 모두 어튠먼트 과정에 사용되지만, 힐링에는 하나의 상징만 사용된다. 모든 레이키 III은 어튠먼트를 주도록 하기 위한 것이다. 상징들은 이 과정의 일부분이다. 레이키 III의 두 가지 상징은 다이-코-묘와 라쿠이다. 다이-코-묘는 힐링에 사용된다. 이것은 또한 레이키 어튠먼트를 전달하는 상징이다. 라쿠는 어튠먼트 과정에만 사용되며, 다른 목적으로는 사용되지 않는다. 타카타 여사는 이것을 사용하지 않았다. 다이-코-묘는 두 가지 다른 버전이 있다는 점이 독특하다. 하나는 전통적인 것이며, 다른 하나는 그렇지 않다. 나는 현대적인 상징을 선택하여 가르치지만, 그것이 어디에서 비롯된 것인지는 모른다.

내가 처음으로 레이키 III을 연구하기 시작했을 때, 한 지인이 나에게 전통적 다이-코-묘를 메일로 보내 주었다. 나는 레이키를 가르치던 첫해에 그것을 사용했다. 그 전통적인 상징 자체가 나에게는 몇 가지의 변형으로 보였지만 하나의 기본형은 있었다. A. J. 멕켄지 클레이는 그의 책 《One Step More for Reiki》 (New Dimensions, 1992)에서 그 버전을 그림으로 제시했다. 나는 그것을 한동안 가르쳤는데, 레이키에 관한 대부분의 정보를 내게 가르쳐 준 나의 레이키 II 티쳐가 내게 어떤 다이-코-묘를 사용하고 있는지 물었다. 내가 사용하고 있는 상징을 복사해서 보내자, 나의 티쳐는 현대적인 상징을 사용해 보라고 권유하였다. 그러나 내가 사용하고 있는 상징이 효과가 있었기 때문에 현대적인 상징을 사용할 마음이 일어나지 않았지만, 나의 티쳐가 권유한 상징을 사용해 보았다. 일단 그렇게 하자, 나는 다시는 전통적 상징으로 되돌아가지 않게 되었다.

새로운 상징은 굳이 기억할 필요가 거의 없었다. 이미 알고 있던 상징 같았기 때문이다. 처음 보았을 때 든 생각은 "역시 신의 곡선이구나."였다. 새로운 상징을 어튠먼트에 사용하면서 나는 그것이 전통적 다이-코-묘보다 훨씬 강력하며 훨씬 더 쉽게 흘러간다는 것을 발견했다. 내가 학생들에게 전통적인 상징과 현대적인 상징을 둘 다 사용해 보면서 그들에게 비교해 달라고 했을 때, 모두가 새로운 상징을 더 좋아했다. 나에게도 그랬듯이 새로운 상징이 사람들에게 좀 더 확실하고 간단하고 강한 느낌을 주는 것 같았다. 두 가지 상징을 한동안 번갈아 사용해

다이-코-묘

전통적 버전

다이-코-묘

그리는 방법을 화살로 표시한 전통적 버전

다이-코-묘

여러 변형들

티베트의 마스터 상징(왼쪽)과 수냐타 레이키 마스터 상징(오른쪽)

다이-코-묘 변형 [4]

본 뒤, 나는 현대적 다이-코-묘를 사용하기로 결정했다.

수잔 와그너와 채널링 세션을 하는 동안, 한 학생이 새로운 상징 형태에 대해 물어보았다. 나는 그때 그 세션에 있지 않았고 나중에 비디오를 보았는데, 채널링에 참가했던 레이키 가이드들은 다음과 같이 말하였다. "새로운 다이-코-묘가 오늘날에 더 가깝고 더 잘 맞는 버전이다. 오래된 상징은 구시대의 에너지에 더 잘 맞는다. 어튠하고 힐링할 때 전통적 상징을 사용하고 싶은 사람들이 있을 것이다. 직관에 따라 해야 한다."고 말했다. 그러나 대체로 마스터들은 새로운 상징이 우선적으로 사용되어야 한다고 권유한다. 전통적 다이-코-묘와 현대적 다이-코-묘가 둘 다 이 장에 나온다. 나는 사람들에게 둘 다 시도해 보고 자신의 에너지와 필요에 가장 잘 맞는 것을 택하라고 한다.

일단 당신이 레이키Ⅲ의 다이-코-묘를 알게 되면, 그것은 모든 힐링에 사용될 수 있다. 그것을 멀리 보냈을 때, 나는 다이-코-묘가 힐러의 가슴 짜끄라로부터 힐링 받는 사람의 가슴 짜끄라로 빠르게 가는 것을 발견한다. 대개 원격 힐링에는 항상 혼-샤-제-쇼-넨을 사용하지만, 종종 다이-코-묘가 힐링에 필요한 유일한 상징이 되는 경우도 있다. 이 상징을 거꾸로 하여 사용하면, 몸에서 부정적 에너지를 끌어내 방출한다. 다이-코-묘는 영혼을 힐링하는 것이다. 각각의 레이키 상징들은 진동하고 있는 몸들 중 하나를 목표로 하고 있다. 초-쿠-레이는 신체적 몸과, 세이-헤-키는 정서적 몸과, 혼-샤-제-쇼-넨은 정신적 몸과 가장 강하게 공명한다. 다이-코-묘는 영적인 몸 수준에서 작용한다.

이것은 엄청나게 강력한 힐링이다. 그것은 가장 높은 근원으로부터, 일차적인 원인으로부터 질병을 힐링한다. 영적인 몸의 수준들은 신체가 생성되는 청사진 혹은 형판(template)을 포함한다. 이 수준의 힐링은 근본적인 변화를 일으킨다. 이런 유형을 보통 "기적"이라 한다. 레이키 힐러들은 매 세션에 이런 "기적"을 본다. 다이-코-묘는 기적을 일어나게 하며, 생명의 변화가 여기서 일어난다. 다른 상징들과 마찬가지로 직관이 그것을 사용하라고 하면, 직접 힐링에 다이-코-묘를 사용하라. 나는 모든 상징들 중 이 상징을 가장 자주 사용한다.

나는 원격 힐링에 네 가지 상징 모두를 자주 사용한다. 다이-코-묘를 첫 번째 근원으로 시작한 뒤, 혼-샤-제-쇼-넨을 보내라. 그 다음에는 초-쿠-레이를 더하고, 이어서 세이-헤-키를 사용하라. 마지막으로 다이-코-묘를 반복하라. 이 상징을 보내면 이것이 종종 아스트랄의 장미 색깔로 변하기도 하고 때로는 메탈 금속성의 골드색으로 변하기도 한다. 이 상징을 보내면 가만히 있지 않고 움직이며 돌고 진동한다. 나는 이 상징이 (여)신/근원

4. 레이키Ⅲ 상징의 다른 버전이 실린 책: *One Step Forward for Reiki* by A. J. Mackenzie Clay (NSW, Australia, New Dimensions Press, 1992). p.38.

비전통적 다이-코-묘

그리는 방법

비전통적 다이-코-묘

의 에너지를 힐러라는 매체를 통해 힐링 받는 사람에게 직접적으로 그리고 강력하게 전달하는 것을 느낀다. 이 상징은 힐링 받는 사람에게 필요한 모든 것을 운반한다. 이것은 이 지구상에서 이용이 가능한 에너지 중 가장 강력한 힐링의 에너지이며, 확실히 가장 긍정적인 에너지이다.

자기 힐링을 위해서는 다이-코-묘를 타인 힐링의 방식과 똑같이 하면 된다. 당신의 가슴 짜끄라 위로 투사하고 다른 상징들과 함께 그것을 시각화하라. 자기 힐링과 신체에 기의 흐름을 증가시키기 위해 이 상징을 사용하는 기공 수련도 있다. 이것은 하라 라인의 흉선 짜끄라를 자극하고 신체 면역 기능을 강화시킨다. 등을 곧게 펴고 선 자세에서 다음과 같은 방법으로 하루에 두 번 수련을 하라.

먼저 그림에 있는 지점을 찾아라. 그것은 등의 양날개인 견갑골에 있는 움푹 들어간 곳에 있다. 손에 레이키 에너지가 모이거나 따뜻해질 때까지 손을 비벼라. 그 다음 한쪽 어깨 위의 그 지점을 반대쪽 손의 손가락 끝으로 마사지하기 시작하라. 시계방향의 동작으로 하라. 약 1분 동안 마사지한 뒤, 다이-코-묘의 상징을 시각화하기 시작하라. 300회까지 마사지하라. 반대쪽 어깨 위의 같은 지점도 찾아서 반복하라.

이 운동을 양쪽 어깨에 세 번씩 하라. 마지막으로 오른손으로 느슨하게 주먹을 쥐어라. 가볍고 부드럽게 가슴뼈 바로 위의 가슴을 25번 두드려라. 그렇게 하는 동안 계속 다이-코-묘를 그려라. 이 수련 전부를 하루에 두 번 하라. 나는 이 운동의 기원을 모르지만, 가슴샘을 두드리는 것이 그곳을 자극하고 강화한다는 것은 알려져 있는 사실이다. 흉선의 강화에 관한 책을 보고 싶다면 존 다이아몬드의 《Your Body Doesn't Lie》(Warner Books, 1979)를 참고하라. 다이아몬드는 위의 운동과 유사한 운동을 "가슴샘 두드림"이라고 불렀다.[5]

다이-코-묘

면역 기능의 강화

다이-코-묘의 다른 사용법들도 있다. 크리스탈들을 정화하고 충전하며 프로그램하며, 그것들이 스스로 정화하도록 요청하기 위해 네 가지 상징을 시각화하라. 이를 위해 크리스탈이나 보석을 손바닥 사이에 잡고서 그것에 레이키 에너지를 보내라. 먼저 다이-코-묘를 시각화한 뒤, 이전에 흡수한 모든 부정성과 고통을 정화하기 위해 세이-헤-키를 시각화하라. 다음에는 초-쿠-레이를 보내 크리스탈을 프로그램하는 데 사용하라. 하나의 목적을 위해, 예를 들어 힐링을 위해 그것에 집중하라. 만약 자기 힐링이나 타인 힐링을 위해 그 크리스탈을 사용하고자 한다면 혼-샤-제-쇼-넨을 덧붙여라. 마지막으로, 그 크리스탈이 앞으로는 스스로 자기를 정화하도록 요청하면서 다이-코-묘를 다시 한 번 시각화하라. 그러면 그 크리스탈은 스스로 정화하게 될 것이다. 그렇지 않으면 최대한 자주 정화해 주어야 할 것이다. 크리스탈이 스스로 정화하게 되면 훨씬 덜 자주 정화해도 된다. 이를 알아보기 위해 펜듈럼으로 테스트해 보라.

꽃이나 보석수를 만들 때, 나는 물과 꽃(혹은 보석)이 태양을 흡수하는 동안 그것들에 다이-코-묘와 초-쿠-레이를 추가한다. 나는 내가 만든 엘릭시르(elixir; 영약)가 대단히 강력한 효과가 있다는 말을 들었는데, 그것은 다이-코-묘 때문이라고 확신한다. 이것을 의약과 생약, 동종요법 약 등을 충전하는 데도 사용하라. 이 상징만으로 충분할 경우가 많다. 나는 레이키를 할 때마다 대개 시작과 끝에는 다이-코-묘를 사용한다. 이 에너지는 강하고 깊게 흐른다. 다이-코-묘는 티처에게서 학생에게 레이키 어튠먼트를 전달하고 보내는 상징이다. 어튠먼트 과정에 관한 정보는 다음 장에 나온다.

다른 상징들과 마찬가지로 다이-코-묘는 반드시 외워야 하고, 모든 선을 순서에 맞게 정확히 그릴 수 있어야 한다. 나선형 모양의 다이-코-묘는 전통적인 상징보다 훨씬 더 간단하다. 과거의 다이-코-묘가 나의 에너지와 공명하지 않은 이유는 외우는 데 너무 많은 시간이 걸렸기 때문일 것이다. 외우는 데 몇 주일이나 걸렸다. 현대적 다이-코-묘는 처음 보자마자 나의 것이 되었다. 암기할 필요조차 없었다. 나는 이미 그것을 알고 있었기 때문이다. 다시 한 번 말하지만, 내가 이용한 상징들의 변형들은 이 장에 인쇄되어 있다 당신에게 가장 잘 맞는다

5 John Diamond, MD, *Your Body Doesn't Lie* (New York, NY, Warner Books, 1979), pp. 50–53.

고 느끼는 상징을 사용하라. 모든 버전들은 작동한다.

나선형에 대한 기공의 정의를 알아보는 것은 흥미롭다. 나선형은 항상 (여)신의 에너지에 대한 상징이었다. 중심으로부터 시계방향으로의 나선형 움직임은 중앙으로 기를 압축하는 것이다. 현대적인 다이-코-묘는 이런 식으로, 즉 중앙으로부터 바깥쪽으로 시계방향으로 움직이는 것으로 그려진다. 시계반대방향으로 나선형을 그리면, 안쪽의 기가 신체 너머에 있는 기와 접촉하기 위하여 확장된다. 그 확장이 완성되면 방향은 자동적으로 바뀌면서 기를 안쪽으로 가져온다. 나선형은 다른 에너지들을 끌어당기는 에너지 소용돌이를 일으킨다. 웅덩이의 잔물결에서부터 허리케인에 이르기까지, 자연은 나선형으로 움직인다. 기공에서는 건강과 힐링을 위해 기를 모으고 압축하는 데 나선형을 사용한다.[6]

위카에서 나선형은 입문의 미로이다. 이것은 계절의 바퀴가 지나가는 길이며, 출현과 부활의 장소이다. 시계반대방향이 분산과 풀림을 나타내는 반면, 시계방향의 나선형은 창조 에너지를 오게 한다. 스타호크는 자신의 책 《The Spiral Dance》(Harper and Row Publishers, 1979)에서 2개의 나선형을 창조의 중심인 불교의 공(空)으로 나아가게 하는 미로 혹은 미궁으로 비유한다.

당신이 나선형을 따라 나아감에 따라, 세상이 사라지고 형태가 사라지며, 마침내 당신은 탄생과 죽음이 하나인 숨겨진 가슴속에 있게 된다. 나선형의 중심이 빛나는데, 그것은 북극성이며, 나선형의 가지들은 은하수이며, 고요한 중심점의 주위를 천천히 도는 무수한 별들이다. ……당신은 자유롭게 떠돌면서 여신의 자궁 안에 있다. 이제 당신은 재탄생의 질 통로인 나선 밖으로 밀려나며 이동한다. 그것을 느껴라. 당신의 DNA의 이중 나선을 통해 시계방향으로 움직여라.[7]

현대적인 다이-코-묘는 이중 나선이다.

레이키Ⅲ의 또 다른 상징은 라쿠(Raku)이다. 타카타 여사는 이 산스끄리프 상징을 사용하지 않았지만, 미국의 거의 모든 레이키 마스터들은 오늘날 라쿠를 사용하고 있다. 그러나 대부분의 마스터들은 이 상징의 그림에 대해 잘 모르고

6 Mantak and Maneewan Chia, *Awaken Healing Light of the Tao*, PP. 119-121.

7. Starhawk, *The Spiral Dance: A Rebirth of the Ancient Religion of the Great Goddess* (San Francisco, Harper and Row Publishers, 1979), PP. 60-67.

그 중요성도 깨닫지 못하는 것으로 보인다. 이것은 힐링 작업에는 사용되지 않고 있으며 오직 어튠먼트를 줄 때만 사용된다. 이 상징은 번갯불처럼 생겼다. 나에게 주어진 라쿠의 정의는 "불을 모으는 것"이었다. 어튠먼트를 끝마칠 때, 라쿠는 레이키 에너지를 받는 사람을 그라운드시키는 데 사용된다. 대부분의 레이키 마스터들이 이 상징에 대해 알고 있는 것은 이것이 전부이다. 사실은 더 많은 것이 있다. 이것은 하라 라인을 활성화시키며, 학생이 기 통로를 통해 레이키 에너지를 가져와서 그것을 하라 중심(단전 혹은 배꼽) 안에 모이게 한다.

어튠먼트가 진행되는 동안 티쳐의 오라와 학생의 오라가 합쳐지며, 오라가 합쳐지는 동안 그 이상의 어떤 일이 일어난다. 이 잠깐 동안에, 레이키 가이드들은 레이키 디그리와 어튠먼트를 받는 사람의 부정적 까르마를 사라지게 하는 데 에너지를 사용한다. 티쳐는 과정을 진행하면서 그 자신의 오라를 통해 놓여나는 것을 받고 그것을 그라운딩시킨다. 그렇지만 그는 대개 이것을 전혀 자각하지 못한다. 어튠먼트의 마지막에는 라쿠를 사용함으로 오라를 서로 분리시킨다. 그것은 또한 어튠먼트를 받는 사람과 티쳐에게 이전보다 훨씬 많은 원기를 주게 된다. 어튠먼트 과정 이후 자주 뒤따르는 신체적, 정서적 정화는 이 과정 동안에 일어나는 까르마의 해소 덕분이다.

현재 모든 상징들에 다수의 변형들이 있지만, 흥미롭게도 라쿠에는 단 하나의 변형만이 있다. 그 변형은 번쩍이는 번개의 들쭉날쭉한 선을 부드럽게 한 파도 모양이다. 이런 식으로 그리면, 그 상징은 뱀 모습의 꾼달리니 파워가 된다. 그러나 이 번쩍이는 번개 모양은 바즈라야나 불교의 바즈라, 즉 티베트 대승 불교의 금강승의 상징이기도 하므로 들쭉날쭉한 모습으로 그리는 것이 더 맞는 것 같다. 라쿠는 다이-코-묘의 두 개 나선의 양끝 사이에 있는 입구 안의 작은 형태이다.

도처에 있는 나의 레이키Ⅲ 제자들은 모든 "새로운" 레이키 상징들을 나에게 가져온다. 그들은 잃어버렸던 것들을 찾아냈다고 말한다. 이것들 중 많은 것은

라쿠

번쩍이는 번개, 불을 모으는.
(어튠먼트를 전달할 때만 사용)
화살표는 그리는 순서이다.

불교나 산스끄리뜨에서 온 에너지 상징들로서 그 자체로는 긍정적이지만 레이키의 형태는 아니다. 로렐 스테인하이스의 채널링에서 우리는 여러 상징들이 지구로 돌아올 것이라는 말을 들었다. 그것들 중 첫 번째는 아마도 눈에 있는 에너지 중심들을 켜기 위한 상징일 것이다. 그러면 레이키를 레이저처럼 이용할 수 있다. 사이킥이 발달한 많은 힐러들은 의식적인 상징 없이도 이렇게 하는 법을 배운다. 현대적인 다이-코-묘는 유일하게 비전통적인 형태의 레이키 상징으로 보이지만, 다른 상징들의 일부를 아래에 제시한다.

비 레이키 상징

사

옴

토

라쿠, 뱀 모양의 버전

제3의 눈

가슴

골반

홍

팜(palm) 마스터 상징

가

오즈라

나는 이것들을 레이키의 상징으로 여기지 않는다. 그렇지만 그것들 중 몇몇은 논란의 여지가 있다. 옴은 산스끄리뜨 상징이며 우주를 창조한 소리를 나타낸다. 서너 개의 다른 산스끄리뜨 상징들도 그림으로 제시했다. 모두가 힐링 에너지이다. 팜(Palm; 손바닥) 마스터 상징은 짜끄라들과 수슘나를 통하여 흐르는 에너지의 길을 나타내며, 아마도 입문의 형태일 것이다. 딴뜨라 불교의 조소를 보면 붓다의 손바닥에 많은 유사한 상징들이 새겨져 있다. 상징들의 한 가지 시리즈는 자궁 패턴이라고 불리며, 그 상징들 자체는 씨앗 소리인 비자(Bija)라고 불린다. 그것들은

비 레이키 싱징(계속)

조레
흰 빛

론 세이
감염 부정성

조나르
무한, 시간 없음, 영원, 전생, 까르마와 차원 간 이슈들에 잘 작용

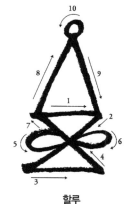

할루
사랑, 진실, 아름다움, 조화, 균형, 더 깊은 힐링의 빛. 할루는 힘이 증폭된 조나르이다. 꼭대기에 있는 큰 피라미드는 높은 정신적 에너지를 상징.

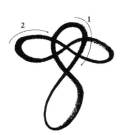

렌 소 마이
순수한 사랑

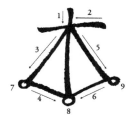

하쓰
사랑, 진실, 아름다움, 조화, 균형. 이것은 힐링과 사랑이 흐르는 가슴의 상징이다. 그것은 3차원적 피라미드이다.

요드
이 상징을 그릴 때, 신의 손을 상징하는 위의 큰 선을 그냥 그려라. (그것 안으로 언약의 방주가 흐른다). 우리는 이 에너지를 가지고 있지 않다. 우리는 가슴의 에너지를 관리하는 사람이다.

절대자의 언어라고 여겨진다. 딴뜨라 불교 의식에서 중요한 역할을 하는 비자들의 진정한 의미는 오직 입문자들에게만 알려진다. 스투파(Stupa)에 그려진 비자들은 다섯 가지 원소를 의미할 수도 있다. 스투파는 탑 모양의 건물로서 파고다 스타일 탑의 앞선 형태이며, 본래 그 모양으로 원소들을 보여 준다.[8] 혼-샤-제-쇼-넨은 스투파의 모양과 많이 닮았다.

나는 캘리포니아에서 하쓰(Harth), 조나르(Zonar), 할루(Halu), 요드(Yod)를 포함하는 상징들을 접했다. 이것들은 레이키 상징들과 함께 사용되도록 고안되었다. 이것들을 사용하는 것은 확실히 긍정적이지만, 이것들 중 하나 때문에 나는 아주 나쁜 경험을 했다. 내가 어떤 여성에게 이 상징들을 보여 주자, 그녀는 하쓰를 선택했다. 그녀는 그것을 부정적으로 사용하기 시작했고, 보호를 위한 것이라고 설명하면서 검은 사이킥 피라미드를 만들어 사용하기 시작했다. 이것들은 나의 오라와 집에 자리 잡았으며 다른 이들의 오라와 집에도 자리 잡았다. 그것들은 전혀 긍정적이지 않았다. 그 대신에 그 피라미드들은 마땅히 보호해야 할 사람이나 장소를 자기 안에 가두고 억압해 버렸다. 어떤 사이킥 에너지도 그 구조물을 떠날 수 없었으며, 이것은 일상적인 교류를 방해했다. 또한 들어오고 나가는 평소의 에너지 흐름도 막아 버렸다. 부정적 에너지가 그것들 안에서 정화되더라도, 상징이 그것을 가두고 있었기에 흩어지지 않고 되돌아오기를 반복했다.

나는 처음부터 이 상징이 불편하게 느껴져서 그 여성에게 사용하지 말라고 했지만, 그 여성은 고집을 부렸다. 이 피라미드들은 완전히 발달한 사이킥 공격이었다. 그리고 내 정서들과 집에 많은 스트레스와 부정적 영향을 끼치는 원인이 되었다. 마침내 이것을 알게 되었을 때, 나는 이것을 없애기 위해 다른 힐러와 함께 작업을 했다. 하지만 이 검은 피라미드들을 해체하거나 제거하려는 어떤 시도도 먹혀들지 않았다. 수없이 실패한 뒤, 우리는 제3의 눈으로부터 보낸 라쿠들이 이 피라미드들을 해체할 수 있다는 것을 알았다. 그러나 이것들은 해체되어도 즉각 다시 만들어졌다. 마침내 우리는 라쿠들을 집중적으로 사용하여 이것들을 분해시켰고, 밑에서 라이트 스크린(light screen)을 이용해서 그것들을 들어올려 지구 밖으로 보내 버렸다. 집과 나를 이 에너지로부터 완전히 벗어나게 하는

8 Pierre Rambach, *The Secret Message of Tantric Buddhism* (NY, Rizzoli International Publications, 1979). pp. 60-67.

데 수개월이 걸렸다.

나는 이 상징이 원래의 의도와 달리 부정성으로 왜곡되었다고 짐작한다. 그 이후로는 상징이 완전히 이해되지 않으면 "새로운" 상징을 실험하는 것을 피했다. 제자들에게는 이런 알려지지 않은 에너지를 사용하지 말라고 하지는 않으며 단지 주의해서 사용하라고 말한다. 진정한 레이키의 상징들은 부정적으로 사용될 수 없으며 방어체계를 내재하고 있다. 어느 채널링 세션에서는 원래 삼백 개의 레이키 상징들이 있었는데, 그 중 22개가 일상에서 사용되고 있었다는 말을 들었다. 그것들은 티베트와 인도 도서관에 보관되어 있다. 때가 되어 서구와 레이키가 그 상징들을 다시 가져오면, 우리는 의심 없이 그것들이 진정한 레이키 상징이라는 것을 알게 되는 방식으로 받게 될 것이다. 또한 그것들을 사용하는 방법도 배우게 될 것이다. 이것들을 미리 보는 것은 개인들에게 사이킥적으로 그리고 내적으로 주어지는 개인적인 상징으로 보인다. 이것들은 사용될 수도 있지만, 적어도 안전하게 조사되어야 할 것이다.

레이키 상징으로 사용되고 있는 또 하나는 안타카라나이다. 티베트에서 온 상징으로 명상과 힐링에 사용된다. 앨리스 베일리와 다른 저자들은 이 상징이 수천 년 동안 의식(儀式)에 사용되었다고 한다. 마사지 테이블 아래에 두고 힐링을 하면, 이 상징은 레이키나 다른 힐링 에너지들을 모아 증폭시킨다고 한다. 이 상징은 또한 신체적 뇌를 정수리 짜끄라와 연결시키며, 모든 짜끄라들과 오라에 긍정적인 영향을 미친다고 한다. 이 상징을 명상하면 소주천이 자동적으로 시작되어 기를 중앙 에너지 통로들과 신체에 보낸다. 명상을 하는 동안 이 상징은 바뀌고 변화하여 다른 이미지들로 진화하는 것 같다. 안타카라나는 사람이나 물건들이 지니고 있는 부정적 에너지를 방출하는 데 사용될 수 있으며, 크리스탈을 정화하는 데도 사용될 수 있다.[10]

정사각형 나무판자에 새겨진 안타카라나의 홀로그램 표상을 본 적이 있다. 이 상징을 보여 준 사람들이 모두

9 1991년에 나는 William L. Rand가 지은 *Reiki: The Healing Touch, First and Second Degree Manual*의 초판 혹은 원고의 복사본을 받았다. 그 책의 현재 판본에는 부록을 포함한 일부 자료가 실려 있지 않은데, 나는 현재 그 자료를 가지고 있다. 안타카라나에 관한 이 자료와 그림은 그 부록의 8-13쪽에 실려 있던 것이다.

10 같은 책.

안타카라나[9]

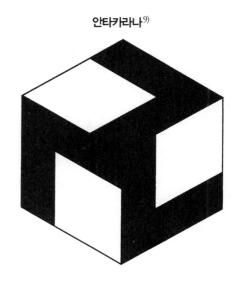

중서부 지방 사람들인 것을 보면, 이것은 중서부에서 사용되는 것 같다. 이 상징의 모습은 긍정적이고 신성한 느낌을 준다. 그것은 사라진 레이키 상징들 중의 하나는 아니지만, 그것을 사용하면 긍정적인 효과를 발휘한다. 그것은 부정적으로 사용될 수 없는 상징이라고 한다. 그 에너지가 그렇다는 것은 오랜 세월 동안 수많은 힐러들에 의해 증명되었다.

눈여겨볼 또 하나의 사이킥 상징 시리즈가 있다. 이것은 프랭크 호먼의 책 《Kofuto Touch Healing》(Sunlight Publishing, 1986년)에서 계발한 11가지 상징 시리즈이다. 매우 현대적으로 보이는 이 상징들은 신체에 대한 손의 위치 시리즈와 더불어 이 책에 주의 깊게 제시되어 있는데, 이 위치들은 레이키의 위치들이기도 하다. 이 상징들은 레이키 형태들이 아니지만 확실히 작용을 하는 유용한 힐링 상징들이다. 이 상징들은 개수가 많고 복잡하기에 기억하기가 쉽지 않을 것이다. 나는 그것들이 레이키 상징들만큼 강하다고 느끼지는 못했지만, 그래도 여전히 유효하다. 일부 학생들은 이것들에 관심이 갈지도 모른다. 그것들은 긍정적이다.

여기까지가 레이키Ⅲ을 위한 상징들이다. 두 가지 레이키 상징이 이 장의 목적이며, 학생들은 다이-코-묘의 현대적 버전과 전통적 버전 중에서 하나를 선택할 필요가 있다. 라쿠도 제시되어 있다. 이 책의 나머지 장에 두 가지 상징에 관한 더 많은 논의가 있을 것이다. 나는 다른 상징들과 비(非)레이키 이외의 상징들도 조사해서 제시했다. 새로운 레이키 티쳐들은 수없이 넘쳐나는 새로운 상징들을 접할 것이다. 그러므로 그들은 그 상징들을 다루는 방법과 로드맵이 필요할 것이다. 이런 비레이키 상징들에 대해 이 책에서는 더 이상 논의하지 않는다. 일단 레이키Ⅲ의 상징들과 그것들의 힐링 용도에 익숙해지면 어튠먼트를 줄 때 그것을 사용할 수 있다. 어튠먼트와 입문 과정은 레이키 힐링 체계에서 일어나는 주요한 "기적"이다.

제8장
어튠먼트 전달하기

레이키 I을 시작할 때, 학생들은 종종 어튠먼트가 무엇인지 묻는다. 나는 그것을 기적이라고 밖에는 설명할 수 없다고 말한다. 그리고 만일 그들이 직접 어튠먼트를 받은 뒤 더 명쾌한 정의를 해 줄 수 있다면, 나는 그 정의를 듣고 싶다고 말한다. 그러나 어튠먼트를 전해 주거나 받은 사람들 중 아직까지 더 나은 정의를 내린 사람은 보지 못했다. 어튠먼트는 경험해 봐야 한다. 그것은 좌뇌의 방식으로는 설명할 수가 없다. 아무도 어떻게, 왜 레이키 어튠먼트가 작동하며, 왜 손 동작의 조합, 호흡과 꾼달리니의 조절이 그런 심오한 효과를 발휘하는지 모른다. 레이키 어튠먼트를 받은 사람들은 어튠먼트가 삶을 변화시킨다는 것을 안다. 많은 사람들에게 그것은 자신의 삶에서 일어난 가장 즐거운 어떤 것이며, 그것을 전하는 대부분의 사람들은 그 과정에 경외심을 갖게 된다.

다른 접촉 힐링 체계와 레이키의 차이점은 어튠먼트에 있다. 다른 체계들도 짜끄라 위에 올려놓는 손 위치들을 이용하며 기 에너지를 다룰 수 있겠지만, 오직 레이키만이 어튠먼트 과정의 놀라운 혜택을 보게 한다. 전통적 레이키의 훈련에서는 레이키 I에 네 번의 어튠먼트가 있고, 레이키 II와 III에 한 번의 추가적인 어튠먼트가 있다. 레이키 I의 네 가지 어튠먼트는 각각 다르다. 비전통적 방법에서는 똑같은 조합의 어튠먼트가 세 단계 모두를 위해 한 번만 사용된다. 이 한 번의 어튠먼트는 여러 가지 다른 과정을 대신할 만큼 충분히 강력하다. 두 가지 방법은 훌륭하게 작동한다. 어느 방법으로 어튠먼트를 받든 그는 힐러가 된다.

레이키 어튠먼트는 하라 라인을 열고, 기 보유 용량을 확장하며, 에너지가 막힌 곳을 열어 준다. 그리고 하라 라인 짜끄라들과 에테릭 더블에 있는 짜끄라들을 맑게 해 주고 균형 잡아 준다. 어튠먼트를 전달하는 동안, 다섯 가지 레이키 상징을 운반하는 천상의 기 에너지가 정수리로부터 어튠먼트를 받는 사람의 가슴으로 이동한다. 또한 지구의 기가 다리와 아래쪽 중심들을 통해 끌어올려져서 가슴까지 가게 된다. 하라 중심에 있는 원기가 다시 채워지고 보충되며, 에너지의 충분한 사용을 방해하는 장애물이 제거된다. 이런 일이 일어나는 데는 몇 분도 채 걸리지 않는다.

어튠먼트는 일종의 까르마 변제이다. 어튠먼트 과정이 진행되는 동안, 어튠먼

어튠먼트를 받는 방법

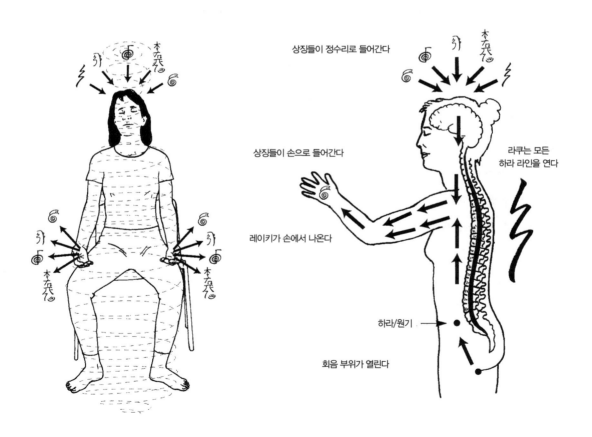

상징들이 정수리로 들어간다

상징들이 손으로 들어간다

라쿠는 모든 하라 라인을 연다

레이키가 손에서 나온다

하라/원기

회음 부위가 열린다

트를 받는 사람의 부정적 까르마는 마치 힐러가 되는 데 대한 보상인 것처럼 그 사람으로부터 걷혀진다. 이런 일이 일어나는 이유는, 어튠먼트를 전달하는 동안에 마스터/티쳐의 극도로 상승된 에너지 수준이 어튠먼트를 받는 사람의 기 수준을 상승시키기 때문이다. 이 일은 마스터가 그런 결과를 만들려고 의도하지 않아도 자동적으로 일어난다. 마스터로부터 일어나는 것이 아니라 그를 통해서 일어나는 것이다. 여기에 에고는 개입되지 않는다. 마스터는 단순히 신체를 움직일 뿐이며, 모든 일은 저절로 일어난다.

어튠먼트 과정은 오늘날 지구에 있는 가장 심오한 일들 중 하나일 것이다. 단순한 동작들을 행하는 것만으로 새로운 힐러가 만들어진다. 아니, 일깨워진다는 말이 더 나은 표현일 것이다. 레이키를 할 수 있는 능력은 인간의 유전자 코드의 일부이며 DNA에 담겨 있다. 어튠먼트는 어두운 방에 불을 다시 켜는 것이며, 한때 보편적이었지만 지금은 대개 상실된 능력에 다시 연결해 준다. 레이키는 이 지구인들을 진화시키는 주요한 힘이기도 하다. 어튠먼트는 우리의 깨진 DNA를 힐링한다. 그래서 지구인들이 잃어버리고 있던 정보의 '빛'에 다시 연결해 준다.

레이키 어튠먼트를 받는 사람들은 누구나 저마다 무엇인가를 경험한다. 색깔들을 보거나, 감각들을 느끼거나, 전생의 자신을 지켜보거나, 영혼의 가이드들과 연결되거나, 행복감과 기쁨으로 가득 채워진다. 눈물을 흘리거나 웃음을 터뜨리는 사람도 있다. 어떤 사람들은 아무런 느낌이 없다고 하면서도 빨개진 얼굴로 크게 미소를 짓는다. 그들을 보면 에너지가 열렸다는 것을 분명히 알 수 있다. 대부분의 사람들은 레이키 힐러의 매우 뜨거운 손을 즉각 갖게 되겠지만, 어떤 사람들은 그런 손을 갖기 위

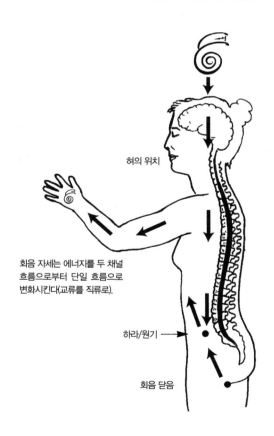

어튠먼트를 전달하는 방법

혀의 위치

회음 자세는 에너지를 두 채널
흐름으로부터 단일 흐름으로
변화시킨다(교류를 직류로).

하라/원기

회음 닫음

해 수업을 더 많이 받아야 할 수도 있다. 이런 일은 그들이 힐링을 하기 위해 손을 처음 올려놓을 때 일어난다. 나는 아기에게 어튠먼트를 전달할 때에도 손이 뜨거워지는 것을 느낀 적이 있다. 아기의 손에 직접 상징들을 올려놓지 않을 때도 그러했다. 전에 한 여성이 나의 책 사인회에 와서 사인을 받은 뒤 나와 악수를 하고는 말했다. "당신은 레이키를 가지고 있군요." 나는 그녀에게 어떻게 그것을 아느냐고 물었다. 나는 그녀를 가르친 적이 없었기 때문이다. "손이 따뜻하니까요. 당신은 적어도 레이키 II 디그리는 된다고 생각해요."라고 그녀가 답했다. 나는 그 당시 레이키 II 디그리였다.

어튠먼트를 주는 사람 역시 줄 때마다 뭔가 다른 것을 느낀다. 그러나 전반적인 느낌은 큰 기쁨이다. 이 과정은 몸을 기 에너지를 위한 피뢰침으로 전환시키며, 기 에너지는 먼저 마스터/티쳐를 통해 흐른 뒤 학생에게 전달된다. 이것은 신체적으로 힘든 과정이며, 오랫동안 회음 자세를 유지해야 하는 능력과 호흡 조절을 필요로 한다. 어튠먼트를 전달하는 동안에는 아무 생각하지 말고 오직 에너지만이 흐르게 해야 한다. 신체를 움직이는 일 외에는 다른 생각을 할 필요가 없다. 에너지는 스스로 알아서 일을 한다.

어튠먼트 전달은 에테릭 더블과 하라 라인에 영향을 미치며 꾼달리니를 경험하게 한다. 아짓 무케르지는 《Kundalini, The Arousal of the Inner Energy》에서 꾼달리니의 상승을 "수슘나를 전류처럼 통과하는 열의 폭발"[1]이라고 묘사했다. 그 느낌의 일부를 묘사하면 아래와 같다.

폭포소리, 벌들의 윙윙거림, 그리고 종소리, 피리소리, 장신구의 딸랑거리는 소리 등이 내부에서 들릴 것이다. 머리는 현기증이 나고 입에는 침이 가득 고일 것이다. 그러나 요기는 가장 깊고 가장 미묘한 소리를 들을 때까지 나아간다. 요기는 빛의 점들, 화염, 기하학적 도형 등 여러 모습을 보며, 그것들은 마침내 내면의 강렬하게 밝고 순수한 빛의 광휘 속으로 사라진다. [2]

1. Ajit Mookerjee, *Kundalini: The Arousal of the Inner Energy*, p. 71.
2. 같은 책.

이것이 레이키 어튠먼트를 전달할 때의 느낌을 설명하는 말일 것이다.

기를 하라 라인 중심까지 올라가게 만드는 것은 혀를 입천장에 대는 것과 회음 자세이다. 천상의 기는 정수리로부터 마스터의 몸 안으로 들어오며, 지구의 기는 발 짜끄라를 통해 들어온다. 회음 부위가 뿌리 중심에서 닫히면 지구의 기는 위쪽으로 하라 즉 단전 짜끄라까지 올라간다. 위쪽으로 움직이는 통로(독맥, 뒤에서 위로)는 혀와 입천장에서 막힌다. 그래서 에너지는 정수리를 통해 몸 밖으로 빠져나가지 못한다. 아래로 흐르는 천상의 기(임맥, 앞에서 아래로)는 하라에서 멈추며, 회음이 막혀 있기에 회음을 통과하여 발을 통해 빠져나갈 수 없다. 어디로도 갈 수 없는 강화된 기는 손을 통해 몸을 빠져나가며, 상징들을 어튠먼트 받는 사람의 오라 안으로 들어가게 한다.

그 결과, 기는 마스터의 내부에 있는 두 개의 통로(임맥과 독맥, 뒤에서 아래로)로부터 하라 라인의 단일 통로로 이동하게 된다. 이것은 일반적인 가정용 교류 전기를 직류로 바꾸는 것과 같다. 즉 교류를 직류로 바꾸는 것이다. 레이키 마스터는 이 흐름을 자신의 몸 안에 보유하는데, 그것은 마치 이집트의 무한의 상징인 8을 움직이는 느낌과 같다. 이 에너지는 뜨겁고 살아 있으며, 라쿠의 번갯불이 그 안에 담겨 있다. 레이키Ⅱ에서 하는 기 연습은 이 엄청난 기를 다룰 수 있도록 마스터의 몸을 훈련하기 위한 것이지만, 어튠먼트 전달을 배우는 동안 그것에 적응해야 한다. 더 많은 에너지를 전달하게 될수록, 사람들에게 전하는 그의 어튠먼트는 더 강력한 효과를 발휘한다.

내 경험에 따르면, 어튠먼트를 전달하는 동안 레이키 가이드들을 아주 강하게 느낀다. 레이키 가이드들은 내 뒤에 서 있으면서 전 과정을 안내하는데, 나는 그들이 모든 레이키 마스터들을 위해 그렇게 한다고 생각한다. 어튠먼트를 전달할 때 나는 그들의 존재를 강하게 계속 느낀다. 가끔은 그들을 볼 수도 있다. 상징들을 그릴 때 선 하나를 잘못 그리면, 그들은 그것을 다시 그린 뒤 나에게 계속하라고 말한다. 내가 실수를 하면 가이드들은 "우리가 고치겠어요."라고 말하고는 그렇게 한다. 나는 상징들의 에너지 형태가 변하는 것을 사이킥적으로 볼 수 있다. 이 책을 쓸 때도 그렇지만 내가 레이키를 가르칠 때는 그들이 나를 통해 가르침을 채널링한다고 느낀다. 레이키와 접촉할 때마다 그것은 굉장히 아름다운 의식(儀式)이 된다. 아무리 자주 레이키와 접촉을 반복하더라도 레이키는 내게 늘 기적 같고 새롭기만 하다.

수잔 와그너의 채널링 테이프에 따르면, 서구에서 사용하는 모든 혼-샤-제-쇼-넨은 정확하지 않다고 주장한다. 어떻게 하면 정확한 상징을 찾을 수 있느냐고 물었을 때 레이키 가이드는 그러한 것은 중요하지 않다고 대답했다. 정확한 상징은 티베트와 인도의 도서관에 있다. 그러면 어떻게 해야 하느냐고 묻자, 레이키 가이드의 대답은 "하나를 골라 가져와 보세요. 우리가 고쳐 주겠습니다."였다. 어튠먼트를 하는 동안 상징들은 아주 빨리 움직이므로 모양을 분명히 밝히기는 어렵다. 그러나 그려지고 있는 상징에 어떤 일이 일어난다. 상징들은 다른 모습으로 변한다. 조금 변하지만 분명히 다르다. 상징들은 종이에 그려진 그림들처럼 정적이거나 이차원적이지 않으며, 삼차원적이고 움직인다. 상징들은 깊이, 컬러, 움직임, 폭을 지니고 있다. 레이키 가이드들은 우리가 사용하는 상징들을 택하여 "고쳐서" 작동하게 한다. 그들은 레이키가 지구사람들에게 되돌려져서 유용하게 쓰이길 바란다.

레이키를 다른 사람에게 전하고 싶은 사람은 누구나 필요한 도움을 받을 수 있다. 회음 자세를 할 수 없는 여성들을 가르친 적이 있었다. 한 사람은 암 수술을 해서 직장 근육을 잃었고, 다른 사람은 어릴 때 근친상간을 당해 처녀막과 직장 근육이 심하게 손상되었다. 그러나 둘 다 그들이 처한 신체 조건에서 어튠먼트를 전달하는 방법을 쉽게 배웠다. 근친상간을 당했던 여인은 그 경험이 그녀의 인생에서 가장 위대한 힐링이었다고 말했다. 한 여성은 호흡 조절기를 달고 있어서 어튠먼트 과정에 필요한 호흡 조절을 할 수 없었다. 레이키 가이드는 그녀의 신체 조건 하에서 어튠먼트를 주는 방법을 가르쳐 주었다. 심장에 문제가 있어서 어튠먼트의 신체 자세를 오랫동안 유지할 수 없는 여성도 효과적으로 어튠먼트를 전달하는 방법을 배웠다. 가르칠 의향이 있는 사람에게는 모든 도움이 주어진다. 당신의 한계 안에서 최선을 다하라.

나의 레이키Ⅲ 제자들 중 한 명은 목 아래를 움직일 수 없어서 휠체어를 타고 다니는 여성이다. 그녀는 레이키 Ⅱ의 힐링법을 사용하고 있었다. 그녀는 강력한 원격 힐러이자 사이킥 힐러였다. 그녀의 레이키 I과 Ⅱ의 티쳐는 그녀에게 방법이 없다면서 레이키Ⅲ을 가르치는 것을 거절했다. 그 여성이 내 수업에 참여했고 나는 그녀를 기꺼이 맞이하였다. 나는 그녀가 원격 힐링과 같은 방식으로 어튠먼트를 전달할 수 있을 것이라고 생각했다. 그녀에게 레이키Ⅲ 입문을 준 후, 나는 이 방식을 제의했고 그녀는 실험해 보았다. 그녀는 이 방식으로 다른 여성에게 어튠먼트를 곧바로 전달하였다. 어튠먼트를 받는 여성이 그녀가 보내는 상징들을 볼 수 있을 만큼 그녀의 에너지는 강하게 느껴졌다. 그녀는 어느 날 밤 나에게 전화를 했는데, 펑펑 우는 통에 무슨 말을 하는지 알아들을 수가 없었다. 많이 진정되고 난 뒤, 그녀는 방금 전 어떤 사람에게 어튠먼트를 전달하여 그녀의 첫 번째 레이키 I 제자로 만들었다고 말했다.

레이키Ⅲ인 사람이 어튠먼트 과정에 한번 완전히 익숙해지면, 그의 회음 자세에 어떤 변화가 생긴다. 어튠먼트를 전달하는 데 필요한 에너지는 신체적 수준의 힘이 아니기 때문에, 비신체적인 수준에서 그 자세를 유지하는 것이 가능해진다. 연습을 충분히 하면 마스터는 하라 수준과 뿌리 짜끄라에서 회음 자세를 유지하는 법을 알게 된다. 나의 경우, 이 일은 의도하지 않았는데도 저절로 그렇게 되었다. 그 당시 나는 사람들을 가르친 지 일 년가량 된 상태였다. 나는 매우 강력한 어튠먼트를 전달할 수 있었지만, 회음 자세가 필요한 대로 잠겨 있지 않았음을 알고 있었다. 이런 식으로는 어튠먼트를 전달할 수 없었어야 했다. 이런 일이 계속되자 나는 가이드들에게 물었고 그들은 무슨 일이 일어나고 있는지 대답해 주었다. 이것은 의도에 의해서도 일어날 수 있는 일이지만, 먼저 신체 내의 통제를 배우는 것이 필수적이라고 했다. 그렇지만 신체장애를 지닌 사람들이 나에게 배우러 오기 시작했을 때, 나는 그들에게 이렇게 해 보라고 제안했고, 그것은 흔히 그들에게 즉각 효력을 발휘했다.

나는 또한 아스트랄 수준으로, 사이킥 원격으로 레이키 어튠먼트를 보내는 것을 시도해 보았다. 상대 여성은 이 수준에서 나를 보고 접촉할 수 있을 만큼 충분히 강하게 함께 있었다. 나는 그녀가 그것을 원하는지 물어보았고, 그녀가 내 앞에 앉아 있는 것처럼 느꼈다. 그녀는 삼천 마일가량 멀리 떨어져 있었지만 나는 마치 그녀가 내 앞에 있는 것처럼 어튠먼트를 전하였다. 그 결과는 믿기 어려울 정도였다. 나는 상징들이 그녀의 정수리 안으로 들어가 그녀의 오라에서 움직이고 그녀의 모든 오라 색깔이 아름다운 보랏빛으로 변하는 것을 눈으로 지켜보았다. 그녀는 황금 에너지로 둘러싸였고, 그녀로부터 발산되는 그 에너지는 방 전체를 환하게 하며 가득 채우는 것 같았다. 내가 아스트랄 수준에서 그녀와 연결되었던 그 다음 며칠 밤 동안에도 그녀의 색깔은 계속 그러했다. 마침내 내가 그녀에게 신체적으로 어튠먼트를 전달할 수 있을 때, 그녀는 그 에너지와 무척 친숙해질 것이다.

이후의 입문 방법은 각 디그리마다 한 번의 어튠먼트를 전달한다. 또 세 가지 디그리 모두 같은 어튠먼트가 전달된다. 누가 이 방법을 계발했는지 나는 모른다. 이것은 구전으로 전해져 왔다. 나는 그것을 내 방식으로 조금 바꾸었다. 그것은 전통적 어튠먼트 전달 방법이 아니다. 나는 한 번에 많은 학생들을 가르치므로 매우 신속하게 전할 수 있는 체계가 필요했다. 그래서 이 방법을 채택했다. 전통적인 레이키 수업은 아주 적은 인원을 대상으로 하며, 한 번에 어튠먼트를 받을 수 있는 사람은 소수뿐이었다. 어튠먼트 방법도 대단히 복잡하다. 전통적 수업들은 또한 레이키 I, II를 위해 각각 주말이 필요하며, 레이키III을 위해서는 일주일이나 그 이상이 필요하다. 나는 각 디그리를 4–5시간으로 압축시켰다. 나는 학생들이 집에서 많은 부분을 공부할 것이라고 기대하며 그것을 도와주기 위해 복사물을 제공한다. 이를 위해서는 어튠먼트를 전할 빠르고 단순한 방식이 필요하다.

동일한 어튠먼트가 레이키 I, II, III 힐러를 만든다. 이렇게 될 수 있는 이유의 일부는 의도이고, 다른 일부는 기를 보유할 수 있는 어튠먼트 받는 사람의 수용력이다. 레이키 I을 위한 어튠먼트를 전달할 때는 에너지가 오라를 열게 된다. 아직 다른 오라의 확장은 시작되지 않았다. 레이키 I을 받는 학생은 어튠먼트를 받는 순간에 완전히 열리지는 않는다. 그의 에너지 몸들이 확장되고, 늘어나는 기에 적응되면, 그는 더 많은 에너지를 다룰 수 있게 되며, 그래서 더 많이 열리게 된다. 레이키 I 어튠먼트를 받은 사람에게 에너지가 완전히 열리는 데는 3, 4주가 걸린다. 사람들은 내게 각 짜끄라마다 3–4일의 순환을 거치면서 열린다고 말했다.

레이키 II 어튠먼트가 전달될 때도 같은 일이 일어난다. 첫 번째 디그리 힐러는 열린 하라 라인의 에너지 수준에 이르게 되며, 그 에너지로부터 두 번째 디그리의 어튠먼트가 시작된다. 에너지 수준은 수학적으로 레이키 II의 제곱이라고 말해진다. 어튠먼트를 받는 사람의 기 채널링 수용력이 성장함에 따라 학생은 다시 한 번 조정 과정을 거친다. 레이키 III과 더불어, 에너지는 어튠먼트를 받은 사람이 가지고 있는 에너지에서 시작되어 다시 확장되며, 레이키 II의 수준보다 훨씬 커지게 된다. 이것은 레이키 I과 II에서와 같은 과정이며 더 확장된다. 어튠먼트를 받은 사람이 더 높은 수준의 에너지를 다룰 수 있기 때문이다.

이런 조정 기간으로 인해 일부 힐러들은 레이키 어튠먼트를 받은 뒤 해독 반응을 경험한다. 그들이 짜끄라, 하라 라인, 또는 기를 채널하는 능력에 막힘이 있다면, 이것들은 어튠먼트 에너지에 의해 힐링된다. 그것들이 방출됨으로 이런 반응들이 일어난다. 만약 이 막힘이 에테릭 몸의 수준에서 제거되고 있다면, 그 반응은 육체에서 나타난다. 즉 설사, 콧물, 며칠간의 식욕부진, 두통 같은 반응을 보이는 것이다. 이것은 레이키 I에서 가장 흔하게 일어나는 현상이다. 만약 이 막힘이 정서적, 정신적 수준에서 제거되고 있다면, 해독 또한 이 수준들에서 일어난다. 이곳은 많은 삶이 변화되고 정서적–정신적 성장이 일어나는 곳이다. 이러한 레이키 II 해독은 몇 달씩 걸릴 수도 있다.

영적인 몸의 변화는 세 번째 디그리에서 일어난다. 대부분의 변화는 해독의 과정이 아니라 참나에 대한 깨달음과, 우주와 하나라는 느낌이 성장하는 것으로 나타난다. 레이키 III 어튠먼트를 받은 대부분의 사람들의 반응은 순수한 기쁨이다. 정화는 이미 완료되었다. 때때로 새롭게 레이키 III을 받은 사람은 며칠 동안 잠을 충분히 자야 할 필요가 있다. 그의 에너지 수준과 진동하는 몸들이 확장에 맞추어 재조정되기 때문이다.

대부분의 현대 레이키 티쳐들도 그렇지만, 전통적으로 다이–코–묘는 오직 레이키Ⅲ 어튠먼트에서만 손 안에 놓인다. 세 수준 모두에서 다이-코-묘는 정수리에 놓이지만, 레이키Ⅰ과 Ⅱ에서는 다이-코-묘를 손바닥 안에 놓지 않는다. 나는 어튠먼트를 전달할 때 언제나 다이-코-묘를 손 안에서 이용한다. 심지어 레이키Ⅰ의 경우에도 그렇다. 전통적으로는 다른 레이키 상징들도 정수리 짜끄라 안에 놓지만, 레이키Ⅱ에서는 상징들을 한 손에만 놓는다. 이때 어튠먼트를 받는 사람에게 "어느 손이 힐링의 손입니까?"라고 물어본다. 이처럼 한 손에만 레이키 상징의 에너지를 두면 에너지 불균형이 일어나며, 나는 그 때문에 꽤 불편하다는 말을 들었다. 나는 세 개의 모든 디그리에서 항상 두 손 모두에 네 가지 상징을 둔다. 그것들을 두 손에 두는 것이 얼마나 좋은지를 학생들에게 들은 뒤에야 나는 다른 티쳐들이 나와 다르게 한다는 것을 알게 되었다. 전통적으로 레이키Ⅰ, Ⅱ를 훈련받은 학생들은 종종 나와 함께 더 깊은 디그리들을 공부한다.

나는 하와요 타카타가 어튠먼트를 전달할 때 호흡 조절이나 회음 자세, 라쿠를 사용하지 않았다고 들었다. 그녀는 네 번의 레이키Ⅰ 어튠먼트를 특정한 순서에 따라 전하지 않았으며, 가르침을 마칠 때 네 가지 모두를 주었다. 그녀는 모든 디그리에서 정수리, 제3의 눈, 목, 심장에 시계반대방향의 초-쿠-레이를 사용했고, 네 가지 상징 모두를 항상 정수리 안에 두었다. 이 상징들을 시각화하고 난 뒤 정수리 안으로 불어넣었다. 레이키Ⅰ에서는 손바닥에 아무런 상징도 두지 않았다. 레이키Ⅱ에서, 그녀는 어튠먼트를 받는 사람에게 "힐링 손"이 어느 것인지 먼저 물어보고, 세이-헤-키, 혼-샤-제-쇼-넨, 초-쿠-레이를 그 열린 손바닥 안으로 불었다. 레이키Ⅲ에서는 다이-코-묘를 정수리 위에 놓고, 척추 아래에 혼-샤-제-쇼-넨과 초-쿠-레이를 놓았다. 네 가지 상징 모두는 레이키Ⅲ에서만 양손바닥에 놓았다. 손바닥 안에 놓지는 않았지만, 마주 붙이고 있는 손 위에 상징들을 시각화하였다. 이것은 세 디그리 모두에 그렇게 했다.

어튠먼트를 처음으로 전달하기 시작할 때는, 교실을 가득 메운 사람들에게 하는 것보다는 한 사람하고만 하는 것이 좋다. 전달 과정에 필요한 근육과 호흡 조절을 하기 위해서는 시간과 경험이 필요하며, 때로는 몇 달이 걸리기도 한다. 그러므로 천천히 시작하라. 어튠먼트를 적절히 전달하는 법을 배우고 한 세션에서 몇 번의 어튠먼트를 다룰 수 있을 때까지는 첫 번째 수업을 계획하지 마라. 첫 수업은 작은 규모로 시작하라. 다섯 명 이하가 좋다. 당신이 점점 더 강해짐에 따라 규모를 늘려 가라. 몇 년을 가르친 뒤 나에게 가장 알맞은 사람 수는 20명 내외였다. 나는 하루에 최대 75명의 어튠먼트도 해 보았는데, 나중에 후회가 되었다. 이렇게 많이 하면 나중에 심한 에너지의 고갈을 느끼게 된다. 전달하는 동안에 엄청난 에너지가 소모되는데, 나중에야 그것을 느끼게 될 것이다. 어튠먼트를 하는 동안에는 에너지가 굉장히 높아져 있을 것이다. 그 당시에는 자신이 무리한다는 것을 깨닫지 못할 것이다. 그러니 무리하지 않도록 하기 위해 자기 내면의 말을 주의 깊게 경청해야 한다.

나는 죽어가고 있거나 심하게 아프거나 생명의 위기를 느끼고 있는 사람이라면 누구에게나 어튠먼트를 주고 싶다. 만일 그 사람이 자기 힐링을 하기 위해 레이키 I을 사용할 수 있다면 훨씬 더 좋지만, 어튠먼트는 그 자체로 주요한 힐링이다. 그 사람들이 힐러가 되지 않거나 다른 사람을 위해 에너지를 사용하지 않는다 해도 문제될 것은 없다. 언젠가는 그들이 그렇게 될 수도 있겠지만 말이다. 중요한 것은, 진정으로 필요할 때 어튠먼트가 가져다주는 힐링과 삶의 혜택이다. 나는 아기들과 애완동물들에게 어튠먼트를 한 적이 있다. 아기는 자기 손에 열이 오르는 것을 느끼며 신기해했다. 나에게 오기 전에 학대를 당해 몹시 사나웠던 나의 개 깔리에게도 어튠먼트를 해 준 적이 있다. 깔리는 그 과정을 기뻐했고 눈에 띄게 힐링되기 시작하였다. 그 뒤로 깔리의 행동은 훨씬 좋게 변하기 시작했다.

내 수업에 참가했던 사람들이 어튠먼트를 한 번 더 받기 위해 종종 찾아온다. 그럴 필요는 없다. 어튠먼트는 평생을 가기 때문이다. 하지만 어튠먼트는 기분을 아주 좋게 해주므로 나는 다시 받지 말라고 만류하지는 않는다. 레이키 III을 한 사람이 어튠먼트를 전달하는 연습을 하는 것은 아주 좋다. 나는 그렇게 하게 한다. 레이키에는 해로운 것이 없다. 어튠먼트 과정은 그 어떤 것에게도 해를 끼치지 않는다. 한 그룹에게 세 번째 디그리를 가르칠 때, 나는 그들에게 함께 모여서 실습해 보라고 한다. 서로에게, 혹은 가족에게, 혹은 친구들에게 실습하면 된다. 한 사람에게 여러 번 어튠먼트를 하더라도 에너지가 과부하될 위험은 없다. 각 사람들은 자신의 하라 라인이 감당할 수 있는 정도만 열리기 때문이다. 당신에게 어튠먼트를 받은 사람이 에너지에 열리는 것을 볼 때는 비할 수 없는 기쁨을 느끼게 된다. 특히 처음 몇 번일 때는 더욱 그러하다. 내 제자 중 한 사람은 자신의 고양이에게 아주 많은 어튠먼트를 보냈다. 나는 그 제자로부터 '고양이가 날기 시작했어요!'라는 소식을 듣길 기대한다. 인간이나 동물에게 반복해서 어튠먼트를 전달해도 해가 되지 않는다.

레이키 어튠먼트를 전하기 시작할 때는 레이키 I부터 시작하라. 여러 차례 수업을 하고 어튠먼트 과정과 첫 번째 디그리의 수업이 아주 편하게 느껴질 때, 레이키 II로 나아가라. 첫 번째 디그리에서 일어나는 모든 사건을 다룰 수 있을 때만 앞으로 더 나아가라. 레이키를 가르치면 그곳은 레이키 마스터의 교실이 되지만, 처음부터 다시 시작하여 고급 디그리로 나아가라. 레이키를 가르치기 위해 가장 잘 준비하는 방법은 직접 힐링과 원격 힐링으로 최대한 힐링 작업을 많이 해 보고, 어튠먼트 전달하는 방법을 연습하는 것이다. 레이키를 철저히 공부하면 다른 사람들을 가르쳐도 될 만큼 충분히 알게 된다. 레이키를 가르치는 법에 대한 더 많은 정보는 다음 장에 있다.

대부분의 사람들은 다음과 같은 질문을 한다. "어튠먼트를 전한 뒤에 그 사람이 열렸다는 것을 어떻게 알 수 있습니까?" 처음에는 이 질문이 두려웠다. 나는 아주 적은 훈련만 받은 상태였고 레이키 III에 대한 최소한의 지식만 가지고 있었으며, 스스로 배워야만 했다. 처음에 나는 학생들이 열리고 있는지 여부를 알 수 없었고, 내 능력을 몹시 의심했다. 첫 수업을 시작했을 때는 너무나 두렵기만 했고 과연 내가 해낼 수 있을지 자신이 서지 않았다. 상징을 그릴 때도 실수했다는 것을 알게 되었는데, 그때 옆에 있는 누군가가 말했다. "우리가 고칠 테니 계속해요." 나는 너무나 두려웠고 나의 실수를 걱정했기 때문에 학생들을 바라보지도 않았다. 어튠먼트 후에 학생들을 보면 결과가 어떤지를 알 수 있다.

가장 유용하고 간단한 방법은 물어보는 것이다. 그룹의 모든 사람들에게 어튠먼트를 한 후, 무엇을 보고 어떻게 느꼈는지 물어보라. 어떤 사람이 말하지 않으려 한다면, 강요하지 마라. 보통 한두 사람이 말하면 다른 사람들도 뒤따른다. 그들에게 거창한 드라마가 아니라 가벼운 느낌을 찾아보라고 말하라. 분명히 무엇인가가 일어났다는 것을 알면 그들은 토론에 참여하려 할 것이다. 약간 설명을 해 주면, 그들이 에너지가 열렸다는 것을 알 수 있을 것이다. 사람들이 경험하는 것은 놀라울 만큼 다양한데, 특히 레이키 I에서 그렇다. 다음에는 이렇게 물어라. "아무것도 느끼지 못한 사람 있나요?"

이따금씩 25명이나 30명 중 한 명은 아무것도 느끼지 못했다고 말한다. 먼저 그의 손의 느낌을 물어보라. 뜨거우면 그 사람이 느끼든 느끼지 못했든 에너지가 확실히 열린 것이다. 어튜먼트 받을 때 본 것과 느낀 점을 물어보라. 일부 사람들은 조용하고 은은한 정서의 발생보다 극적인 반응을 기대한다. 대부분의 문제는 이것으로 해결된다. 손이 차갑고 어튜먼트에서 아무것도 느끼지 못했다면, 그 사람에게 에너지나 힐링에 모순되는 정서를 갖고 있는지 물어보라. 강한 보수적 가정에서 자란 사람들은 보수주의를 싫어한다 할지라도 영적 힐링에 어려움이나 두려움을 가질 수 있다.

그런 경우가 발생하면, 그 사람에게 에너지를 받기 원하는지 물어보라. 그것이 그의 선택임을 확실히 하라. 에너지를 원하면, 다른 사람들과 함께 힐링을 하라고 하라. 어튜먼트를 전하고 난 뒤, 우리는 그런 것을 수업에서 다룬다. 그 다음에 일어나는 일을 보라고 하라. 또한 그가 에너지를 받기를 선택했다면, 지금이나 나중에 명상을 하면서 그것을 요청하라고 하라. 레이키를 받지 않을 것이라고 결정했다면, 그 사람에게 주어진 상징들은 몇 주 동안 그의 오라에 있다가 소멸된다. 얼마 후에 에너지를 받기로 다시 결심했다면, 그 사람은 명상을 하면서 그 에너지를 요구하기만 하면 된다. 그러면 에너지에 열릴 것이다.

나는 아직 에너지를 완전히 거부하는 학생을 본 적이 없다. 몇 명은 처음에 갈등을 했지만 말이다. 결국 그들도 수업을 받는다. 레이키 I의 수업이 끝날 즈음에는 까다로웠던 한 사람을 제외하고 모든 사람이 에너지에 열렸다. 열지 않았던 그 학생도 나중에는 열기를 선택했으며, 그날 밤에 에너지에 자신을 열었다. 경험이 없는 레이키 마스터에게는 이것이 아마 가장 이해하기 어렵고 해결하기도 어려운 상황일 것이다. 나는 이럴 때 어떻게 해야 하는지를 힘들게 배웠다. 그래서 학생들에게 해결책을 제시하려 노력하며 어떤 점을 기대할 수 있는지 얘기한다. 자유의지는 최고의 가치라는 점을 기억하라. 만약 누군가가 레이키를 거부한다면 그것은 그 사람의 당연한 권리다. 이것이 레이키 I의 유일한 윤리이다. 나는 이런 일이 두 번째나 세 번째 디그리에서 일어나는 것은 본 적이 없다.

어떤 첫 번째 디그리 학생은 어튠먼트 자체를 몹시 두려워했다. 나는 그녀가 어튠먼트를 받을 수도 없을 것이라고 생각했다. 나는 그녀에게 그것 역시 그녀의 선택이라고 말했다. 그녀는 다른 사람들이 하는 것을 보고 난 뒤 어튠먼트 의자에 앉았다. "정말 받을 건가요?"라고 나는 물었다. 그녀는 눈물을 펑펑 흘리며 "예."라고 답했다. 나는 어튠먼트를 전달했고 그녀의 빛이 환한 미소 속에 촛불처럼 켜지는 것을 보았다. 그녀는 다음 날 레이키 II를 받았다. 그리고 레이키를 받을 때 마치 고향에 돌아오는 것 같았다고 말했다. 그녀는 레이키가 자신의 삶을 바꾸어 놓을 것이라고 말했다. 지금 그녀는 레이키를 가르치는 마스터이다.

어튠먼트 과정을 설명하기 전에, 입문에 대한 논의가 필요하다. "어튠먼트"라는 단어는 "입문"을 의미한다. 산스끄리뜨로 번역하면 "권능 부여"이다.[3] 레이키는 그것을 받는 모든 사람과 그것을 주는 티쳐에게 권능을 준다. 레이키 티쳐는 "마스터"라 불리는데, 이 말에는 권력이나 위계라는 의미가 없다. 마스터는 그냥 티쳐이다. 만일 명예가 이 명칭에 주어진다면, 그것은 레이키 자체에게 명예를 주는 것이다. 마스터로부터 어튠먼트와 가르침을 받음으로써 그 사람은 레이키 III을 받는다. 그러나 학생은 그 자신의 헌신과 노력으로 마스터가 된다. 어떤 티쳐도 그를 마스터로 만들어 줄 수는 없다. 스스로 성공적으로 레이키에 입문하고 레이키 I을 가르침으로써 마스터가 된다.

인도와 티베트에서 밀교의 구루(딴뜨라 불교 마스터/티쳐)는 고따마 싯달따 붓다와 연결된 마스터들의 계보의 일부라는 점에서 존경받는다. 인도의 구루는 스승과 제자 간의 신뢰를 깨뜨리지 않고 자아가 없어야 한다는 의무와 책임을 진지하게 받아들인다. 오늘날의 레이키 마스터도 하와요 타카타, 예수, 석가모니 붓다, 그 전의 쉬바까지 거슬러 올라가는 계보를 갖고 있다.

3. John Blofeld, *The Tantric Mysticism of Tibet*, p. 139.

전통적인 레이키 학생들과 마스터들도 가르침의 계보를 추적할 수 있다. 학생은 레이키에서 자신의 위치를 티쳐, 그의 티쳐의 티쳐 식으로 거슬러 올라가 타카타에까지 이른다. 학생은 마스터 A에게서 훈련을 받았고, 그 마스터 A는 마스터 B로부터 훈련을 받았고, 그 마스터 B는 마스터 C에게서 훈련을 받았다. 이런 식으로 우스이 미카오에게서 훈련받은 하야시 츠지로, 그리고 그에게서 훈련받은 타카타 여사까지 거슬러 올라간다. 이것이 학생의 계보이다. 비전통적 레이키에서는 전통적 레이키에 비해 이 계보를 덜 중요시 여긴다. 비전통적 레이키 훈련에서 요점은 레이키를 받았다는 사실 그 자체이다. 누구로부터 받았다는 것은 중요하지 않다. 어떤 계보의 마스터이든지 간에 그는 그의 학생들과 레이키에 대한 책임이 있다. 이것이 중요한 것이다.

딴뜨라 불교에는 많은 입문의 단계들이 있다. 산스끄리뜨에는 "아비세까"란 말이 있다. 티베트어에는 "옹(wong)"이라는 말이 있다. 인도에서는 이것을 "샥띠빠뜨"라고 한다. 입문의 과정은 성찬식이다. 나는 불교의 입문과 레이키 어튠먼트가 오늘날 기독교 성찬식이나 모든 통과 의례의 시조라고 생각한다. 아비세까를 받을 때, 즉 어튠먼트, 권능 부여, 입문을 받을 때는 신성한 힘이 몸 안으로 들어가 그 사람 안에 머문다. 딴뜨라 불교에서는 항상 새로운 수준의 가르침을 시작하기 전에 입문을 먼저 한다. 불교 권능 부여의 네 단계는 레이키의 세 단계와 놀랍도록 유사하다.

불교의 처음 세 가지 입문은 까르마라는 장애물을 제거하는 것이다. 네 번째는 의식을 힐링하는 것이다. 네 가지 모두는 다음과 같이 기를 확장시킨다. 1) 에너지의 막힌 곳 열기, 2) 힘의 증대, 3) 새로운 가르침에 대한 접근 허용, 4) 특정한 과정이나 의식을 행하도록 허용하기.[4] 이 네 가지 혜택들은 레이키 어튠먼트에도 도움이 된다. 각각에 성공하면 더욱 복잡한 수준으로 나아간다. 네 가지 입문 과정을 요약하면 다음과 같다.

1. 기본적인 권능 부여는 까르마로 생긴 신체와 사이킥 채널에 있는 방해물을 정화한다. 특별한 신성을 시각화하게 해 준다. 다른 혜택들은 비밀이다.

....
4. 같은 책, p. 144.

2. 신비한 권능 부여는 기의 흐름과 말의 능력을 열어 준다. 후자는 만뜨라들이 효과가 있게 해 준다. 다시, 다른 숨겨진 효과들이 있다.

3. 신성한 지식 권능 부여는 마음의 몸을 정화하며 하따 요가와 다른 것들을 가능하게 한다.

4. 절대적 권능 부여는 진정한 영적 에센스를 인식하게 해 준다. 상징적으로 이해한 것들을 직접 경험하게 해 준다. 아띠요가를 배울 수 있게 하며 "심오하고 신비한 결과"들을 낳는다.[5]

나는 불교의 첫 번째 권능 부여를 레이키 I 어튠먼트와 거의 같다고 본다. 이것은 하라의 통로들을 열어 주며 신체도 정화한다. 신비롭고 신성한 권능 부여는 레이키 II이다. 상징들은 말의 힘과 같아질 수 있다. 비자들은 소리가 문자화된 것이다. 정서의 몸과 마음의 몸이 에너지를 받아들여 정화된다. 하따 요가는 기 수련을 말한다. 절대적 권능 부여는 레이키 III이다. 이것은 곧바로 영적인 정수, 영적인 몸으로 가며 이 과정을 이해하게 한다. "심오하고 신비한 결과"는 레이키 III을 받은 후에 나타나는 현상이다. 레이키 마스터가 된 사람은 인생의 심오한 경험을 한다.

레이키의 다른 모든 것과 마찬가지로, 어튠먼트를 전달하는 과정도 아주 간단하다. 일련의 신체적 움직임을 연속적으로 하면 된다. 순서대로 할 때 삶을 변화시키는 영적 효과가 일어난다. 마스터/티쳐는 이 과정에서 일어나는 일에 대해 염려할 필요는 없다. 그냥 일련의 행동을 하기만 하면 된다. 레이키 입문에 복잡한 움직임들이 있기는 하지만, 마스터는 그것들이 무엇인지 몰라도 된다. 그냥 어튠먼트를 하면 된다. 레이키 가이드들과 레이키 에너지가 모든 것을 알아서 한다.

어떤 디그리를 위해 어튠먼트를 전하든, 그렇게 하기 위해서는 이 과정 내내 마스터가 혀끝을 입천장에 대고 회음 자세를 유지할 수 있어야 한다. 티쳐는 입으로 불지 않을 때는 항상 호흡을 참고 있어야 한다. 입으로 부는 동안에는 혀를 제자리에 두고 혀 주위를 불어야 한다. 불고 난 다음에는 깊은 숨을 쉰 뒤, 다시

5. 같은 책, pp. 143-144.

참는다. 부는 것은 기를 내보내는 것이다. 기의 정의는 "생명의 호흡"이다. 한 번에 여러 번의 어튠먼트를 할 때는 어튠먼트 사이에 회음을 풀고 숨을 쉬어도 된다. 그러나 시작하기 전에 회음 자세를 취한 뒤 모든 어튠먼트가 끝날 때까지 이 자세를 잠궈 유지하는 것이 더 쉬울 수도 있다. 끝낸 뒤에는 그것을 다시 여는 것, 자신을 철저히 그라운딩시키는 것을 기억하라. 기를 재순환시키기 위해 땅과 다시 연결되고 소주천을 돌려라. 몸의 정상적인 에너지가 다시 흐르도록 회복시켜라.

어튠먼트를 받는 사람은 등받이가 있는 의자에 앉는다. 바닥에 발을 붙여라. 신발은 벗어도 된다. 레이키 마스터의 손목시계가 고장 날 정도로 에너지가 강할 때도 있다. 이런 부류의 마스터라면, 자신과 학생 모두 시계를 풀어놓고 하라. 학생들을 입문시킬 때 나는 무심코 그들에게 입문을 받는 동안 벌린 손으로 크리스탈을 쥐고 있게 했다. 이런 식으로 충전된 크리스탈은 높게 충전된 채로 있으므로 정화할 필요가 거의 없다. 어떤 사람이 이런 식으로 하고 있으면, 크리스탈을 떨어뜨리지 않도록 조심하고 그 보석 위에 어튠먼트를 하라. 학생들로 하여금 양손을 모아 합장한 채 가슴 높이에 두게 하라. 그리고 당신이 그들의 손을 움직일 것이라고 말하라. 만약 마스터가 어튠먼트를 하는 동안 받는 사람의 손을 찾아야 한다면, 회음 자세와 호흡을 동시에 유지하기가 매우 힘들어질 것이다.

어튠먼트는 한 명씩 해도 되고 그룹으로 해도 된다. 어튠먼트를 처음 할 때는 한 번에 한 명씩 하라. 자신이 발전되고 또 힘을 가지기 전에는 연달아 진행하지 마라. 2-5명의 학생을 긴 의자에 한 줄로 앉혀라. 나에게는 다섯 명이 편했다. 네 명은 너무 짧고 에너지 흐름을 멈추게 한다. 여섯 명일 때는 호흡이 가빠졌고, 일곱 명은 불가능했다. 당신에게는 몇 명이 좋은지 한번 확인해 보라. 어튠먼트를 끝내면 지친다는 것을 기억하라. 엄청나게 높은 에너지가 약 한 시간 안에 통과한다. 가능한 한 힘을 아껴라. 이런 방식에 경험이 쌓이면, 각 그룹이 마친 뒤 의자들이 다시 채워지기를 기다리는 시간도 짧아지고 재빨리 많은 어튠먼트를 전할 수 있게 된다.

어튠먼트 전달하기

  항상 혀를 입천장에 두라. 회음 자세를 유지하라. 입으로 불지 않을 때는 호흡을 멈추고 있어라. 그 뒤 깊은 숨을 들이키고 멈추어라. 레이키 티쳐는 어튠먼트를 전하기 위해 서 있는다. 학생은 양손을 모아 합장한 채로 가슴 높이에 두고 등받이가 있는 의자에 앉아 있는다.

1. 뒤에서

정수리를 열어라. 이것은 시각화로 하거나 손동작으로 할 수 있다.
정수리 위에 다이-코-묘를 그려라.
어깨 너머로 손을 뻗어 학생의 두 손을 잡고, 정수리 안으로 불어넣어라.
깊은 숨을 들이쉬고 참아라.
다른 상징들, 즉 초-쿠-레이, 세이-헤-키, 혼-샤-제-쇼-넨 상징을 정수리 위에 그려라.
두 손을 잡고 정수리 안으로 불어넣어라. 한 번 더 깊게 숨을 들이쉬고 참아라.

2. 앞에서

책을 펼치는 것처럼 학생의 손을 펼쳐라.

양쪽 손바닥에 초–쿠–레이를 그려라.

세 번 살짝 두드려라.

양쪽 손바닥에 세이–헤–키를 그려라.

세 번 살짝 두드려라.

양쪽 손바닥에 혼–샤–제–쇼–넨을 그려라.

세 번 살짝 두드려라.

양쪽 손바닥에 다이–코–묘를 그려라.

세 번 살짝 두드려라.

학생의 두 손을 서로 모으고, 그 손들을 당신의 한 손으로 잡아라.

뿌리에서 가슴으로 불어라. 깊은 숨을 들이쉬고 참아라.

3. 다시 뒤에서

상징들을 오라 안에 두고 오라를 닫아라. (정수리 짜끄라는 닫지 마라.)

라쿠를 척추 뒤 아래에 그려라.

회음 자세를 풀고, 호흡도 풀어라

학생들이 조용히 있는 한, 나는 그들이 어튠먼트의 과정을 지켜보도록 허용한다. 이것은 전통적 레이키에서는 있을 수 없는 일이다. 원한다면 어튠먼트 중에 부드러운 음악을 틀어도 된다. 그러나 장소는 원칙적으로 조용해야 한다. 방해가 없는 시간에 하는 것이 좋다. 어튠먼트를 전하고 있는 방은 종종 에너지로 채워지며 좋은 느낌이 지속된다. 온도는 상당히 올라간다. 내가 27번이나 어튠먼트를 준 방에 에어컨이 있었는데, 시작할 때의 온도는 화씨 72도였지만 나중에는 90도를 넘어갔다. 당시 그 건물 앞의 가게에 있던 사람들은 가게의 온도가 올라가는 것을 보고 내가 어튠먼트를 주고 있는 중이라는 것을 알았다고 나중에 말했다. 티처 자신의 체온도 올라간다. 입고 벗을 수 있는 헐렁한 옷이나 재킷을 입어라. 시작하기 전에 화장실을 다녀오라. 방광이 꽉 차 있으면 회음 자세를 유지할 수가 없다.

어튠먼트가 진행되는 동안, 기다리고 있는 레이키 I 학생들은 무엇인가를 할 필요가 있을 것이다. 입문을 받은 그룹의 사람들은 손을 다른 사람의 몸 위에 몇 분간 올려두는 것이 아주 중요하다. 등이나 어깨가 좋을 것이다. 이것은 어튠먼트를 받은 사람의 하라 라인을 통해 레이키 에너지를 오게 한다. 또한 나중에 발생할 수 있는 두통과 멍함을 예방한다. 나중에 불평하는 사람들을 볼 때마다 나는 그들이 어튠먼트를 받은 후에 다른 사람에게 손을 올려놓지 않았다는 것을 그 불평을 통해 안다. 나는 미리 그들에게 말해 주지만, 말을 듣지 않는 사람에게는 연민을 느끼지 않는다. 일단 학생들이 이것을 했으면, 그들에게 자기 힐링을 하게 하라.

어튠먼트를 전달하는 과정은 위에 대략적으로 기술해 놓았다. 어튠먼트 받는 학생의 의자 뒤에서 시작하라. 중심을 잡고 레이키 가이드를 초대하라. 심호흡을 몇 번 하라. 혀를 입천장에 대고 회음 자세를 유지하라. 한 번 더 심호흡을 하고 호흡을 참아라. 정수리를 여는 것은 주로 시각화로 한다. 나는 어튠먼트 받는 학생의 머리 몇 인치 위에 두 손을 두고 두 손으로 열어 벌리는 동작을 한다. 당신은 오라가 확장되는 것을 느낄 것이며 볼 수도 있을 것이다. 상징들은 손 전체로 그려라. 손바닥은 학생의 정수리를 향하여 아래로 두라. 이 일은 컬러를 시각화할 수 없을 정도로 빨리 일어나지만, 정수리 안으로 들어가는 상징들을 보라색으로 시각화하는 것이 좋을 것이다. 다-이-코-묘로부터 시작하라.

학생의 양손을 잡기 위해 앞쪽으로 몸을 굽혀라. 그들은 가슴 높이에 양손을 모으고 기도하는 자세로 있다. 손을 높이 들고 있게 한다. 그 손을 찾으려 하는 것은 회음 자세와 호흡 참는 것을 아주 어렵게 한다. 혀를 원래의 위치에 놓고 혀의 주위를 통해 불어라. 그 다음 깊은 숨을 들이쉬어라. 다른 세 가지 상징, 즉 초-쿠-레이, 세이-헤-키, 혼-샤-제-쇼-넨을 그려라. 상징들이 정수리 안으로 들어가는 것을 시작화하라. 다시 한 번 불고, 한 번 더 호흡을 들이마셔라.

앉아 있는 학생의 앞으로 가라. 합장하고 있는 그의 손을 앞으로 가져와 책을 펼치듯 편 뒤 무릎 위쪽에 두도록 하라. 양손바닥에 초-쿠-레이를 그리고 난 뒤, 당신의 두 손바닥으로 받는 사람의 두 손바닥을 세 번 살짝 두드려라. 각각의 상징이 손 안으로 들어가는 것을 시각화하라. 세이-헤-키를 그린 뒤, 다시 세 번 두드려라. 그 다음 혼-샤-제-쇼-넨을 그린 뒤, 세 번 두드려라. 마지막으로 다이-코-묘를 그린 뒤, 세 번 두드려라.

몸을 앞으로 굽혀 학생의 양손을 잡고, 양손을 다시 모은 뒤, 당신의 한 손으로 학생의 양손을 잡아라. 몸을 앞으로 더 굽히고, 호흡을 뿌리 중심에서 가슴으로 옮기면서 불어라. 이때 사람들은 매우 놀라게 되며, 펄쩍 뛰기도 한다. 어떤 학생들은 처음 손을 두드릴 때 펄쩍 뛰기도 한다. 그러니 부드럽게 하라. 불고 나서 한 번 더 깊은 호흡을 들이쉬고 참아라.

의자 뒤로 다시 가라. 호흡을 계속 참아야 하는지에 대한 의문은 있지만, 회음 자세는 여전히 유지해야 한다. 나는 일반적으로 호흡도 참고 회음 자세도 유지한다. 혀도 지정된 자리에 둔다. 오라 안에 상징들이 있는 것을 시각화하면서, 오라를 닫는 동작을 취하라. 이것은 두 손을 함께 모으는 제스츄어로 가능하다. 시각화로도 할 수 있다. 정수리 짜끄라는 절대로 닫지 마라. 이 시점에서 정수리 짜끄라는 넓게 열려 있을 것이다. 닫힌 오라는 짜끄라를 덮어 보호할 것이다. 라쿠를 그 사람의 머리에서 지면까지 척추를 따라 아래로 그려라. 라쿠로 당신과 학생의 에너지가 변하는 것을 느낄 것이다. 숨을 내쉬고 회음 자세를 풀어라.

이제 어튠먼트를 마쳤다. 이렇게 하는 데 약 3분이 걸렸다. 재빨리 상징 그리는 법을 배워라. 그러면 호흡 멈춤과 회음 자세를 위한 시간이 짧아진다. 연습과 경험으로, 그리고 명확히 시각화할 수 있다면, 상징들을 그리는 대신 시각화할 수 있다. 그것들을 제3의 눈으로부터 보라색으로 보내라. 한 줄의 학생들을 할 때는 그 줄의 뒤로 가서 모든 사람을 한 뒤, 다시 그 줄의 앞으로 와서 모든 사람에 대해 다 하고, 다시 뒤로 가서 끝마친다. 큰 그룹에서는 이렇게 하는 것이 한 번에 한 사람씩 하는 것보다 훨씬 빠르게 진행된다. 그러나 레이키Ⅲ의 어튠먼트를 할 때는 나는 한 사람씩 하는 것을 좋아한다. 그 절차는 하나의 그룹을 대상으로 하기에는 각각의 학생에게 너무 많은 과정이 필요하기 때문이다.

방은 아주 조용해야 한다. 어튠먼트 과정은 엄청난 집중을 요하며, 마스터에게는 고요함이 필요하다. 레이키 어튠먼트는 받는 사람에게도 중요한 사건이라서 방해를 받지 않아야 한다. 이런 문제들은 내가 어튠먼트를 하는 동안에는 거의 일어난 적이 없었다. 너무 들뜨거나 불안정해서 기다리기 어려운 학생들은 그 방을 떠나 있으면 된다. 레이키Ⅰ에서는 어튠먼트를 받은 사람들이 자신의 손을 한동안 다른 사람에게 올려두어야 한다.

어튠먼트 과정을 시작하기 전에 얼마 동안 마스터의 오라가 "환해지는 것"을 느낄 것이다. 나에게는 이런 일이 어튠먼트를 보내는 과정 때마다 일어나며, 어튠먼트 보낼 준비를 하고 있지 않을 때도 가끔 이 일이 일어난다. 예전에 나는 친구 집에 있었는데, 그곳의 누군가가 레이키에 대해 물었다. 그때 나는 기대하지 않았는데도 어튠먼트를 전했다. 친구는 내가 어튠먼트를 보내기 전 적어도 20분 동안 나의 오라가 환하게 켜져 있었다고 말했다. 그것은 예기치 않게 일어난 일이었다. 나는 그렇게까지 하려고는 미리 계획하지 않았었다. 그러나 레이키 가이드들은 내가 어튠먼트를 전달하려 한다는 것을 알았기에 그렇게 하도록 오라를 준비했던 것이다. 만일 가르치는 동안 이런 일이 불편하게 느껴진다면, 즉 간혹 당신이 준비되지 않은 상태에서 많은 에너지가 요구된다면, 이런 때는 가이드에게 멈추어 달라고 부탁하라. 가이드에게 "아직 준비되지 않았어요. 기다려주세요."라고 부탁하라. 때때로 그들은 차분히 기다리지 않고 서두른다. 그들은 레이키를 이 세상에 돌려주기 위해 오랜 세월 기다려 왔다.

어튠먼트를 전달하는 동안에 실수를 했다면, 가이드들과 함께 점검하라. 최선을 다해 당신의 능력을 펼쳐라. 잘 배우고 연습해라. 실수를 했거나 어떤 것을 잊어버렸다 해도 큰 재앙은 아니다. 상징들을 잃어버렸다면 다시 돌아가서 상징들을 그려라. 그러나 그럴 경우는 없을 것이다. 가이드에게 물어보라. 레이키를 가르치려는 긍정적 의도와 그 과정에 대한 약간의 지식이 있으면 필요한 모든 도움이 주어질 것이다.

한 사람이나 한 줄의 사람들에게 어튠먼트를 준 뒤에는 다음 사람이나 다음 줄의 사람들에게 주기 전에 잠시 멈추고 깊은 호흡을 하라. 호흡이 가빠지는 것은 기분 좋은 일이 아니다. 어튠먼트가 끝나면 가이드들에게 그라운딩을 부탁하라. 흑요석이나 적철광 원석을 사용하거나, 소주천을 돌리거나, 나무를 껴안아라. 양손 모두 엄지손가락과 새끼손가락을 맞대라. 이렇게 하면 에너지의 흐름이 접지된다. 어떤 플라워 에센스들도 효과가 좋다. 수업을 마친 뒤에 하는 저녁 식사도 도움이 된다. 새로운 레이키 I 힐러로부터 그룹 힐링을 받는 것도 도움이 된다. 무엇이든 효과가 있다. 진정되는 데 시간이 좀 걸릴 것이다. 피로감을 느낄 것이다.

회음 자세 없이 크리스탈 격자를 이용해서 어튠먼트를 보내는 방법도 있다. 이 방법은 로렐 스테인하이스의 채널링 과정에서 그녀와 나에게 말해 주었다. 그렇게 해 보았더니 효과가 있었다. 이것을 하기 위해서는 6인치 이상의 8개 이상 큰 제너레이터 쿼츠 크리스탈이 필요하다. 사용하기 전에 그것들을 아주 깨끗이 정화해야 한다. 이 방법으로는 한 번에 한 사람에게만 어튠먼트를 줄 수 있다. 학생을 등받이가 있는 의자에 앉도록 한다. 두 개의 크리스탈을 의자 바로 뒤에 두며, 하나는 학생의 발을 향해 놓는다. 모든 크리스탈은 어튠먼트를 받는 사람을 향해 있다. 의자와 마스터 주위에는 학생을 향해 있는 더 크고 깨끗한 수정 크리스탈 5개를 원 모양이나 격자 모양으로 놓는다. 더 많은 격자가 있어도 된다. 그러나 홀수로 하라.

티쳐는 의자 뒤에서 시작한다. 두 개의 크리스탈 가까이에서 맨발로 시작한다. 티쳐가 앞쪽으로 이동할 때, 세 번째 크리스탈을 두 발 사이에 놓는다. 어튠먼트 과정을 시작하라. 힘을 얻기 위해서는 아주 강력한 크리스탈들이 필요하다. 레이키 그리드에 사용된 크리스탈들은 강력한 전하를 발달시키고 그 전하를 유지한다. 그 그리드를 힐링 세션 때 마사지 테이블 주위나 아래에 둘 수 있다.

나의 제자 아나스타샤 마리아는 회음 자세를 유지하는 또 하나의 방법을 개발했다. 이 방법은 작은 타원 모양의 크리스탈을 질 속에 넣고, 다른 하나는 혀 밑에 둔다. 이것은 회음 자세를 유지시킬 뿐만 아니라 소주천의 흐름을 증폭시킨다. 이 방법으로 하는 어튠먼트는 아주 강력하다. 해부학적으로 이 방법은 여성에게만 가능하다. 남자는 실험해 볼 필요가 있을 것이다. 레이키 그리드를 만들기 위해 크리스탈들을 사용할 때는 항상 가장 좋고 깨끗한 것을 사용해야 한다는 점을 잊지 마라.

레이키 어튠먼트는 아름다운 의식이 될 수도 있고, 내가 하듯이 재빠르고 사무적인 방식으로 이루어질 수도 있다. 나는 여러 장소에서 큰 그룹들에게 어튠먼트를 주고 수업 시간이 제한되어 있는 경우가 많아서 아름다운 의식으로 만드는 방식을 따르지 못하고 있다. 전통적인 레이키에서 어튠먼트는 그룹을 대상으로 하지 않고 한 번에 한 사람씩 했다. 어튠먼트를 받는 사람을 교실에서 멀리 떨어진 다른 방으로 데려오며, 다정한 분위기에서 양식에 맞게 진행된다. 어떤 방식으로 진행하든 어튠먼트는 매우 신성한 과정이다.

어튠먼트 과정을 의식으로 만드는 것은 모든 감각에 호소하는 대단히 아름답고 신성한 분위기를 만든다. 나는 이것이 딴뜨라 불교에서 의식으로 만들어졌다고 생각한다. 은은하게 불이 켜진 방에서 방해받지 않도록 문을 닫고 시작한다. 전화와 초인종 소리가 나지 않도록 한다. 티쳐나 사람들이 움직이다가 촛불을 밟지 않도록 멀리 놓아두라. 향이 나는 촛불을 사용한다면, 먼저 그것에 알러지가 있는 사람은 없는지 확인한다. 스윗그래스, 호박, 장미는 특히 좋은 분위기를 만들어 준다. 엔야, 키타로, 케이 가드너의 음악은 좋다. 바뀐 장소에 편안해질 수 있도록 조용한 배경음악을 틀어라. 나는 가끔 가일 바우디노의 하프 음악도 사용한다. 만약 마스터/티쳐와 받는 사람이 위칸이라면, 제단을 만들어 그 위에 촛불을 켜고 꽃과 향, 네 방향을 상징하는 물건들과 (여)신의 형상으로 꾸며라. 또는 비종교적 명상 분위기로 만들어라. 레이키는 신성하지만 종교는 아니라는 점을 명심하라.

어튠먼트 과정을 명상과 함께 시작하라. 먼저 온몸을 편안히 이완시키는 과정을 거쳐라. 다음에는 학생들을 열거나 짜끄라를 열어 레이키 에너지를 받을 수 있도록 명상을 통해 준비하라. 그들을 한때 레이키를 사용했던 전생으로 데려가서 그들의 영적 가이드와 연결시켜라. 아니면, 차례차례 컬러들을 시각화함으로써 기 에너지가 모든 짜끄라를 통하여 흐르게 하라. 모든 사람이 레이키를 가지고 있고 일상적으로 경험하는 행성으로 그룹을 데려가라. 다음에는 그들을 모두가 힐러인 미래의 지구로 데려가서 지구가 어떻게 힐링되는지 보여 주어라. 이런 식의 명상은 수없이 많은 방법이 가능할 것이다. 그러나 에너지에 대해 열리고 에너지를 받는 것에 집중하라.

학생들이 고조된 의식 상태 안으로 깊이 들어가면, 어튠먼트를 전달하기 시작하라. 마스터는 아몬드, 장미, 라벤더, 페퍼민트 향료를 혀 밑에 한 방울 떨어뜨릴 수도 있다. 순수한 이센셜 오일을 사용하라. 하지만 그것은 입에 넣어도 안전한 것이어야 한다. 혀가 약간 화끈거릴 수도 있는데, 이때는 티쳐가 혀를 입천장에 붙여야 한다는 것을 기억하라. 티쳐가 어튠먼트 받는 사람의 오라 안으로 상징들을 불 때는 그 향기도 함께 전달된다. 이제 어튠먼트를 보내라. 또 한 번의 명상으로 의식을 끝내라. 마칠 때 그라운딩시키거나 축복을 내려주어라. 레이키를 발전시킨 밀교도들은 수련할 때 의식과 상징과 신비적인 것들을 사용했다. 이러한 것들은 어떤 믿음체계에서도 응용될 수 있다.

여기까지가 비전통적 레이키의 어튠먼트를 전달하는 과정에 대한 설명이다. 그 과정을 가능한 한 간결하고 명확하게 설명하도록 노력했다. 새로운 레이키Ⅲ의 티쳐가 가지게 될 가장 흔한 문제들과 질문들도 담으려 노력했다. 아마도 어튠먼트를 전달하는 법을 배우는 유일한 방법은 연습하는 것이며, 그 다음에 해보는 것이다. 경험은 해 보아야 온다. 숙련은 경험에서 온다. 일단 새 레이키Ⅲ 티쳐가 어튠먼트를 전달하는 것을 배우고 나면, 그는 가르칠 준비가 된 것이다.

레이키를 가르치는 행동으로, 그는 마스터나 티쳐가 된다. 다음 장에서는 각각의 레이키 디그리를 가르치는 방법에 대해 논의한다.

제9장
레이키 가르치기

레이키 Ⅰ, Ⅱ, Ⅲ을 (나의 주말 집중 코스 등과 같이) 짧은 시일 내에 받은 사람들은 이 지점에서 어려움을 느낄 수도 있다. 가르침을 시작하기 전에, 순서와 에너지를 정리하는 것이 필요하다. 만일 어떤 학생이 금요일에 레이키 Ⅰ을 시작하여 일요일에 레이키 Ⅲ을 받았다면, 그는 아직 가르칠 준비가 되지 않았다. 다른 사람들에게 가르치기 위해서는 먼저 자기 스스로 레이키를 익혀야 한다. 어튠먼트를 전달할 준비가 되기 위해서는 레이키 Ⅲ을 받은 후 몇 주가량 필요하다고 나는 본다. 이 것은 개인에 따라 다른데, 여러 달이 걸리는 사람도 있을 것이다. 레이키 Ⅲ을 받기 전에 충분한 시간을 두고 레이키 Ⅰ과 Ⅱ를 익힌 사람은 훨씬 더 빨리 준비될 수 있다. 여기서 옳고 그른 것은 없으며, 개인의 필요에 따라 다를 뿐이다.

세 디그리 모두를 짧은 시일 내에 받았다면, 먼저 해야 할 일은 레이키 Ⅰ을 익히는 것이다. 매일 자기를 위해 손 힐링을 하고, 타인을 위한 직접 힐링 세션을 가능한 한 많이 하라. 나는 학생들에게 레이키 Ⅰ을 받고 나서 적어도 한 달 동안 매일 자기 힐링을 하고, 일주일마다 타인을 대상으로 하여 세 번의 전신 힐링 세션을 할 것을 권한다. 레이키 Ⅱ와 Ⅲ은 일단 잊어버려라. 레이키 Ⅰ에 완전히 익숙해지고 직접 힐링의 경험을 쌓았다면 레이키 Ⅱ로 올라가라. 다시 말하지만, 시간이 얼마나 걸리느냐는 개인마다 다르다. 올라갈 준비가 되었다고 느낄 때만 다음 디그리로 나아가라.

그 시점부터는 밤에 명상을 하면서 원격 힐링을 하라. 먼저 원격 힐링하는 방법을 익히고, 그 다음에 직접 힐링과 원격 힐링 둘 다에 레이키 상징을 덧붙여라. 필요한 만큼 오랫동안 당신 앞에 상징들의 그림을 놓아두어라. 상징들을 주의 깊게 기억하고, 각 상징들을 충분히 오랫동안 익혀라. 상징들을 배울 때 나는 그 상징들을 식탁 위에 걸어놓고 식사를 하면서 그것들을 공부했다. 먼저 부재 힐링을 하면서 그 상징들 전체를 보내고, 다음에는 그것들을 그리는 것을 시각화하라. 마지막으로, 복사물을 보지 않고 상징들을 종이에 그리는 법을 배워라. 모든 선이 순서에 맞아야 한다.

그 다음에는 한 번에 30분씩 기 수련을 하라. 소주천과 첫 번째 기 연습을 적어도 몇 주 동안 실험해 보라. 이것들은 그 자체로 중요한 수련이다. 회음 자세를 연습하고, 이 자세를 유지할 수 있는 시간을 늘려가라. 어튠먼트를 전달할 수 있을 정도로 길게 유지할 수 있기까지는 몇 주가 걸릴 것이다. 몸에서 움직이는 기의 감각을 느껴 보라. 서로 다른 수련을 하면서 기의 감각이 변화되는 것을 느껴 보라.

위의 것들이 완전히 편해지면 레이키Ⅲ으로 나아갈 때가 된 것이다. 세 번째 디그리의 상징들로 시작한다. 먼저 마음에 드는 다이-코-묘를 선택하라. 그것을 시험해 보는 좋은 방법은 원격 힐링으로 두 가지 유형의 다이-코-묘를 다 시도해 보는 것이다. 비레이키 상징들은 일단 무시하라. 그것들은 지금은 중요하지 않다. 개인적인 상징들도 나중을 위해 그냥 두어라. 다이-코-묘를 직접 힐링과 원격 힐링에 추가하고, 그 수준에 한동안 머물러라. 직접 힐링, 원격 힐링, 다섯 가지 레이키 상징, 그리고 기 수련에 완전히 익숙해지면, 이제 레이키Ⅲ의 가르침을 시작할 때이다.

어튠먼트 과정을 익혀라. 기회 있을 때마다 연습하라. 그룹으로 레이키를 배웠다면, 함께 연습하고 서로에게 힐링해 주는 것이 좋다. 레이키의 공유 모임은 훌륭한 힐링의 기회이며, 어튠먼트 연습 과정으로 쉽게 확대될 수 있다. 그러나 서로에게 어튠먼트를 반복해서 줄 때는 처음 받을 때와 같은 높은 에너지 충전의 효과는 기대하지 마라. 그래도 여전히 에너지의 흐름은 느낄 것이다. 특히 기 수련을 많이 하여 에너지에 민감한 사람이라면 더더욱 그렇다. 상징들이 전해질 때는 상징들을 보게 될 수도 있다.

세 가지 수준 모두에서 레이키 힐링을 하는 것과 어튠먼트를 전달하는 것이 편안하게 느껴진다면, 가르침을 시작할 때가 되었다. 먼저 한 사람으로 시작하라. 대개는 가족일 것이다. 그에게 레이키 I을 주어라. 수업을 홍보하기 전에 몇 사람을 해 보아라. 가능하면 다섯 명 이하의 작은 그룹으로 시작하라. 세 디그리 각각에 무엇을 가르칠 것인지는 나중에 논의될 것이다. 더 큰 그룹을 충분히 다룰 만큼 어튠먼트 용량이 증가되고 레이키 I을 가르치는 데 익숙해졌다면, 레이키 II를 시도하라. 다시 말하지만, 공식적인 수업을 홍보하기 전에 한 사람이나 소수의 친구 그룹으로부터 시작하라. 다음 수준으로 넘어가기 전에 각 디그리를 가르치는 에너지를 익혀라.

레이키 II를 가르치기 전에 레이키 I의 수업을 여러 번 하고, 레이키 III을 시작하기 전에 적어도 여러 번의 레이키 II 수업을 할 것을 권장한다. 수업의 과정이 티쳐/마스터를 훈련시킨다. 각 디그리의 힐링 방법을 실천해 보는 것은 마스터에게도 배우는 기회가 된다. 레이키 III을 처음 가르칠 때는 많은 사람을 모아놓고 단체로 수업하지 말고 개별적으로 가르쳐라. 그리고 학생들이 원한다면 당신의 첫 번째와 두 번째 디그리의 수업을 참관하게 하라. 레이키 III을 가르치기 전에, 레이키 I과 레이키 II를 가르친 경험이 필요하다. 서두를 필요는 없다. 각 디그리에 확실한 느낌을 받을 때까지 기다려라.

새롭게 레이키 III의 보유자가 된 사람들은 자신만의 수업 기술을 발달시킨다. 전통적으로는 이렇게 하는 것을 만류하며, 어떤 각 레이키 디그리는 엄격하게 규정되어 있다. 전통적 레이키 수업에서는 사이킥 기술을 전혀 가르치지 않는다. 그 체계가 어떻게, 왜 작동하는지에 대한 설명도 거의 없거나 아예 없다. 영적 가이드와 레이키 가이드는 언급되지 않으며, 전생과 현생의 트라우마에 대한 내용도 없다. 대체 상징도 없고 스틸포인트도 없다. 전통적인 어튠먼트 절차는 이 책에서 소개하는 것보다 훨씬 복잡하지만, 기 수련이나 회음 자세 이용도 없다.

엄격한 전통적 범위를 벗어난 것들은 "레이키가 아닌" 것으로 규정되며 심한 비난을 받는다. 내가 레이키 I 수업의 전 과정을 두 번째로 들었을 때, 마스터는 정서적 방출에 대한 얘기를 거부하여 나를 놀라게 했다. 내가 그 문제를 꺼낸 데 대해 그는 화를 내며 "그것은 레이키가 아니에요."라고 말했다. 그러나 그것은 분명히 레이키이며, 레이키 힐러들은 그것에 대해 알아야 하고, 그런 일이 일어날 때 어떻게 해야 하는지를 알 필요가 있다. 비전통적 레이키 마스터들은 선택의 여지가 더 많다. 배우고 활용할 수 있는 정보도 훨씬 많다. 나는 수업에서 무엇이 전통적인 레이키이고 무엇이 아닌지를 분명히 가르치려 노력한다.

나의 학생들이 나의 가르침을 언제나 그대로 따르는 것은 아닌데, 그래도 괜찮다. 만일 그들이 성공적으로 어튠먼트를 전달하고 있고, 손의 위치와 원격 힐링, 상징들을 가르치고 있다면, 그들은 레이키를 가르치고 있는 것이다. 그러나 간혹 나의 학생들이 레이키 체계를 너무 벗어나면, 나는 그것을 용인하지 않는다. 한 여성은 학생들에게 레이키를 가르치면서, 레이키 상징들을 사용하는 대신 그들 자신의 상징을 고안하도록 가르친다. 그리고 테라피스트와 전문가에게만 레이키III을 준다. 하지만 그녀는 적어도 그 체계를 레이키라고 부르지는 않는데, 이것이 그나마 내 기분을 조금이라도 낫게 한다. 전에 어떤 학생은 훈련을 받고 난 뒤 그녀 자신만의 수업 기술을 개발했다. 그 사람은 자유의지를 가지고 있으므로 나는 그것을 방해할 권리가 없다. 내가 레이키III을 가르친 대부분의 사람들은 내가 자랑스러워하는 방법으로 레이키를 가르치고 있다. 내가 하는 똑같은 방법으로 가르치는 사람은 드물다.

레이키를 가르칠 때 제일 먼저 배워야 할 점은 당신 자신의 필요를 어떻게 보살피느냐 하는 것이다. 레이키 마스터가 된다는 것은 엄청나게 부담되는 일이다. 그렇게 되어 보지 않은 사람들은 얼마나 힘든지 알지 못한다. 당신은 아마 힐링 작업을 빈번하게 하면서도 종일 다른 일을 해야 하는 직업을 가지고 있을지도 모른다. 집 밖이나 회의, 혹은 페스티벌에서 가르칠 때는 당신이 원하는 대로 상황이나 조건을 통제하기 어렵다. 먼저, 당신이 하루에 얼마나 많은 어튠먼트를 전할 수 있는지, 탈진하지 않고 얼마나 많이 가르칠 수 있는지를 알아야 한다. 너무 자주, 너무 많이 하면 기력이 심하게 고갈될 수 있다. 자신의 한계를 안 뒤, 그 한계 안에서 편안히 할 수 있는 정도를 정하라. 당신이 다룰 수 있는 학생의 수효를 정하고, 그 수효를 넘기지 마라.

작년에 포코노스에서 열린 여성들의 축제 와몬개더링에서 나는 레이키를 가르쳤다. 축제의 일정에 나의 레이키 I 수업이 있었는데, 50명이나 그 수업에 나타났다. 제자 두 명이 나를 도왔지만 사람들이 너무 많았다. 그뿐 아니라 사람들이 나에게 레이키 II와 레이키 III을 해 달라고 요청하기 시작했다. 나는 가르쳐 달라는 사람을 거부하는 것을 몹시 싫어한다. 특히 작년 축제 때 나에게 레이키 I과 II를 받은 뒤 어디에서도 상급 과정의 레이키를 받을 수 없었던 사람들에게는 특히 그러하였다. 레이키 I의 수업은 토요일에 했는데, 일요일 점심 후 유난히 아름다운 나무 아래에서 레이키 II를 배우고자 하는 사람들을 만나는 데 동의했다.

레이키 II 수업이 끝난 후, 스무 명 정도의 여성들에게 레이키 III을 계속 가르쳤다. 이것은 축제의 계획된 일정이 아니었고, 그날 저녁에 또 한 번의 워크숍이 계획되어 있었다. 워크숍이 9시쯤에 끝났을 때 나는 심하게 아프기 시작했다. 너무 많은 사람들에게 어튠먼트를 주었던 것이다. 24시간 안에 거의 1백 명에게 주었다. 게다가 뜨거운 태양 아래 너무 오래 있었던 나는 탈진하고 말았다. 각각의 어튠먼트 동안에 일어났던 까르마의 방출은 레이키 마스터의 오라를 통과하며, 하루에 한 사람이 전할 수 있는 기의 양에는 한계가 있다. 이 일은 아마 나를 위한 교훈이었을 것이다. 나는 이후 석 달 동안 거의 항상 아프고 탈진된 상태로 있었다. 나는 학생들에게 스스로를 돌보라고 가르친다. 나 역시 그래야 한다는 걸 잊지 않으려 한다.

당신이 가르칠 때는 수업하는 반 크기의 한계를 정하고 그것을 준수하라. 이 한계는 사람마다 다르며 경험의 수준에 따라서도 달라진다. 수업이나 개인적인 세션들을 너무 자주 하지 않도록 하라. 1주일에 한 번 이상은 하지 않는 것이 아마 현명할 것이다. 3일 단위의 레이키 집중 코스를 했다면, 나는 그 이후 한 달 이상은 쉬는데, 두 달 이상을 쉬는 것이 더 좋다. 충분한 휴식을 취하라. 수업을 자주 했거나 큰 그룹을 상대로 수업했다면, 필요한 만큼 잠을 많이 자라. 오후에 수업할 예정이라면 아침에는 쉬도록 하라. 늦잠을 자거나 조용한 시간을 가져라. 또한 수업을 하기 전에는 잘 먹어야 하고, 수업 이후에도 든든한 식사를 하라. 먹는 것은 그라운딩시키는 데 도움을 준다. 힐링 세션에 요구되는 한계는 덜 엄격하다. 레이키가 힐러나 힐링 받는 사람에게 에너지를 주기 때문이다. 힐링에서도 당신의 한계가 어디까지인지 알아야 한다.

마스터마다 필요로 하는 것이 다르다. 자신에게 필요한 조건들이 무엇인지 알고, 그것을 될 수 있는 대로 지켜라. 가르침은 항상 흥미롭다. 얼마나 자주 그 수업을 반복했는지에 관계없이 새롭다. 자신을 잘 돌보면 더 자주 가르치고 더 많이 즐기는 데 도움이 된다. 레이키를 가르치는 것은 평생의 헌신이며 축복이다. 지나치게 서두르다가 탈진될 필요는 없다.

편안한 복장을 하라. 어튠먼트를 전달하는 동안 그리고 그 뒤 한동안은 엄청난 열기를 느낄 것이며, 그 후에는 다시 덮어 주어야 할 것이다. 입고 벗기에 좋은 재킷이나 오버블라우스가 좋다. 헐렁한 옷을 입으라. 손과 팔의 움직임을 방해하는 옷은 어튠먼트를 전달하는 데 불편할 수 있다. 헐렁한 팔찌도 방해가 된다. 나는 꼭 끼는 소매 달린 워크숍 용 블라우스가 있는데, 나는 그 옷을 여러 번 입고 벗는다. 땀을 흘릴 테니 쉽게 세탁할 수 있는 옷을 준비하라. 날씨가 따뜻해 보여도 나중을 위하여 재킷을 준비하라. 어튠먼트가 끝나면 고조된 기가 변할 것이다. 그러면 주위 사람들보다 더 추위를 느낄 것이다. 어튠먼트 후에 지나치게 파티를 즐기는 것은 좋지 않을 것이다.

편안하게 가르칠 수 있는 공간을 찾아라. 거실은 내가 선호하는 곳이다. 나는 편안한 분위기에서 수업하는 것을 좋아한다. 레이키 I에서 힐링을 위해 모든 사람이 방바닥 위에 누워 있을 때, 부드러운 양탄자의 감촉은 기분 좋게 느껴진다. 교실이 맨바닥이라면 학생들에게 베개와 담요를 준비해 오게 하라. 이 정보를 전단지에 넣어라. 의자가 줄 지어 있는 교실은 가르치는 데 결코 편하지 않다. 하지만 다른 방법이 없다면 의자들을 원형으로 배치하라. 힐링을 할 때에는 의자들을 벽에 붙이거나 방에서 완전히 빼라. 그리고 바닥이나 단단한 테이블 위에 담요를 펴고, 그 위에서 힐링을 하라.

페스티벌과 큰 강연회에서는 환경이 적절하지 않을 수 있다. 한번은 카페테리아에서 가르쳐 본 적이 있는데, 그때 우리는 테이블 위에 담요를 펴 놓고 사용했다. 그것을 마사지 테이블 대용으로 사용한 것이다. 야외에서 하는 수업이면 직사광선이 내리쬐지 않는 곳을 찾아라. 부드러운 봄의 풀밭은 힐링을 하기에 아주 좋은 곳이다. 자외선 차단제와 물병을 준비하라. 물이나 게토레이, 과일 주스를 항상 옆에 두어라. 수업에서 말을 많이 하다 보면 입이 마를 것이다. 수업 중에 휴식 계획을 두라. 가르치는 사람과 가르침을 받는 사람 모두에게 휴식이 필요하다.

등이 곧은 다섯 개의 의자가 어튠먼트를 전달하는 데 필요하다. 긴 벤치도 이용될 수 있다. 어튠먼트를 받는 사람이 마루나 땅에 앉아 있으면 당신이 회음 자세를 유지하기가 매우 어렵다. 에너지를 유지하기도 어려울 것이다. 그 공간에 의자가 없다면 사람들에게 다른 방에서 가져오도록 한다. 워크숍을 하기로 동의를 할 때 이런 필요들을 처음부터 명시하라. 화장실도 바로 옆에 있어야 한다. 방광이 가득 차면 회음 자세를 취하기가 매우 어렵다. 힐링하기 전에 학생들의 손도 깨끗이 씻어야 한다. 학생들이 손을 자기의 눈과 다른 사람의 눈에 대야 하기 때문이다.

방해되지 않을 정도의 나이라면, 나의 레이키 I의 수업에 아이들이 오는 것을 환영한다. 아이들에게 레이키를 가르칠 때는 엄마나 가까운 사람이 참석하여 수업을 받아야 한다. 그 아이가 하고 있는 것을 이해하고 아이에게 도움을 주게 하기 위해서이다. 나는 아이들이 얼마나 많이, 얼마나 빨리 배우는지를 보며 점점 더 감탄하고 있다. 레이키 I의 아이들 중 하나는 칼리였다. 그녀는 내 친구 캐롤린의 손녀였다. 칼리와 그녀의 어머니, 캐롤린 모두 레이키 I을 같이 받았다. 아이가 7살이었기에 나는 어느 정도를 기대해야 할지 알 수 없었다. 그런데 그날 저녁 무렵 칼리는 레이키 I을 가르치는 방법을 나에게 가르쳐 주고 있었다. 레이키의 손 위치와 관련한 "벙어리장갑이 아니라 양말"이라는 말과 "그것이 올라갔다가 내려오면 당신이 움직여도 돼요."라는 아이의 말은 이제 나의 레이키 I 가르침의 일부가 되었다.

아이들은 레이키 위치들을 배우고 나면, 각 위치들을 하는 데 매우 짧은 시간을 쓴다. 칼리는 언제 움직일지를 정확히 알고 있었다. 각 위치에 5분을 두는 것이 아니라 30초 정도였다. 아이들의 에너지는 매우 빨리 움직인다. 레이키도 그들을 따라 빠르게 움직이는 것 같다. 네 살의 카일라가 레이키 공유 모임에 와서 수업을 받을 때도 역시 그랬다. 카일라는 힐링 세션이 열리는 방 안으로 들어오고 싶어 했다. 방에 들어온 그녀는 모임마다 여러 사람을 힐링했다. 그녀가 고르는 위치와 사람들은 언제나 정확했고, 말하지 않아도 자신이 필요한 곳을 그냥 알아냈다.

카일라는 네 살 때 레이키 I 어튠먼트를 받았는데, 보모를 구할 수 없어서 아빠를 따라 나의 수업에 왔다. 이 어린 소녀는 조용했고 수업에 방해되지 않았다. 어튠먼트를 할 시간이 되자 나는 그녀에게 어튠먼트를 제안했다. 아빠가 동의했고 그녀도 좋아했다. 그녀는 아빠의 무릎에 앉아서 어튠먼트를 받았고 그 후 잠들었다. 몇 달 후 그녀의 아빠가 나에게 전화를 해서는 "카일라가 무슨 일을 했는지 믿지 못하실 거예요."라고 말했다. 그는 두통 때문에 침대로 가면서 아이에게 조용히 놀라고 말했다. 그런데 그녀는 노는 대신에 침대에 올라와서 손을 그의 이마에 대고 말하기를 "아빠, 내가 고쳐 줄게요."라고 말했다는 것이다. 그리고는 정말 고쳤다. 나중에 그녀는 레이키 공유 모임에 참여했다.

나의 레이키 II 최연소 학생은 여덟 살이었다. 이 학생 역시 예기치 않게 레이키에 입문하게 되었다. 몰리는 어머니와 함께 나의 워크숍에 왔는데, 여덟 살인데도 레이키 I을 잘했다. 다음 날 그녀의 어머니가 레이키 II를 배우려고 왔을 때 몰리도 따라왔다. 나는 몰리에게 참석해도 되지만 지루해질 수도 있으니 가지고 놀 것들을 가져오라고 말했다. 그리고 원하지 않을 때는 실내에 있지 않아도 되며 밖에 나가도 된다고 말해 주었다. 몰리는 수업시간 내내 함께 있었고 레이키 II 어튠먼트를 받았다. 내가 기 수련을 가르치기 시작하자 몰리는 밖으로 나갔는데, 수업이 끝날 즈음 레이키의 상징들을 완벽하게 그린 종이 몇 장을 들고 돌아왔다. "사본을 베꼈구나."라고 내가 말하자, 몰리는 "아뇨, 이제 나는 그것들을 알아요."라고 대답했다. 그녀는 여덟 살에 유능한 원격 힐러가 되었고 레이키 공유 모임에도 참여했으며, 모임에서는 카일라를 돌봐 준다.

한 소녀가 레이키 I과 Ⅱ 수업에 참여했는데, 15살쯤 되어 보였다. 소녀가 어머니와 함께 레이키Ⅲ을 받고 싶다고 했을 때, 어머니는 안 된다고 했다. 어머니는 딸 애디가 겨우 11살이라고 내게 말했다. 애디의 어머니는 "네가 근육을 조절할 수 있을 때 내가 가르쳐 줄게."라고 했다. 애디는 아마도 아주 어린 나이에 훌륭한 레이키 마스터가 될 것이다. 레이키Ⅲ은 아이들한테는 맞지 않는다. 레이키Ⅲ은 다른 사람들을 가르쳐야 하며 막중한 책임도 뒤따르기 때문이다. 아이들이 레이키 I을 배우러 오는 것은 언제나 나에게 기쁨을 준다. 나의 학생들 중에는 아이들만을 위한 레이키 I 수업을 하는 사람도 있다. 당신이 아이를 위한 수업을 하게 된다면 적은 수효로 시작하라.

지금까지 나에게 레이키 I을 받은 최연소 학생은 6개월짜리 아기였다. 그 당시 나는 위기에 처해 있던 아이의 가족을 돕기 위해 가족 모두에게 어튠먼트를 주었다. 나는 힐링을 위해 어튠먼트를 주었기 때문에 그 아기가 힐러가 되리라곤 전혀 생각하지 못했다. 아기 브래들리는 너무 작아서 그의 손에 상징들을 놓을 수가 없었고 몸을 너무 많이 움직였다. 그래서 나는 아이의 작은 몸의 앞에 상징을 두었다. 나는 어튠먼트를 주자마자 아기의 손이 즉시 뜨거워지는 것을 보고 놀랐다. 어른들도 이것을 느껴 보도록 했다. 그 후 아기는 많이 울었는데, 아마 정화 과정을 거치고 있었을 것이다. 한 달 후, 그의 어머니는 아기의 손이 여전히 뜨겁다고 말했다.

나는 레이키 I을 받고 싶어 하는 사람이면 누구나 받아들이는 것을 원칙으로 하고 있다. 그 에너지는 절대로 해로운 목적으로 사용될 수 없으며, 어튠먼트는 그것을 받는 모든 사람을 힐링한다. 수업을 받고 싶지만 수업료를 낼 형편이 안 되는 사람에게는 언제나 장학금을 마련해 준다. 하지만 딱 한 번 거절한 적이 있었다. 그것은 레이키Ⅱ였던 것으로 기억하는데, 그녀는 그것을 받으면 안 될 상황이었다. 일반적으로 누군가가 수업에 오면 나는 그가 오기로 되어 있었다고 여긴다. 한 여성이 레이키 I에 왔는데 너무 늦게 와서 어튠먼트를 못 받았고 처음 수업의 반도 듣지 못했다. 보통의 경우라면 나는 그냥 어튠먼트를 주고 그녀에게 힐링을 하도록 했을 것이다. 그리고 수업을 받는 다른 참석자들로 하여금 그녀에게 자세들을 보여 주도록 했을 것이다. 이번에는 무엇인가가 그렇게 하지 못하도록 막았다.

그 여성은 다음 날에 있을 레이키Ⅱ를 받기 위해 레이키Ⅰ의 어튠먼트를 받고 싶어 했다. 나는 그녀가 너무 늦게 왔기 때문에 다음 번에 해야 한다고 말했다. 그 후 나는 수업을 듣던 여성들과 더불어 힐링에 들어갔고 그녀도 참여했다. 우리는 왜 그녀가 레이키Ⅱ를 들으면 안 되는지 알 수 있었다. 힐링을 하는 도중에 우리는 그녀가 어떤 의식(儀式)을 써서 다른 사람들을 희생시켰던 전생을 알게 되었다. 이번 생은 그녀가 해결해야 하는 그 문제들과 직접적인 관련성을 가지고 있었다. 그녀는 이런 과거를 자각하고 있지 않았지만, 3명의 힐러들은 사이 킥적으로 그것을 보았고 나중에 우리는 그 문제에 대해 이야기를 나누었다. 우리 모두는 세션 중에는 그런 일에 대해 말하지 말도록 교육을 받았었다. 그 여성은 매우 무거운 까르마를 해소해야 하는 상태였는데, 자각이 막혀 있었다. 레이키Ⅱ는 그녀가 미처 준비되기 전에 그러한 기억들을 열 수도 있다. 그랬다면 그 당시의 그녀에게는 감당하기 힘든 일이었을 것이다.

그 외에는 레이키Ⅱ를 받으려는 어떤 사람도 거절한 적이 없다. 그러나 능력은 있지만 남을 조종하려 하거나 사이킥 에너지를 잘못 사용할 것 같은 사람들을 본다면, 그 사람은 레이키Ⅱ에 대한 준비가 안 된 것으로 판단해야 한다. 상징은 잘못 사용될 수 없다. 상징들을 보낼 때 어떤 의도를 가지고 하더라도 아무에게도 해를 입히지 못한다. 레이키는 힐링을 위한 것이며, 해치는 데 사용되는 것이 아니다. 그러나 레이키의 악용이나 오용으로 인한 까르마는 상당히 심각할 것이다. 따라서 그것을 까르마가 생기는 방향으로 사용하려는 사람에게는 사용하지 못하도록 주지 않는 것이 최선일 것이다. 이와 같은 상황에 의심이 들면, 당신의 자연스러운 느낌을 따르고 가이드나 레이키 가이드를 만나도록 하라. 개인적인 에고나 순간적인 판단으로 결정하지 마라. 때때로 당신은 내가 그랬듯이 가이드의 결과에 놀랄 것이다.

내가 유일하게 레이키Ⅲ을 거절한 사람이 있다. 어느 시골에서 열린 워크숍에서였다. 그룹의 두 여성이 나에게 와서 말하기를, 베스(가명)가 참석하면 그들은 참석하지 않겠다고 했다. 어떤 심각한 일이 일어나고 있는 듯했다. 그들은 베스가 워크숍 참석자들의 절반 이상을 한 번 이상 속였고, 레이키 I과 II를 받은 바로 그 날 레이키를 가르치겠다고 공고도 했다고 말했다. 나는 나에게 말을 해 준 그 여성과 베스 사이에 개인적인 감정이 있다는 것을 알았지만, 어떻게 해야 할지 몰랐다. 이것이 개인적 갈등인지, 아니면 정말로 베스가 나쁜 사람인지도 알 수가 없었다.

나는 이 여성으로부터 아무런 사이킥적인 인상을 받지 못했다. 이것은 드문 일이었다. 그래서 그룹의 누군가에게 베스가 누구인지 알려 달라고 부탁했다. 여전히 어떤 인상도 떠오르지 않았다. 그래서 화장실에 들어가 펜듈럼으로 가이드와 이야기를 했다. 종종 워크숍 여행 때는 화장실이 유일하게 사적 장소가 될 수 있다. 그녀를 거절하라는 이야기를 들었다. 이전에 한 번도 거절한 적이 없었기 때문에 꽤 걱정이 되었다. 그 여성에게 다가가서, 내가 그녀를 알지 못하기 때문에 판단을 하지는 않지만 그룹의 여성들 중 몇 명이 그 수업에 그녀가 있는 것을 싫어하며, 나는 그들의 의사를 존중해야 한다고 말했다. 베스는 울기 시작했고 내 기분은 엉망이 되었다.

오랜 친구이자 나의 학생인 한 여성이 주말에 거기에 있었다. 그녀에게 그 여성에 대해 어떤 사이킥 정보가 오는지 물었다. 이유는 말하지 않았다. 이전에 그녀를 보지도 알지도 못했던 그 친구가 말했다. "그녀는 끈적끈적한 갈색 오라를 가지고 있고 뭔가 문제가 있어." 그 말을 듣자 내 결정에 대한 기분이 좀 나아졌다. 그 후 그 주말 워크숍에 참여했던 두 여성에게 내가 한 일을 얘기하면서 나에게 책임이 있다고 말했다. 그러자 두 여성 다 내게 베스에 대해 뭔가 얘기해 주고 싶었다고 했다. 베스와 레이키 III을 함께 하고 싶지 않았기 때문이라는 것이다. 그리고 다른 여성들이 베스에 대해 말했던 모든 나쁜 점들을 확인해 주었다. 다음 날 아침에 나는 그룹과 함께 어떤 의식을 행했는데, 베스는 그 의식을 완전히 망쳐 버렸다. 모든 증거들이 내 판단이 옳음을 확인해 주었다.

또 다른 사건이 있었다. 어떤 여성이 레이키 I과 II 세션에 왔는데, 나는 그녀

가 싫었다. 두 과정 모두에서 그녀는 말이 많았고 거슬렸다. 그녀는 정말로 성가
신 존재였으며 부정적이었고 다투기만 했다. 그래서 정말로 그녀가 레이키Ⅲ에
오지 않았으면 했다. 가이드에게도 그녀를 오지 않게 해 달라고 부탁을 했지만,
긍정적인 대답을 듣지 못했다. 일요일이 되었고 레이키Ⅲ 시간이 되었다. 그녀
는 수업에 있었다. 다시 한 번 가이드에게 물었는데, 대답은 그녀를 가르치라는
것이었다. 그 후 나는 왜 이 사람에게 레이키Ⅲ을 가르쳐야 하는지 알고 싶어졌
다. 그녀는 결코 레이키 마스터가 될 사람은 아니었다. 가이드들의 대답은, 그녀
는 레이키 에너지를 사용하거나 가르치지 않을 것이고 그것으로 잘못된 일도 하
지 않을 것이며, 단지 레이키 에너지가 그녀를 힐링할 것이라는 것이었다.

레이키를 배우기 위해 나에게 오는 사람들은 특별한 이유가 있지 않는 한 누
구든지 받아들인다는 것이 나의 원칙이다. 그룹을 가르칠 때도 돈이 없다는 것
이 거절의 이유가 되어서는 안 된다. 수업에 오는 모든 사람들은 정말 오고 싶어
서 오는 것이다. 레이키 그 자체와 가이드가 부적합한 사람을 가려낸다. 어떤 사
람이 레이키Ⅰ을 통과할 만큼 준비되지 않았다면, 그는 그 점을 알거나, 다음 날
오지 못할 일이 생길 것이다. 레이키Ⅲ을 받지 않아야 한다면, 아마 타이어가 펑
크 나거나 긴급한 일로 어딘가로 가야 할 것이다. 대부분의 사람들은 레이키 에
너지를 얼마나 받아들일 수 있는지 알고 있다. 그래서 그 결정은 그가 한다. 디
그리를 받을 준비가 되어 있지 않지만 계속 받으려고 고집하는 사람은 자신이 준
비될 때까지 그것을 사용하지 않을 것이라고 나는 생각한다.

공개적으로 레이키Ⅲ을 가르칠 때, 나는 오는 사람들에 대해 거의 말하지 않는
다. 누군가가 그곳에 있어서는 안 된다고 느끼면 그렇다고 말한다. 그러나 그런 적
은 오직 한 번밖에 없었다. 준비되어 있지 않으며 자질도 없는 학생들이 온다면,
아마 그들은 뉴에이지 그룹의 일원이 되려고 왔을 것이다. 그들은 레이키를 가르
치지 않을 것이며 힐링 기술을 배우는 길로 접어들지도 않을 것이다. 이것이 그들
의 선택이라고 생각한다. 그들은 어떤 식으로든 레이키에 피해를 주지 않을 것이
며, 남을 해치기 위해 에너지를 쓰지 않을 것이다. 아마도 에너지가 그들을 힐링할
것이다. 그리고 언젠가 다른 누군가가 그들을 힐링할 것이다. 수업을 들을 준비가

되지 않은 사람들이 수업에 오는 경우들이 있었다. 다시 그곳을 방문했을 때, 그들은 다시 배우기 위해 온다. 그들이 준비가 된 두 번째 수업 때는 그들에게 정서적 변화들이 분명히 일어났다. 나머지는 레이키 가이드들에게 맡긴다. 결국 내가 알아야 할 것이 있으면, 가이드들이 그것을 나에게 말해 준다.

레이키를 가르치는 데 따르는 또 하나의 문제는 장학금 제도이다. 수업료를 낼 수 없는 사람들을 당신은 가르칠 수 있는가? 얼마나 많은 장학금이 있어야 할까? 레이키 수업료를 내지 못하는 사람들은 무상으로 수업을 받게 되었을 때 고마워할까? 전통적 레이키에서는 장학금이 없고 학비에 차등을 두는 제도도 없다. 나는 전통적 레이키 마스터들이 학비를 물물교환으로 대신하는 경우를 본 적이 없다. 레이키를 위해 수업료를 내지 않는 사람들은 레이키를 사용하지 않거나 귀하게 여기지 않는다는 것이 전통적인 입장이다. 하지만 나의 원칙은 수업마다 장학금이 있어야 한다는 것이다.

만일 당신이 여섯 명을 가르친다면, 한 명을 더 추가하는 것은 약간의 노력이 더 필요할 뿐이다. 어튜먼트를 한 번만 더 주면 된다. 장학금을 물어볼 정도로 수업을 받고 싶어 하는 사람이 있으면, 나는 보통 장학금을 준다. 그는 이번 수업에 참가하거나, 다음 번 수업에 참가한다. 물물교환을 제의한다면 나는 받아들인다. 가르치기 위한 여행을 할 때, 누가 지불했고 누가 지불하지 않았는지에 대해서는 정말로 관심을 두지 않는다. 페스티벌에서는 돈을 받지 않고 가르치며 레이키Ⅲ까지 다 준다. 이와 같은 방법으로 나에게 배운 많은 레이키Ⅲ 보유자들이 있다. 그들은 분명히 감사해했다. 장학금을 받은 학생들에게 그 보답으로 요구하는 것은 있다. 그들이 다른 사람들을 힐링하여 돕거나, 그런 목적으로 가르치라는 것이다. 그렇게 하려는 의지가 있다면 그들은 나에게 충분히 돈을 지불한 것이다. 그들 대부분이 그렇게 한다.

종종 뛰어난 힐링 능력을 지닌 사람들이 있다. 그들은 그 재능을 사용하는 훈련 방법을 배워야 할 것이다. 레이키는 이런 사람들에게 그 틀을 부여한다. 다른 어떤 힐링 기술에도 그 기초를 세워 준다. 여러 명의 사이킥 힐러들을 훈련시킨 적이 있는데, 그것은 그들이 지닌 능력들을 향상시키고 그 능력을 사용하는 법을 가르치기 위함이었다. 나는 이런 식으로 세 명의 "사이킥 딸"을 두게 되었다. 그들 모두는 가난했다. 두 명은 그들을 만났을 때 대학생이었다. 그들은 레이키 수업을 들을 돈이 없었기에 나는 돈을 받지 않고 가르쳐 주었다. 이들은 레이키 가 필요한 사람들이었다. 그들 모두 현재 가르치고 있고 힐링도 하고 있다. 내가 처음 어튠먼트를 받았을 때 나도 그런 힐러였다. 나도 돈이 없어서 디그리를 받 을 수 없었다. 그러나 나는 레이키를 모든 면에서 사용하고 있고 그 점에 대하여 고마워하고 있다.

배운 것을 사용하지 않아도 레이키는 그 사람에게 힐링을 주고 그 당시에 필 요한 것을 준다. 어튠먼트는 평생 동안의 힐링이다. 나는 내가 훈련시킨 그 누구 에 대해서도 후회하지 않는다. 모든 가르침에는 다 이유가 있다고 믿는다. 돈은 문제가 되지 않는다. 힐링은 일반적인 것이 되어야 하며 값으로 매길 수 없다. 학생이 힐링을 배운 뒤에 어떻게 할 것인지는 그들이 선택할 문제이다. 만일 그 가 힐링을 이용한다면 헤아릴 수 없이 많은 것을 얻을 것이다. 그렇지 않아도 힐 링은 뭔가 좋은 일을 할 것이며 그에게 필요한 뭔가를 주었다. 레이키는 그것을 받아들이는 모두의 삶을 변화시킨다. 레이키에 대해 고마워하지 않거나 사용하 지 않는 사람은 드물다.

전통적인 레이키 I의 수업은 주말 시간 전체가 걸리며 그 동안 네 번의 어튠먼 트가 주어진다. 내가 레이키 I을 들었을 때, 금요일 밤에는 레이키 역사를 배웠 고 마스터에게 어튠먼트 하나를 받았다. 토요일에는 자기 힐링을 했고, 하루 종 일 힐링 부위들에 관한 연습을 했으며 두 번의 어튠먼트를 더 받았다. 일요일에 는 하루 종일 타인 힐링을 했고 마지막 어튠먼트가 있었다. 그 과정은 의자도 없 는 딱딱한 바닥의 방에서 극도로 천천히 진행되었다. 나는 레이키 I을 3-5시간 안에 가르치며 한 번의 어튠먼트만 한다.

전통적인 레이키 II도 주말에 하며, 주로 상징들을 반복 연습하고 한 번의 어 튠먼트를 받는다. 학생들은 수업 시간에 상징을 암기해야 한다. 상징 그림들을 집으로 가져가거나 복사하는 것은 허락되지 않으며, 수업 중 받은 복사물은 마 지막 시간에 불태운다. 나는 레이키 II를 두세 시간 동안에 가르친다. 학생들이 자신의 속도에 따라 상징들을 배울 수 있도록 집에 복사물을 가져갈 수 있게 한다. 비전통적 레이키는 각 디그리마다 한 번의 어튠먼트를 한다.

전통적 레이키Ⅲ은 일주일 동안 수업을 하며, 1년 이상의 견습 기간도 필요하다. 어튠먼트는 한 번뿐이다. 견습 기간 동안 학생은 마스터가 함께 있는 자리에서만 가르칠 수 있다. 그렇게 할 때 마스터는 돈을 받는다. 나는 레이키Ⅲ을 4시간 동안 가르치며, 학생들에게 어튠먼트의 과정과 수업 기술을 함께 배우기를 부탁한다. 같은 도시에 있으면, 학생들이 나의 수업을 참관하는 것을 언제나 환영한다. 나는 그들에게 돈을 지불하지 않고 그들도 나에게 돈을 주지 않는다. 아무도 자기 수업의 감독을 위해 나를 필요로 하지 않는다. 나는 축제 기간 중 어튠먼트 전달을 돕기 위해 나의 레이키Ⅲ 학생이 오는 것을 환영하며 그들의 도움에 감사한다. 그리고 나의 학생들이 전화로 도움을 요청하면 필요한 도움을 준다.

나는 평소에 레이키Ⅲ을 제외하고는 자격증이나 수료증을 주지 않는다. 다른 디그리에서 그것을 원하면 수료증을 준다. 종종 주말 워크숍에서 참석자들이 디그리 자격증을 만들면 나는 사인해 준다. 나는 자격증을 무시하는 경향이 있다. 레이키 마스터를 만드는 것은 종이가 아니라 그 사람의 힐링과 가르치는 능력이다. 이와 마찬가지로 레이키 I과 Ⅱ에서도 누군가를 힐러로 만드는 것은 그 사람이 하는 힐링이다. 어떤 전통적 티쳐들은 나의 자격증을 인정해 주고, 어떤 티쳐들은 인정해 주지 않는다. 점점 더 많은 나의 학생들이 가르치는 마스터가 되면, 어디에서나 세 가지 디그리 수업을 받을 수 있게 될 것이다. 나는 여행을 하면서 수업을 하며, 축제들에도 최대한 참여하여 수업을 한다. 나는 레이키Ⅲ 학생들에게 가르치는 것을 진지하게 고려해 보라고 부탁한다. 그들 중 많은 사람들이 가르치고 있다.

전통적인 그룹들에서는 자격증과 계보가 신분의 상징이 되고 있다. 힐링보다 수료증이 더 중요하다. 한때 전통적인 레이키 공유 모임에 간 적이 있다. 그곳에 있던 몇 명은 큰 부자였다. 그들 모두는 레이키 I을 수료했고 몇 명은 레이키Ⅱ를 수료했다. 레이키Ⅱ 자격증을 가진 사람들은 분명히 레이키 I의 힐러들보다 신분이 더 높았고 또 그렇게 행동했다. 그들은 서로에 대한 힐링을 사회적인 행사로 생각했다. 내가 에이즈에 대한 힐링을 언급하자, 그들은 내게서 멀리 벗어나 나 혼자 긴 의자에 남게 되었다. 자격증은 힐러를 만들지 못한다. 힐러는 실제로 힐링을 행하는 사람이다.

그럼에도 불구하고 신분을 의식하는 이 세상에서는 자격증이 많은 사람들에게 의미가 있다. 누군가가 자격증을 원하면 기꺼이 그것을 준다. 자격증을 주지 않으면 수업을 존중하지 않거나 이해하지 못하는 사람들을 레이키 힐링 세션에 데려오는 데 자격증이 도움이 되기도 한다. 어떤 사람들에게는 자격증이 권위를 주고 믿음을 가지고 가르칠 수 있도록 해 준다. 전통적 레이키 마스터들은 레이키 II의 학생을 받기 전에, 레이키 I의 자격증을 보여 달라고 한다. 그러나 자격증이 그 과정을 배웠다는 보증은 아니다.

대부분의 비전통적 티쳐들은 레이키 디그리의 자격증을 발급한다. 나는 여기에 불만이 없다. 다만 자격증을 이용하는 사람들에게 한 가지 제안을 하자면, 자격증을 1장에 1달러 정도에 파는 문구점에서 개별적으로 구입하지 말고 컴퓨터로 만들라는 것이다. 잘 만들어서 저렴하고 질 좋은 종이에 복사하면 된다. 컴퓨터로 이 작업을 스스로 할 수 없는 사람은 대부분의 복사 가게를 이용하면 된다. 이 양식을 만드는 데 약 30달러가 들지만, 자주 가르친다면 장기적으로는 돈을 절약할 수 있다.

다음의 자료들은 특별히 레이키 I, II, III 반에서 가르치는 내용이다. 각 디그리에 한 번의 어튠먼트가 필요하며, 티쳐는 각 디그리의 학생들에게 줄 복사물이 필요하다. 자료의 출처를 밝히기만 한다면 나의 자료들 중 그 어떤 부분이라도 복사해서 사용할 수 있다(부록을 보라). 새로운 마스터가 경험을 쌓으면 그들은 대개 그들 자신의 복사물을 개발한다. 다음은 대강의 내용이다. 이 책 자체도 수업 안내서이다. 각 디그리에서 무엇을 가르쳐야 하는지를 아는 최선의 방법은 무엇이 당신에게 가장 효과가 있는지를 기억하는 것이다.

레이키 I

방을 돌아다니면서 모든 사람의 이름과 그들의 힐링 경험에 대해 물어보면서 시작한다. 간단하게 하라. 자서전을 쓰듯 장황하게 얘기하려는 사람은 중지시킬 수 있다. 이렇게 하면 마스터가 그 그룹의 수준을 알 수 있다. 힐링이나 에너지 작업에 경험이 전혀 없는 사람들에게는 레이키가 출발점이 될 수 있다. 다른 방법, 예를 들어 마사지를 하고 있는 사람들에게는 레이키가 그들의 작업에 부가적인 것이 될 수 있다. 다음으로 나를 소개하고 내가 왜 다른 방법보다 레이키를 더 선호하는지 간단하게 설명한다. 나는 사람들에게 그날 오후가 되면 그들은 능숙한 힐러가 되며, 더 이상 레이키 I의 티쳐가 필요 없을 것이라고 말한다.

다음으로 레이키가 무엇이며 무엇을 하는 것인지 간단하게 설명한다. 레이키 역사를 말한다. 이것은 20분쯤 걸릴 것이다. 세 가지 디그리를 설명한다. 어떤 사람은 어튠먼트가 무엇인지 알고 싶어 할 것이다. 할 수 있는 한 최선을 다해 설명하라. 나는 그것은 경험을 해 봐야 알 수 있으며 말로 설명하기 어렵다고 한다. 레이키 힐링을 경험한 사람들은 나눌 만한 이야기들을 가지고 있다. 당신 자신의 경험을 몇 가지 들려주면, 덧붙여 얘기할 사람이 나올 것이다. 그 그룹의 누군가가 이미 레이키 힐링을 했거나 레이키 I을 받았다면, 그것에 대해 얘기해 보라고 부탁하라. 레이키 디그리를 가지고 있는 사람이 있으면, 그에게 레이키가 어떻게 자신의 삶을 변화시켰는지 물어보라. 레이키의 원칙들에 대해 얘기하라. 복사물로 나누어 줄 수도 있다.

자기 힐링을 위한 레이키 I의 손 위치들을 그린 종이를 나누어 주라. 위치들을 보여 주어라. 학생들에게 이제 그들의 손에서 에너지를 느껴 보라고 요청하라. 어튠먼트 후에 그 느낌을 비교해 보라고 하라. 에너지의 순환에 대해 설명해 주고, 각 위치에 손을 얼마나 두어야 하는지를 설명하라. 이때가 휴식을 취하기에 좋은 시간이다. 그 동안 어튠먼트를 할 수 있도록 의자를 정리하라. 휴식 전후에는 다음에 무엇을 할 것인지 얘기해 주어라. 휴식 시간에 그룹이 너무 멀리 흩어지지 않도록 하고 시간 제한을 두어라. 준비가 되면 그들을 다시 불러라. 시간 제한을 주지 않으면 휴식 시간이 오후까지 길어질 수 있다.

휴식 시간 이후에 어튠먼트를 전달하라. 학생들에게 조용히 하라고 말한 뒤, 다섯 명씩(티처에 따라 수효는 달라질 수 있다) 그룹을 나누어 어튠먼트를 줄 것이라고 말하라. 그들에게 손을 마주잡는 방법을 보여 주어라. 한 그룹이 끝나 의자에서 일어나면 다음 다섯 명이 재빨리 의자에 앉으라고 말하라. 25명은 빨리 한다고 해도 최소 45분이 걸린다. 계속 움직여 의자를 채우게 한다. 각 그룹을 마치면, 끝냈다는 것을 말해 주어 그들이 이동할 수 있게 한다.

각각의 그룹이 끝나고 의자를 떠나면, 그들에게 수업에 참여한 다른 사람에게 손을 올려두고 몇 분 동안 그대로 있으라고 말하라. 그들은 언제 에너지가 그들을 통해 움직이는지를 알게 될 것이다. 에너지가 손을 통해 흐르기 시작하면 손바닥에서 열이 나기 시작한다. 그들은 손을 다른 사람의 어깨나 등, 아니면 에너지를 받는 사람이 원하는 곳에 얹으면 된다. 이 과정이 끝나면 학생들에게 자기 힐링을 시작하게 한다. 이렇게 하면 당신이 나머지 사람들에게 어튠먼트를 주는 동안, 학생들에게 계속 할 일을 주게 된다.

모든 사람이 어튠먼트를 다 받으면, 경험을 발표할 사람이 있는지 물어보라. 여기에 너무 많은 시간을 허용하지는 말고 몇 사람의 반응만 받아라. 그룹 중에서 아무것도 느끼지 못하는 사람이 있는지 물어보라. 그런 사람이 있다면 먼저 그의 손을 느껴 보라. 만일 그의 손이 따뜻해졌다면 더 이상 필요한 것은 없다. 더 많은 도움을 필요로 하는 사람이 있다면, 다른 사람들이 힐링을 시작할 때까지 기다린 뒤 그와 개인적으로 이야기하라. 종종 어떤 사람들은 어튠먼트에 너무 민감해 걱정할 수 있다. 너무 멍할 수도 있고 균형을 잡지 못할 수도 있다. 불쾌한 정서나 에너지의 방출을 경험할 수도 있고, 불편할 정도로 뜨거움을 느낄 수도 있다. 그런 사람들은 즉시 다른 사람을 힐링하게 하라. 이것이 에너지를 균형 잡는 최선의 방법이다. 나는 또한 여기서 Bach Rescue Remedy, Clematis, Perelandra's Grus, Aschen Rose Essence, Oregold Rose Essence와 같은 플라워 에센스를 사용하기도 한다. 그 감각은 몇 분 안에 사라진다. 특히 학생들이 손을 통해 에너지를 가져오기 시작하면 그렇다.

이제는 타인을 위한 직접 힐링의 손 위치들을 보여 주는 종이를 나누어 주어라. 마사지 테이블이 있다면 그것을 이용하고, 없으면 바닥에서 하라. 그룹의 앞에서 손을 올려놓는 위치를 보여 주어라. 이를 위한 모델이 되려는 사람은 항상 있을 것이다. 그 후 모델로 하여금 다른 사람 위에 올려놓는 위치를 꼭 보게 하라. 완전한 힐링을 하려고 너무 시간을 소비하지 말라. 그냥 간단하게 위치만 보여 주어라. 당신이 손을 올려놓고 있는 시간을 이용하여, 한 위치에 손을 얼마나 오랫동안 올려두어야 하는지, 그리고 에너지 순환, 정서적인 방출 등에 대해 얘기하라. 힐링은 오직 허락을 받고 해야 한다는 레이키 I의 윤리에 대해서도 이야기하라.

앞쪽과 뒤쪽의 위치들을 보여 준 뒤, 모든 사람이 이해했고 더 이상의 질문이 없다면 그룹 힐링을 보여 주어라. 나는 항상 나중에 때맞춰 그룹 힐링을 보여 주려 하지만, 그룹을 두 사람씩 짝지어 나누다 보면 설명하는 것을 잊어버린다. 그러니 지금 이것을 보여 주어라. 새 모델을 나오게 하고, 이것을 보여 줄 수 있도록 몇 명을 그룹의 앞으로 나오게 하라. 레이키 공유 모임에 대해서도 이야기하라. 관심 있는 사람은 모임을 시작하기 위해 서명 용지를 돌릴 수도 있다. 그렇게 하도록 장려하라. 수업이 당신의 거주지에서 열리고 있다면, 당신이 레이키 공유 모임을 조직할 수도 있을 것이다.

서로에게 힐링을 할 수 있도록 둘씩 짝지어 나누어라. 그러면 각각의 학생은 세션을 주고받게 된다. 시간이 없거나 사람들이 너무 많으면 그룹 힐링으로 대체하라. 그러나 일대일의 세션은 중요하므로 최대한 자주 이용해야 한다. 여전히 에너지로 인해 불편한 느낌을 느끼는 사람이 있다면 힐링을 하는 것이 치료제라고, 참석자 전원에게 말하라. 이런 느낌이 수업 이후 일어난다면(몇 주일 동안 일어날 수도 있다), 힐링하는 것이 해결책이다. 이러한 느낌들은 해롭지 않다고 말해 주고, 예상되는 일들에 대해 이야기를 나눈 뒤, 해독 효과에 대해 설명해 주어라. 짝들로 나누어 하는 힐링은 수업 시간의 거의 절반을 차지하며 굉장히 중요하다. 이것은 학생들로 하여금 어튠먼트의 에너지를 가져오게 하고, 위치들을 운동감각으로 가르치며, 힐링 체계가 그 사람들에게 실제가 되게 한다. 학생들을 레이키 I로 만들어 주는 것은 어튠먼트 후의 이런 세션들이다.

질문들을 받아라. 이제 수업이 상당히 이루어졌다. 모든 사람이 짝을 이루면, 힐링을 주고받는 짝들에 참여하라. 그렇게 하면 마스터가 어튠먼트 에너지로부터 내려오는 데 도움이 되며 기분이 아주 좋아진다. 수많은 힐러들은 정작 자신을 위해 힐링해 줄 사람이 없다. 그들도 다른 사람들처럼 힐링이 필요하다. 수업을 마친 뒤 시간이 남으면, 그룹 힐링을 몇 번 더 하라. 이제는 당신의 할 일이 끝났다. 수업은 알아서 진행될 것이다. 늘 기적처럼 이루어진다. 레이키 I에 약 5시간을 할애하라. 아마 여기에 점심 휴식 시간이 더해질 것이다. 식사 뒤의 휴식 시간이 많이 필요하기 때문에, 대개 나는 오후나 저녁까지 길게 하는 것을 선호한다.

레이키 I의 복사물에는 자기 힐링과 타인 힐링의 손 위치들이 들어가 있다. 레이키의 원칙들, 질병의 정서적 근원에 대한 정보도 들어갈 수 있다. 레이키 I의 윤리는 오직 허락을 받고 힐링을 한다는 것이다. 여기까지가 레이키 I 수업의 골자다. 더 필요한 정보가 있다고 생각되면 그것도 넣어라.

레이키 II

레이키 II는 다른 디그리들보다는 시간이 적게 걸리지만, 더 많은 복사물들이 필요하며 학생들이 집에서 공부해야 할 양도 더 많다. 나는 편안한 환경을 선호하지만 교실도 괜찮다. 의자를 원형으로 배치하라. 혹은, 모든 사람이 편안하게 느낀다면 바닥에서 할 수도 있다. 이 경우에도 바닥에 편안히 앉지 못하는 사람들을 위해 의자 몇 개를 준비하는 것이 좋다. 레이키 I에서처럼 돌아가면서 이름을 묻고, 레이키 I에 대한 질문이 있는지 물어보라. 주말 집중 프로그램을 할 때는 이 과정은 수업의 연장이며, 전날에 놓쳤을지 모르는 사항들을 해소할 수 있는 기회가 된다. 혹시라도 당신이 레이키 I에서 잊어버린 내용이 있다면, 이때가 그것을 추가할 좋은 기회이다.

학생들이 첫 디그리의 내용을 얼마 동안 실습하고 있더라도 질문할 것들은 가지고 있을 것이다.

다음에는 레이키 II가 레이키 I과 다른 점을 말해 주어라. 여기에는 원격 힐링, 상징 더하기 등이 포함된다. 원격 힐링을 해 본 사람이 있는지 물어보라. 대개 절반 가까운 사람들이 원격 힐링을 하고 있다는 사실을 알고 나는 항상 놀란다. 돌아가면서 원격 힐링을 어떻게 했는지를 물어보라. 다양한 방법들이 있을 것이다. 원격 힐링을 해 본 적이 없다고 생각한 사람들도 실은 자신들이 자주 하고 있다는 사실을 알고 놀랄 것이다. 그 다음에는 부재 힐링을 하는 방법을 가르쳐 주어라. 또는 원격 힐링 과정의 단계를 간단히 설명해 주어라.

원격 힐링을 하는 레이키의 네 가지 방법을 가르쳐 주어라. 이것들은 1) 사람이 작게 축소되어 당신의 손 안에 있다고 상상하기, 2) 힐링 받을 사람과 함께 있으면서 직접 세션을 한다고 상상하기, 3) 무릎과 다리를 그 사람의 몸이라고 상상하면서 힐링하기, 4) 테디 베어나 대용물을 사용하기이다. 원격 힐링의 방법에 레이키 상징들이 추가된다는 것을 말해 주어라. 그것들이 어떻게 시각화되고 보내지는지 설명해 주어라.

레이키 II의 윤리에 대해 말해 주어라. 이것은 신체적 수준에서 허락을 받을 수 없는 사람들로부터 허락을 얻는 방법이다. 이것은 중요하다. 나는 레이키 II에서 윤리를 강조한다. 왜냐하면 고도로 확장된 에너지를 이제 처음 의식적으로 사용하기 때문이다. 비힐링 용도와 나타나게 하는 것에 대해 얘기할 때 나는 다시 윤리를 강조한다. 어떤 방법으로든 누군가를 조종하는 것은 윤리적이지 않다. 나타나게 할 때는 당신 자신을 그림 속에 넣어라. 그러나 다른 사람들은 허락을 받고 난 뒤 그림 속에 넣어라. 풍부함을 사람들의 삶 안으로 오게 하는 것은 매우 윤리적이지만, 다른 사람들로부터 풍부함을 빼앗아 당신이 가지는 것은 비윤리적이다.

그 다음으로 세 가지 상징과 그리는 방법을 그림으로 설명하는 복사물을 이용하여 상징들을 설명하라. 상징들의 이용에 관한 더 많은 정보를 복사물에 담을 수 있다. 손으로 허공에 상징들을 그려 보임으로써 상징들을 그리는 법을 보여 주고, 사람들에게 따라해 봄으로써 연습하게 할 수도 있다. 자주 멈추고 질문을 받아라. 다음에는 상징들의 비힐링적 용법을 설명하라. 즉, 음식을 축복하고 정화하는 것, 집과 엔티티들의 정화, 보호, 전생에 관한 작업 등에 이용할 수 있다. 여기서 토론을 시켜라. 레이키 I의 재료는 손을 올려놓는 것과 운동감각적인 것이므로 토론보다는 본인이 느껴야만 하는 것인 반면, 레이키 II는 지적인 것이다. 레이키 II에서 세계들은 마음에 의해 공(空)으로부터 창조된다.

이제 휴식 시간을 주어라. 그 다음에는 어튠먼트를 전달하라. 레이키 I에서와는 달리 여는 것과 관련된 문제들은 없으며 그들의 손을 누구에게 댈 필요도 없다. 학생들은 멍할 수 있고 첫 번째 디그리 때보다 더 그러할 수 있지만, 이것은 대개 즉각적인 반응일 따름이다. 나중에 멍해질 수 있다는 점을 얘기해 주어라. 그리고 레이키 II를 마친 뒤 약 6개월에 걸쳐 일어나는 정서적 힐링과 삶의 변화에 대해서도 말해 주어라. 수업을 마치고 떠날 때, 그들은 조심해서 운전해야 한다.

레이키 I과 II를 한꺼번에 가르친 적이 한 번 있었다. 수업이 끝나고 학생들이 떠날 때, 그들에게 상당히 멍할 것이라고 경고했다. 그들 모두는 괜찮다고 대답했다. 30분쯤 뒤에 그룹 중 한 사람이 전화를 해서는 워크숍을 했던 집으로 되돌아와서 우리와 함께 저녁을 보내도 되겠느냐고 물었다. 나는 주말 프로그램을 조직했던 여성과 함께 그곳에 있었다. 우리는 동의했고, 함께 외출하여 저녁 식사를 하면서 이야기를 나누었다. 그러다가 그녀에게 왜 돌아왔느냐고 물어보았더니 그녀는 얼굴이 붉어지면서 당황해했다. 그래서 말하지 않아도 된다고 했는데, 잠시 후 그녀는 말했다. "멍해진다고 한 당신의 말이 맞았어요. 집을 찾아갈 수 없었어요."

레이키 II를 끝내면서 기 수련의 정보를 나누어 주라. 왜 그것들이 중요한지 말해 주어라. 레이키 III을 하지 않을 것이라면, 상징들을 그리는 방법을 암기하지 않아도 힐링에 보낼 수 있다고 말하라. 더 나아가지 않을 계획이라면 기 수련들 또한 무시해도 된다. 그러나 그 과정을 완료하면 아주 많은 것들을 얻게 되므로 그들은 아마 그 모두를 하고 싶어 할 것이다. 나는 레이키 II 학생들에게 상징들을 기억하고 기 수련을 할 것을 권장한다. 또한 그들이 힐링에 헌신하도록 권한다. 레이키를 가르치는 데 관심이 있다면 레이키 III을 받도록 권한다. 레이키

Ⅲ을 통해 혜택을 얻고 이용하려는 사람이라면 누구에게나 비전통적인 간단한 방법과 적은 비용으로 레이키Ⅲ을 배울 수 있다.

이 디그리를 위한 복사물에는 세 가지 상징과 그것들을 그리는 방법, 상징들을 사용하는 방법에 관한 몇 가지 정보, 그리고 기 수련에 관한 설명이 들어 있다. 레이키Ⅱ의 윤리는 남을 조종하지 않는 것이며, 원격 힐링을 위해 허락을 받는 것이다.

레이키Ⅲ

레이키Ⅲ을 위한 프로그램은 간단할 것 같지만, 그것을 가르치는 데는 레이키 Ⅰ이나 Ⅱ보다 훨씬 더 많은 시간이 걸린다. 활기찬 그룹에는 최소 다섯 시간이 걸린다. 이 디그리는 두 가지 추가 상징과 어튠먼트 과정을 가르치는 방법, 불교에 관한 자료(다음 장을 보라), 그리고 세 가지 디그리 각각을 가르치는 방법에 대한 정보들이 포함된다. 이 디그리에도 한 번의 어튠먼트가 있다. 레이키Ⅲ을 가르치는 것은 세 디그리 중에서 가장 흥미진진한 일이다. 학생들은 수준 높은 힐러들이고 진짜 알곡들이며 수효도 더 적다. 레이키Ⅰ과 Ⅱ를 하면서 당신은 그 사람들을 개인적으로 알기 시작했다. 레이키Ⅲ에 준비가 되지 않았거나 그것에 전념하지 못할 학생들은 이제 더 이상 없다.

당신은 학생들의 이름을 다 알고 있을 것이다. 그렇지 않다면 한 번 더 돌아가며 이름을 물어보라. 레이키에 대한 질문이 있는지, 혹은 레이키Ⅱ에서 미진한 부분이 있는지 물어보라. 비전통적 방식으로 레이키Ⅱ를 하지 않은 사람들이 있으면, 기 수련과 회음 자세를 가르쳐라. 복사물이 필요한 사람에게는 그것을 주어라. 다른 레이키Ⅱ의 상징을 사용하고 있다면 계속 사용하게 하라. 당신 것과 달라도 아무런 문제가 되지 않는다. 상징의 차이에 대해 토론할 수 있을 것이다. 힐링과 그 외의 장면에서 다이-코-묘와 라쿠를 사용하는 방법을 설명하라. 레이키Ⅲ의 상징을 가르쳐 주어라. 전통적인 다이-코-묘와 비전통적인 다이-코-묘 둘 다를 담은 복사물을 주어라. 둘 중 당신이 어느 것을 선호하는지, 그리고 각각의 장점이 무엇인지 설명해 주고, 본인들이 선택하도록 하라. 비레이키 상징들에 대한 토론은 선택적이다. 다음 장의 정보에 대해 얘기하라. 이것은 상징들의 기원에 관한 고급 자료로서 레이키 체계 전체를 흥미로운 관점으로 보게 한다. 나는 그것들을 레이키Ⅲ을 위해 남겨둔다. 학생들이 상징들을 배우는 동안 상징들을 최대한 단순하게 유지하기 위함이다.

어튠먼트 과정이 그 다음이다. 설명하고 시범을 보여라. 방의 중앙에 의자 하나를 놓고, 각각의 사람들에게 레이키Ⅲ의 어튠먼트를 전달하라. 다른 사람들은 손에 복사물을 들고 그 과정을 지켜보며 따라하게 하라. 나는 그룹이 크지 않으면 레이키Ⅲ의 어튠먼트를 개인적으로 해 주는 것을 선호한다. 모든 사람은 매우 강력한 이 에너지에 강한 반응을 보인다. 어떤 사람들은 내가 어튠먼트를 받은 후에 그랬듯이 웃으면서 앉아 있고, 어떤 사람들은 눈물을 흘리며, 어떤 사람들은 몇 분 동안 몸에서 완전히 빠져나가 있기도 하며, 한 사람 이상은 채널링을 하기 시작한다. 레이키Ⅲ 어튠먼트 에너지는 완전한 기쁨이다. 어튠먼트를 주는 사이에 어떤 설명을 할 수도 있고, 아니면 시작할 때와 끝낼 때 할 수도 있다.

일단 어튠먼트가 전달되고 시범과 질문이 끝나면, 어튠먼트를 해 보려는 사람이 있는지 물어보라. 그들은 아마 상징들과 개요를 간단하게 기술해 놓은 복사물을 볼 것이다. 용감한 학생들은 직접 해 보려고 할 것이다. 하지만 대개 그들은 이때쯤 너무 압도되어 있다. 그들을 몰아붙이지는 마라. 나중에 연습할 수 있으며, 그렇게 할 것이다. 한 여성이 있었는데, 그녀는 주말 프로그램 내내 모든 것을 다 잘했지만, 자신이 어튠먼트를 전달하거나 가르칠 수는 결코 없을 것이라고 확신하고 있었다. 나는 그녀에게 그렇지 않음을 증명해 보이겠다고 했다. 그리고 어튠먼트를 전달하는 과정을 철저히 코치해 주었다. 나는 그녀를 위해 상징들이 그려진 종이와 개요를 들고서, 어떻게 하면 되는지 단계별로 차근차근 설명해 주었다. 그녀는 전율할 만큼 놀라워했고 자신이 느낀 에너지에 기뻐하였으며, 굉장한 자신감을 갖게 되었다.

사람들이 어튠먼트를 전달하거나 가르칠 수 있으려면 대개 주말의 레이키 프로그램을 수료한 뒤 적어도 두어 달이 걸릴 것이다. 대부분의 사람들에게는 회음 자세를 유지하는 연습에 몇 주가 걸린다. 상징을 암기하고 그 과정을 배우는데도 시간이 좀 걸린다. 레이키 I로 시작하라. 주말 프로그램으로 레이키 III을 한 사람들에게는 더 많은 시간이 걸릴 것이다. 그들은 세 디그리 모두를 배워야만 한다. 주말 프로그램으로 레이키를 배운 대부분의 사람들은 받은 정보와 에너지 때문에 무척 열광한다. 그것들을 통합하여 완전히 이해하는 데는 시간이 좀 걸릴 것이며, 하라 라인이 에너지로 확장되는 3-4일 동안 잠을 더 많이 자야 할 것이다. 그러나 여기에도 예외는 있다.

전통적인 방법으로 레이키 I과 II를 배운 여성이 있었다. 나는 그녀의 도시에서 주말에 레이키를 가르칠 예정이었는데, 이 여성이 나를 그곳으로 데려다 주었다. 그녀는 일요일에 레이키 III을 받을 예정이었지만, 나는 미리 회음 자세에 관한 자료를 그녀에게 보내 주었다. 도착해 보니 그녀가 무척 열성적이어서 금요일 오후에 그녀에게 레이키 III을 전달하였다. 금요일 오후에 레이키 I을 가르치던 나는 장난삼아 그녀에게 나를 도와달라고 했다. 그녀는 옆 의자에 복사물을 놓고 두 번의 어튠먼트를 성공적으로 전달했다. 그런데 그 뒤 그녀는 울음을 터트리며 더는 할 수 없다고 말했다. 그녀는 한 달이 지나자 자신의 첫 레이키 수업을 열었다. 나는 그녀가 잘했을 것이라고 확신한다. 그녀는 레이키 III을 받으려고 10년을 기다렸으며 더 이상 기다릴 수가 없었다.

어튠먼트 후, 세 디그리 각각을 가르치는 정보들에 관해 얘기하라. 이 장의 자료가 이 점에 대한 것이다. 대부분의 토론거리와 질문은 어튠먼트 부분에서 나온다. 나는 종종 정해진 시간 이상으로 수업을 하곤 하는데, 그러면 모든 사람이 저녁 식사를 위해 자리를 떠나고 싶어 하거나 배고파한다. 그러니 각 디그리의 수업에 관한 내용을 복사물로 만드는 것이 도움이 될 것이다. 중요한 논의 주제들 중에는 사람들이 어튠먼트에 열렸는지 여부를 어떻게 알 수 있는지, 만일 열리지 않았다면 어떻게 해야 하는지, 그리고 강한 반응을 보이는 사람들을 어떻게 도와야 하는지 등이 포함된다. 레이키를 가르칠 때 나는 입문을 받은 뒤에는 그들의 손을 다른 사람 위에 둘 것을 권장한다. 학생들은 상급 디그리의 수업에 누구는 허용하고 누구는 거부해야 하는지에 대해서도 항상 궁금해한다.

나는 언젠가 힐링과 힐러의 훈련에 돈이 필요한 시대가 끝나기를 바란다. 힐링은 누구에게나 이용될 필요가 있으며, 힐링에 재능을 가졌거나 원하는 사람이라면 누구나 힐러 훈련을 받을 필요가 있다. 하지만 힐링 세션이나 가르침에 돈을 받는 것은 전혀 문제가 되지 않는다. 힐러도 먹고 살아야 한다. 레이키는 힐러들과 티쳐들에게 풍요로움과 온갖 종류의 풍부함을 준다. 비용이 적당하게 지켜지고 장학금이 있다면, 풍요로움은 저절로 올 것이다. 오늘날의 미국에서 보험에 들지 못한 사람들과 가난한 사람들이 차가운 바깥에 버려져 있다. 의료적으로도 잘못되어 있다. 모든 살아 있는 존재들에게 동정심을 보이는 불교적인 관점에서 본다면 이것은 특히 잘못되어 있다. 당신이 보낸 것은 여러 배가 되어 당신에게로 되돌아온다.

종종 레이키 III의 학생들은 돈 문제에 관해 이야기한다. 그들은 얼마를 청구해야 하는지, 언제 장학금을 주어야 하는지, 보수가 없다면 사람들이 힐링과 가르침의 가치를 제대로 평가해 줄지, 레이키를 통해 윤리적으로 생계를 꾸려갈 수 있는지 등을 알고 싶어 한다. 나는 위의 글들이 나의 입장을 말해 주고 있다고 본다. 그러나 다시 말하지만, 우리에게는 자유의지가 있다. 이 주제에 대한 토론은 중요한 주제이므로 활기차게 진행될 것이다. 아마도 방에는 모든 분야의 레이키 티쳐들이 모여 있을 것이기 때문에, 이것은 아주 중요한 토론이다. 학생들 사이의 합의는 향후 수년간의 미래에 영향을 미칠 것이다. 토론이 어떤 방향을 향해 가는 한 계속 진행되도록 허용하라. 그러나 각 사람들은 그들 스스로 선택을 해야 하며 자신의 길에서 부닥치는 문제들과 타협해야 한다는 점을 명심하라.

현대적인 혹은 전통적인 방법으로 배운 레이키 마스터들 다수가 나의 훈련을 받았다. 한 커플은 에이즈 센터에서 레이키 힐링을 하고 싶어 했다. 그들의 어튠먼트 방법으로는 대규모 그룹에 어튠먼트를 한다는 것이 불가능했다. 그들은 나의 3일 일정의 수업에 참여했고, 각 디그리를 가르치는 것을 지켜보고는 나의 어튠먼트 방법을 받아들였다. 그들은 현대적인 어튠먼트와 그 단순성을 좋아했고 그들의 가르침에 나의 방법을 사용했다. 그들은 곧 비전통적인 방법들로 완전히 돌아섰다. 전통적인 방법으로 훈련받은 사람들이 내 방법을 조사하거나 항의하려는 목적으로 나의 워크숍에 온다. 그들은 서로 다른 생각을 가지고 떠난다. 한 여성은 나에게 "마녀가 레이키를 가르치는 것"을 보려고 왔다가 "레이키 마스터 이자 마녀"를 봤다고 말했다. 우리는 둘 다 이것을 칭찬으로 여겼다. 비전통적인 방법들이 시도되고 있다. 그것은 참되며 매우 강력하다.

나는 마스터가 될 때 가질 수 있는 자만심에 대해 자주 얘기하며, 학생들에게 겸손해야 한다고 말한다. 레이키는 인간의 디자인 너머에 있는 지성과 성스러움을 가지고 있다. 티쳐로서 우리는 레이키와 학생들에게 책임감을 가지고 헌신해야 한다. 나는 우리가 레이키Ⅲ 학생들을 더 많이 만들 필요성에 대해 이야기한다. 이것은 티쳐들에게 밖으로 나가서 가르치도록 장려하고 티쳐들을 양성하도록 요청하기 위함이다. 새롭게 레이키 티쳐가 되는 사람은 비밀들과 기적들을 혼자 간직하고 싶은 유혹을 느끼게 된다. 우리가 살고 있는 세상을 기억하고 세상에 힐링이 필요한 곳이 얼마나 많은지를 생각해 보라. 레이키Ⅲ을 더 많이 가르치면, 레이키는 이 땅에서 다시 한 번 일반적인 것이 될 것이다. 레이키를 받는 모든 사람들이 도움을 얻을 것이다.

레이키Ⅲ의 복사물에는 기 수련에 대한 자료, 레이키Ⅲ의 상징들, 그것들을 그리는 방법, 어튠먼트를 전달하는 방법에 대한 내용들이 포함된다. 선택적으로 들어갈 수 있는 것은 다음 장의 불교 정보, 그리고 각 디그리에 무엇을 가르칠 것인지에 대한 것이다. 레이키Ⅲ을 위한 윤리는 적절한 대금을 받는 것과 장학금의 허용이 포함된다. 나는 가르침에 대한 헌신도 이 윤리의 일부가 될 수 있다고 생각한다.

이것이 레이키Ⅲ 마스터 수업의 간단한 요약이다. 나는 레이키Ⅲ을 가르치는 것이 얼마나 기분 좋은 느낌인지 묘사할 수가 없다. 나는 3-4백 명의 레이키Ⅲ을 양성하였는데 그들 중 많은 사람들이 가르치고 있다. 그들은 미국, 캐나다, 독일, 그리고 멕시코에서 적절한 비용으로 레이키를 보급하고 있다. 어디에서나 더 많은 티쳐들과 힐러들이 필요하며, 나는 나의 레이키Ⅲ 제자들에게 가르치라고 부탁한다. 나는 어튠먼트를 전달하고 가르치는 정보를 주어서 사람들로 하여금 잠재력을 일깨우게 할 수 있다. 그러나 마스터가 되는 것은 그들 자신의 노력에 달려 있다.

위의 자료들은 세 디그리들 각각의 수업에서 무엇을 해야 할지에 대한 개요이다. 각각의 마스터는 그 자신의 방법을 개발한다. 여기에서 제공된 것은 오직 출발점과 가이드라인일 뿐이다. 이 책의 마지막 장은 레이키와 불교다. 이것들은 레이키 체계 전체 중에서 가장 중요한 부분이다. 이것들을 알아내는 것은 나에게는 레이키의 전체 퍼즐들 중 가장 신나는 부분이었다. 이것을 마지막에 둔 이유는 레이키의 전체 체계를 한눈에 볼 수 있기 때문이다.

제10장

레이키와 깨달음으로 가는 길

레이키 체계의 의미와 기원을 이해하기 위한 탐구를 하는 중, 나는 몇 년 전에 대승불교의 한 비구니와 이야기를 나눌 수 있는 행운을 갖게 되었다. 그녀는 레이키 힐링을 하지는 않았지만 불교 수련 중에 레이키 상징들에 대해 잘 알게 되었으며, 이 주제를 완전히 새로운 시각으로 볼 수 있게 하는 정보를 주었다. 이 책을 위한 조사와 불교 관련 독서들을 통해 얻은 통찰들을 통해 나는 레이키에 대한 몇 가지의 의문점에 대하여 답을 얻을 수 있었다. 우스이 미카오는 레이키와 상징들이 도출된 간단한 공식에 대해 말했다. 불교 철학으로부터 받은 정보로, 나는 내가 2,500년이나 된 공식을 발견했다고 생각한다. 레이키 상징들에 대해 내가 갖게 된 확장된 정보들은 대부분 이러한 탐구와 아래에 제시된 공식으로부터 온 것이다.

대승 불교와 딴뜨라 불교에 대한 독서를 통해 나는 모든 종교의 바탕이 되는 철학들이 놀랍도록 서로 유사하다는 점을 알게 되었다. 불교는 최고의 신이나 여신을 숭상하지는 않지만, 어떤 문화에서나 발견되듯이 신들은 받아들인다. 이것은 최초의 원동력을 숭배하는 체계가 아니라 존재(Be-ing)에 대한 보편적 철학이다. 대승 불교에서 발생한 딴뜨라 밀교는 위카를 포함하여 세상의 모든 형이상학 체계의 정수를 보여 주고 있다. 그것은 서구에서는 헬레나 블라바츠키 여사에 의해 신지학이라는 이름으로 소개되었다. 역사적인 예수의 원래의 가르침들은 불교 내에도 있다. 예수의 힐링 능력, 우화들, 철학, 태도 그리고 기적들도 그렇다.

고따마 싯달따, 즉 석가모니 붓다는 기원전 620년 네팔 국경 근처의 인도에서 태어났고 기원전 543년에 세상을 떠났다. 예수의 가르침처럼 붓다의 말들도 생전에는 기록되지 않았다. 처음의 기록들은 사후 3-4백년에 처음으로 이루어졌는데, 이것은 긴 시간이다. 성경의 몇 줄만이 예수 자신의 말이고 가르침이다. 고따마 싯달따의 말은 더 많이 남아 있다.

붓다는 모든 사람을 괴로움과 고통, 환생으로부터 자유롭게 해 줄 수 있는 방법을 찾았다. 그는 남성과 여성, 모든 카스트와 계급의 사람들에게도 다 가르침을 베풀었는데, 이것은 전통적인 힌두교 사회에서는 드문 일이었다. 6세기 이후의 가부장적인 동아시아에서 예수도 그의 가르침을 모든 사람들이 다 따를 수 있다고 하였다. 붓다의 깨달음은 가부장적인 신이나 심지어 스승에게도 의존하지 않았으며, 내면에서 얻어진 이해로 왔다. 답을 발견했을 때, 그는 자기에게 주어진 희열/니르바나의 세계로 들어가지 않았고 다른 사람들이 길을 발견하는 것을 돕기 위해 되돌아왔다. 깨달음은 "직관을 통해 얻어지는…… 더 단순하게는 '선명하게 보는 것'[1]"을 통하여 오는…… 직접적이고 역동적인 영적 경험"이다. 이것은 해방, 자유, 정보의 "빛"과 이해를 가져온다.

바라나시에서의 붓다의 설법은 예수의 산상 수훈과 비슷하다. 그 설법에 붓다의 가르침의 진수가 담겨 있다. 이 설법에서 붓다는 "사성제(네 가지 고귀한 진리)"에 대해 말한다. 첫 번째 진리는 "존재는 고통이다." 두 번째 진리는 "고통은 이기적인 갈망에서 비롯된다." 세 번째 진리는 "이기적인 갈망은 없앨 수 있다." 네 번째 진리는 (갈망들을 없앨 수 있는) 8가지 길(정도)이다. 8정도의 단계들은 다음과 같다. 1. 바른 이해(정견) 2. 바른 목표 혹은 열망(정사) 3. 바른 말(정언) 4. 바른 행위(정업) 5. 바른 일(정명) 6. 바른 노력(정정진) 7. 바른 깨어 있음(정념) 8. 바른 집중(정정)이다.[2]

존재는 고통이다. 고통은 살아 있음의 조건과 같은 것이다. 생, 노, 병, 사의 슬픔이 있다. 고통과 괴로움은 불행을 일으키며, 이것들이 존재의 가장 중요한

1. Sandy Boucher, *Turning the Wheel: American Woman Creating the New Buddhism* (Boston, MA, Beacon Press, 1993), pp.15-16.
2. E.A. Burtt, *The Teachings of the Compassionate Buddha* (New York, NY, Mentor Books, 1955), p. 28.

문제들이다. 자비로운 붓다가 해결하고자 한 것은 그런 문제들이다. 깨달음을 통해 고따마 싯달따는 괴로움이 삶의 과정과 다른 사람들에 대한 집착 때문에 일어난다는 것을 보았다. 삶에 대한 갈망은 절대로 충분히 채워질 수 없다. 이 집착은 좌절과 부정적인 행동으로 이어지고, 이것은 다시 까르마를 만든다. 삶은 다른 생애들을 더 갖게 하는 까르마를 만든다. 까르마는 몸 안에서 만들어지고 제거되기 때문이다.

집착과 갈망은 해소될 수 있으며, 까르마는 힐링될 수 있다. 그러면 영혼은 더 이상 몸으로 돌아갈 필요가 없어진다. 이것이 고통을 끝내는 길이라고 불교는 말한다. 힐링의 유일한 방법은 환생을 끝내는 것이다. 팔정도는 십계명과 동등한 것이다. 팔정도는 불교의 도덕적 코드이다. 깨달음을 통해 붓다는 누구나 윤회의 바퀴와 까르마를 중지시킬 수 있다는 것을 알았다. 그의 가르침은 사람들을 깨달음으로, 까르마를 해소하는 내적 이해의 과정으로 데려오는 데 초점이 맞추어져 있다.

그 목표를 이루는 데 필요한 기술 중에는 마음을 제어하는 수단인 노력, 깨어 있음, 집중이 포함된다. 현실은 마음에 의해 창조되기 때문이다. 마음이 집착이나 갈망으로부터 완전히 자유로워지면, 그 사람은 니르바나에 들어가 더 이상 환생할 필요가 없어진다. '마음'의 진실과 존재의 과정을 이해하면, 이런 자유가 온다. 니르바나는 소멸이 아니라, "해방, 내적 평화와 힘, 진리에 대한 통찰, 실재와 완전한 하나임에서 오는 기쁨, 그리고 우주의 모든 생명체를 향한 사랑"[3]이다.

현실은 공(空)으로부터 일어나는 '마음'의 활동으로 만들어진다. 공은 측량할 수 없는 깊이의 평화와 순수, 완전, 신비이며 기쁨이다. 위카의 용어로 말하면, 이것은 영, 에테르, 혹은 여신이다. 모든 존재는 공으로부터 나온다. 공은 모든 존재의 정수이다. 모든 존재(모든 사람)는 이미 완전한 상태에 있으며, 불성(혹은 내면의 여신)의 일부이다. 현실은 또한 모든 잠재력을 지닌 비(非)공이며, 세상과 변화하는 우주의 거대한 복합체이다. 공에서 비롯되는 마음이 붓다의 첫 번째 원천이다. 그러나 이 원천은 대부분의 사람들에게는 감각들의 환영, 즉 비공 때문에 잘 알려지지 않는다. 이처럼 '순수한 마음'이 흐려져서 창조되는 현실은 거울

3. 같은 책, p. 29.

속에 창조되는 현실과 같다. 환생하는 사람들은 감각들 너머에 있는 자신들의 고유한 순수인 공으로 깨어나지 못한다. 그들의 이해는 비공에서 비롯된 환영에 기초하고 있다. 지상에 뿌리를 둔 왜곡된 마음은 왜곡된 현실을 만들어 낸다. 그 결과가 고통이다.

"지혜의 마음은 본래 공이다. 그렇지만 모든 것이 그것으로부터 나오며, 그러므로 마음의 창조물이다."[4] 실재하는 모든 것은 사실 완전한 공으로부터 만들어진다. 그렇지만 왜곡과 환영으로 인해 우리는 세상을 불완전한 것으로 지각하며 미혹에 집착한다. 지혜=에너지=창조는 공이며, 그것은 니르바나에 참여하고 있다. 현실에 대한 인간의 지각은 잠재력에 기초한 비공이며, 마음이 만들어 내는 세상의 고통에 참여하고 있다. 깨달음은 자신의 완전한 불성, 즉 공의 기쁨을 이해하는 것이며, 비공과 감각들의 환영과 집착을 떠나는 것이다. 일단 진정한 실재가 지각되면, 집착과 갈망은 더 이상 의미가 없어지고 니르바나가 얻어진다. 이 이해가 깨달음이며, 이것은 영혼을 까르마와 재탄생으로부터 풀려나게 한다. 마음을 환영으로부터 자유롭게 함으로써 이런 일이 일어난다.

불교 가르침의 토대는 신성한 땅, 사랑−친절, 연민, 공감적 기쁨과 평정[5]에 놓여 있다. 붓다는 사람들을 고통으로부터 구하려고 니르바나에 들어가기를 거부하였을 때 이 덕을 보여 주었다. 붓다의 사후에 소승불교가 시작된 후, 대승불교가 1, 2세기에 북인도에서 일어났다. 이 종파가 오늘날 불교의 중심이며 이 가르침은 위의 토대에 기초하고 있다. 대승불교의 주된 강령은 모든 존재가 깨달음을 얻을 수 있다는 보증이다. 이것은 종교적인 삶에 헌신하지 못하고 있는 사람들도 포함한다. 대승불교의 또 다른 공헌은 보살의 개념이다.

보살은 깨달음을 얻었지만, 모든 사람이 자신과 더불어 깨달음을 얻을 때까지 니르바나로 들어가는 것을 연기한 사람이다. 그는 모든 존재를 돕기 위하여 이 세상에 남아 있다. 아마 관음이 가장 잘 알려진 보살의 예일 것이다. 일본에서는 카논이라 알려져 있다. 티베트에서 그녀와 비슷한 존재로는 '따라'가 있다. 예수와 그의 어머니 마리아도 보살의 개념에 해당한다고 볼 수 있다. 대부분의 보살들은 남성이다. 보살은 붓다의 덕들을 지니고 있으며, 지구를 떠날 때 붓다가 된

4. John Blofeld, *The Tantric Mysticism of Tibet*, p. 112.

5. Sandy Boucher, *Turning the Wheel*, p. 17.

6. Ibid, pp.18−20, and John Blofeld, *The Tantric Mysticism of Tibet*, p. 91.

7. Pierre Rambach, *The Secret Message of Tantric Mysticism of Tibet*, p. 91.

다. 고따마 싯달따는 붓다였을 뿐만 아니라 그 길을 발견한 최초의 사람이었다. 보살은 대승불교의 이상적인 인간상이다.

바즈라야나 즉 딴뜨라 불교는 티베트의 대승불교 종파에서 발달한 불교이다. 그것은 불교에서 나온 신비적 밀교의 한 분파이며, 스승에 대한 충성을 강조하며, 화려한 색채의 의식, 입문, 만다라, 만뜨라, 평화롭거나 노기등등한 신들, 마음을 조절하기 위한 시각화, 명상 수련과 다양한 상징들이 포함된다. 혹독한 기후와 티베트의 고립성 때문에 바즈라야나 불교는 인도의 불교와는 전혀 다른 종교로 발전했다. 그럼에도 불구하고 기초는 대승불교의 수뜨라와 철학이다. 딴뜨라를 하는 사람들은 붓다를 성스러운 상징과 예술 작품으로 만들어 숭상하지만, 다른 한편으로는 명상을 통해 자기 마음 안에 있는 붓다와 보살을 찾는다.[6] 그들은 많은 현실과 완전한 공을 이해하기 위해 노력한다.

레이키의 공식은 대승불교 경전들과 바즈라야나의 신비적인 해석에서 나온 것이다. 다섯 가지 레이키 상징은 깨달음에 이르는 마음의 다섯 가지 수준이다. 그것들은 깨달음 그 자체로 가는 길로 불교도들에게 익숙한 개념이다. 그것들은 또한 딴뜨라 예술에서 일반적으로 상징되는 다섯 원소, 다섯 컬러, 다섯 형상이기도 하다. 다섯 원소는 흙, 물, 불, 바람(공기), 그리고 공(영)이다. 다섯 컬러는 노랑, 하양, 빨강, 검정과 파랑이다. 다섯 형상은 사각, 원, 삼각, 반원, 그리고 사리탑의 여의주이다. 이것들은 위카에서 펜타클의 끝점들과 비교될 수 있다. 공(空)은 영(靈) 또는 에테르이다. 다섯 원소들

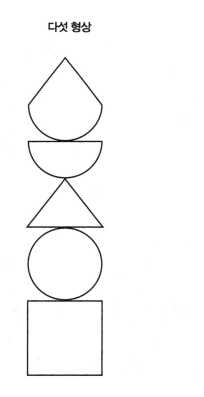

탑과 다섯 원소 [7]

파랑		공(空)/영(靈),
검정		바람/공기
빨강		불
하양		물
노랑		땅

다섯 형상

은 짜끄라들과도 연관이 있다.

　다섯 가지 레이키 상징은 불교의 니르바나에 이르는 마음과 대상의 비이원성, 그리고 자아의 공이다. 일단 니르바나에 이르게 되면, 레이키의 공식과 과정은 영혼을 환생의 윤회로부터 풀려나게 한다. 상징 체계의 원래 용도는 힐링이 아니라 영적인 것, 즉 사람들을 돕기 위한 보살의 길인 깨달음이었다. 레이키의 상

탑과 인간의 몸

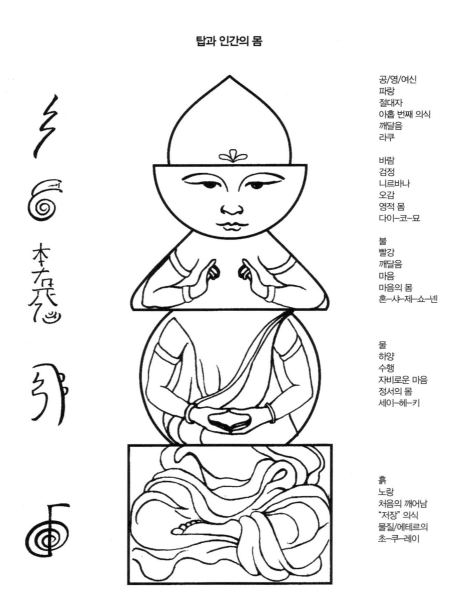

공/영/여신
파랑
절대자
아홉 번째 의식
깨달음
라쿠

바람
검정
니르바나
오감
영적 몸
다이-코-묘

불
빨강
깨달음
마음
마음의 몸
혼-샤-제-쇼-넨

물
하양
수행
자비로운 마음
정서의 몸
세이-헤-키

흙
노랑
처음의 깨어남
"저장" 의식
물질/에테르의
초-쿠-레이

징들은 지혜—에너지—창조이며, 왜곡되지 않은 공의 완전함이다. 그것들은 해방으로 완성된다.

여기서 수뜨라들과 바즈라야나 경전들이 산스끄리뜨로 쓰여졌음을 아는 것이 중요하다. 초기 소승불교 경전은 빨리어로 기록되었다. 붓다는 서구의 라틴어처럼 학자들이 사용하는 언어인 산스끄리뜨로 말하지 않았으며, 그의 출생지인 비하르 방언을 사용하였다. 인도는 많은 언어를 사용하는 나라다. 불교는 인도에서 티베트로, 동남아시아를 거쳐, 중국, 한국, 일본으로 건너왔다. 그렇게 오랜 세월 여러 지역을 거치는 동안 불교는 여러 가지 언어와 문화권들에서 이루어진 수많은 해석을 통해 변화되었다. 레이키의 가르침도 마찬가지로 2,500년 동안 이런 식으로 이동하며 다양한 언어와 문화들을 거치면서 서구에까지 전해졌다. 그리고 현대 서구 사회의 언어로 해석되면서 또 한 번의 커다란 변화를 겪게 되었다.

이런 모든 변화와 번역, 재해석을 거치면서도 불교와 레이키는 살아남았다. 불교는 오늘날 전 세계 인구의 1/3—1/5이 믿는 종교이며 다양한 문화권에서 살아 있다. 불교 레이키 힐링 체계가 처음 기원했던 나라들과 언어들뿐 아니라 서구의 이용자들에게도 중요한 역할을 하고 있다는 사실은 불교 레이키 힐링 체계의 효력을 입증한다. 아마 인도의 레이키는 티베트 레이키와는 달랐을 것이다. 문화와 관습이 달랐기 때문이다. 예수가 인도에서 가져왔던 레이키는 오늘날의 레이키와는 달랐을 것이다. 이와 마찬가지로 일본의 레이키도 티베트나 인도의 것과는 분명히 다를 것이다.

서구의 레이키는 우스이 미카오가 복원시킨 것과는 다르다. 여전히 우스이 미카오의 레이키는 중요하고 살아 있다. 오늘날의 서구 문화에서 힐링 체계가 진화하고 있다는 것은 불교에 대한 지식이 있는 사람에게는 놀랄 일이 아니다. 불교와 마찬가지로 레이키도 시대나 문화에 상관없이 다양한 언어와 사회에 맞춰 잘 이용될 수 있다. 이것이 레이키의 기적들 중 하나이다.

사이킥 현상들은 불교 수행에서 권장되지 않지만, 수행을 하다 보면 일어나기도 한다. 마음을 조절하는 법을 배우기 위해 설계된 명상도 내적인 감각들을 열어 준다. 기를 움직이는 연습 역시 하라 라인과 짜끄라들을 정화시켜 준다. 사이킥 기술들처럼 힐링은 불교도들에게는 그렇게 권장되지 않는다. 힐링은 깨달음으로 가는 길에서 벗어난 것으로 여겨진다. 나와 이야기했던 그 비구니는 힐링에 대한 나의 관심이 잘못되었다고 생각하는 것 같았다. 다른 사람들을 위해 깨달음을 얻고 보살의 길을 가는 것이 세상을 위해 더 좋은 일을 하는 것이라고 보는 것 같았다. 우스이 미카오가 붓다의 힐링법에 대한 정보를 알려고 했을 때도 아마 비슷한 반응을 얻었을 것이다. 힐링이 중요하지 않다는 것이 아니다. 그 기술들이 나타나기까지 깨달음을 향한 오랜 훈련이 요구된다는 것이다. 그런데 그럴 때에도 힐링은 그 길을 가는 데 보조적인 역할을 한다.

불교에서 영성은 모든 세속적인 관심사를 대체한다. 우스이 미카오는 자신이 힐링해 준 걸인들이 다시 빈민가로 돌아가는 것을 보고 불교도들이 자신에게 줄곧 말해 왔던 것, 즉 마음의 과정과 영을 다루지 않고는 몸이 영구히 힐링될 수 없다는 것을 깨달았다. 불교도들이 보는 유일한 힐링은 윤회에서 자유로워지는 것이다. 몸을 입는 윤회가 요구되는 이상 불만족과 질병, 고통이 있기 마련이다. 끊임없이 반복되는 절망의 순환을 만들어 내는 까르마는 몸 안에서만 힐링될 수 있다. 깨달음의 길로 들어갈 때, 집착이 놓여나고, 까르마가 힐링되며, 마음이 끝없는 미혹의 재창조에서 자유로워진다. 윤회도 끝이 난다. 윤회를 끝내는 이 길이 레이키 상징의 공식이다.

다섯 가지 상징은 이 과정 즉 길로 가는 다섯 가지 단계들이다. 초―쿠―레이는 처음의 단계이며 육체적, 에테릭 더블을 나타낸다. 세이―헤―키는 정서와 자아(정서의 몸)의 변형이다. 혼―샤―제―쇼―넨은 마음의 몸 수준에서 '순수한 마음'에 대한 이해로 진정한 현실을 창조하는 것이다. 다이―코―묘는 보살의 길을 얻는 것이며 영적인 몸을 나타낸다. 라쿠는 깨달음 그 자체이고, 초월과 니르바나이며, 개인의 한계를 초월하는 몸 너머의 수준이다. 상징들 각각은 진동하는 몸들 중 하나를 나타내며, 주로 네 개의 몸들 중 하나에 영향을 미치며, 그 진동 수준에서 힐링하기 위해 사용된다. 그 공식은 대승불교와 바즈라야나 불교 공부의 주요 길인데, 그것은 여기에서 공개적으로 논의되며 전혀 비밀의 것이 아니다. 상징들을 힐링에 사용하는 것은 그것들이 지닌 영적 가치에 부수적인 것들로 여겨졌다.

레이키의 상징들은 산스끄리뜨에서 유래된 일본어 형태이며 최소 2,500년이나 되었다. 그것들은 그림들과 소리(만뜨라)들로서 사이킥적으로 디자인되어 있으며, 또한 의미를 담고 있는 철자들이다. 그 비구니는 상징들을 알아보았으며, 상징들이 약간씩 차이 나는 것은 문화적인 이유 때문이라고 느꼈다. 그것들 중 하나의 상징은 산스끄리뜨를 일본어로 바꾸어 보려는 시도처럼 보였다고 한다. 그 비구니는 그 상징들을 명확하게 알아보았고 이름과 개념들도 알았다. 그것들은 깨달음으로 가는 길의 상징이다. 그리고 그것들은 레이키 힐링에서 하나의 공식이듯이, 이런 맥락에서 하나의 공식이다. 다음은 각각의 상징들에 대한 설명이다. 나는 상징들의 복잡성을 이해하기 위해 최선의 노력을 기울여 해석했다.

초-쿠-레이

초-쿠-레이는 이 길의 첫 단계이자 첫 경험이다. 수련자에게는 명상할 하나의 만다라가 주어진다. 목표는 명상의 세계와 물리적인 세계의 차이를 지각하지 못할 때까지, 변화된 의식 상태로 원형의 그림에 집중하는 것이다. 지구 수준으로부터 초연해져 자아 없는 상태인 공(空)으로 들어가는 것이 이 수련의 목표이다. 수련자는 그 이미지에 집중함으로써 잠시라도 일상에서 분리되기 시작하며 명상을 배우기 시작한다. 그 뒤 만다라가 수련자의 가슴 안으로 들어온다. 현실을 만다라 속으로 옮김으로써 그는 세상이라는 비(非)공으로부터 분리되어 공의 완전함으로 들어간다. 어떤 명상가들은 물이 담긴 그릇과 같은 단순한 대상으로 시작하는 반면, 다른 사람들은 복잡한 만다라들을 사용한다. 수련자는 자기를 벗어나 그림 속으로 주의를 집중하는 법을 배운다.

딴뜨라 예술에서 만다라 형태는 모든 것이 하나이고 모든 것이 다수라는 것을 나타낸 것이다. 그것은 깨달음의 과정을 상징하며, 이때 하나는 붓다를, 다수는 모든 사람을 가리킨다. 궁극의 실재는 사물과 에너지의 합일이며, 처음의 다섯 원소(땅, 물, 불, 공/에테르)와 여섯 번째 원소인 의식의 합일이다. 만다라는 우주의 궁극적인 실재의 불이(합일)를 나타낸다. 만다라의 글자 그 자체는 "완전하며 위

만다라

없는 밝음을 얻음"[8]을 의미한다. "만다(Manda)"는 정수, "라(la)"는 완성이라는 뜻이다,

눈으로 보았을 때, 이것들은 단순한 추상적 패턴이 아니며 그 안에 있는 신들, 붓다들 그리고 보살들이 담긴 그림이다. 명상에서 그것들의 용도는 복잡한 시각화 수련들로 마음을 훈련하는 것이다. 바즈라야나 불교에서 이것은 마음을 통제하고, 정신적 이미지들을 창조하는 기술을 얻고, 신들과 사이킥적 힘들과 접촉하며, 변화된 의식 상태에 이르기 위하여 사용된다. 만다라는 평화의 신들과 분노의 신들의 거대한 원으로 묘사된다.[9]

수련자가 더욱 능숙해질수록, 만다라 안에 있는 신들은 수련자들로 하여금 장애물들을 극복하도록 도와준다. 그것들은 생명을 가지고 있으며 마음이 창조한 구성물들을 가지고 있는 것으로 여겨진다. 신과 동일시의 결과로, 수련자는 만물이 비어 있음을, 즉 공임을 깨닫게 된다. 수련자와 만다라가 하나이며, 수련자와 신이 하나이며, 둘 다 공이다. 신과 만다라가 가슴으로 들어오며 수련자는 신이 된다. 연금술의 용어로 말하면, "숭배, 숭배자, 숭배의 대상은 하나이다."[10]

존 블로펠드는 《The Tantric Mysticism of Tibet》에서 티베트의 보살인 따라에 대한 초─쿠─레이 단계의 명상을 표현하고 있다.

따라의 가슴은 '담(Dham)'이라는 음절을 드러내는데, 이것은 그녀의 특별한 만뜨라로 둘러싸여 있고, 그 만뜨라로부터 사방으로 광선이 비춘다. 숙련자는 머리의 정수리를 통해 이 빛줄기들을 '과즙이나 비처럼' 끌어들여 가슴으로 내려가게 하며, 그러면 그의 몸은 '수정 그릇처럼 순수'해진다.

따라는 커다란 기쁨으로 그를 응시하며, 점차 줄어들어 엄지손가락 크기가 된다. 그녀는 수련자의 정수리를 통해 그의 몸으로 들어가서, 그의 가슴 안에 있는 달의

8. Pierre Rambach, *The Secret Message of Tantric Mysticism*. p. 44.
9. John Blofeld, *The Tantric Mysticism of Tibet*, pp. 84–85.
10. 같은 책, p. 85.

원반과 연꽃 위에 있는 태양의 원반으로 내려가서 쉰다. 이제 숙련자 자신의 몸도 점점 크기가 줄어들어, 마침내 따라의 줄어든 모습과 같아진다. "따라와 숙련자는 아무런 구분이 없는 하나가 된다."[11]

초-쿠-레이에 대한 명상 그 자체는 지상의 세계로부터 물러나 미로 안으로 들어가게 한다. 현대의 형이상학 용어로 말한다면, 그것은 수련자로 하여금 내면으로 들어가게 함으로써 몸 밖으로 나가도록 가르친다. 명상을 배워 변화된 상태로 들어가는 법, 세속적인 세상을 놓아버리는 법, 공의 평화와 자아의 비어 있음을 경험하는 법을 배우는 것이 모든 영성 수련 과정의 시작이다. 깊은 명상의 상태에서는 자아가 물러나고 내면에 있는 불성 혹은 신이 전면으로 나온다. 초보자는 처음에 잠시 동안만 집중할 수 있지만, 연습을 계속하면 집중력이 증가한다. 그러다가 때가 되면 그는 마음으로 하여금 세상을 창조하도록 훈련시킨다. 레이키에서 초-쿠-레이는 힐링 에너지를 켜고 그 힘을 증가시키는 "전원 스위치"이다. 그것은 육체적인 몸을 힐링하는 수준이며, 레이키 에너지의 사용과 힐링의 시작 단계이다. 그것은 레이키와 힐링으로 가는 입구이다.

세이-헤-키

정서를 변형시키는 것은 연금술적인 과정이며, 깨달음으로 가는 불교의 두 번째 단계이다. 지구와 지구에 환생하는 사람은 바탕이 불순하다고 여겨진다. 그것들은 노란색으로 표현된다. 지혜의 불은 지구의 수준과 수련자들을 정화하여 새로운 자각(황금색)으로 향상시킨다. 이것은 유럽의 르네상스 시대의 연금술사들을 연상시킨다. 그 문화에서 연금술사들은 납을 금으로 변화시키려 했지만, 그 과정에서 변화된 것은 바로 연금술사들 자신의 의식이었다. 연금술은 마법과 초기 과학의 결합이었다. 위에서도 역시 그러하다. 불교에서는 지혜와 에너지와 창조가 동일하다.

이것은 깨달음과 자각으로 변화된 존재의 비개념적(잠재의식의) 상태이다. 왜곡

11. 같은 책, p. 216.

된 세상에 살았던 사람은 갑작스럽게 공(空)의 진리를 지각한다. 그 사람은 거울의 왜곡을 통과하여 그 너머로 간다. 자아가 비어 있음을 깨닫고 깨달음에 이른다. 불순한 바탕은 지혜로 정화되어 노란색으로부터 황금색 빛으로 변한다. 소수의 사람들만이 이런 발달 단계를 얻는다. 이것은 붓다의 상태다. 붓다는 하나와 다수의 합일이며, 모든 존재의 진정한 본성으로 존재한다.

자아가 없다는 것이 붓다 가르침의 핵심 개념이다. 자아는 붓다의 성품을 흐리게 하는 인위적인 구조물이며, 지구상에서 활동하게 하기 위한 환영의 집이다. 그것은 인생이 일시적이듯 일시적이며, 오해와 망상, 허물들로 채워져 있다. 자아를 비움으로써 포기하는 것은 영적 진보를 가로막는 것들이다. 저항, 방해, 망상, 고통, 부정적인 습관들, 그리고 질투와 증오, 욕심, 분노 같은 정서들이 비워져야 할 자아이다. 비어 있음은 공의 중심적인 성질이며, 완전한 평화와 내적인 고요, 기쁨이 있는 자리다. 위대한 비어 있음 안으로는 오직 지혜만이 들어갈 수 있다.[12]

반야심경은 다음과 같이 말한다.

> 공은 형상과 다르지 않고,
> 형상은 공과 다르지 않다.
> 어떠한 형상이든지, 그것은 공이고
> 어떠한 공이든지, 그것은 형상이다.[13]

우주와 자아의 궁극의 실재는 공이다.

부정적인 정서들이 해소되면, 부정적인 정서들은 긍정적인 정서들로 대치되며 신성한 거처들이 계발된다. 자아가 놓여나면, 모든 것들과의 하나가 있게 된다. 이것은 불교의 또 하나의 중심 개념이다. 신성한 거처들이란 사랑이 담긴 친절, 자비, 공감하는 기쁨, 그리고 평정이다. 대승 불교의 중요한 전제는 모든 사람이 깨달음을 얻을 수 있다는 것이다. 레이키에서, 세이-헤-키는 정서를 힐링하기 위한 상징이며, 부정적인 느낌들을 긍정적인 느낌들로 변화시킨다. 이 상

. . . .
12. Edward Conze, *Buddhism; Its Essence and Development* (San Francisco, CA, Harper Raw & Publishers, 1975), p. 101.

13. Pierre Rambach, *The Secret Message of Tantric Mysticism*, p. 42.

징은 모든 사람들이 이렇게 할 수 있는 방법을 준다. 이것은 또한 정화하고 깨끗이 하고 보호하는 연금술의 과정이자 마법의 과정이기도 하다. 정서는 집착을 만들고, 집착은 까르마를 만든다.

혼-샤-제-쇼-넨

나는 다른 상징들보다 혼-샤-제-쇼-넨에 대하여 더 많은 내용을 썼다. 다음에 나오는 정보를 접한 뒤 나는 이 상징을 전생 작업과 현생의 트라우마 방출을 위해 사용했고, 이 용법들이 얼마나 강력한지 알게 되었다. 나는 이런 가능성들을 레이키Ⅱ에서 배우지 못했다. 그래서 오늘날 대부분의 레이키 힐러들이 이것들에 대해 얼마나 알고 있을지 궁금하다. 이 용법들은 불교 문화와 세계관에서 힐링에 본질적이었을 것이다. 마음의 힐링은 불교에서 모든 존재들에 대한 힐링이다. 그 이유는 모든 현실이 마음의 의식에 의하여 만들어지기 때문이다. 모든 까르마는 마음으로 만들어지며, 마음에 의하여 해소될 것이다.

불교에서는 마음이 궁극의 현실이다. 마음과 생각과 의식은 서로 교환하여 사용할 수 있는 용어이다. 혼-샤-제-쇼-넨의 문자적 해석은 "과거도, 현재도, 미래도 없다."이다. 자기가 존재하지 않음, 즉 자아가 공임을 앎으로, 모든 한계는 초월된다. 깨달음은 마음을 초월하여 우리 모두의 안에 있는 붓다의 본성, 즉 내면에 있는 신으로 가는 것이다. 마음이 진정한 현실 즉 공을 자각할 때, 열림이 있다. 그 결과는 시간, 공간, 망상 그리고 한계로부터의 자유이다. 비공의 망상으로부터의 자유가 까르마로부터의 자유이다. 까르마는 마음의 활동이기 때문이다.

모든 인간의 한계는 마음이 만든 것이다. 이 진실이 가려진 것은 우리가 실재를 거울 안에 있는 것으로 지각하기 때문이다. 우리가 이 진실을 알 때, 우리를 망상에 매이게 하여 깨달음을 가로막고 있던 모든 것들이 풀려나게 된다. 이 깨달음은 세상이 어떻게 작용하는지를 이해하는 것이다. 원격 힐링에서, 우리는 레이키 에너지를 수천 마일이나 멀리 떨어진 곳까지 보낼 수 있다. 특정한 시간에 반복되도록 보낼 수도 있고, 심지어 과거나 미래로도 보낼 수 있다. 직선의 시간은 망상이며 초월될 수 있다. 시간이 거짓이라는 것을 알게 되면, 우리는 그러한 앎에 따라 살아갈 수 있다. 마음은 대상들과 접촉하는 감각들이다. 현실은 우리가 만드는 것이다. 다음과 같은 위카의 격언이 있다. "마법은 의식을 마음대로 바꾸는 기술이다." 아무런 한계도 없다. 오직 의지만이 있을 뿐이다.

여기에서 주된 개념은 마음에 대한 자각이다. 이 자각은 까르마의 한계를 해소하며, 지구에서 까르마를 해소하기 위하여 반복적으로 몸을 가질 필요를 사라지게 한다. 이 지구 변화의 시기에 대부분의 사람들에게 일어나는 것들 중의 하나는 전생들과 까르마의 해소이다. 힐링을 거듭하면 이런 이슈들이 떠오르며, 마침내 이 생애에서 일어나는 거의 모든 부정적인 사건들이 까르마의 패턴이라는 것을 알 수 있게 된다. 혼-샤-제-쇼-넨은 까르마를 완료하고 풀려나도록 돕는다. 그 과정은 의식적인 마음에서 만들어진다. 현재의 이미지들을 활용하여 과거를 힐링함으로써 까르마는 해소된다. 그것은 영구히 해소된다. 그리고 각각의 조각을 제거함으로써, 그것을 해소하기 위하여 환생할 필요가 없어진다.

이 상징은 각 영혼의 환생들을 기록해 놓은 삶의 책인 아카식 기록들로 들어가는 문이다. 마음을 의식하며 이 상징을 사용하면 그 책을 다시 쓸 수 있다. 마음의 힘을 슬기롭게 사용하라. 모든 불교 수련은 마음을 훈련하기 위한 것이며, 명상, 시각화, 신들과의 접촉, 몸과 기의 움직임에 대한 집중이 그러한 수행들이다. 의식적 마음을 제어하기 위한 수련도 현실을 변화시킬 것이다. 레이키에서 이 상징은 과거와 현재, 미래를 힐링하며, 시간을 초월하고, 까르마를 힐링하며, 원격 사이킥 힐링을 가능하게 한다. 이것은 우리 세대에 엄청난 암시를 주고 있다. 이 에너지에 대한 또 하나의 정의는 "삶의 책을 펴서 지금 읽어라."이다. 이 상징은 마음의 몸을 힐링한다.

다이-코-묘

다이-코-묘는 보살의 길이다. 보살은 "베풂이라는 대승의 가슴을 지닌 사람"이며, 다른 사람을 위하여 깨달음을 구하고 성취하는 사람이다. 그는 대합일이 모든 것을 이해하는 토대임을 안다. 깨달음을 얻은 사람은 모든 고통과 환생으로부터 자유로워진다. 그러나 보살은 고통과 자아, 망상에 시달리는 사람이 남아 있는 한 니르바나의 희열을 받아들이기를 거부한다. 그는 다른 사람들도 깨달음의 길을 성취하도록 돕기 위해 돌아온다. 즉 환생한다. "보살"이라는 말 자체는 "깨달은 존재"를 의미한다. 티베트 말로 번역하면 "영웅적인 존재"이다. 대승불교 혹은 밀교의 수행자들은 깨달음을 얻기 위해 열심히 노력한다. 하지만 그들은 모든 사람이 자신과 더불어 들어가기 전에는 니르바나에 들어가지 않겠다고 맹세한다. 그날을 기다리면서, 그는 자신의 영혼이 끝없이 윤회하며 세상에서 좋은 일을 하도록 한다.

불교의 토대 중 하나는 모든 생명의 하나임에 대한 존중이며, 모든 존재의 고통에 대한 연민이다. 여기에는 동물도 포함된다. 따라서 많은 불교도들은 채식주의자다. 이 자비는 보살행을 하는 첫걸음이다. 이와 함께 발전시켜야 할 다른 덕목들도 있는데, 그것들은 베풂, 도덕, 인내, 열의, 명상 그리고 지혜이다.[14] 세상에서 가장 사랑받는 인물 중에는 보살들이 있는데, 이 보살들은 불교도뿐 아니라 그만큼 많은 비불교도들에게도 존경과 숭배를 받는다. 이들 중에 최고는 중국의 여신이자 보살인 관음, 티베트의 따라, 기독교의 마리아와 예수이다. 관음의 완전한 이름은 관세음인데, 이 이름은 세상의 울음소리에 귀를 기울이는 분이라는 뜻이다.

깨달음은 지혜와 자비의 완전한 합일을 요구한다. 자기가 존재하지 않는다는 것을 직접 이해하는 것이 지혜의 한 부분이다. 자비는 자기라는 망상을 완전히 사라지게 하는 최고의 방법이다. 자기는 분리의 개념이지만, 자기의 비존재는 하나임이다. 자비와 깨달음에의 몰두가 보리(Bodhi)이다. 이 근원으로부터 지혜와 자비라는 해방의 에너지가 나온다. 보리 에너지가 흐르는 존재는 천상의 존재가 된다. 붓다들은 깨달음을 얻은 후 니르바나에 들어갔으며, 보살들은 깨달음을 얻지만 지구에 남는다.[15]

14. John Blofeld, *The Tantric Mysticism of Tibet*, pp. 135–136.

15. John Blofeld, *Bodhisattava of Compassion: The Mystical Tradtion of Kuan Yin* (Boston, MA, Shambala Publications, Inc., 1977), p.22.

요약: 다섯 가지 레이키 상징에 대한 티베트 불교식 정의

다섯 가지 레이키 상징은 마음의 다섯 가지 수준이다. 함께 할 때 그것들은 깨달음(불교 니르바나)으로 가는 길의 끝이라는 가장 높은 수준에 이르게 하는 자아의 비어 있음, 그리고 마음과 대상의 비이원성이다. 이 수준에 이를 때 존재는 윤회에서 풀려난다.

이 상징들의 원래 용도는 (세속적인) 힐링이 아니라, 다른 사람들을 돕는 깨달음을 위한 것이었다. 그것들은 깨달음으로 절정을 이루는 지혜의 다섯 가지 수준이다.

초―쿠―레이 시작 혹은 입구, 발생 단계. 만다라를 가슴 안에 두는 것. 명상과 세상 사이에 아무런 차이가 없을 때까지 명상하는 것. 비어 있음―지상의 것들에 대한 비집착. 첫 단계, 첫 경험. (레이키의 용어로는 전원 스위치.)

세이―헤―키 지구와 지구에 환생한 사람들은 바탕이 불순하다고 여겨진다. 불순한 바탕(노란색)은 지혜로 정화되어 황금이 된다―정화, 변형, 불순물로부터 황금으로의 연금술적 변화. 이것은 자아의 비어 있음을 깨달음으로써 오는, 소수의 사람들만 얻는 깨달음(붓다의 지위)이다. 지혜의 불에 의한 황금, 순수로의 정제. (레이키의 용어로는 정서 힐링, 정제, 정화하는 보호.)

혼―샤―제―쇼―넨 과거도 없고, 현재도 없고, 미래도 없다. 망상과 까르마(마음의 행위로 정의됨)로부터의 자유이다. 마음은 시간, 공간, 한계와 망상을 만들어 낸다. 깨달음은 마음을 초월하여 우리 모두의 안에 있는 붓다의 본성(내면의 신)으로 가는 것이다. 마음이 자각하고 있으면, 열림과 해방이 있다. 즉, 시간, 공간, 망상, 한계로부터 자유롭다. 한계의 소멸은 모든 것의 이해를 의미한다. (레이키의 용어로는 과거, 현재, 미래의 힐링. 까르마 힐링. 원격 힐링.)

다이ー코ー묘 "베풂이라는 대승의 가슴을 지닌 사람" 혹은 "위대한 빛을 발하는 사원"이다. 다른 사람을 위한 깨달음을 갈망하고 그것을 얻을 사람이다. 그는 대합일이 모든 것을 이해하는 토대라는 것을 깨닫는다. (하나임. 당신은 신이다.) 깨달음을 얻으면, 윤회와 고통에서 자유로워진다. 불교에서는 이것만이 진정한 힐링이다. (레이키의 용어로는 영혼의 힐링.)

라쿠 완성, 낮은 니르바나의 성취, 존재의 자아 없음. 자기 안에 있는 붓다(혹은 신)의 이미지의 출현. 자유, 깨달음, 완전한 평화. 물질세계의 환영으로부터의 해방, 몸과 환생으로부터의 해방, 완전한 힐링. 불교에서 이 상징은 사람을 몸으로부터 벗어나게 하기 위해 발로부터 정수리로 올라가는 방향으로 그린다. 레이키에서는 그라운딩을 시키고 에너지를 우주에서 몸으로 끌어당기기 위하여 정수리로부터 발로 내려가는 방향으로 그린다. (상반되는 의도와 의미—레이키는 상징들을 위한 세속적인 용도이고, 깨달음은 영적이며 불교적인 용도이다. 불교도들은 몸과 힐링을 무관한 것으로 본다.) (레이키 용어로는, 번갯불, 완성, 그라운딩.)

어튠먼트 = 입문 = 권능 부여

초기 불교의 문헌은 여성 보살을 거의 기록하지 않고 있으며, 여성이 깨달음을 얻으려면 남성의 몸으로 환생해야 할 것이라고 언급한다. 심지어 관음과 따라도 남성 보살인 아벨로끼떼스와라에서 유래하였는데, 이후 중국, 일본, 티베트에서 여성 보살로 변하였다. 붓다의 부인인 야쇼다라는 아마 관음의 원형이었을 것이다. 마찬가지로 서구에서도 예수는 마리아보다 중요한 위치를 차지하고 있다. 그러나 사람들의 필요에 응답하는 분은 마리아다. 세상에 널리 퍼져 있는 이러한 여성 혐오는 현대에 와서 점점 약화되고 있다. 많은 불교도들이 여성이며, 그들은 모든 사람이 함께 니르바나에 들어가기 전까지는 혼자 니르바나에 들어가지 않겠다는 보살 맹세를 하고 있다. 불교는 남성적이라기보다는 훨씬 여성적이며, 자비, 하나임, 고귀한 행동 등 여성적인 성질을 포함하고 있다. 오늘날의 불교는 세상을 변화시키려는 능동적인 노력을 하고 있다. 티베트 불교는 특히 여성 보살인 따라를 비롯해 여성성을 받아들인다. 밀교에서는 하나임이 오직 여성을 통해서만 올 수 있다고 본다.

다이-코-묘는 영혼 수준의 힐링이다. 영혼을 힐링한다는 것은 영혼을 힐링하여 윤회할 필요가 없게 한다는 것이다. 육체의 초월에 중점을 두고 있는 불교 교리는 영적 몸의 수준에서 일어나는 힐링 이외에는 인정하지 않고 있다. 다이-코-묘는 레이키에서 가슴으로부터 가슴으로 날아간다. 따라 혹은 관음보살이 있는 곳은 가슴이다. 이 상징은 공의 중심으로부터 나선형으로 그려지며, 형상과 비형상이 하나이다. 다이-코-묘의 수준은 모든 생명의 하나임이다. 깨달음을 얻기 위하여 불교의 길을 선택했든 그렇지 않든, 힐러는 보살의 길 위에 있다. 힐러는 자신과 모든 이들을 위해 고통을 자유로 변화시키려 노력하고 있다. 위카에서 그 개념은 "당신은 여신이다." 레이키는 보리의 도구이자 덕이며, 영혼을 힐링하는 데 중심이 되는 지혜와 연민, 깨달음을 촉진시킨다. 영혼이 고통 속에 있으면, 육체적, 정신적, 정서적 힐링이 이루어질 수 없다.

라쿠

라쿠는 어튜먼트 과정에서 그라운딩의 용도로 이용되지만, 어튜먼트 과정의 끝에는 그라운딩(grounding) 메커니즘의 훨씬 이상이다. 이것은 전체 체계의 핵심이며 깨달음 그 자체이다. 라쿠는 완성이며, 낮은 니르바나의 성취이다. 이것은 존재의 자아 없음에 이르는 것이다. 깨달음을 얻었을 때 붓다는 자신이 알게 된 것을 사람들에게 가르치려고 세상으로 돌아왔다. 그 후 가르침을 마치고 결국 떠났을 때, 혹은 죽었을 때, 그는 빠리니르바나 즉 승천의 상태에 들어갔다. 니르바나 너머의 이 상태에서는 공으로부터 돌아옴도 없고, 몸으로의 환생도 없다. 석가모니 붓다는 돌아오지 않을 것이다. 그러나 그는 다른 사람들이 어떻게 하면 그와 같은 상태를 얻고 그를 따를 수 있는지에 대한 설명을 남겨 놓았다. 다른 사람들도 깨달음을 얻을 수 있으며 붓다가 될 수 있다. 이것은 간절히 바랐던 휴식이요, 완전한 평화라는 축복의 상태이다.

라쿠로 상징되는 깨달음은 물질적인 세상의 환영으로부터 놓여나는 것이다. 명상 속에서 신의 이미지가 나타나는데, 어떤 신이든 수련자에게는 의미가 있다. 경험이 많은 명상가는 자기의 마음을 산란함과 모든 이기적인 갈망으로부터 자유롭게 하여 절대적인 집중을 얻었다. 경배자와 경배 받는 자는 하나가 된다. 그것은 마음의 비이원성 혹은 합일이다. 갈망으로부터 자유는 윤회와 환영으로부터 자유를 의미한다. 명상가는 니르바나에 들어간다. 그는 자유이며 진리와 기쁨으로 가득 찬다. E. A. 버트는 그의 책 《The Teachings of the Compassionate Buddha》에서 니르바나를 "해방, 내면의 평화와 힘, 진리에 대한 통찰, 실재와 완전한 하나 됨에서 오는 기쁨, 그리고 우주의 모든 생명체에 대한 사랑"[16]으로 정의한다.

마음은 대상들과 접촉하는 감각들이다. 원인은 감각들이고, 조건은 대상들이다. 그러나 원인들과 조건들은 실제로는 하나다. 대상은 외양을 만들어 낸다. 외양을 어떻게 보는지는 사람마다 다를 수 있다. 지각이 다르다. 그래서 두 사람이 하나의 나무를 볼 때도 한 사람은 낙엽들의 색깔을 좋아하는 반면, 다른 사람은

16. E.A. Burtt, *The Teachings of the Compassionate Buddha* (New York, NY, Mentor Books, 1955), p. 29.

낙엽을 청소해야 할 대상으로만 볼 수 있다. 우리는 우리의 이미지들을 현실에 투사하며, 우리가 창조하는 것은 믿음과 조건형성에 기초한다. 마음의 비이원성은 상반되는 것들이 사라지는 것이다. 그것은 모순되어 보이는 둘이 실제로는 하나라는 앎과 이해이다.

완성 혹은 깨달음으로, 믿음과 조건형성은 니르바나와 공에 자리를 내준다. 환영이 제거되고 진정한 것(공, 불성)만이 남는다. 대상과 마음은 하나이며, 물질적 세상이라는 환영이 놓여난다. 깨달음의 씨앗은 이미 우리 안에 있다. 자각을 통해 낮은 니르바나의 희열의 상태가 얻어진다. 이것은 다수와 하나의 합일이다. 라쿠는 절대자와 아홉 번째 의식을 상징한다. 이것은 또한 에테르, 영(靈), 공이다. 자아는 전체에 자리를 내주며, 그 결과는 해방이다.

라쿠는 또한 밀교의 바즈라 즉 번갯불이다. "바즈라"는 매우 단단한 것, 즉 다이아몬드를 의미하며, "야나"는 탈것을 의미한다. 티베트어로는 "도르제"이다. 다이아몬드는 "우주의 그 어떤 것으로도 훼손시키거나 자를 수 없는 매우 단단한 물질이다. 저항할 수 없고, 천하무적이며, 빛나고 깨끗하다."[17] 그것은 부서질 수 없으며, 아무것도 그것을 견뎌 낼 수 없다. 수련자가 깨달음에 너무 가까워져서 어떤 것도 그를 그 길에서 벗어나게 할 수 없을 때, 그는 바즈라 몸을 얻고 바즈라 존재가 된다. 바즈라 존재, 즉 바즈라삿뜨바는 붓다 원리의 가장 순수한 형태이며, 만다라의 중심 혹은 동쪽에 있는 붓다 형태를 위한 이름이다. 바즈라는 환영을 잘라내어 불성으로 인도하는, 다이아몬드처럼 단단하고 예리한 지혜이다. 바즈라를 사용하는 사람, 즉 바즈라-다라들은 보살들과 붓다들이다.

의식(ritual)에 사용되는 도구인 바즈라는 불성과 깨달음으로 나아가게 하는 기술, 자비 그리고 지혜를 상징한다. 이것은 궁극적인 실재이고, 길이며, 깨달음 그 자체이다. 바즈라는 반대되는 것들의 해결이며, 마음과 대상의 비이원성이며, 붓다의 세계와 존재들의 세계의 합일이다. 이것은 다섯 갈래의 양끝을 가진 홀(忽)이다. 양끝은 반대되는 것의 하나임을 의미하며, 다섯 갈래는 불교 상징에 두루 보이는 다섯이다. 그것들은 깨달음에 이르는 길에서 마음의 다섯 수준, 다섯 원소, 다섯 색깔, 다섯 몸, 다섯 붓다, 그리고 레이키의 다섯 상징을 의미한

17. John Blofeld, *The Tantric Mysticism of Tibet*, p. 117.
18. John Blofeld, *The Tantric Mysticism of Tibet*, pp. 117-118
19. Sandy Boucher, *Turning the Wheel*, p. 15.

다. 그것은 또한 만다라의 다섯 에너지−지혜들을 의미한다.[18] 밀교의 가르침에 의하면, 수련자는 비밀스런 수행과 의식, 명상을 통하여 자신의 바즈라/다이아몬드 본성, 자신의 불성에 이른다. 그는 다이아몬드 몸(바즈라−몸)을 얻고 다이아몬드/바즈라삿뜨바/깨달음을 얻은 존재가 된다.

레이키에서, 라쿠 즉 바즈라는 머리에서부터 발까지 아래쪽 방향으로, 우주로부터 몸으로 그려진다. 이것은 레이키의 깨달음의 에너지를 힐러의 몸 안으로 그라운딩시킨다. 불교에서는, 이것은 반대방향으로, 즉 발에서부터 정수리까지 위쪽 방향으로 그리며, 그 사람을 몸에서 빠져나와 대우주/공으로 들어가게 한다. 레이키는 깨달음으로 가는 길의 다섯 가지 상징과 다섯 단계를 위한 세속적인 사용이다. 불교도들은 힐링에는 관심을 두지 않는다. 유일한 힐링은 깨달음이라고 생각하기 때문이다. 레이키는 깨달음을 얻기 위해 의식을 몸 밖으로 빠져나오게 하는 대신, 깨달음을 몸 안으로 가져온다. 샌디 부셰는 그의 책 《Turning Wheel》에서 깨달음을 "선명하게 보는 것"[19]이라고 정의한다. 이것은 또한 지식의 빛, 정보와 기, 라쿠의 생명력 에너지와 레이키 힐링이다.

바즈라

어튜먼트를 전달할 때, 나는 학생들에게 라쿠를 발에서 우주의 방향으로 경험하라고 요청한다. 이것은 몸 바깥으로의 짧은 여행이며, 그들은 그것을 생명의 여행으로 묘사한다. 라쿠는 완성과 그라운딩을 위한 용도로만 어튜먼트에서 사용되며, 힐링 작업을 위해서는 사용되지 않는다. 이것은 대승불교의 비밀스런 딴뜨라 종파인 밀교의 번갯불이며, 깨달음의 통찰이고 계시이며 전기이다.

이 상징들의 순서는 불교의 중심이며, 레이키 힐링 체계의 중심이기도 하다. 그럼에도 불구하고 나는 레이키 티처가 이 주제에 대해 언급하는 말을 들어 본 적이 없다. 비구니와의 대화와 관련 문헌들의 독서를 통해 나는 흥미로운 것들을 알게 되었다. 레이키를 해 본 적이 없고 원한 적도 없던 그 비구니의 레이키에 대한 통찰은 힐링의 전 과정을 분명한 시각으로 볼 수 있게 해 주었다. 우스이 미카오가 레이키를 열었을 때, 그는 불교도였으므로 깨달음으로 가는 길과 공식에 익숙했을 것이다. 만일 예수가 실제로 인도나 티베트에서 레이키를 훈련받은 마스터였다면, 그는 레이키를 깨달음으로 가는 과정으로 이해했을 것이다. 역사적인 인물로서의 예수는 불교와 보살의 길에, 오늘날 기독교인들이 믿는 것보다, 더 많이 관련되어 있었을 수도 있다. 이런 정보의 전달이 어디에서 멈추어졌을까? 이것도 역시 레이키 이야기의 중요한 부분이다.

위의 정보로부터, 힐링을 위한 각 상징들의 용도는 더욱 분명해진다. 상징들은 레이키인들이 일반적으로 가르치고 있는 것보다 더 깊은 목적을 가지고 있고, 힐링과 변화를 위한 더 많은 힘을 가지고 있다. 레이키는 적어도 2,500년 이상의 역사를 가지고 있으며 아마도 더 오래되었을 것이다. 이것은 밀교 전통의 풍부한 신비주의의 산물이다. 이것은 고립되어 살고 있던 초기 티베트인들의 산물일 수도 있다. 채널링을 통해, 우리는 몸을 입고 환생한 첫 번째 사람들이 이 세상에 레이키를 들여왔다는 말을 들었다. 쉬바가 힐링 에너지를 가지고 왔다는 것이다. 쉬바는 레이키를 기억해 주기를 바라고 있다. 레이키는 대승불교보다 더 오래되었을 것이며, 별들에 그 기원이 있을 것이다.

위기에 처한 우리의 행성과
레이키의 미래

우리는 가속화되는 변화의 시대, 그리고 개인적 고통과 지구적 고통의 시대에 살고 있다. 지축의 자기적 이동에 따라 시간이 빨라지고 있고, 그 결과로 지상의 삶의 모든 면에서 혼란이 일어나고 있다. 나라들은 분열되고 있고, 사람들은 집이 없어 공포에 떨고 있으며 정치적인 혼란으로 불안해하고 있다. 지구는 물리적으로도 위기에 처해 있으며, 언제 어디서나 태풍, 지진, 화재, 화산, 가뭄, 돌풍, 홍수, 산사태 등이 생존을 위협하고 있다. 치료할 수 없는 새로운 질병이 발생하고 있고, 오래 전에 사라졌다고 생각된 질병들이 쉽게 치료할 수 없는 모습으로 변해 다시 나타나고 있다. 대다수 미국인들은 암, 심장병, 심장마비로 죽을 것이다. 식수 체계도 안전하지 못하다. 공기와 땅은 더럽혀지고 오염되었다. 강간, 총격, 강도, 아동 학대를 비롯한 온갖 종류의 폭력이 새롭고도 끔찍한 방식으로 일상적인 일이 되었다. 아이들은 희생의 제물이 되고 있고, 그들 역시 약탈자가 되어 가고 있다.

낡은 것은 새로운 것에 자리를 내주고 있다. 이것은 재탄생의 과정이지만, 탄생은 결코 쉬운 일이 아니며 종종 죽음을 동반한다. 우리는 죽음의 시대와 새로운 삶이 시작되는 시대에 살고 있다. 어느 누구도 예외일 수 없는 고통을 경감시키는 데는 의료 기관들뿐 아니라 국가지도자들도 무력하다. 여성 혐오, 동성애 혐오, 타종교의 불인정, 온갖 차별 그리고 인종주의는 이런 고통과 무력에 대한 반작용이며, 그런 문제들에 대해 비난할 상대를 찾으려는 무익한 시도들이다. 지금 태어나고 있는 생명들은 연약하며, 그들의 생존은 여전히 불확실하다.

그러나 새로운 탄생은 확실히 일어나고 있다. 점점 더 많은 사람들이 지구를 깨끗이 하기 위해 행동하고 변화해야 할 필요를 자각하고 있다. 정부는 무력하고 대기업들이 많은 변화들을 막고 있다. 그러나 느리지만 확실한 변화가 일어나고 있다. 낡은 정치 체계는 사라지고 새로운 체계로 부활하고 있다. 아동 학대, 여성 구타, 근친상간과 강간이 이제 주목을 받고 있으며, 아마 다음 세대에는 이런 폭력들이 방지될 것이다. 재난이 일어나면 사람들이 나서서 서로를 돕는다. 그들은 느리고 서투른 관료들의 행동을 더 이상 참고 있을 수 없다. 정부는 전쟁을 일으키는 대신에, 최선을 다해 사람들을 돌보라는 압력을 받고 있다.

새로운 자각이 천천히 일어나고 있다. 권위는 정부와 의학이라는 "바깥"의 권위로부터 내면적인 힘의 권위로 이동하고 있다. 이것은 무엇보다도 여성에 대한 힘의 부여로 분명히 나타나고 있다. 우리는 권력이 소수에게서 다수에게로 이동하는 시대에 살고 있다. 세상의 변화를 위한 가장 분명한 목소리는 여성으로부터 나오고 있다. 여성들은 학대와 폭력에 대해서는 "노(no)"라고 말하고, 자비와 평화로운 변화에 대해서는 "예스(yes)"라고 말한다. 여성들은 그들 자신의 몸, 아이들의 몸 그리고 지구를 강간하는 것을 거부하며, 평등과 상식, 지속과 힐링을 주장한다.

여성이 자유로워짐에 따라 인간 발달에도 자유가 도래하고 있다. 영적 뉴에이지 운동은 많은 사람들에게 자각과 내적 성장을 제공하고 있다. 이것은 인간 잠재력 운동의 주류 형태로 시작할 수도 있고, 위카, 영성주의와 현대 불교처럼 일반적인 종교에서 갈라져 나온 급진적인 형태로 성장할 수도 있다. 이것은 현대 생활의 붕괴와 더불어 상실된 가치로의 복귀이며, 오랜 옛날의 지각과 사고 방식으로의 복귀이다. 이것은 진정한 우리 자신으로의 복귀이며, 사이킥으로, 힐러로, 그리고 의식적인 존재에 참여하는 사람들과 검증된 생활방식으로의 복귀이다.

또한 점점 더 많은 사람들이 기계적인 의료를 거부하고 있으며, 옛날의 내적 방식으로 되돌아가고 있다. 의료의 과다한 테크놀로지, 동정심의 결여, 몸을 죽은 기계로 취급하는 것, 그리고 비정함과 무관심은 점점 더 많은 사람들로 하여금 의료에 등을 돌리게 하고 있다. 대기업과 보험회사, 제약회사들에 의한 지나친 의료 대금과 통제는 점점 더 많은 사람들에게서 의료를 박탈하고 있다. 표준 의약품은 오늘날의 질병과 질환에 거의 답을 주지 못하고 있다. 13세기부터 17세기까지 박해를 받았던 사람들이 행했던 방법들이 다시 빛을 보고 있으며, 비외과적인 방법들이 부활하고 있다. 동종 요법, 마사지, 조산술, 지압, 플라워 에센스와 사이킥 힐링 등이 재발견되고 있다. 그것들은 효과적인 도구이며, 종종 의약체계가 실패하는 분야에서 성공적인 결과를 보이고 있다.

레이키는 그러한 방법들 중에서도 주요하며 중요한 것이다. 레이키에는 도구들이나 제품들이 필요하지 않으며, 오직 힐러의 손길만이 필요하다. 그리고 다른 힐링 방법들의 일부로 사용될 수 있다. 조금만 알면 사용할 수 있으며, 어린아이들을 포함한 모든 사람이 배워 사용할 수 있다. 레이키는 간단하고 심오하며 신체적, 정서적, 정신적, 영적인 질병을 포함한 모든 질병에 사용할 수 있는 기본적인 처치법을 가르친다. 레이키는 쉽게 배울 수 있다. 그리고 무력감과 두려움의 시대에 살고 있는 여성들에게 힘을 부여할 수 있는 것들 중의 하나이기도 하다. 레이키는 먼 옛날로 되돌아가는 것이며, 알려지지 않은 미래로 들어가는 것이다.

자비심과 하나임이라는 가치를 가장 중요하게 여기는 문화로부터 온 레이키는 지구에 평화로운 가치들을 다시 가져다준다. 이것은 부드러우며 비외과적이다. 이것은 고통을 유발하거나 해를 끼치지 않는다. 고통의 세상에서 레이키는 웰빙을 주는 안식처이다. 레이키는 위안을 주고, 차분하게 하고, 진정시키며, 고통을 덜어 주고, 육체적인 힐링의 속도를 높여 주고, 출혈을 멈추게 하고, 현재와 과거로부터의 정서적 트라우마를 방출시킨다. 이것은 오용될 수 없으며, 악한 용도로 왜곡될 수 없으며, 힐러에게서 무엇인가를 앗아가지도 않는다. 레이키 가이드들은 레이키가 어떤 세상에 필요한지를 알며 레이키를 보호해 왔다. 그리고 서구에서 레이키는 이제 막 걸음마의 단계에 있다.

지구에 변화와 폭력이 만연하고 있는 이 시기에, 레이키는 행성 힐링의 일부이다. 이것은 모든 사람과 지구에 속하는 것이다. 이것은 지구인들에게 주어질 수 있는 선을 위한 가장 위대한 유일의 잠재력이다. 초기 지구의 문화에서 레이키는 보편적인 것이었다. 이것은 우리의 유전 체계 즉 우리의 DNA 내에 있으며, 결코 상실될 수 없는 것이다. 많은 사람들이 이 힐링법을 더 많이 배울수록, 지구 변화는 더욱 빨라질 것이며, 인간의 고통은 경감될 것이며, 새롭게 태어나는 사람들은 더 안전해질 것이다. 이제는 레이키를 모든 사람들에게로 다시 돌려줄 시기이다.

이것은 여성들과 자각이 있는 남성들, 힐러들, 평화를 위해 일하는 사람들, 그리고 빛/정보를 위해 일하는 사람들에게 행동하라는 요청이다. 이것은 레이키를 사람들에게 되돌려주어 원래의 의도대로 널리 퍼뜨리도록 행동하라는 요청이다. 이 행성의 사람들을 힐링하라. 동물들을 힐링하라. 지구를 힐링하라. 인간의 자각을 힐링하라. 레이키를 하라. 레이키가 평화와 힐링, 복지와 긍정적인 변화를 드러내도록 가르쳐라. 이제 처음으로 이 기술이 책으로 표현되었다. 더 이상 비밀이나 독점은 없다. 지금이 그 시간이다. 나는 모든 레이키 힐러들이 최대한 이 힐링에 헌신할 것을 부탁한다. 나는 모든 레이키Ⅲ의 사람들에게 이 체계를 완전히 배우고 가르치라고 부탁한다. 레이키가 모두에게 돌아갈 수 있도록 적절한 돈을 받고 혹은 무료로 가르쳐 달라고 부탁한다.

이제 지구와 지구인들, 동물들을 힐링할 시간이다. 지금이 그 시간이다. 더 이상의 변명이나 미룸은 있을 수 없다. 매일 더 많은 괴로움, 더 많은 고통, 더 많은 위기가 오고 있다. 더 이상 기다릴 시간이 없다. 레이키와 모든 힐링의 기초가 되는 친절과 연민, 하나임이라는 성질들을 기억하라. 지구의 고통과 변화의 이 시기에, 모든 사람들에게 힐링이 필요하다는 사실을 인식하라. 지금이 레이키를 모든 사람에게 되돌려줄 시간이다.

부록

다음은 레이키 I, II와 III을 위한 워크숍에서 나누어 주는 수업 자료이다. 원하는 티쳐들은 수업에 사용할 수 있다. 대부분의 티쳐들은 자신의 수업 자료를 만들고 싶어 한다. 이 자료를 자유롭게 이용하되, 출처는 밝히길 바란다.

레이키 I
위치 [1]

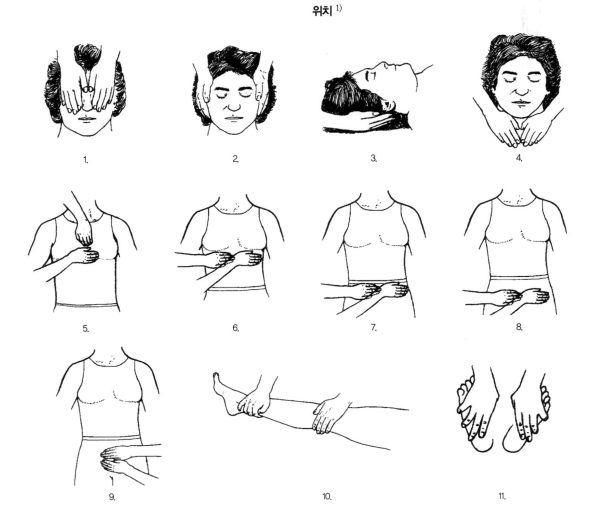

1. 2. 3. 4.

5. 6. 7. 8.

9. 10. 11.

1-4의 위치에서 힐러는 힐링 받는 사람의 뒤에 있다. 5-9의 위치에서는 옆으로 이동하고, 10과 11의 위치에서는 아래로 더 내려와야 할 것이다. 발을 위해서는 아래로 더 내려올 수도 있지만, 그 자리에서 할 수도 있다. 몸의 뒷부분에 대해서도 같은 위치들을 반복하라.

1. Diane Stein, *All Women Are Healers* (Freedom, CA, The Crossing Press, 1990), pp. 45-46.

레이키 I ⓒ 다이앤 스타인

레이키 II

두 번째 디그리의 상징

1. **초―쿠―레이** 힘의 증대, 전원 스위치. 거꾸로 사용하면 (예컨대, 암세포의) 힘을 감소시킨다. 모든 힐링에 사용하라. 여신/우주의 에너지를 불러와 힘을 한 점에 집중시킨다. 상징의 그림을 시각화하거나, 이름을 크게 말하거나 마음속으로 세 번 말하라. 초보자들은 이 상징의 깊이를 알고자 상징을 명상한다.

2. **세이―헤―키** 정서적, 정신적 힐링이다. 또한 보호, 순화, 정화/정제, 집착의 해소를 위해 사용한다. "하늘과 땅이 하나이다. 위에서와 같이 아래에서도."

3. **혼―샤―제―쇼―넨** 과거도, 현재도, 미래도 없다. 원격 힐링, 아카식 기록으로 들어가는 문. "생명의 책을 펴서 이제 읽어라." 또는 "내 안에 있는 신이 당신 안에 있는 신에게 인사한다." 과거, 현재, 미래의 까르마를 힐링한다. 원격 힐링을 할 때 항상 사용한다.

레이키 II ⓒ 다이앤 스타인

이 상징들은 반드시 기억하여 정확히 그릴 수 있어야 한다. 다음 페이지에 있는 가는 선이 이 상징들을 그리는 방법을 보여 주고 있다. 몸의 부위들을 힐링할 때, 이 상징들을 시각화하여 사용할 수 있을 것이다. 힐링을 시작하거나 필요하다고 느낄 때 언제나 사용할 수 있다. 초-쿠-레이를 여러 번 반복할 수도 있다. 가이드를 따라라. 상징은 신성하고 위대한 힘을 가지고 있다. 그것들에 존경심을 가지고 사용하라.

손의 움직임

마치 캔버스에 물감을 문지르듯 손 전체로 상징들을 그려라. 상징들을 보라색으로 시각화하라. 컬러를 바꿔도 된다. 원격 힐링을 할 때에는 상징들을 그리는 대신 시각화하라. 모든 상징을 보내라. 그러면 모든 상징이 전달될 것이다. 상징의 힘을 강화하기 위해서는, 상징들을 사용하는 동안 혀끝을 입천장의 홈에 대고 있어라. 직접 힐링을 할 때는 혀로 상징들을 그리거나 손으로 그려라. 아니면 시각화하라.

이 상징들은 무엇인가를 나타나게 할 때 사용할 수 있다. 특히 초-쿠-레이는 그렇다. 선명하게 시각화하라. 요청하는 것에 조심하라. 타인의 자유의지를 결코 침해하지 않도록 하라. 다음의 확언을 하라. "나는 이것 혹은 이것과 동등한

레이키 II의 상징들

초-쿠-레이

힘의 증대

세이-헤-키

정서 힐링

혼-샤-제-쇼-넨

원격 힐링

레이키 II ⓒ 다이앤 스타인

276

것 혹은 더 나은 것을, 자유의지에 따라, 아무에게도 해를 끼치지 않도록 하면서, 모든 사람의 선을 위해 요청합니다." 상징들은 겹으로도 사용할 수 있다.

레이키 II
두 번째 디그리의 상징들과 그리는 방법

초–쿠–레이
"전원 스위치"
힘의 증대(시계 방향)

세이–헤–키
정서 힐링, 정화, 보호, 세정

혼–샤–제–쇼–넨
"탑"
원격 힐링, 아카식 기록, 과거–현재–미래

레이키 II ⓒ 다이앤 스타인

나타나게 하는 그리드

1. 당신이 원하는 것 안에 있다고 시각화하라.

2. (당신과) 그것 뒤에 지구를 놓아라.

3. 그림 위로부터 사선이나 나선 모양의 황금 격자가 하늘로부터
   땅으로 오게 하라.

4. 전체 그림 위에 초—쿠—레이를 그려라.

5. 그 이미지를 최대한 오랫동안 지니고 있다가 보내라.

6. 요청하는 것에 주의하라. 아마 가지게 될 것이다!

레이키 II ⓒ 다이앤 스타인

레이키 II
두 번째 디그리의 상징들과 그리는 방법

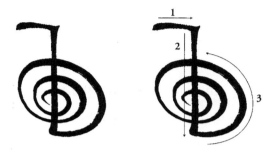

초―쿠―레이
"힘을 여기에 두다." 혹은 "신이 여기에 계신다."(시계반대방향)

세이―헤―키
"우주로 가는 열쇠" 혹은 "사람과 신이 하나가 되다."

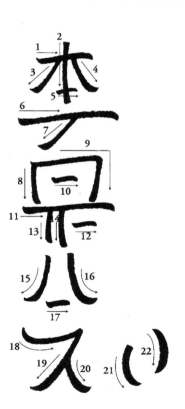

혼―샤―제―쇼―넨
"깨달음과 평화를 촉진하기 위하여 내 안의 붓다가 당신 안의 붓다에게 다가간다."

레이키 II ⓒ 다이앤 스타인

레이키 II
힘 수련

비전통적 가르침에서는 어튜먼트를 전달할 때 몸의 에너지 통로를 사용한다. 우스이의 전통적 레이키에서는 이 방법을 사용하지 않으며, 여기에서 제시하고 있는 힘 수련도 마찬가지다. 이 수련을 하면, 레이키 디그리를 전할 때 각 디그리마다 네 번까지 어튜먼트를 전달하는 대신 한 번만 하면 된다는 이점이 있다. 다음의 수련은 어튜먼트를 전달할 때 몸에 에너지를 가지고 있다가 전달하는 방법을 가르쳐 준다. 레이키 III에 관심이 없다면, 이것들을 알 필요도 없고 사용할 필요도 없다. 이 수련은 다른 사람들에게 레이키 어튜먼트를 전달하는 데 필요한 능력과 정보를 주며, 또한 레이키 III 디그리를 받을 수 있도록 당신을 준비시켜 준다. 고급 과정의 요가나 기공에 익숙한 사람들은 다음의 수련 내용에 익숙할 것이다.

당신은 힐링의 통로이며, 레이키라는 신성한 에너지의 통로이다. 몸을 순수하게 유지하라. 화가 났거나 아프거나 혹은 위험한 약물을 복용하였다면 절대로 힐링이나 어튜먼트를 전달하지 마라. 흡연자는 이런 에너지의 깨끗한 통로가 될 수 없다고 많은 사람들은 말한다. 담배를 끊고 싶다면, 레이키 자체가 약물에 밴 당신의 몸을 깨끗하게 하는 데 큰 도움이 될 것이다. 세이-헤-키라는 상징에 집중을 하면, 원하지 않는 습관이나 중독을 깨뜨리는 데 도움이 된다.

준비

처음 이 수련을 배웠을 때, 나는 여성들에게 가슴 사이즈를 키우거나 줄이는 방법, 혹은 신체 사이클을 조절하는 법을 가르치는 데 대해 매우 복잡한 감정을 느꼈다. 그런데 이 수련이 매우 중요하며 심지어 생명까지 구해 주었다는 말을 수많은 여성들에게 듣고서 나의 평가가 바뀌었다. 첫 번째 단계는 기 에너지의 채널링을 배우는 것이다. 이것은 어튜먼트를 전달하거나 레이키 힐링을 하는 데 필요한 것은 아니다. 두 번째 단계는 어튜먼트 전달과 레이키 III을 위해 필요하

레이키 II ⓒ 다이앤 스타인

다. 이 수련을 하는 동안에는 레이키 상징들을 시각화하거나 사용하지 마라.

여성용 1단계

다리를 벌리고 앉아, 한쪽 발의 뒤꿈치로 질과 클리토리스를 눌러라. 단단하고 견고하게 눌러라. 이렇게 하기 위해 몸을 굽힐 수 없다면, 압력을 가하기 위해 테니스공이나 커다란 크리스탈을 사용하라. 성적인 자극이나 오르가즘을 느낄 수도 있다.

양손을 서로 문질러 마찰과 열이 일어나게 하라. 손에서 에너지가 일어나게 하라.

양손을 가슴에 얹고, 손에서 오는 열을 느껴라. 유두를 자극하지는 마라.

양손으로 가슴을 덮어 누르면서 위쪽과 바깥 방향으로 회전하며 천천히 마사지하라. 마사지는 36회 이상, 360회 이하로 회전하되, 하루에 두 번씩 하라. 처음에는 36회로 시작하여 점차 회전수를 늘려 가는 것이 좋을 것이다. 옷을 입지 않고 하는 것이 좋다.

이처럼 위쪽과 바깥 방향으로 하는 회전은 분산이라고 한다. 이런 식의 회전은 가슴의 종양을 감소시키거나 제거한다. 가슴 크기도 줄일 것이다. 또한 원하지 않는 갱년기 증상도 줄이거나 제거해 줄 것이다.

반대 방향으로의 회전, 즉 위쪽과 안쪽 방향으로 하는 회전은 전도라 한다. 이 방향의 수련은 가슴 크기를 키울 것이다. 그러나 가슴에 종양이 있다면 종양도 키울 것이다. 그러므로 가슴에 종양이나 섬유 낭포증이 있다면, 분산 운동만 하라.

운동을 반반으로 할 수도 있다. 즉 반은 분산, 반은 전도로 할 수 있다. 그렇게 하면 가슴의 크기는 그대로 유지될 것이다.

여성용 2단계

레이키 어튠먼트를 전달할 때 필요한 회음 자세이다.

앉은 자세에서 질의 근육과 항문을 마치 닫듯이 수축하라. 케겔 운동을 해 보았다면 이것에 익숙할 것이다. 다음에는 마치 직장을 몸 안으로 끌어당기듯이 항문 근육을 더 수축하라. 공기가 질과 직장으로 들어오는 것처럼 느껴지면, 그렇게 하고 있는 것이다. 편안한 상태에서 최대한 오랫동안 유지할 수 있는 만큼 유지하라. 이완한 뒤 몇 번 더 반복하라.

처음에는 많은 여성들이 이렇게 하기 어려울 것이다. 연습을 통해 근육 조절 능력이 발달되면, 매번 더 쉽게 할 수 있고 더 오랫동안 유지할 수 있게 된다. 나중에는 이 자세를 유지하면서 일과를 볼 수도 있게 될 것이다. 숨을 멈춘 채 적어도 2-3분 동안 회음 자세를 유지할 수 있어야 하며, 어튠먼트를 전달하기 위해서는 숨을 멈추지 않은 채 더 오래 이 자세를 할 수 있어야 한다. 처음에는 숨을 참고 하라. 이 위치를 바르게 유지하고 있으면, 충전된 에너지가 소주천/하라 라인을 따라 움직이는 것을 느끼게 될 것이다.

회음 근육을 수축하고 있는 동안, 혀를 입천장에, 즉 윗니 뒤에 있는 단단한 곳의 홈에다 갖다 대라. 이렇게 혀를 대고 있으면, 닫힌 에너지 회로가 만들어지면서 임맥과 독맥의 경락이 연결된다. 회음과 혀를 이런 자세로 유지하면서, 에너지가 몸을 통하여 움직이는 것을 느껴라. 깊은 숨을 들이쉰 뒤, 할 수 있는 한 길게 숨을 참아 보라. 연습을 하라. 호흡을 멈추고 이 두 군데를 닫은 채로 3-4분 동안 선 채로 자세를 유지할 수 있어야 한다. 이렇게 하는 목적은 통로들을 닫아, 에너지를 하라 라인을 통해 흐르도록 한 뒤, 그 에너지가 몸을 통해 전달되어 호흡과 손으로 나가게 하려는 것이다. 이것이 레이키 어튠먼트를 전달하는 것이며, 이것이 레이키 마스터를 만든다. 이 자세를 하고 있으면 아마도 이집트의 무한 상징인 8의 모습으로 에너지가 안에서 움직이는 것을 느낄 수 있을 것이다.

참고

이 수련들의 초점은 에너지의 조절된 전달을 통하여 영적인 것과 신체적인 것을 연결하고 또 영적인 자각을 하게 하려는 데 있다. 이 수련을 통해 에너지는 몸에서 빠져나가는 대신, 당신이 원하는 곳으로 전달될 수 있다. 즉, 이 에너지는 레이키 어튠먼트의 전달을 위해 손과 호흡으로 흐르게 된다.

이 과정 동안에 성적 자극이나 오르가즘을 느낄 수도 있고, 오르가즘을 여러 번 느낄 수도 있다. 어느 정도 시간이 지나면, 수련할 때 이런 현상이 일어나지 않을 것이다.

어떤 여성들은 기공에서 말하는 "피를 되돌려 보내는" 경험을 한다. 이 말은 1단계 수련을 하는 여성들에게 생리가 약해지거나 심지어 멈출 수 있다는 뜻이다. 이 말은 또한 여성의 에스트로겐 수준이 감소되었다는 것을 의미한다. 적당하게 수련하라. 생리를 중지시키는 것이 꼭 긍정적인 것만은 아니다. 가슴 회전을 하루에 100회 이하로 해 보라. 한번 생리가 중지되면 생리가 다시 시작될 때까지는 임신이 되지 않을 것이며, 가슴 회전 운동을 계속 많이 해도 다시 시작되지 않을 것이다. 여기에서 가능한 이론은, 임신을 위한 난자를 준비하기 위해 사용되는 에너지가 그 대신 방향을 바꾸어 정수리로 올라간다는 것이다. 그의 여성적인 능력은 이렇게 영적인 성장을 위한 쪽으로 이용되며, 높은 수준의 에너지가 그 사람의 몸 안에 들어오게 된다. 회전 운동을 줄이면 생리가 다시 시작될 것이다.

이 두 가지 수련의 부작용에 대해서는 아직 알려진 것이 없다. 이 수련들은 힘을 주며, 가슴 종양을 가진 여성들이나 마음/몸의 통제를 경험하고 싶은 사람들에게는 좋은 힐링이 될 것이다. 이 수련들은 폐경기의 여성들에게 폐경기 증상을 감소시키거나 중지시킨다. 생물학적 시계를 멈추게 하는 것이다. 창조성과 정신적 자각도 향상된다.

레이키 II ⓒ 다이앤 스타인

이 수련들을 하루에 두 번 하라. 잠에서 깨어났을 때와 자기 전에 하라. 2단계는 레이키Ⅲ을 하려는 사람들에게 필요하다.

남성용

다음은 남성을 위해 설계된 레이키 힘 수련들이다. 이 수련의 목적은 네 가지다.

1. 성기관의 조직을 강화시킨다.

2. 영적인 자각과 마음/몸/영혼의 연결을 높인다. 전립선은 호르몬상 아드레날린에 연결되어 있고, 그 다음으로는 꾼달리니/영적 통로와 하라 라인으로 올라가는 다른 샘들과 연결되어 있다. 따라서 복부의 에너지 순환을 증가시키면 정액의 자양분과 영적 에너지가 몸의 여타 부분으로, 특히 정수리로 빠르게 전달된다. 에너지의 연결이 이루어지면, 따끔거림이나 한기가 척추에서 머리까지 이동하는 느낌을 가지게 될 것이다. 그것은 오르가즘 때의 느낌과 비슷하다. 만일 이 느낌이 정수리에서는 느껴지지만 등의 중간 부분에서는 느껴지지 않는다면, 수련을 통해 감각을 느끼는 민감성이 향상될 것이다. 에너지 감각이 곧 발달되지 않는다면 막힌 부분이 있다는 것이다. 이곳을 해소하기 위해 소주천을 하라.

3. 자기 진단이다. 짜끄라나 에너지 포인트가 막혀 있으면, 에너지 움직임은 그 지점에서 멈출 것이다. 막힌 부분에 직접 힐링을 하거나, 에너지 중단을 해소하기 위하여 정서적인 작업을 하라. 그러면 통로가 열릴 것이다. 그 분비샘/짜끄라가 다시 열리면, 흐름이 다시 위로 올라갈 것이다. 수련하는 동안 에너지가 정수리까지 수월하게 간다면 막힌 부분이 없다.

4. 내면의 평화를 성장시키는 것이다. 시간이 지남에 따라 창조성과 정신적 과정이 고조될 것이며, 당신은 점점 더 평온해지고 영적으로 열리며 평화로워질 것이다.

남성용 1단계

이 수련을 앉아서, 서서, 혹은 누워서 하라. 되도록 옷을 다 벗고 하는 것이 좋

레이키Ⅱ ⓒ 다이앤 스타인

284

다. 손바닥을 서로 빠르게 문질러 손에 열과 에너지가 일어나도록 하라.

다음에는 고환을 오른손으로 완전히 감싸라. 손에 힘을 주지 말고, 가볍게 쥐어라. 손바닥에 열이 있을 것이다.

다음에는 왼손의 손바닥을 배꼽의 1인치 아래에 있는 하라에 대라. 가볍게 대라. 손에 열기가 올라올 것이다. 왼손을 시계방향으로 회전하며 81회 마사지하라.

손을 바꾸어서 하라. 먼저 양손바닥을 문질러 다시 에너지와 열을 일으켜라. 이제는 왼손으로 고환을 감싸고, 오른손은 하라에 대라. 이번에는 오른손을 시계반대방향으로 회전하며 81회 마사지하라. 이렇게 할 때 신체 동작에만 집중하도록 하라. 온기가 증대되는 것을 느껴라.

몸, 마음, 영의 합일이 이 수련의 결과다.

주의: 레이키 상징들을 시각화하지 마라. 이 에너지를 만들기 위하여 마음을 사용하지 마라. 라쿠를 시각화하는 것은 위험할 수 있다. 기의 힘을 과도하게 자극하기 때문이다. 과도한 힘이 일어났다면 그라운딩(grounding) 방법을 사용하라. 나무를 껴안든지, 바닥에 드러눕든지, 중심이나 균형을 이루면서 앉든지, 에너지를 발로부터 지구의 중심부로 보내라. 즉 불의 에너지가 모였다가 몸의 전면을 거쳐 지구 짜끄라로 돌아간다고 시각화하라.

남성용 2단계

이것은 레이키 어튠먼트를 전달하기 위한 회음 자세이다. 여성용 2단계와 비슷하지만 항문 근육만 수축한다는 점에서 다르다.

항문 근육을 위쪽과 안쪽으로 끌어당겨 수축시켜라. 바르게 하고 있다면, 공기가 직장으로 들어가는 것 같은 느낌이 들 것이다. 불편함을 느끼기 전까지는 최대한 오랫동안 꽉 조여 유지하라. 이완한 뒤, 몇 번 더 반복하라.

따끔거리는 전기적 감각이 하라/꾼달리니 통로를 통해 움직이는 것이 느껴질 것이다. 이것은 빠르게 왔다가 사라지는 자연스러운 반응이다. 마음을 이용하여 억지로 그렇게 만들려 하지는 말라. 의식적으로 통제하려 하지 말아야 한다.

혀를 입천장의 단단한 부분의 두 등성이 사이의 홈에 대라. 회음 자세를 유지하고 그 홈에 혀를 댄 채, 최대한 오랫동안 숨을 참아라. 그 다음에 숨을 내쉰 뒤, 다시 반복하라. 레이키 어튠먼트를 전달하기 위해서는 서서 이 자세를 3-4분 동안 유지해야 할 것이다.

이 수련들을 하루에 두 번씩, 아침에 깨어 났을 때와 잠자기 전에 하라. 이 자세를 점점 더 오랫동안 유지하는 법(2단계)을 배우고 회전 마사지(1단계)를 배운다면, 자연스러운 황홀감과 전적인 웰빙의 느낌을 경험하기 시작할 것이다. 여성이 어튠먼트를 전달하기 위해 필요한 것은 2단계 수련이지만, 남성에게 에너지 막힘을 없애고, 영적 자각을 증진하며, 몸/마음의 연결과 웰빙의 감각을 느끼게 하기 위해 필요한 것은 1단계 수련이다. 이 수련은 또한 성적 능력을 증가시키고 전립선 문제도 완화시켜 준다.

이 지구 변화의 시기에 영적으로 발전하고 있는 남성들에게 나는 특히 경의를 표한다. 자각이 자기 힐링과 함께 시작하며, 자기 힐링은 모든 남성의 힐링이며 이 지구의 힐링이기도 하다.

레이키 Ⅲ
레이키 Ⅲ 상징과 그리는 방법

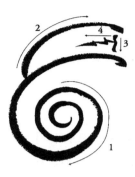

다이-코-묘
영혼 힐링, 어튜먼트의 전달
(모든 힐링에 사용된다.)
나선의 중심으로부터 그린다.

라쿠
불을 모으는 번갯불
(어튜먼트를 전달할 때만 사용)

전통적인 세 번째 디그리 상징들, 대안의 다이-코-묘 상징

레이키 마스터를 위한 상징. 남자-여자-우주 = 전체 에너지

레이키 Ⅲ ⓒ 다이앤 스타인

어튠먼트 전달하기

항상 혀를 입천장에 두라. 회음 자세를 유지하라. 입으로 불지 않을 때는 호흡을 멈추고 있어라. 그 뒤 깊은 숨을 들이키고 멈추어라. 레이키 티쳐는 어튠먼트를 전하기 위해 서 있는다. 학생은 양손을 모아 합장한 채로 가슴 높이에 두고 등받이가 있는 의자에 앉아 있다.

1. 뒤에서

정수리를 열어라. 이것은 시각화로 하거나 손동작으로 할 수 있다.

정수리 위에 다이-코-묘를 그려라.

어깨 너머로 손을 뻗어 학생의 두 손을 잡고, 정수리 안으로 불어넣어라.

깊은 숨을 들이쉬고 참아라.

다른 상징들, 즉 초-쿠-레이, 세이-헤-키, 혼-샤-제-쇼-넨 상징을 정수리 위에 그려라.

두 손을 잡고 정수리 안으로 불어넣어라. 한 번 더 깊게 숨을 들이쉬고 참아라.

2. 앞에서

책을 펼치는 것처럼 학생의 손을 펼쳐라.

양쪽 손바닥에 초–쿠–레이를 그려라.

세 번 살짝 두드려라.

양쪽 손바닥에 세이–헤–키를 그려라.

세 번 살짝 두드려라.

양쪽 손바닥에 혼–샤–제–쇼–넨을 그려라.

세 번 살짝 두드려라.

양쪽 손바닥에 다이–코–묘를 그려라.

세 번 살짝 두드려라.

학생의 두 손을 서로 모으고, 그 손들을 당신의 한 손으로 잡아라.

뿌리에서 가슴으로 불어라. 깊은 숨을 들이쉬고 참아라.

3. 다시 뒤에서

상징들을 오라 안에 두고 오라를 닫아라. (정수리 짜끄라는 닫지 마라.)

라쿠를 척추 뒤 아래에 그려라.

회음 자세를 풀고, 호흡도 풀어라

요약: 다섯 가지 레이키 상징에 대한 티베트 불교식 정의

다섯 가지 레이키 상징은 마음의 다섯 가지 수준이다. 함께 할 때 그것들은 깨달음(불교 니르바나)으로 가는 길의 끝이라는 가장 높은 수준에 이르게 하는 자아의 비어 있음, 그리고 마음과 대상의 비이원성이다. 이 수준에 이를 때 존재는 윤회에서 풀려난다.

이 상징들의 원래 용도는 (세속적인) 힐링이 아니라, 다른 사람들을 돕는 깨달음을 위한 것이었다. 그것들은 깨달음으로 절정을 이루는 지혜의 다섯 가지 수준이다.

초-쿠-레이 시작 혹은 입구, 발생 단계. 만다라를 가슴 안에 두는 것. 명상과 세상 사이에 아무런 차이가 없을 때까지 명상하는 것. 비어 있음—지상의 것들에 대한 비집착. 첫 단계, 첫 경험. (레이키의 용어로는 전원 스위치.)

세이-헤이-키 지구와 지구에 환생한 사람들은 바탕이 불순하다고 여겨진다. 불순한 바탕(노란색)은 지혜로 정화되어 황금이 된다—정화, 변형, 불순물로부터 황금으로의 연금술적 변화. 이것은 자아의 비어 있음을 깨달음으로 오는, 소수의 사람들만 얻는 깨달음(붓다의 지위)이다. 지혜의 불에 의한 황금, 순수로의 정제. (레이키의 용어로는 정서 힐링, 정제, 정화하는 보호)

혼-샤-제-쇼-넨 과거도 없고, 현재도 없고, 미래도 없다. 망상과 까르마(마음의 행위로 정의됨)로부터의 자유이다. 마음은 시간, 공간, 한계와 망상을 만들어 낸다. 깨달음은 마음을 초월하여 우리 모두의 안에 있는 붓다의 본성(내면의 신)으로 가는 것이다. 마음이 자각하고 있으면, 열림과 해방이 있다. 즉, 시간, 공간, 망상, 한계로부터 자유롭다. 한계의 소멸은 모든 것의 이해를 의미한다. (레이키의 용어로는 과거, 현재. 미래의 힐링. 까르마 힐링. 원격 힐링.)

다이-코-묘 "베풂이라는 대승의 가슴을 지닌 사람" 혹은 "위대한 빛을 발하는 사원"이다. 다른 사람을 위한 깨달음을 갈망하고 그것을 얻을 사람이다. 그는 대합일이 모든 것을 이해하는 토대라는 것을 깨닫는다. (하나임. 당신은 신이다.) 깨달음을 얻으면, 윤회와 고통에서 자유로워진다. 불교에서는 이것만이 진정한 힐링이다. (레이키의 용어로는 영혼의 힐링.)

라쿠 완성, 낮은 니르바나의 성취, 존재의 자아 없음. 자기 안에 있는 붓다(혹은 신)의 이미지의 출현. 자유, 깨달음, 완전한 평화. 물질세계의 환영으로부터의 해방, 몸과 환생으로부터의 해방, 완전한 힐링. 불교에서 이 상징은 사람을 몸으로부터 벗어나게 하기 위해 발로부터 정수리로 올라가는 방향으로 그린다. 레이키에서는 그라운딩을 시키고 에너지를 우주에서 몸으로 끌어당기기 위하여 정수리로부터 발로 내려가는 방향으로 그린다. (상반되는 의도와 의미—레이키는 상징들을 위한 세속적인 용도이고, 깨달음은 영적이며 불교적인 용도이다. 불교도들은 몸과 힐링을 무관한 것으로 본다.) (레이키 용어로는, 번갯불, 완성, 그라운딩.)

어튠먼트 = 입문 = 권능 부여

참고 문헌

Larry Arnold and Sandi Nwvius, *The Reiki Handbook*, Harrisburg, PA, PSI press, 1982.

Bodo Baginsiki and Shalila Sharamon, *Reiki: Universal Life Energy Medicine*, Mendocino, CA, LifeRhythm Press, 1988.

Alice Baily, *The Rays and the Initiation, Volume V.* New York, NY, Lucius Publishing Company, 1972.

Raul Birnbaum, *The Healing Buddha*, Boulder, CO, Shambala Publications, Inc, 1979.

John Blofeld, Bodhisattva of Compassion: *The Mystical Tradition of Kuan Yin*, Boston, MA, Shambala Publications, Inc., 1977.

John Blofeld, *The Tantric Mysticism of Tibet: A Practical Guide to the Theory, Purpose and Technique of Tantric Mysticism*, New York, NY, Arkana Books, 1970.

Sandy Boucher, *Turning the Wheel: American Women Creating the New Buddhism*, Boston, MA, Bantom Press, 1993.

Fran Brown, *Living Reiki: Takada's Teaching.* Mendocino, CA, LifeRhythm Press, 1992.

Rosalyn L. Bruyere and Jeanne Farrens, Ed. *Wheels of Light: A Study of the Chakras, Vol.* 1. Sierra Madre, CA, Bon Productions, 1989.

E. A. Burtt, *The Teachings of the Compassionate Buddha.* New York, NY, Mentor Books, 1955.

Earlyne Chaney and William L. Messick, *Kundalini and the Third Eye*, Upland, CA, Astara, Inc., 1980.

Dr. Stephen T. Chang, *The Tao of Sexlogy: The Book of Infinite Wisdom*, San Francisco, CA, Tao Publishing, 1986.

Mantak and Maneerwan Chia, *Awaken Healing Light of the Tao*, Huntington, NY, Healing Tao Books, 1993.

Mantak Chia, *Awakening Healing Energy Through the Tao*, Santa Fe, NM, Aurora Press, 1983.

A.J. Mackenzie Clay, *The Challenge to Teach Reiki*. Byron Bay, NSW, Australia, New Dimensions, 1992.

A.J. Mackenzie Clay, *One Step Forward for Reiki*, Byron Bay, NSW〉 Australia, New Dimensions, 1992.

Mary Coddington, *In Search of the Healing Energy*, New York, NY, Destiny Books, 1979.

Edward Conze, *Buddhism: Its Essence and Development*, San Frandisco, CA, Harper and Row Publishers, 1975.

John Diamond, MD, *Your Body Doesn't Lie*, New York, NY, Warner Books, 1979.

Sherwood H. K. Finley, II. "Secrets of Reiki: Healing With Energy in an Ancient Tradition." In *Body, Mind nd Spirit*, March–April, 1992, pp. 41–43.

Laeh Maggie Garfield and Jack Grant, *Compassions in Spirit*, Berkeley, CA, Celestial Arts Press, 1984.

Helen J. Haberly, *Reiki: Hawayo Takata's Story*, Olney, MD, Archedigm Publications, 1990.

Louise L. Hay, *You Can Heal Your Body: The Mental Causes for Physical Illness and Metaphysical Way to Overcome Them*, Santa Monica, CA, Hay House, 1982.

Louise L. Hay, *You Can Heal Your Life*, Santa Monica, CA, Hay House, 1984.

Frank Homan, *Kofutu Touch Healing*, Philadelpia, PA, Sunlight Publishing, 1986.

Holger Kersten, *Jesus Lived in India: His Unknown Life Before and After the Crucifixion*, Dorset, England, Element Books, Ltd., 1991.

Barbara Marciniak and Tera Thomas, Ed. *Bringers of the Dawn: Teachings From the Pleiadians*, Sante Fe, NM, Bear and Company Publishing, 1992.

Paul David Mitchell, *Reiki: The Usui System of Natural Healing*, Coeur d'Alene, Idaho, The Reiki Alliance, 1985. Booklet.

Ajit Mookerjee. *Kundalini: The Arousal of the Inner Energy*, Rochester, VT, Destiny Books, 1991.

Duane Packer and Sanaya Roman, *Awakening Your Light Body*, Oakland, CA. LuminEssence Productions, Inc., 1989.Audio Tape Series, Six Volumes.

Pierre Rambach, *The Secret Message of Tantric Buddhism*, New York, NY, Rizzoli International Publications, 1979.

William L. Rand, "A Meeting With Phyllis Furumoto." In *Reiki News*, Spring, 1992, pp. 1–2.

William L. Rand, *Reiki: The Healing Touch, First and Second Degree Manual*, Southfield, MI, Vision Publications, 1991.

Stahawk, *The Spiral Dance: A Rebirth of the Ancient Religion of the Great Goddess*, San Fraancisco, CA, Harper and Row Publishers, 1979.

Alice Steadman, *Who's the Master With Me?*, Washington, DC, ESPress, Inc., 1966.

Diane Stein, *The Natural Remedy Book for Dogs and Cats*, Freedom, CA, The Crossing Press, 1994.

Diane Stein, *Natural Healing for Dogs and Cats*, Freedom, CA, The Crossing Press, 1993.

Diane Stein, *Dreaming the Past, Dreaming the Future: A Herstory of the Earth*, Freedom, CA, The Crossing Press, 1993.

Dian Stein, *All Women Are Healers: A Comprehensive Guide to Natural Healing*, Freedom, CA, The Crossing Press, 1990.

Hawayo Takata, *The History of Reiki as Told by Mrs. Takata*, Southfield, MI, The Center for Reiki Training, 1979. Audio Tape and Transcript.

Amy Wallace and Bill Henkin, *The Psychic Healing Book*, Berkerly, CA, The Wingbow Press, 1978.

Marion Weinstein, *Positive Magic: Occult Self-Help*, Custer, WA, Phenix Publishing Co., 1981.

이센셜 레이키

초판 1쇄 발행 2012년 8월 18일
지은이   다이앤 스타인
옮긴이   김병채

펴낸이   황정선
펴낸곳   슈리 크리슈나다스 아쉬람
출판등록 2003년 7월 7일 제62호
주소   경상남도 창원시 북면 신촌리 771번지
대표전화   (055) 299-1399
팩시밀리   (055) 299-1373
전자우편   krishnadass@hanmail.net
홈페이지 www.krishnadass.com

ISBN 978-89-91596-40-5 03270

printed in Korea